扬州中学校史资料长编·上编

第十一册

《扬州中学校史资料长编》编委会 编

凤凰出版社

图书在版编目（CIP）数据

扬州中学校史资料长编. 上编. 第11册 / 《扬州中学校史资料长编》编委会编. -- 南京 : 凤凰出版社, 2022.7
ISBN 978-7-5506-3594-4

Ⅰ. ①扬… Ⅱ. ①扬… Ⅲ. ①扬州中学－校史－史料 Ⅳ. ①G639.285.33

中国版本图书馆CIP数据核字(2022)第097557号

书　　名　扬州中学校史资料长编(上编)(第11册)
编　　者　《扬州中学校史资料长编》编委会
责任编辑　吴　琼
装帧设计　陈贵子
出版发行　凤凰出版社(原江苏古籍出版社)
　　　　　发行部电话025-83223462
出版社地址　江苏省南京市中央路165号,邮编:210009
照　　排　南京凯建文化发展有限公司
印　　刷　江苏凤凰通达印刷有限公司
　　　　　江苏省南京市六合区冶山镇,邮编:211523
开　　本　787毫米×1092毫米　1/16
印　　张　42.25
版　　次　2022年7月第1版
印　　次　2022年7月第1次印刷
标准书号　ISBN 978-7-5506-3594-4
定　　价　180.00元
(本书凡印装错误可向承印厂调换,电话:025-57572508)

扬州中学校史资料长编

例　言

一、本书是江苏省扬州中学校史资料的总汇。历史是人类的良师和益友,我校作为百年名校,既有其别处难以复制的独特性,也有其基础教育方面的普遍性和代表性。本校校史编撰工作,自二十世纪八十年代初始,筚路蓝缕,黾勉从事。工作中深感历史资料的可贵与难得,尤其原始资料,劫后孑遗,吉光片羽,每一实录都是一个生命对另一个生命的启示。无奈由于种种原因,资料容易散失。虽然编有一些纪念册和校史书籍,但是这些只是校史中的小部分。又虑及改革开放以来,本校的教育教学和科研,理念领先,成果丰硕,日后不致再生“斯文不幸”之叹。于是就有“扬州中学校史资料长编”(以下简称“长编”)的编辑,广泛收集,不遗余力,现将业已收集到的校史材料汇编成册,出版发行,公诸于世。

二、本书意欲尽最大可能囊括历年来本校的独特办学风格和教育教学成果。光绪二十八年(壬寅,1902),扬州仪董学堂创立,风气初开,中西并重,系颇具现代意义的中学,是为本校源头。两淮中学堂、扬州府中学堂、淮扬合一中学、江苏省立第八中学和尊古学堂、两淮师范学堂、江苏省立第五师范学校,均为本校前身。1927 年合并“五师”“八中”建立的江苏省立扬州中学,承先人余烈,自主办学,推进革新,“科学陶冶,人格感化”,开始了扬州中学最辉煌的时期。抗战八年,辗转办学,弦歌不辍,薪火相传,特别是办在大后方四川的国立二中,培养了大批人才。1949 年后的江苏省扬州中学,实验性与示范性突出,系省内“四大名旦”之一(其他为南师附中、苏州中学、常州中学)。新时期的扬州中学,秉持“科学人文相融合”的理念,继往开来,生机蓬勃。综观百年扬中,积淀丰厚,人才辈出,青春常在。“长编”希望能为本校师生进一步光大优良传统,创造世纪辉煌,乃至为研究中国基础教育者，提供相当的帮助与便利。面向未来，与时俱进，继承、吸收、创新，人类只能在历史提供的条件下自由创造，不断发展。

三、本书资料来源。二十世纪八十年代初，广泛联系各地校友，跑上海图书馆徐汇藏书楼、南京大学图书馆、南京师范学院图书馆、南京图书馆清凉山古籍部等处，抢救第一手校史资料。九十周年校庆和百周年校庆补充了一些资料。近几年来，又重跑各地图书馆，访问校友，甚至逛旧书摊，并通过扬州大学图书馆、华师大友人网上联络等多种渠道，从北京大学、北京师范大学、南京师范大学、复旦大学、华东师范大学、国家图书馆、上海图书馆、南京图书馆、扬州市图书馆、扬州市档案馆等处，复制了一批材料。新收集到一些珍贵资料，如《仪董学堂章程》、《江苏省立第五师范学校校友会杂志·第一期》（原件）及第二第三合期、《一年来之扬中》（原件）、《三周纪念刊》（原件）和三十几本《扬中校刊》（原件和复印品）等等。有的辗转购自北京、上海，有的从收藏者手中购得。值得一说的是《江苏省立第五师范学校校友会杂志·第一期》和《一年来之扬中》，前者是张镇安校友在地摊上高价购得，无偿赠给母校，后者系校友胡宇锋的大学同学汪立耕同志在北京潘家园地摊上购得，无偿转赠，非常感人。周厚枢校长生平资料，包括他的八中毕业证书、校长任命书和蒋中正写的亲笔挽幛，由周校长的后辈从台北跨海捐赠，连同原先黄泰老师家藏本《十周纪念刊》和朱白吾老师家藏的珍贵资料如《五周纪念》特刊等，也由其哲嗣捐赠给学校，十分宝贵。本校在职和退休教职员也以主人翁的姿态参与征集论文论著的工作，充实了校史资料。

四、本书的资料内容与编排。主要内容是目前所能搜寻到的本校相关档案材料，二十世纪二三十年代国内邮政挂号公开出版发行的本校校刊、纪念册、校友会杂志和本校老师编撰的部分教材，以及各个时期本校教育教学的相关文稿等等，少量早期校友的回忆文章因其难觅而宝贵也编入其中。不薄今人爱古人，长江后浪推前浪。新时期以来，本校老师的著述、教育教学和科研的资料，入选的也相当可观，或编专集，或节选，或存目。大量后期校友的回忆文章拟另行编入《扬中往事》。

“长编”分三编：前编、上编、下编。

前编，按年代先后编录学校各个时期的概貌、概况性质的图表和文字，也可以说是比较感性直观的扬州中学简史，以较多相对集中的图文区别于上编、下编。

上编(1902—1949)——第一册、第二册，第三册……

下编(1950—)——第一册、第二册，第三册……

编排体例采取开放结构，随着时日推移，资料的增添，以及旧资料的新发现，可接着续编。

排版采用横排简化字排印，除适应横排基本规则外，具体版式大致参照原样，不强求统一，文字上一般不作改动，漫漶之处，以方框代替，尽可能保存资料原貌。校对时，本校青年教师对原来未曾断句的文章给予断句或标点，有些文章的标点符号也作了必要的改动，更符合当代习惯，其勤奋精神可嘉。众擎易举，共襄其成。

五、"一切历史都是当代史"，然而真理并不是现成的自明的恒常存在，如果没有人参与激活传统，真理便无缘生成和呈现，文本的内在意义也就无法得到传承和延续。至于有些具体文章，总会打上一定的时代印记，作者也有他特定的写作环境，读者明鉴，当会区分根本精神和时局附加的派生条件，历史地、公允地正确对待，这一点毋庸编者赘言。

本书共三编。目前，数百万字的前编(1 册)和上编(7 册)，终能先期编就出版问世，是与各方人士的亲切关怀、热情鼓励和鼎力帮助分不开的，这种强烈的文化意识和高度社会责任感，令人感佩，我们于此深致谢忱。限于编者水平，见闻不广，加之时间仓促，书中难免疏漏失当之处，诚恳地期待着读者批评指教。

《扬州中学校史资料长编》编委会

2012.9

2012 年，出版了上编 7 册与前编 1 册，2016 年，2018 年，2020 年，2022 年，四次续出，到目前为止，《扬州中学校史资料长编》已经出版前编 1 册、上编 11 册、下编 12 册，共 24 册，逾千万字。这次《前编》修订，加入了近十年的材料。

《扬州中学校史资料长编》编委会

2022.2.4

简要说明

本册分两个部分:(一) 从上海图书馆新收集到的资料:五师概况,省扬中的行政总则,教学总则,学生生活指导等。(二) 扬州中学校史组编辑的《扬中校友通讯》(上)。

另附:校史资料长编《上编》(11 册)简目。

上编第十一册

目　录

第一部分　五师概况等上图资料

江苏省立第五师范学校六周年概况…… 3
江苏省立第五师范学校概况(薛锺泰)…… 248
扬州中学要览…… 257
江苏省立扬州中学行政总则…… 397
江苏省立扬州中学教学总则…… 460
江苏省立扬州中学学生生活指导…… 510
江苏省立扬州中学初级女子生活学级要览…… 568
附:蒋介石在扬州中学讲演留影(1928 年 6 月 24 日,藏于上海图书馆)…… 574

第二部分　扬中校友通讯(上)

第 1 期…… 577
第 2 期…… 586
第 3 期…… 598
第 4 期…… 606
第 5 期…… 616
第 6 期…… 627
第 7 期…… 630
第 8 期…… 635
第 9 期…… 643

第10期 …… 651
第11期 …… 659

附　录

《扬州中学校史资料长编·上编》(11册)简目 …… 668

第一部分

五师概况等上图资料

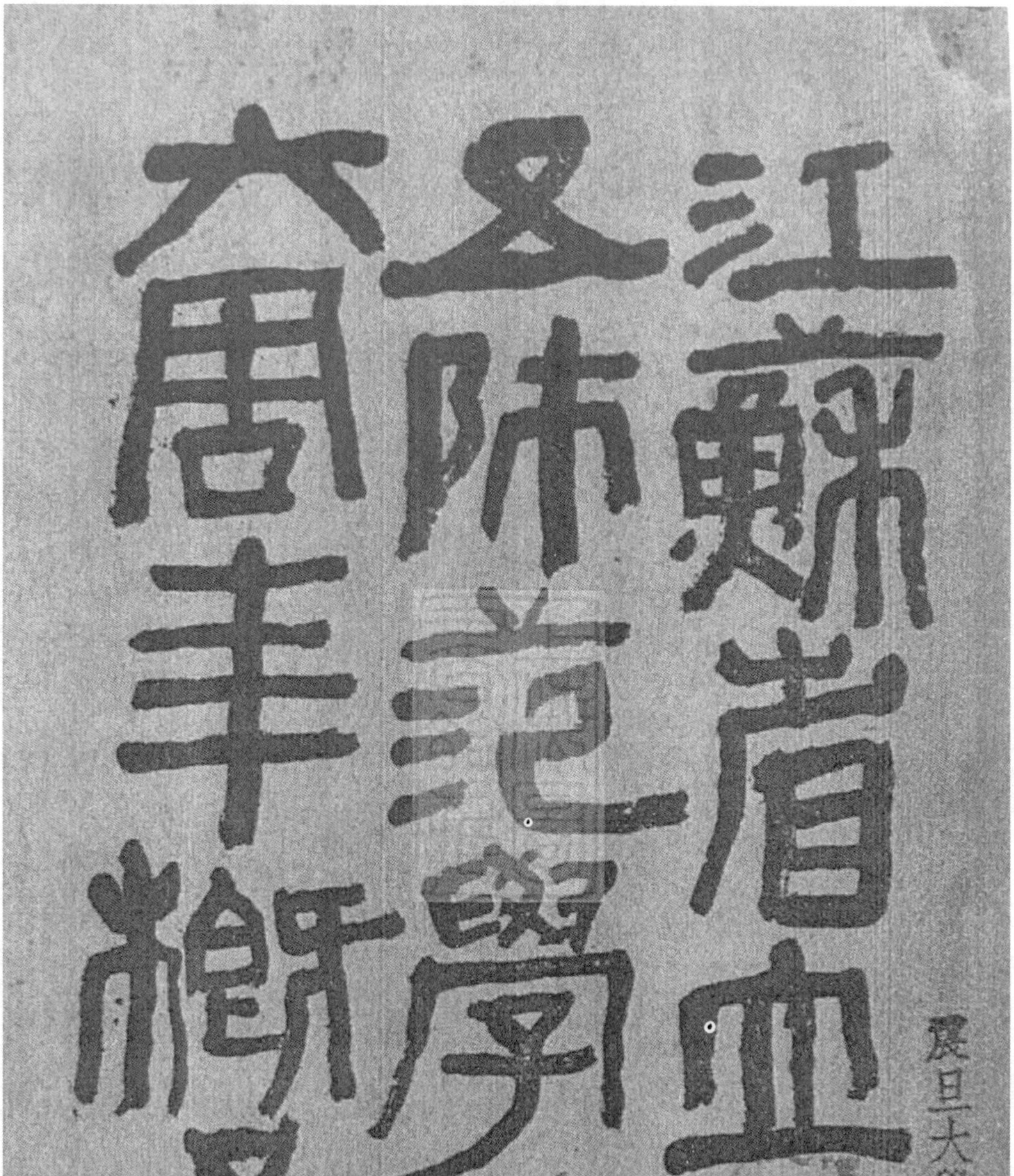
江蘇省立第
五師範學校
六周年概況
復旦大學圖書館

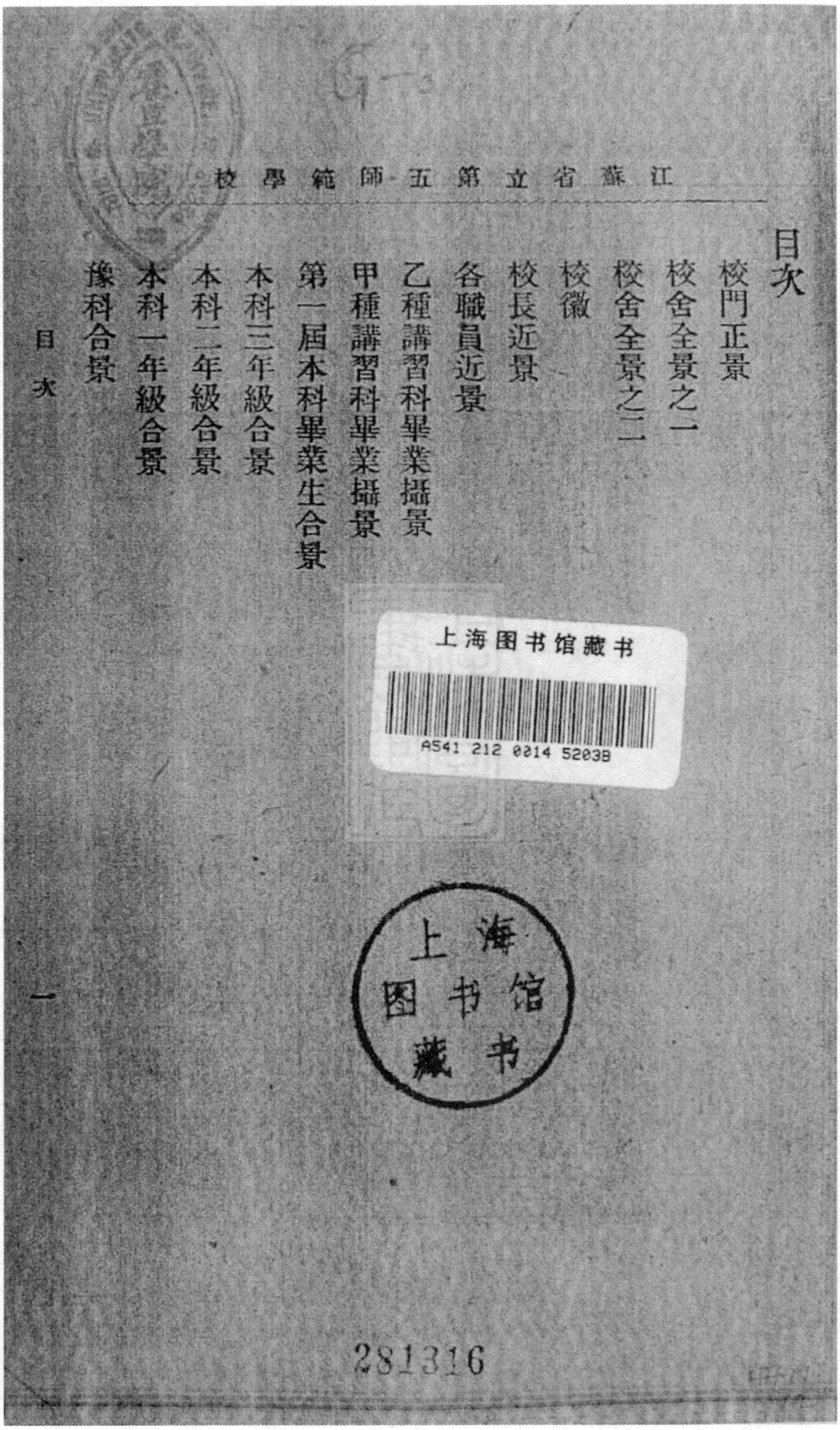

江蘇省立第五師範學校

目次

校門正景
校舍全景之一
校舍全景之二
校徽
校長近景
各職員近景
乙種講習科畢業攝景
甲種講習科畢業攝景
第一屆本科畢業生合景
本科三年級合景
本科二年級合景
本科一年級合景
豫科合景

目次　一

六週年概況

目次

校舍平面圖
生徒宿舍平面圖
前任職員一覽表
現任職員一覽表
職員勤務規約
乙種講習科畢業生一覽表
甲種講習科畢業生一覽表
第一屆本科畢業生一覽表
歷年退學生徒一覽表
已故生徒一覽表
在校生徒一覽表
歷年各縣生徒來學前學[redacted]力統計表
在校生徒分縣統計圖
在校生徒家庭職業百分比較圖

江蘇省立第五師範學校

歷年經費比較表
歷年設備統計表
理化器械室攝景
學年歷
校訓
校歌
管理生徒規則
歷年生徒三育進度綜合比較表
歷年各級生徒操行比較表
歷年各級學行最優生徒之景
歷年生徒在校服務一覽表
歷年生徒假出百分比較表
歷年生徒在校自身費用統計圖
歷年各級生徒平均消耗公私兩費比較圖

六週年概況

目次

各學年各科教授總時數預定表
歷年各級各科教授預定實施時數統計表
歷年各科教材沿革表
歷年各級學業成績比較表
歷年各科留校成績統計表
平時留校成績攝景其一
其二
其三
其四
歷年各級生徒缺課時數統計表
歷年各級生徒進退統計表
各項運動成績攝景
職員網球
連教練

江蘇省立第五師範學校

柔軟體操
國技
網球組選手
籃球組選手
足球組選手
團體競技擲鐵球選手
團體競技靜姿跳遠選手
團體競技五十碼賽跑選手
田徑賽選手
歷年本校運動會運動成績一覽表
歷屆運動最優成績題名表
歷屆省立學校聯合運動會本校運動員得分一覽表
歷屆省立學校聯合運動會本校得分運動員之景
歷屆省立學校聯合運動會本校田徑賽成績比較表

六週年概況

目次　六

第三四屆省立學校聯合運動會本校團體比賽成績比較圖
第三四屆省立學校聯合運動會本校與會運動員統計表
揚州學校第一屆聯合運動會本校運動成績一覽表
歷年網球運動成績統計表
歷年籃球運動成績統計表
歷年足球運動成績統計表
全校生徒運動興味百分比較圖
歷屆省立學校聯合運動會本校團體運動成績一覽表
平治操場開工攝景
平治操場記
各級生徒體格年齡比較圖
歷年生徒疾病統計表
歷年生徒傳染病比較表
附屬小學校平面圖

江蘇省立第五師範學校

目次

附屬小學校校徽及校歌
附屬小學校全體攝景
附屬小學校校務進行一覽表
校友會概況表
校友會運動部概況表
六年間大事記
附言

六週年概况

目次

校門

校舍之一

校舍之三

校徽

校長 任誠

教務主任
物理化學教員夏藝衎

舍監
國文歷史教員葉惟善

舍監
修身地理教員賈觀霄

國文教員鮑貴藻

國文教員王翌儒

倫心論理教育國日文教員吳棠

國文教員李應漳

國習文字教員徐藻

豫科級任國修文身教員喬竦

博物教員徐允頎

英文教員周才芳

數學教員陳懷書

手工助教員程寅谷

圖畫手工教員呂游

國技教員
馬炳元

運動指導員
兵式操英文教員
張椿齡

校醫陳邦賢

音樂教員許崇光

書記員林森

書記員圖書儀器保管員符節

繕寫員嚴錦源

庶務員徐國權

繕寫員王維松

收支員王立經

附屬小學校
高等科一年級級任教員
王恩棠

附屬小學校
高等科二年級級任教員
尹拔元

附屬小學校
國民科單級級任教員
王鳳翔

附屬小學校
國民科一二年合級級任教員
汪大煦

附屬小學校
國民科四年級級任教員
王宗軾

附屬小學校體操唱歌圖畫手工科任教員 姚光謙

附屬小學校體操科任教員 唐禪

附屬小學校國民科三年級級任教員 茆濟麟

附屬小學校國民科一年級級任教員 張雅煥

附屬小學校 事務員 李孝侯

附屬小學校圖畫手工理科農業科任教員 唐壽

乙種講習科

甲種講習科

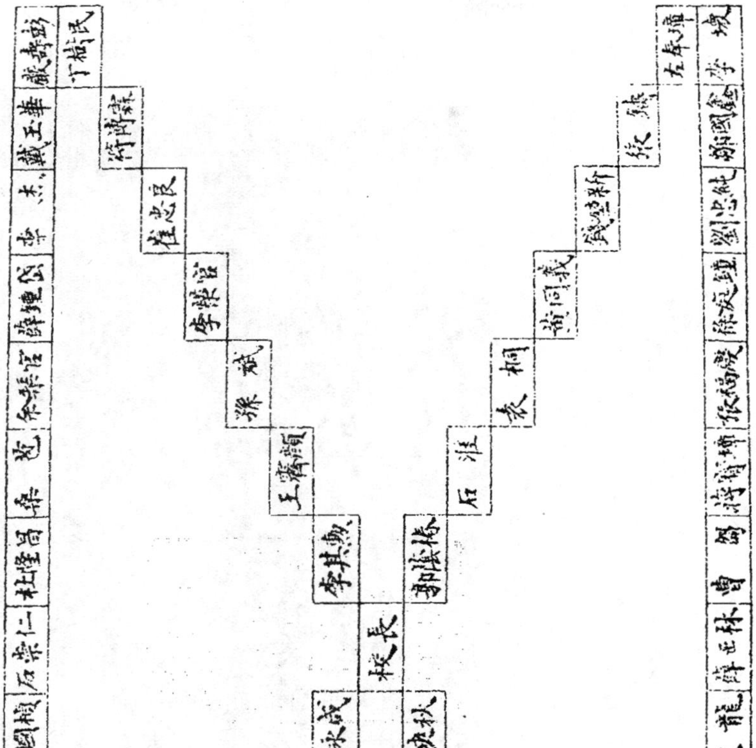
校長

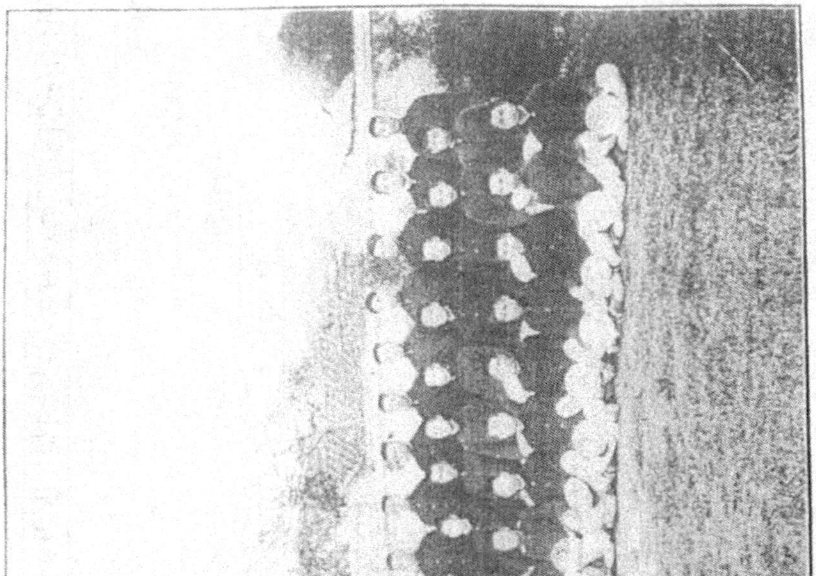

本科三年級

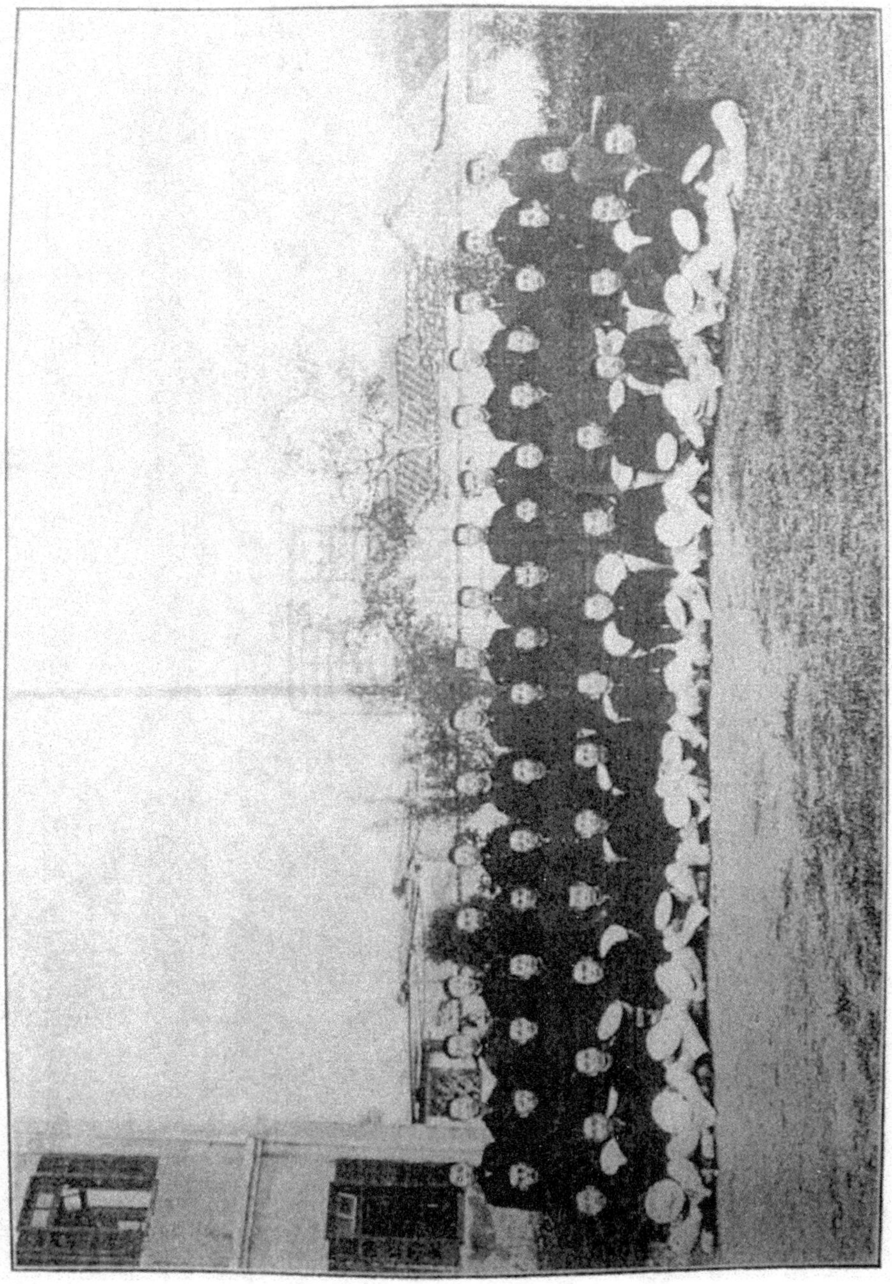

本科二年級

本科一年級

豫科

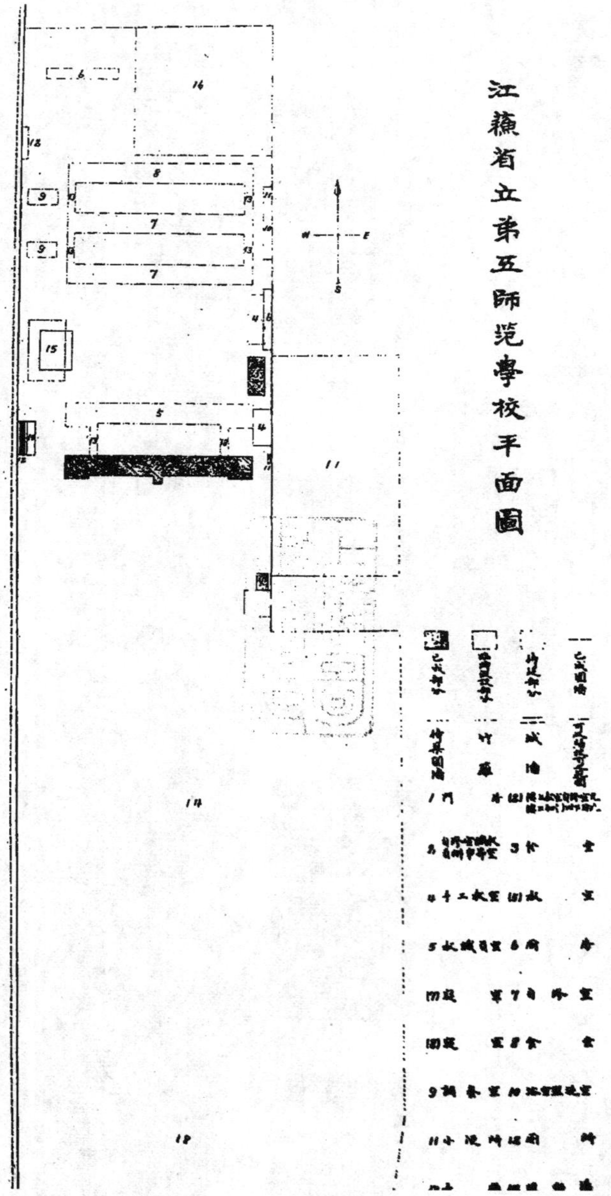
江蘇省立第五師范學校平面圖

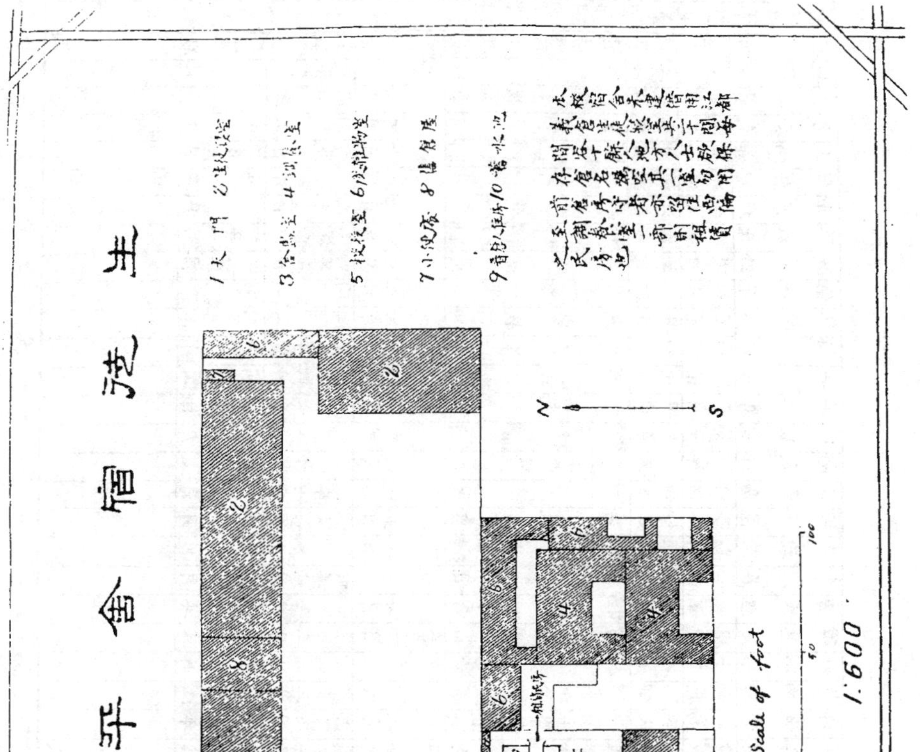
生徒宿舍平面圖
N
S
Scale of feet
1:600

前任職教員一覽表（以就職年月先後為序）

姓名	字	籍貫	擔任職務及教科	就職年月	退職年月	在職年月數	備註
姚明煇	孟埙	上海	校長	元年三月	元年十二月	十月	
朱毓賢	孟豪	崑山	庶務兼收支員	五月	同上	八月	
夏景武	鏡芙	嘉定	文牘員	五月	同上	同上	
王鴻藻	芷濱	灌雲	附屬小學主事兼監修身教員	六月	六年三月	四年九月	
賈存埜	佩珩	儀徵	繕寫員	八月	七月	五年	
徐慕杜	公美	江都	修身教員	九月	元年十二月	四月	
單毓蘇	治秋	泰縣	附屬小學主事兼國文教育教員	九月	三年四月	一年八月	
吳錫齡	遐伯	儀徵	博物教員	九月	四年七月	二年十一月	
俞錫榮	桂岩	江都	圖畫手工教員	九月	同上	同上	
包榮爵	墨葊	丹徒	數學教員	九月	同上	同上	
趙印榮	彥誠	如皋	校長	二年一月	二年四月病故	四月	
吳逸	漱渠	南通	書記員	一月	二年四月	同上	
吳選春	東屏	丹徒	收支員	一月	七月	七月	
何鎮寅	景平	如皋	附屬小學主事兼[illegible]	四月	七月	四月	
潘秉鐸	竹蓀	如皋	附屬小學級任教員	四月	七月	同上	
許憲基	紹初	如皋	同上	四月	三年七月	一年四月	
姚銘恩	子敬	如皋	書記員	五月	二年七月	三月	
唐鎮業	勤甫	淮安	附屬小學主事兼英文教員	七月	十二月	六月	
李厚莊	心牧	江都	庶務員	七月	四年四月	一年十月	
曾雲程	萬里	江都	書記兼習字教員	七月	七月	二年	
譚息清	維德	吳縣	體操助教員	三年三月	三月	一年	
姚訓恭	子青	丹徒	校醫	八月	三月	八月	
許炳蔚	漁蓀	江都	附屬小學級任教員	八月	三月	同上	
許俊士	公萬	興化	附屬小學科任教員	八月	六年七月	三年	
張兆祺	時寅	吳縣	體操教員	四年四月	五年七月	一年四月	
蔡以晉	錫藩	江都	庶務員	五月	六年七月病故	二年三月	
鄭杏蓀	又樵	高郵	英文教員	八月	五年七月	一年	
柳肇璋	叔昂	丹徒	附屬小學級任教員	八月	六年七月	二年	
章登元	倫青	灌雲	數學教員	八月	五年七月	一年	
蔡楨	松筠	上猶	博物農業教員	八月	七年四月	二年九月	
丁森立	寀庵	浙江	歷·史教員	八月	四年八月	一月	
朱癸陽	緯初	吳縣	體操教員	九月	十二月	四月	
劉勤藻	耀翔	江寧	歷史教員	九月	五年七月	十一月	
李學海	致蘇	江都	數學教員	五年八月	十二月	五月	
董國湯	振之	丹徒	附屬小學級任教員	八月	十二月	同上	
陳肇堂	佑之	常熟	簿記珠算教員	八月	六年三月	八月	
顧敦福	康伯	興化	歷史教員	八月	七月	一年	
陳卯才	藝丞	丹徒	附屬小學科任教員	八月	七月	同上	
朱懋英	健安	江都	繕寫員	八月	七年三月	一年八月	
張國璠	啟曾	泰縣	附屬小學級任教員	八月	六年七月	一年	
凌樹臺	子屏	上海	舍務主任	六年五月	同上	三月	
江鍾彥	武子	江都	簿記珠算教員	八月	六年十二月	五月	

現任職教員一覽表

職務	姓名	字	籍貫	經歷	到校年月	每週授課時數	俸額
校長	任誠	孟閑	江都	日本東京高等師範學校數學物理本科卒業	二年七月	七	一二八
監學兼地理教員	貫觀雲	劍青	儀徵	兩江優級師範學堂地理歷史選科畢業	元年八月	八	九五
監學兼國文歷史教員	葉惟善	貽穀	江都	南菁高等學堂畢業	六年八月	一一	一〇六
教務主任兼數學物理化學教員	夏藝珩	佩白	丹徒	兩江優級師範學堂數學理化選科畢業	二年九月	一四	九九
體育主任兼體操教員	沈玉	屛園	江甯	江蘇優級師範學堂體操專修科畢業	二年八月	一三	八五
附屬級任兼國文修身教員	喬球	際雲	泗陽	兩江優級師範學堂農博選科畢業	六年八月	一〇	九二
國文教育教員	吳棠	滌樓	丹徒	江蘇優級師範學堂地理歷史選科畢業	四年八月	一六	九三
國文教員	鮑貴藻	芹士	儀徵	日本宏文學院師範博物科畢業	二年八月	六	三八
國文教員	李應澄	涵秋	江都	江都縣立第一高等小學校級任教員	三年八月	一〇	六五
國文習字教員	徐藻	友革	泰縣	南菁高等學堂畢業	同上	一六	九〇
英文教員	周才芳	子品	鎮海	上海南洋公學畢業	五年八月	二四	九六
課外運動指導員兼英文體操教員	張椿齡	鶴侶	杭縣	同上	同上	一三	八二
數學教員	陳懷書	容善	吳江	交通部上海工業專門學校電機科畢業	三年八月	一七	八〇
博物教員	徐允頤	養正	丹徒	兩江優級師範學堂農博選科畢業	七年四月	一二	四八
圖畫手工教員	呂濬	鳳巖	丹陽	兩江優級師範圖畫手工選科畢業	四年八月	二三	九二
手工助教員	程寅谷	際春	丹陽	上海圖畫美術學院畢業	五年十月		三三
音樂教員	許崇光	融軒	灌雲	日本東京音樂學校卒業	四年八月	一一	四四
拳術教員	馬炳元	筱軒	吳縣		四年八月	二	一八
校醫	陳邦賢	冶愚	丹徒	上海丁氏醫院畢業	同上		四三
庶務員	徐國權	巽生	儀徵	江南蠶桑學堂畢業	六年八月		三八
收支員	王立經	惟一	丹徒	江蘇官廳簿記講習所畢業	二年九月		三八
書記兼圖書儀器保管員	符節	曉芙	江都	江南陸師學堂修業	四年八月		三八
繕寫員	林森	稿餘	江都	本校乙種講習科畢業	三年八月		二三
繕寫員	嚴良灝	冬鑲	丹徒		元年八月		二三
繕寫員	王維松	蔚青	江都		六年八月		二三
附屬主事兼教育教員	陳達	蔚舫	江都	兩江優級師範學堂農博科畢業	二年九月		七三
附屬高三級任教員	王昱儒	道明	泰縣	南菁高等學堂、北京高等師範學校本科畢業	四年八月		四八
附屬高二級任教員	尹拔元	連堂	鹽城	甯屬師範學堂畢業	四年八月		四三
附屬高一級任教員	王恩棠	仲芳	江都	江北師範學堂畢業	三年八月		三三
附屬單級級任教員	王鳳翔	季雝	丹徒	江蘇省立第四師範學校本科畢業	四年八月		四三
附屬國四級任教員	王宗鉞	尚坡	高郵	江蘇省立第六師範學校本科畢業	六年八月		三三
附屬國三級任教員	卲濟麟	玉書	興化	本校甲種講習科畢業	同上		二一
附屬國二級任教員	汪大煦	仲和	江都	江蘇省立第一師範學校本科畢業	四年四月		三三
附屬國一級任教員	張雅炘	幼虹	江都	江蘇省立第一師範學校本科畢業	六年一月		三三
附屬國一助教員	姚光謙	虛谷	東臺	本校甲種講習科畢業	六年八月		二一
附屬手工理農科任教員	唐寄	叔眉	江都	兩江師範學堂農博選科畢業	二年四月		三三
體操科任教員	唐稷	明志	吳縣	江蘇兩級師範學堂體操專修科畢業	六年八月		三三
附屬書記員	李孝侯	嘯虎	儀徵	本校甲種講習科畢業	同上		一三

江蘇省立第五師範學校

職員勤務規約

第一條　校長主持全校校務

第二條　舍監管理生徒並訓育之其要項如左

一督勵生徒實行各項規則及其服務

一注意生徒學行體育並隨時加以訓勉

一監察生徒入學及學年學期之試驗

一會評生徒入學及學年學期之成績

一核奪生徒之請願（假出外宿及其他）事情重大者與校長商定

一會同教務主任學級主任編定教室自修室及寢室之席次並隨時視察之

一會同體育主任校醫講求全舍衛生事宜（炊事便所特別注意）

一養護疾病生徒調節其起居飲食

一檢查生徒身體（每年於定期會同體育主任校醫行之）

一整理生徒入舍出舍朝會就食之秩序

一監督生徒選舉各長並選任之

一查察生徒課外作業及集會
一率領生徒修學旅行及參觀
一調製一切管理訓練養護之表册

第三條　教務主任執掌教務管理生徒其要項如左

一編製授課時間表
一整理教授週錄
一移調授課時間
一檢查各科教員之缺課補課並發表其時間
一監察生徒入學及學年學期之試驗
一會評生徒入學及學年學期之成績
一會同舍監體育主任學級主任注意生徒教室操場自修室之風紀並考察其勤
一核奪生徒缺課之請求
一彙製各級學期學年學行成績之表册
一徵集各級各科試驗留校之成績並保管陳列之

第四條 體育主任管理生徒體育事宜其要項如左
一考究體育之方法並實行之
一矯正生徒起居動作之姿態
一會同舍監及校醫注意衛生事宜並檢查生徒身體(每年於定期行之)
一督勵生徒實行課外運動
一養成各種運動之選手
一組織校內運動會並評判其成績(每年於定期行之)
一率領生徒赴校外運動會及與他校爲各種運動之比賽
一參與校外各項體育會議
一籌備運動器械並整理保管之
一會評生徒入學及學年學期試驗之成績
一調製生徒體格及關於運動成績之比較統計各表
第五條 學級主任管理所任學級事務其要項如左
一訓練全級生徒養成良善之級風

一督勵級長室長及各值日生之勤務
一會同舍監教務主任整理生徒教室自修室內外之風規並注意上課退課及課外運動作業之秩序
一核閱學級日誌
一稽查生徒每週出席簿
一監察生徒學年學期之試驗
一會評生徒學年學期之成績
一調製生徒學年學期成績之表册

第六條　各科教員教授所任學科並隨時有管理訓練之責

第七條　庶務員管理全校庶務與收支書記各員職務相關其要項如左
一進退校僕（與校長商定）
一分配校僕職事並督察其勤惰優劣
一會同收支員編造豫算決算
一計畫修建事宜並監督其工程（工程較大者另訂專則辦理）

一購備必需物品及製辦生徒制服等項
一注意全校整潔
一安排儀式場所
一保管全校器具
一調製各項備品表册(每學期須檢查一次)
一會同收支書記各員處置其他一切事務
第八條　收支員管理經費出納事宜與庶務書記各員職務相關其要項如左
一編製預算決算
一施行領款存款之手續
一收取生徒保證制服用品等費並給以收據
一保存現款及一切契據憑單凡生徒儲金及校友會販賣組存款單據統歸保管
一分送職員月俸並取其收據
一支付其他各項經費(非經常定款數至五元以上者須經校長認可)並取其收據
一登記各項收支賬册(日記分類及其他)並計共存欠每於土曜午後送校長核閱

一調製各項收支比較統計一覽等表

一協助庶務員管理校僕並會同書記員處置其他一切事務

第九條　書記員掌管文牘記錄之事與庶務收支各員職務相關其要項如左

一繕寫公文公函及一切表簿册單

一整理各項案卷底册並保存之

一編製本校大事記

一記錄祀祭儀式及其他公共會場之秩序及其演詞

一會同庶務收支各員處置其他一切事務

第十條　繕寫員協助書記員謄寫各項公文簡牘並寫印各科講義及各項文稿表册而繕寫員以寫印講義爲專責

第十一條　圖書儀器保管員掌理各項圖書標本模型藥品器械分類陳列逐件登記教員有所需用當先事准備用後整理收藏之

第十二條　校醫會同舍監體育主任執掌全校衞生事務檢查生徒身體（每年於定期行之）並診察全校人員疾病

第十三條　附屬小學校主事及級任科任各教員職務别以規約訂之

第十四條　職員職務凡未經本規約明白規定而又爲本校現行各項規則所無者有所設施均須商之校長

第十五條　職員每日勤務時間之起訖除日曜及例假日外一以本校規定作息時間表爲準但日曜及例假日管理員事務員(庶務收支書記繕寫及圖書儀器保管員)中須各有一人在校

第十六條　春夏冬長假期間舍監及事務員中須各有一人留校

第十七條　本校門戶燈火每日除由舍監照察外庶務收支書記繕寫及圖書儀器保管員中至少須有一人在校值宿

第十八條　職員因事缺勤者依另訂告假規約辦理

第十九條　本規約由校長核定施行其有未盡事宜得隨時協商由校長決定增改

職員告假規約

第一條　教員不得已不能按照授課時間表授課時規定辦法兩種

(1)　尋常因事故不得不缺課事前得從容請人代理或能預料某日某時可以補

授因與他科教員協商互調者須於先一日以缺課事由及協商調課之方法告知教務主任教務主任視爲無障礙時須儘先一日自修前以所調學科與時間同時發表俾生徒知明日之課已有變更得以從事預習而調者與被調者亦祇易時而教無他問題

（2）因病或猝發事項不得不缺課事前無暇與他人協商調課並不能預料某日某時可以補授者亦須先時以缺課事由告知教務主任由教務主任綜核全部授課時間表酌量所缺之課以何時何學科代授先時通知該科擔任教員一面揭示生徒（揭示時間亦須在先一日自修之前但屬於倉猝發生者不在此限）以資預備並由教務主任總計所缺時數及所代學科列爲一表通知缺課教員於本學期內設法補授完竣至被代者對於代者事前雖未協商事後當無異議惟應否報酬悉由自便

第二條　教員假滿仍須繼續時應告由調課或代課者代行第一條規定之手續

第三條　教務主任應於每學期末彙製告假一覽表以備檢查

第四條　管理員事務員及附屬小學校主事有事須缺勤時亦應具備告假書叙明告

職員告假規約

假緣由月日及代理者送由校長核定
第五條 管理員事務員及附屬小學校主事假滿仍須繼續時應告由代理者代行第三條規定之手續
第六條 附屬小學校級任科任各教員告假手續另訂
第七條 本規約由校長核定施行

六週年概況

前屆畢業生一覽表

乙種講習科 民國三年畢業

姓名	字	籍貫	畢業後狀況	姓名	字	籍貫	畢業後狀況
王滌	杏樓	江都	教讀	劉清泰	鏡河	儀徵	私立作新國民學校
古味芝	味芝	儀徵	古氏學校	蕭士英	伯含	儀徵	江都第二高等小學校庶務員
滕雪軒		江都	教讀	趙守言	蘭如	江都	教讀
朱齡香	枝臣	儀徵	同上	賈杉	斗南	儀徵	江都第一區十二國民學校校長
許炳蔚	漁孫	江都	江都第一區十三國民學校校長	包詠春	少南	丹徒	教讀
程鈞	濟川	儀徵	幼幼小學校長	蔣志瀛	庶三	江都	第七區第一國民校長
姚附周	鳳岐	江都	教讀	姚際周	衛冬	江都	教讀
潘朱	棣臣	江都	兩淮第七國民校長	韓濟	濟明	江都	江都第二高小教員
沈繼慶	山縈	江都	江都第五國民校長	桂天煦	詠春	六合	第二區第一第二國民學校教員
吳興仁	樂山	杭縣	第二區第一國民學校教員	吳邦傑	仲家	江都	儀徵小學教員
王鐸	覺民	六合	第三區第九國民教員	朱紹鏞	馨伯	江都	教讀
張世偉	少哲	江都	教讀	張乃楨	幹青	丹陽	育英女學教員
吳邦俊	伯英	江都	江都第一區第十一國民校長	程甲	賓之	安徽	
張希熙	香孫	江都	第二區第二國民校長	戚雲	雲奇	江都	私立求新小學教員
戚寰	素放	江都	第一區市教育會副會長、第七國民教員	朱紹襄	贊庭	江都	教讀
曹鳥	文陽	江都	轉入本科	吳興詩	經庭	儀徵	轉入本科
李乃慶	晉同	江都	中華文明小學主任、附專門學校會計	丁垚	憂民	江都	第五區第三國民教員
周鼎	晉藩	江都	教讀	徐文成	子純	丹徒	教讀
陳耀卿	紹華	江都	轉入本科	黃泰增	益吾	江都	教讀
錢燕慶		江都	第一區第二十國民教員	王清源	學純	江都	同上
張國翰	鐵崖	江都	教讀	徐煥文	小軒	江都	同上
梁丹洪	濯清	江都	江都第六高小庶務員	龔啟鬱	蔚卿	江都	第一區第十三國民教員
沈泗	庚貞	江都	邗英小學校長	臧樾	毅之	江都	教讀
魏汝寅	虎窗	杭縣	邗英小學教員	王廷彥	靄生	江都	
李孝侯	嘯侯	儀徵	本校附屬小學書記	李德靈	秀甫	江都	
吳鍾琦	韞山	錢塘	安徽旅揚小學教員	孫寶瑺	仲魯	江都	
孫寶琮	李玉	江都		吳鐸	鏡清	丹徒	轉入本科
余光藻	璧香	丹徒	丹徒旅揚兩等小學教員	顧靖	靖侯	江都	教讀
張宜奐	麐孚	江都	江都第六國民校長	周鼎勳	銘九	江都	同上
陳其智	近仁	江都	師範講習所職員	樊潤源	澤生	江都	同上
王子文	梓雯	江都	教讀	周傑	俊丞	江都	同上
戴寅	雲程	丹徒	同上	王承淦	麗生	儀徵	同上
薛萬順	仲堅	江都	同上	徐振鷺	序臣	興化	同上
高登官	芸生	江都	第七區第八國民校長	姚森華	楨之	江都	私立明明小學校長
張蘊良		江都	教讀	王經國	式垣	江都	
顧新民	心明	江都	同上	潘起	振卿	江都	
林森	積餘	江都	本校書記	崔學瑝	瑝谿	江都	第七區第五小學校長
顧峻	采三	江都	溧水崇實第三國民校長	侯茂林	子青	江都	丹徒旅揚兩等小學教員
孔憲治	仰嚴	江都		楊傑士	子英	江都	已故
馬兆麟	趾仁	江都	已故	李炳南	仲玉	江都	已故
臧毓	紱英	江都	已故				

甲種講習科 民國六年畢業

姓名	字	籍貫	畢業後狀況	姓名	字	籍貫	畢業後狀況
孫濬	漱石	東臺	小海市立第二國民學校校長	劉森茂	甲三	東臺	西溪鄉立第二國民學校教員
包臧卿	叔衆	東臺	溱潼鄉立第一國民學校教員	張鴻生	玉吾	東臺	富安市立兩等小學校級任教員
錢貽	少蘭	東臺	富安市立兩等小學校級任教員	滿樹桐	渭北	東臺	時堰市立第一國民學校教員
周武	石青	東臺	大興市立第五國民學校級任教員	姚光謙	地山	東臺	本校附屬小學校初一助教員
李成溪	養浩	東臺	小海市立第四國民學校校長	楊善澤	潤寰	東臺	南鄉市立第三國民學校校長
管福培	蔭森	興化	興化市立第七國民學校助教員	李榮藺	卯條	興化	
范濟麟	玉書	興化	本校附屬小學初三級任教員	李德華	實孫	興化	興化市立第二國民學校科任教員
朱鴻儒	席珍	興化	魏莊鄉立第一國民學校助教員	陳邦興	尉起	興化	省立第一工業學校木工教員養成科肄業
陳嘗銓	仲梅	興化	鄭莊鄉立第二國民學校教員	萬尚儒	看三	興化	興化縣立第一國民小學教員
呂強南	毅伯	興化	興化荻埡兩民學校教員	李孝侯	嘯侯	儀徵	本校附屬小學校書記員
黃建炳	文煥	儀徵	儀徵北區第一國民學校教員	劉祖庚	仲盤	儀徵	城廂市第二國民學校校長

本屆畢業生一覽表

以姓之筆畫多寡爲序

姓名	字	籍貫	年歲	家庭職業	入學前學歷	在校年月	備註
丁津	偉人	江都	二四	學	邵伯市立高等小學校修業四學期	五學年	
丁樹民	大遠	睢寧	二三	商	睢甯縣立高等小學校修業三學期	同上	
丁瑞昌	文卿	江都	二〇	商學	邵伯市立高等小學校畢業	同上	
丁時澂	模如	江都	二四	學	兩淮公立高等小學校畢業	同上	
尤以堅	子固	江都	二四	農	丹徒縣立高等小學校畢業	同上	
王恩波	承寬	淮安	二四	商學	山陽縣私立敬恭高等小學校畢業	同上	
王際顏	[illegible]	江都	二五		兩淮公立高等小學校畢業	同上	
石淮	[illegible]安	江都	二三	商		同上	
石崇仁	靜卿	鹽城	二一	學	鹽城縣立高等小學校畢業	同上	
左辰琦	瑤山	鹽城	二四	儒	鹽城縣立高等小學校修業五學期	同上	
伏龍	[illegible]唐	東臺	二五		東臺縣立高等小學校修業六學期	同上	
朱欽學	子修	東臺	二五	學	泰縣鄉立崇實高等小學校修業四學期	同上	
阮承成	叔平	六合	二四	鹽商	西壩運商公立高等小學校畢業	同上	現居淮陰
吳宗良	駿一	金壇	二四	學	金壇縣立高等小學校修業六學期	同上	
吳鐸	鏡清	丹徒	二五	儒	兩淮公立高等小學校 本校乙種講習科畢業	同上	現居江都
李杰	漢三	淮陰	二四	商	西壩運商公立高等小學校畢業	同上	
李壎	孟蘇	丹徒	二一	學	丹徒旅揚公立高等小學校修業五學期	同上	現居江都
李承祿	竹篠	丹徒	二一	商	安徽旅揚公立高等小學校畢業	同上	同上
李榮官	希桓	鹽城	二二	儒	鹽城縣立高等小學校畢業	同上	
李其勳	定奇	丹徒	二〇	商	丹徒縣立高等小學校畢業	同上	
李懋紹	繩武	泰縣	二三	學	泰縣大堰[illegible]高等小學校修業五學期	同上	
宋景邦	雨公	鹽城	二一	商	西壩運商公立高等小學校畢業	同上	現居淮陰
何惟科	第先	儀徵	二〇	農學	儀徵縣立第二高等小學校畢業	同上	
余琴官	師趙	興化	二四	儒	興化縣公立文正高等小學校畢業	同上	
汪國楨	幹廷	儀徵	二四		江都縣立高等小學校畢業	同上	現居江都
杜隆昌	茂之	灌雲	二四	農	同上	同上	
邵東秋	叔龍	東臺	二二	商學	時堰市立高等小學校修業四學期	同上	
孫斌	蔚氏	江都	二三		泰縣鄉立崇實高等小學校修業四學期	同上	現居泰縣
孫繼強	聲嶽	江都	二四	農儒	兩淮公立高等小學校畢業	同上	
郭滄椿	公乾	泰縣	二五	儒	泰縣縣立第一高等小學校畢業	同上	
秦芑	蘅溪	江都	二一	幕		同上	
袁桐	子高	江都	二三	醫	兩淮公立高等小學校畢業	同上	
夏沅官	星五	泰縣	二二	士	泰縣私立天職高等小學校修業三學期	同上	
陳耀卿	紹華	江都	二一		本校乙種講習科畢業	同上	
徐庭鍾	醒晨	江都	二二	商農	江都公立毓化高等小學校修業六學期	同上	
崔忠良	誠齋	如皋	二四		如皋鄉立新民高等小學校修業三學期	同上	
曹翔	守一	江都	二四	[illegible]	本校乙種講習科畢業	同上	
黄同義	賀大	儀徵	二三	商農	儀徵縣立高等小學校畢業	同上	
黄振黄	冠五	漣水	一九	農	安東縣私立石湖高等小學校修業四學期	同上	
張文炳	漢英	豐縣	二三	儒	豐縣縣立高等小學校修業五學期	同上	
張鑄	子陶	泰縣	二二	儒	泰縣縣立高等小學校修業六學期	同上	
張恩穀	戩宜	儀徵	二二	學	江都縣立高等小學校畢業	同上	現居江都
張福慶	錫予	泰興	二四	學	泰興縣立高等小學校修業五學期	同上	
符傳霖	[illegible]岩	江都	二〇	學	邵伯市立高等小學校修業二學期	同上	
許廷壽	松君	江都	二一	學	江都市立高等小學校修業二學期	同上	
戚元章	庶平	儀徵	二二	儒	江都縣立高等小學校畢業	同上	同上
郭國鑫	貢三	無錫	二四	商	儀徵縣立高等小學校畢業	同上	現居儀徵
潘德山	仁父	興化	二五	[illegible]	興化縣東二區公立高等小學校修業四學期	同上	
潘德昀	平甫	興化	二〇	商	同上	同上	
蔣寶璋	仲達	江都	二二		江都縣立高等小學校畢業	同上	
劉忠純	默公	上海	二一	商	上海市立養正高等小學校畢業	同上	
錢[illegible]新	子厚	丹徒	二三	商	丹徒縣立第二高等小學校畢業	同上	
薛正林	伯壬	丹徒	二〇		丹徒旅淮公立高等小學校修業五學期	同上	現居江都
薛鍾泰	翹東	漣水	二四	[illegible]	清河淮江北公立中學校修業三學期	同上	
薛鍾岱	鐵[illegible]	漣水	二五	[illegible]	阜寧縣立高等小學校修業五學期	同上	
戴玉華	春岩	泰縣	二一		泰縣白米鄉立高等小學校畢業	同上	
顧養元	浩然	興化	二三	農學	興化縣東二區公立高等小學校修業四學期	同上	
嚴壽彭	[illegible]	鹽城	二五	商	鹽城縣立高等小學校畢業	同上	

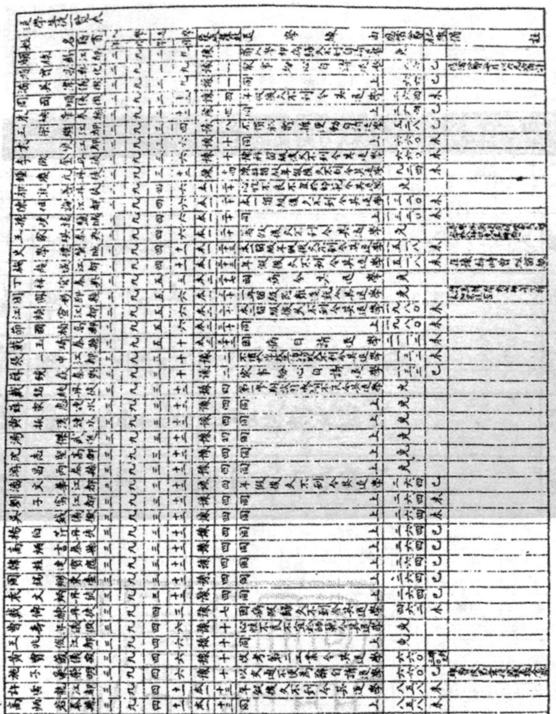

已故生徒一覽表

姓名	年歲	籍貫	在校年級	入校年月	染病狀況	死亡年月
趙世章		江都	豫科	二年九月	肺癆病假歸故	三年
王庭棟	一七	儀徵	豫科	三年九月	急性脚氣假歸故	四年五月
王灼	二〇	高郵	本科一年級	二年九月	腸窒扶斯假歸故	同前
蔣智發	一六	丹徒	本科一年級	同前	腸窒扶斯假歸故	同前
徐景奎	一九	鹽城	本科一年級	同前	腸窒扶斯假歸故	同前
李松年	一六	丹徒	本科二年級	同前	遺精虛弱假歸故	四年十月
李鴻聲		宜興	豫科	四年九月	入校未久咯血假歸肺病發故	同前
陳諫	一八	江都	本科二年級	二年九月	肺癆病假歸故	五年四月
錢懷新	一七	丹徒	本科二年級	同前	脚氣暑假歸在途猝故	五年七月
朱文津	二一	江都	本科二年級	同前	暑假歸患肺病故	同前
劉松庭	二〇	泰興	本科一年級	五年九月	腸窒扶斯假歸故	六年十一月
張永聲	一八	鹽城	本科一年級	同前	腸窒扶斯假歸故	同前
徐如奎	一七	鹽城	豫科	六年九月	年假歸患肺癆病故	六年十二月
龔晉錚	一九	江都	本科三年級	三年九月	年假歸患肺癆咯血故	七年二月

在校生徒一覽表

一本科三年級

姓名	字	籍貫	年齡	家庭職業	入學前之經歷	選習科目	通信處
莫振星	畏三	江都	二十四	醫		國文	江都東鄉宜陵鎮
金東華	旭初	漣水	二十四	農讀		國文	灌雲新安鎮張森泰號收轉喬莊交孫義倫再轉三里坊
單金堂	玉階	漣水	二十四	農		國文	阜寧東坎鎮萬興泰號轉黄圩田廣盛交
李宗晟	紹良	儀徵	二十三	學	高小畢	數理	儀徵南門外大碼頭
蕭顧鴻	叔瞻	泰縣	二十三	學		國文	泰縣大白米鎮蘇德昌魚行轉交
孟起浩	養然	泰縣	二十三	學		國文	泰縣姜堰鎮洪義和茶號轉蔣垡鄉張義廣號轉交
符宗韓	芍亭	江都	二十三	學	高小畢	國文	江都丁家灣如來柱巷
趙承祿	受之	丹徒	二十三	學	高小畢	英文	鎮江寶塔巷內梅家巷正經書屋
魏元貞	卜三	東臺	二十三	商		國文	泰縣曲塘鎮廣武學校轉莫家莊交
孟廷玉	璧如	泰縣	二十三	學		國文	泰縣東南鄉蔣垡鎮
王蔭培	槐卿	江都	二十三	商		國文	江都大橋鎮河西乾元南貨號轉交

六週年概況

在校生徒一覽表

韓桂章	馨山	泰縣	二十三	學		國文	泰興縣黃橋市米巷內韓宅
王振黃	馭白	漣水	二十三	農		國文	阜寧東坎鎮萬興泰轉黃圩田廣盛再轉四大門
陳繼高	仰之	泰縣	二十二	農		英文	泰縣城內荻柴巷陳子符收
楊世傑	俊臣	句容	二十二	商		數理	江都邵伯鎮小教場潘炕坊巷內
趙秉恆	叔乾	江都	二十二	學		英文	舊城後李府拈花庵間壁
朱永貞	正甫	江都	二十二	商	高小畢	英文	江都大橋鎮朱家巷口
盧沛霖	雲甫	泰縣	二十二	學		數理	泰縣大白米鎮蘇德昌魚行轉土山恆生
馮應宣	子明	東臺	二十二	學		國文	何垫鎮喻家巷口蘇如記烟莊轉寄丁溪小橋口
王寶鑾	序東	江都	二十二	學	高小畢	國文	江都宜陵鎮廟村
黃寶杰	蘊秋	泰縣	二十二	商		國文	泰縣北門外草河小破橋東黃宅
黃亞藩	子屏	漣水	二十二	農		技能	阜寧東坎鎮恆興福號轉黃圩田廣盛再轉黃家莊
周士秀	松生	寶應	二十二	商	高小畢	數理	寶應東門大街申家巷
劉蓉鏡	芙初	寶應	二十二		高小畢	國文	寶應縣西街
周國華	俊三	鹽城	二十二	農	高小畢	國文	鹽城沙溝西首慶記許君轉寄南莘野周宅

二

江蘇省立第五師範學校

在校生徒一覽表

張菊生	子華	漣水	二十二	農讀		國文	阜寧北沙孟達夫米行
朱海中	超然	上海	二十二	學	高小畢	英文	上海縣署西一百九十五號門牌
曹壽世	後仁	儀徵	二十一	商	高小畢	英文	江都瓜洲關下大街
許崇德	仲懿	江都	二十一	商	高小畢	數理	江都運司街南圈門內文寶齋間壁巷內許宅
李鳳池	沐波	高郵	二十一	學	高小畢	技能	江都南門街何家巷
劉存善	樂漁	江都	二十一	政	高小畢	英文	江都舊城大五巷
曹頌周	維翰	東臺	二十一	政		國文	東臺武廟街
曹永崙	曲峯	句容	二十一	仕		技能	句容縣恆茂茶號
凌樹穀	善也	江都	二十一	儒		英文	江都仙女鎮同春巷凌五房
潘秉文	審川	儀徵	二十一	學	高小畢	英文	儀徵城內大市口北首
馮士正	則仁	泰縣	二十一	學		國文	江都犂頭街興化錁船局轉交湯家莊馮宅
賈達	文衢	江都	二十一	商		數理	江都盛世巖關寶豐磨坊收轉
蕭霄	子英	宿遷	二十一	商		國文	宿遷縣東大街財神廟西首交徐瑞昌號轉交蕭賓夫收
林宏元	善夫	高郵	二十一	儒		國文	高郵城內中市口小橋南永裕礮坊內

六週年概況

在校生徒一覽表

四

趙作仁	育民	儀徵	二十一	學	高小畢	國文	儀徵衛市口東首大井巷
費毅	伯樂	江都	二十一	商		技能	江都大橋鎮費興泰陸陳行轉交
莊祖武	叔何	丹徒	二十	學		數理	江都舊城中小街
李玉田	意藍	鹽城	二十	學	高小畢	英文	鹽城縣署西首
姚之璧	枝碧	江都	二十	學		英文	江都萬壽寺東雙巷內
周常序	雁臣	江都	二十	農	高小畢	英文	江都大橋鎮競化學校交焦家蕩
洪爲法	式良	儀徵	二十	儒		國文	江都舊城府東街臧宅內
莊國祥	璧城	武進	二十	儒	高小畢	國文	常州西門外厚餘信船交恆興和號
李慰元	善哉	泰縣	二十	士		英文	泰縣塘灣鎮三泰源號
蔣士彰	明市	江都	十九	商	高小畢	數理	江都徐凝門外東首孫成衣局後進
彭景宣	禹儔	東臺	十九	學	高小畢	國文	東臺南安豐南王家巷
張邦新	逸少	泰興	十九	學	高小畢	國文	泰興縣南門內王立茂轉交
魏泰森	階平	句容	十九	商	高小畢	技能	鹽城中市橋南
朱福慶	積之	泰縣	十九	商		技能	泰縣白米鄉朱恆泰

江蘇省立第五師範學校

李壽鸞	芝石	江都	十八	學	高小畢	數理	皮市街板井巷

一本科二年級

姓名	字	籍貫	年齡	家庭職業	入學前之經歷	選習科目	通信處
封懋功	德齋	泰興	二十四	學		國文	泰興南門天昌烟店轉子橋陳萬盛
陳文達	墨泉	鹽城	二十三	儒商	高小畢	國文	鹽城縣秦南倉轉宋家莊
顔九福	佑之	鹽城	二十三	學	高小畢	國文	同上
甘世才	敏捷	睢寧	二十三	農軍	高小畢	國文	睢寧北門外甘宅
許文林		武進	二十三	商	高小畢	數理	常州東門外姚家巷田舍頭
許文珍	硯香	武進	二十三	農	高小畢	國文	常州西門外厚餘鎮許家村
温耀魁	星權	鹽城	二十二	農	高小畢	國文	鹽城新興街姚太生藥號轉寄格頭股
梁寶森	懋齋	江都	二十二	商	高小畢	英文	江都瓜洲鎮關下大街
趙　璧	連城	武進	二十二	商	高小畢	英文	常州西門外茶食鎮觀莊村
應懷貴	孝先	淮安	二十二	商		英文	淮安板閘鄉南街恆昶布號
朱金青	靜暉	宜興	二十二	學	高小畢	英文	宜興南門西廟巷第五十一號

六週年概況

在校生徒一覽表

紀國勛	伯奇	泰縣	二十一	商	高小畢	技能	泰縣姜堰市張太和藥店轉交西婁莊郭祥泰轉
陳書	簡青	泰縣	二十一			國文	泰縣姜堰市洪義和茶號轉蔣垛鄉張義廣
江德龍	雲從	泰興	二十一	士	高小畢	國文	泰興黃橋北街江合興木行
王元昱	仲昭	寶應	二十一	學	高小畢	技能	寶應縣城西三元巷
江祖培	養眞	鹽城	二十一	儒	高小畢	英文	鹽城秦南倉瑞泰昌烟店轉江家莊
吳啓昌	鳳歧	丹徒	二十一	學	高小畢	技能	鎮江北門外東碼頭夏家門
徐長年	仰蘇	丹徒	二十一	學	高小畢	英文	鎮江西門內北城根
黃植	菊農	江都	二十一	醫鹽	高小畢	英文	本城缺口街流芳巷
劉貴福	範五	江都	二十一	商	高小畢	技能	本城灣子街魚皮巷內
蔡兆慶	伯民	泰縣	二十一	學	高小畢	技能	泰縣海安鎮陸家巷內
王寶璠	魯玉	泰縣	二十一	商	高小畢	國文	泰縣姜堰市張太和藥店轉交西婁莊王恆豐
吳錚	鐵生	武進	二十一	儒	高小畢	國文	常州西門外鄒堰班船交益壽堂藥號
周鳳雲	崖騰	宜興	二十一	農商		國文	宜興蜀山北街周豫泰米行
梅占春	信南	泰縣	二十一	儒		數理	泰縣姜堰鎮張太和藥號收轉馬溝河南

江蘇省立第五師範學校

在校生徒一覽表

蔣智高	克柔	丹徒	二十一	商		國文	鎮江西門內道署後身蔣達夫
王寶樑	棟臣	江都	二十一	學	高小畢	國文	江都宜陵鎮同順昌煙店轉蘇村種德堂藥號交
郭蔭根	詠緜	興化	二十	學	高小畢	英文	揚州北門外下街
孫毓驊	駿甫	丹陽	二十	商		國文	丹陽西門仁和堂藥店
高有發	逵生	丹徒	二十	商	高小畢	英文	鎮江山巷底永和米號內交
汪　珍	國寶	宜興	二十	儒	高小畢	國文	宜興縣縣背後
陳文淦	鑒泉	鹽城	二十	商儒	高小畢	數理	鹽城縣秦南倉轉宋家莊
程鏡藩	樹屏	江都	二十	商	高小畢	英文	本城南門下鋪街許宅內
陳長庚	師白	鹽城	二十	商	高小畢	英文	鎮江小碼頭南星巷王祥泰西首陳宅
劉景元	震光	鹽城	二十	商	高小畢	國文	鹽城板橋東大街卞湧興錫舖轉
周懿謨	壹言	宜興	二十	學		國文	宜興蜀山西街查仁裕煙號
丁昭僑	鄭卿	江都	十九	鹽	高小畢	技能	本城門鷄廠雞台旁丁宅
陳　鈞	汝衡	丹徒	十九	商	高小畢	英文	揚州小東門小獅子巷內本宅
夏慶瑤	惟玉	泰縣	十九	農		國文	泰縣曲塘鎮廣武小學校轉

七

在校生徒一覽表

王培忱	輔彝	泰縣	十九	學		數理	泰縣曲塘鎮廣益書社交
趙驥	季良	江都	十九	學	高小畢	英文	江都邵伯鎮朱家巷趙泰來醬園
高宜	錫疇	江都	十九	軍	高小畢	英文	江都舊城古巷直西
江錫昌	謂言	江都	十九	醫	高小畢	技能	江都新城馬監巷北頭
季長齡	鶴仙	江都	十九	商	高小畢	英文	本城天寧門永興源紙坊對過巷內
柳病鶴		丹徒	十九	商	高小畢	英文	鎮江西門外山巷底布業公所對門
曹蔭榴	伯丹	泰縣	十九	學	高小畢	數理	泰縣姜堰市東街交曹煥二房
陳鐸	木齋	丹徒	十九	商	高小畢	英文	揚州舊城頭巷內
高華昌	順卿	泰縣	十八	商	高小畢	英文	泰縣北門外破橋北首
李法程	貫之	江都	十八	耕讀	高小畢	英文	江都大橋鎮東街徐輔宜君轉交高漢卿
左元璋	芾卿	鹽城	十八	儒	高小畢	國文	鹽城湖垛鎮淮東書藥局
尹成松	子權	句容	十八	商	高小畢	國文	句容縣東門大街陳恆生南貨號轉交
孫和輯	澤蒿	鹽城	十八	書	高小畢	數理	鹽城南門內吉祥齋轉
李希元	吉占	丹徒	十八	學	高小畢	技能	泰縣城外袁後街

江蘇省立第五師範學校

一本科一年級

姓名	字	籍貫	年齡	家庭職業	入學前之經歷	通信處
盛炳章	蔚如	靖江	二十二	儒		泰興季家市界河橋南首翁福盛紗莊轉盛家岱
厲增輝	仞千	漣水	二十二	農		漣水雙橋口卜鈞轉交
朱申官	燕如	東臺	二十二	商		東臺牌樓巷趙泰來轉交
盛國興	志良	宜興	二十二	商		溧陽南門復盛德號轉堰頭橋吳同福
趙騏	逸雲	江都	二十二	儒		邵伯鎮朱家巷趙泰來醬園
孫光宗	蔭五	宿遷	二十二	儒		宿遷港頭市立崇德學校
杜希杜	又陵	邳縣	二十一	農	高小畢	邳縣官湖鎮杜宅
汪乘龍	子雲	鹽城	二十一	農	高小畢	界首沙溝西首慶記雜貨店轉南莘野
賀拓如	亦霱	武進	二十一	商		武進奔牛蔣墅鎮姜源茂收轉
韓鈺	國珍	鹽城	二十一	商	高小畢	鹽城上岡中心街
王朝選	孟侯	漣水	二十一	農	高小畢	漣水城內義成號轉交
王灝	仲勛	宜興	二十一	士	高小畢	宜興高塍益生堂轉

在校生徒一覽表　　九

六週年概況

在校生徒一覽表

江彬	海程	鹽城	二十一	儒	高小畢	鹽城秦南倉瑞泰昌煙店轉江家莊
張家賓	宴公	江部	二十	工		本城得勝橋
劉錫康	晉侯	丹徒	二十	士	高小畢	本城南門街壽安寺巷口
陳佐卿	忠輔	興化	二十	醫	高小畢	興化城內城隍廟對過
黃振古	德培	泰縣	二十	商		泰縣大白米鎮黃中和藥號轉交大埨莊
許廣燽	燦一	宿遷	二十	農	高小畢	宿遷埠子集殷大昌號轉寄許家莊交
曹中權	仲衡	鹽城	十九	儒	高小畢	鹽城內東沙珠巷
劉道存	閑伯	江都	十九	工	高小畢	本城得勝橋雅竹齋裱畫店
湯祁悅	紹荀	寶應	十九	幕	高小畢	寶應南門內發財巷喬家牌坊宅內
李希燾	宋卿	丹徒	十九	儒	高小畢	本科二年生陳鐸轉交
許體森	墨山	丹徒	十九	商		鎮江城內仙鶴巷
劉振遠	偉業	泰縣	十九	儒	高小畢	泰縣姜堰鎮北街稻香村茶食店轉交
吳龍章	袞卿	興化	十九	農	高小畢	興化南門外楊公祠巷內第一大門交吳子光
馬樹恩	澤霖	漣水	十九	農	高小畢	漣水金岔市馬家圩

江蘇省立第五師範學校

在校生徒一覽表

祝廷和	藹仙	江都	十九	儒醫	高小畢	宜陵鎮祝眉生醫室
賈泰昌	陽甫	漣水	十九	農		阜寧北沙市郵局孟立齋收轉佃湖市西鄉賈齊莊
凌恆	志峯	泰縣	十九	商	高小畢	泰縣姜堰市張太和藥號轉交
吳燮庭	克柔	泰縣	十九	士	高小畢	泰縣城外東大街糖坊巷
楊士林	希儒	東臺	十九	農	高小畢	東臺何垛喻家港口蘇如記烟棧轉丁溪石橋西
徐愚	慕顏	丹徒	十九	商	高小畢	鎮江南門橋義興南貨號轉
徐麟壽	趾卿	句容	十九	學	高小畢	句容東門大街義和染坊
許漢卿	文慰	宜興	十八	儒	高小畢	宜興鈕家村仁和堂
蘇廷儒	席珍	鹽城	十八	農	高小畢	鹽城樓王莊隆泰昌煙號轉白兎莊交
吳曾敏	敬之	高郵	十八	士	高小畢	高郵稅務橋北吳震大燈籠店轉湖西閔家橋益羣高等小學校
龔祥鳳	瑞歧	江都	十八	士	高小畢	邵伯鎮南大街
劉德虎	季寅	江都	十七	儒	高小畢	邵伯鎮南花巷
汪其卓	叔超	宜興	十七	政	高小畢	宜興北門縣後身汪宅
徐聲宏	公實	江都	十七	儒		高郵百歲巷棠湖徐宅

六週年概況

在校生徒一覽表

楊同春	大同	東臺	十七	士	高小畢	東臺何垛喻家港口蘇如記煙莊轉丁溪場石橋西

一豫科

姓名	字	籍貫	年齡	家庭職業	入學前之經歷	通信處
任桂芳	揚武	江都	二十一	商	高小畢	本城東關街觀巷東
陸盛德	濟民	如皋	二十一	農	高小畢	泰興季家市費元盛號轉馬家堡國民學校轉
莫萬章	師孟	江寧	二十一	軍	高小畢	南京城北雞鵝巷
郁祥堅	子貞	泰縣	二十一	農	高小畢	海安鳳山學校
王鑑濱	笠漁	泰縣	二十	學	高小畢	泰縣曲塘廣武學校
韓百城	書侯	泰興	二十	農	高小畢	泰興黃橋南利興轉交
周璉	攻玉	江都	二十	儒	高小畢	本城三元宮街周宅
許杉園	叔平	泰縣	二十	醫	高小畢	泰縣北門外西浦西太平巷
戴臣舜	虞卿	句容	十九	商	高小畢	句容東門大街紀宅內交
夏大勳	奠九	鹽城	十九	農	高小畢	鹽城和豐號交三豐市裴劉莊義泰生雜貨店轉夏家橋
汪文灝	澄甫	泰縣	十九	農	高小畢	曲塘東板橋河南吳德記糧行轉汪陳莊

江蘇省立第五師範學校

在校生徒一覽表

湯贊書	協卿	江都	十九	士	高小畢	舊城福壽庭
朱炳照	光普	東臺	十九	學	高小畢	東臺老棋杆巷
樹廷琨	景瑤	鹽城	十九	學	高小畢	鹽城樓岡市樓夏莊恆吉祥轉交南樹家橋
李聿修	德齋	泗陽	十九	農	高小畢	泗陽縣立高等小學
吳承霈	雨生	江都	十九	商	高小畢	江都運司街文寶齋間壁巷內
晏振礽	樵蓀	如臯	十九	儒	高小畢	如臯南門內賈家祠
胡龍章	海門	丹徒	十九	商	高小畢	江都丁家灣
陳朝岫	鎮巖	泰縣	十九	農	高小畢	岫塘廣武代用高等小學轉
劉墉	崇如	江都	十九	商	高小畢	江都灣子街
闡世泰	頌平	泰興	十九	農		泰興廣陵市大有恆轉李家圩
徐照	子久	寶應	十八	農	高小畢	寶應包家巷交童步雲轉交
許以翔	鳳飛	宜興	十八	士	高小畢	宜興鈕家村仁和堂
劉鴻恩	雁秋	江都	十八	商	高小畢	江都西街張回子巷內
趙世昌	維華	泰興	十八	農	高小畢	靖江廣陵鎮河北西街

十三

六週年概況

在校生徒一覽表

十四

鮑丙生	蔚南	丹徒	十八	商	高小畢	鎭江城內第一樓街
俞長源	屩雲	江都	十八	商	高小畢	江都灣子街萬順號
張聖傳	習成	東臺	十八	商	高小畢	安豐三蒼壩巷
陳沛恩	甬村	泗陽	十八	農	高小畢	宿遷仰花集郵局轉泗陽太平莊
周鍾源	湘南	東臺	十八	學	高小畢	東臺古樓北明瓦捲巷內
曹迺崧	維嶽	丹徒	十八	醫	高小畢	鎭江南門城內靳家巷內交曹宅
黃振東	漢民	泰縣	十八	商	高小學	泰縣姜堰鎭馬萬茂轉華家莊
嵇才拔	萃之	高郵	十八	學	高小畢	高郵北市口同和昌轉交湖西嵇德記布號
包宏紀	致中	丹徒	十八	學	高小畢	甘泉街太平巷
任啓鑾	龢聲	興化	十八	農	高小畢	興化劉莊市王家橋南首
常倬	雲樓	泰興	十八	儒	高小畢	黃橋鎭西街西寶城烟莊轉常家莊
周厚安	伯康	興化	十七	農	高小畢	興化縣北大街楊家巷
殷川令	人豪	丹徒	十七	農	高小畢	丹徒寶堰鎭第三高等小學校轉交
薛憲章	景周	如皋	十七	儒	高小畢	如皋北鄉丁家所交

江蘇省立第五師範學校

在校生徒一覽表

謝樹福	範文	江都	十七	商	高小畢	江都大橋鎮寶源錢莊交
徐戩	仲純	江都	十七	政學	高小畢	江都三元巷徐宅
徐世俊	邁千	江都	十七	商	高小畢	江都三祝庵薛家巷內
劉雲浦	雁秋	泰縣	十七	學	高小畢	姜堰市同育學校轉孫家莊國民學校
武福恭	禮卿	丹徒	十七	商	高小畢	江都皮市街雙巷
厲鼎方	渠庵	儀徵	十七	學	高小畢	江都大牛彔巷
閔綬章	子實	江都	十七	商	高小畢	江都舊城小虹橋
周厚福	載之	江都	十六	商	高小畢	江都南門外大街榮祥豐號
周育德	幼癯	泰縣	十六	學	高小畢	泰縣萬泰煙莊轉王思莊交
李宗義	宜甫	丹徒	十六	士	高小畢	江都南門大街來鶴巷
陳觀仁		句容	十六	農	高小畢	句容城內小祝大房轉陳武莊和春號
吳碩庭	石甫	泰縣	十六	士	高小畢	泰縣北門外東大街糖坊巷
黃德正	立中	興化	十六	士	高小畢	興化縣縣橋下徐家小祠後門對過
高超	善起	江都	十六	軍	高小畢	江都舊城古巷尾直西

十五

况概年週六

在校生徒一覽表　十六

黃夔笙	應韶	江都	十六	學	高小畢	江都舊城董子祠斜對門湯汻北
沈家驥	丹卿	江都	十六	士	高小畢	江都疏里道後安家巷
左鳳山	瑞周	漣水	二十	農	高小畢	漣水城内大街西首關帝廟前交談敬修收轉

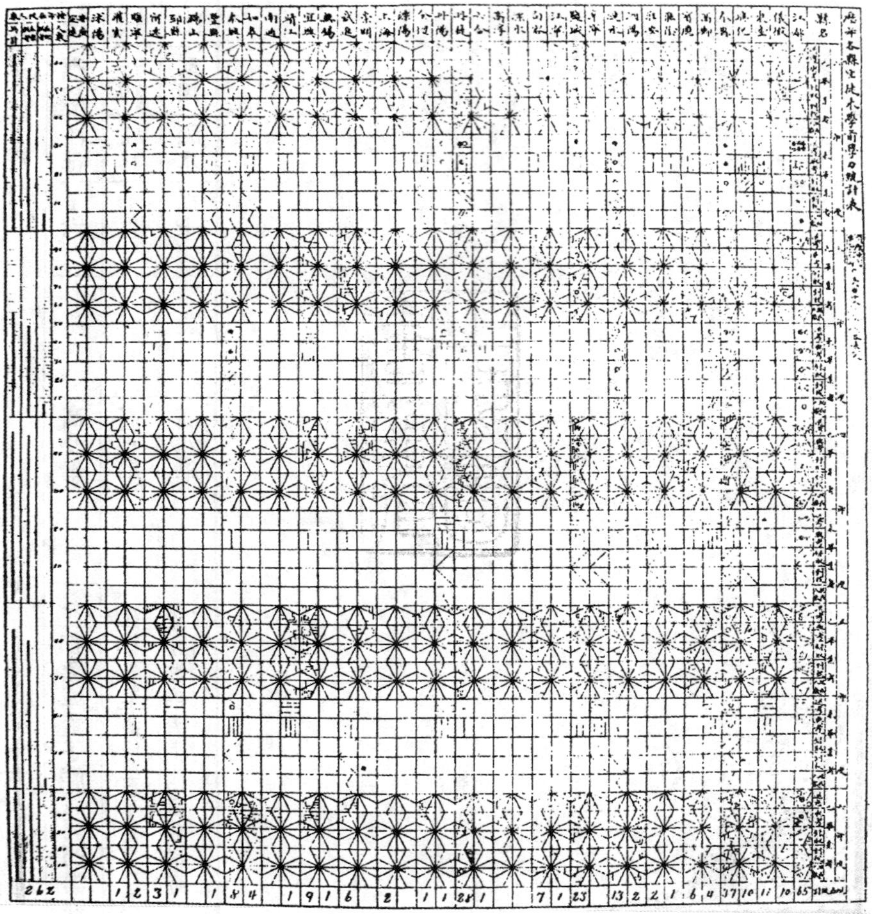
縣名
262

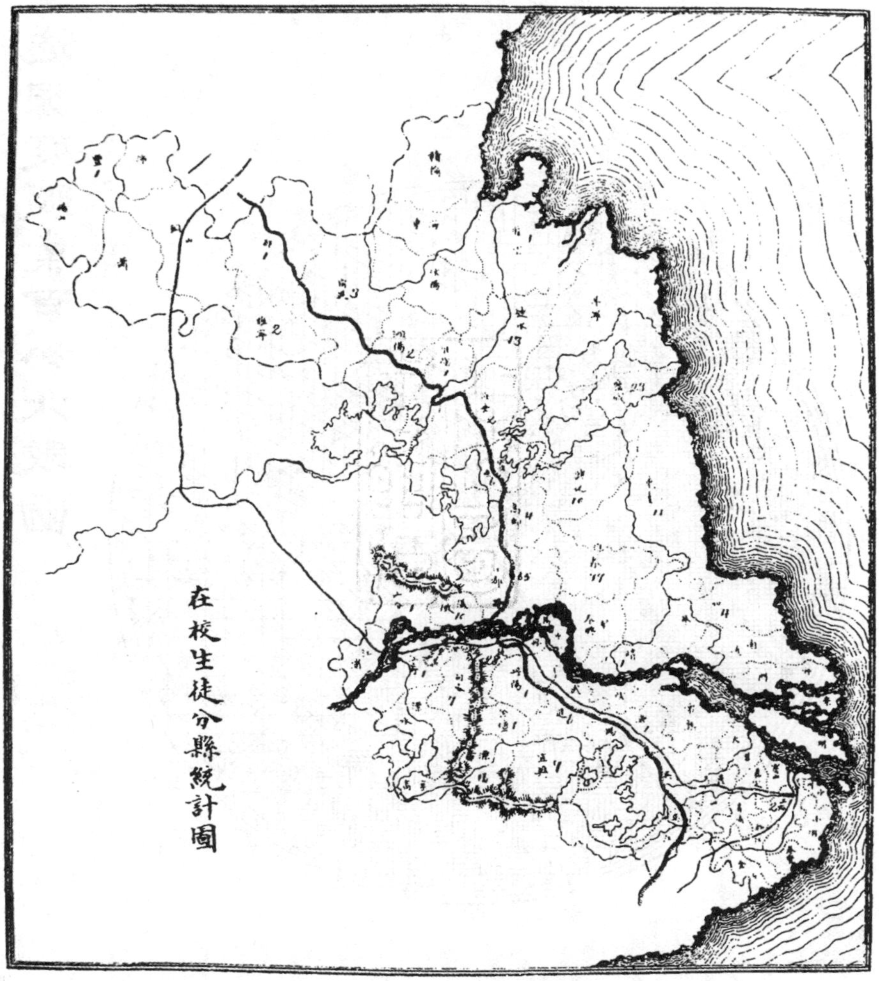

在校生徒分縣統計圖

生徒家庭職業百分比較圖

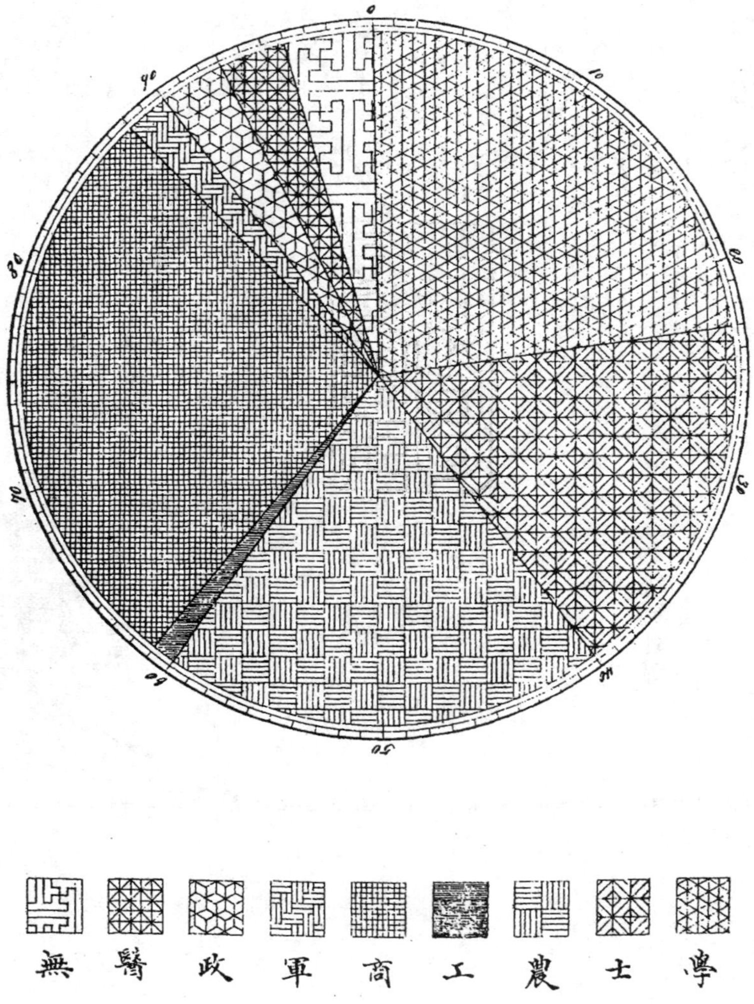

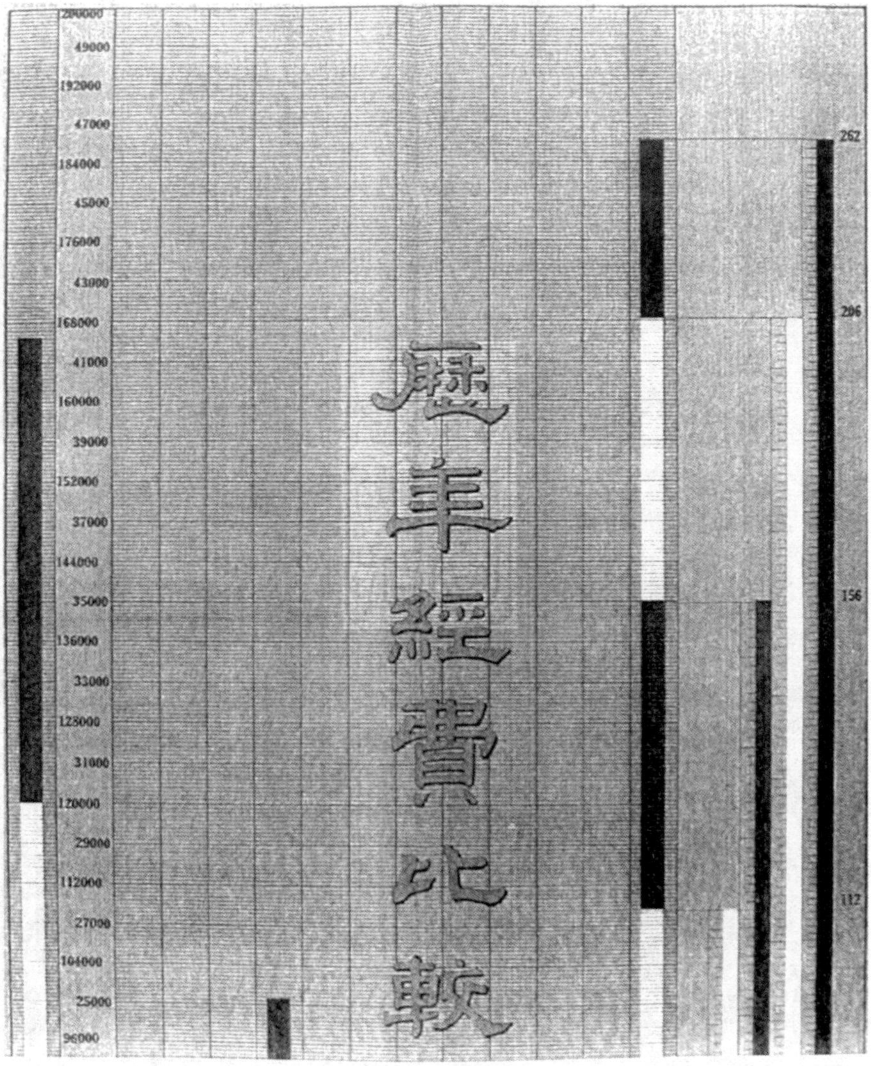
歷年經費比較
200000
49000
192000
47000
184000
45000
176000
43000
168000
41000
160000
39000
152000
37000
144000
35000
136000
33000
128000
31000
120000
29000
112000
27000
104000
25000
96000
262
206
156
112

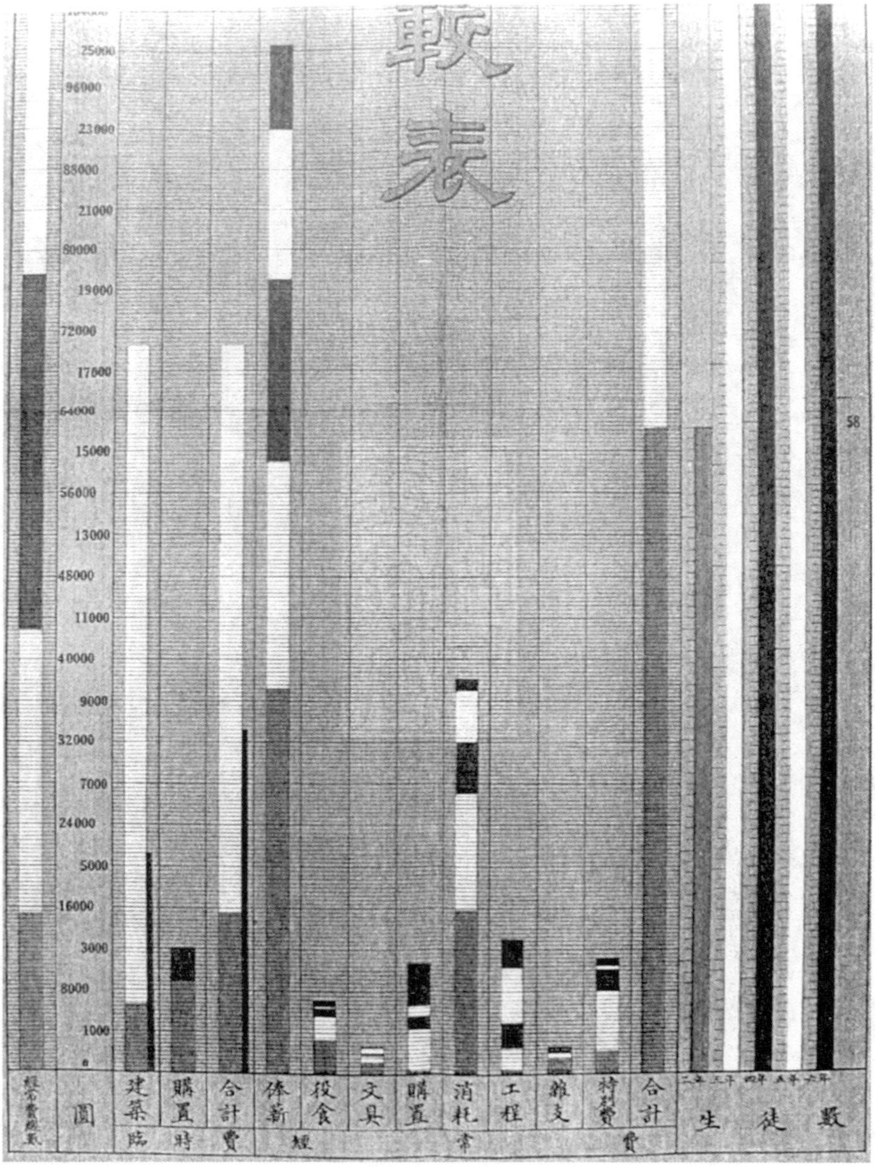
較
表
25000
96000
23000
88000
21000
80000
19000
72000
17000
64000
15000
56000
13000
48000
11000
40000
9000
32000
7000
24000
5000
16000
3000
8000
1000
58
圖
建築
購置
合計
臨時費
俸薪
役食
文具
購置
消耗
工程
雜支
特別費
合計
經常費
生徒數

設備統計表

類別	項目	內容	資產統計
校址	縱	二十一百七十三尺	[illegible]
校址	横	五百五十尺	
校址	面積	一百一十萬九千零九十五方尺	
校址	代價	一千元	
校舍	工料價值	二萬四千四百九十七元零二分四釐	[illegible]
校舍	面積	二萬七千三百五十六方尺	
運動場所	晴時每人所占平面積	三千六百方尺（全校人數計職員八人管理員四人教員十五人生徒二百六十二人校僕二十二人）	
運動場所	陰雨時每人所占平面積	八十八方尺（同上）	

校舍

名稱	間數
傳達室	二
應接室	一
事務室	二
中間過道	一
校長室	一
管理員室	一
教員室	一
校醫室	一
會計庶務室	一
[illegible]室	一
自修室	一三
[illegible]	二
樓上教室	一九
理科[illegible]室	二
儀器室	二
[illegible]	二
手工教室	四
食堂	五
廚房	五
浴堂	四
理髮室	一
廁所	五
雨操場	一〇
運動圍	二
足球場	二
籃球場	二
網球場	五
生徒宿舍	二〇
教員宿舍	一四
會議室	二
調養室	六
儲藏室	七
校僕室	四
壘球場	一
隊球場	一
跳躍沙池	三

圖書儀器標本模型（資產統計：[illegible]）

類別	計數	總值
天地球儀圖	三〇張	七、二〇〇
地圖	八種	三、二〇〇
植物圖	二二張	八、四〇〇
動物圖	八〇張	四、〇〇〇
礦物圖	五張	一、二〇〇
生理圖	三五張	一〇、六〇〇
經	七三冊	七、五五〇
史	五六八冊	三六、八七四〇
子	三二冊	一、八〇〇
集	一五六冊	二七、七八〇
大英百科全書	二九冊	二、九〇〇
字典	二三冊	四、一〇〇
其他	五六六冊	六九、四〇〇
日文教育書	一三九冊	三三、四七九
教科書及參考書	二七冊	四、三七〇〇
志書	三九冊	一、九九〇〇
方學及測定器械	一〇八種	一、五二一〇
物理學器械	三九種	四七、九六〇
[illegible]器械	三二種	三、五五〇〇
天文[illegible]器械	四種	五、七六〇
磁電學器械	一三種	二〇、九五〇
電學器械	七二種	六〇、八六九〇
化學器械	四七種	一〇四、三八〇
[illegible]	一五種	一〇、八八七
[illegible]		[illegible]
[illegible]		[illegible]
[illegible]模型	二種	三、五八〇〇
[illegible]		六〇、四三二〇

運動體操器械（資產統計：[illegible]）

類別	計數	總值
助木	三間	一〇、六八五
梁木	一具	九、七九〇
跳台	一具	五、〇七三
水平梯	二架	三六、五三〇
單槓	二架	三九、〇五〇
跳越箱	一具	三二、四六〇
跳越台	一具	八、七七〇
長窗梯	一架	四八、四五〇
横窗梯	一架	二六、三二〇
天梯	一架	二一、九〇
平行架	一具	四、五〇〇
跳欄	四架	一六、〇〇〇
跳高架	三付	二、〇〇〇
村田式步槍刺刀全	六〇枝	省領
鐵棒	五九枝	一七、七〇〇
[illegible]棍棒	六〇對	四、〇〇〇
[illegible]啞鈴	六〇對	八、〇〇〇
短棒	六〇支	三、〇〇〇
鐵球	四個	一六、〇〇〇
足球門	二對	二、〇〇〇
單刀	一把	三、〇〇〇
雙人刀	一把	六、〇〇〇
寶劍	一把	四、五〇〇
花槍	二支	一、〇〇〇
指揮刀	四	五、〇〇〇
網球網	五	一三、〇〇〇
網球拍	二四	九六、〇〇〇
籃球架	四	二八、〇〇〇
壘球棒	四	一〇、〇〇〇

其他具（資產統計：[illegible]）

代表名稱	計數	總值
桌	七四五	一三三、五〇〇
椅	四二五	五一、〇〇〇
机	二九〇	八七、〇〇〇
櫥架	一八八	七五、二〇〇
床	三四九	三三六、六〇〇
盆	三四	六、八〇〇
桶	四一	一六、四〇〇
壺	六	四、二〇〇
盂	七六	三、〇四〇
缸	二四	四八、〇〇〇
燈	五六	七五、五〇〇
鐘	一〇	五〇、〇〇〇
講壇	八	四〇、〇〇〇
講台	八	四〇、〇〇〇
大小黑板	四七	一七、二〇〇
大小鏡框	二〇四	一三、三〇〇
國旗	四	二八、〇〇〇
校旗	四	三二、〇〇〇
運動旗	一	一〇、〇〇〇
大鼓	一	一六、〇〇〇
小鼓	二	二〇、〇〇〇
步號	六	三〇、〇〇〇
各色小旗	五九六	九八、〇〇〇

資產總計：[illegible]

備註：化學藥品每年消耗約百元，各種球每年計需百二十九元，生徒宿舍係江都倉廒，並無租金等項，祇需修理費每年約需[illegible]六百九十元，調養室及儲藏室均係租用民房，每月房租八元，教員宿舍亦係租用民房，每月租金十元，校地校舍校具等項附屬小學所有均未列入。

理化器械室

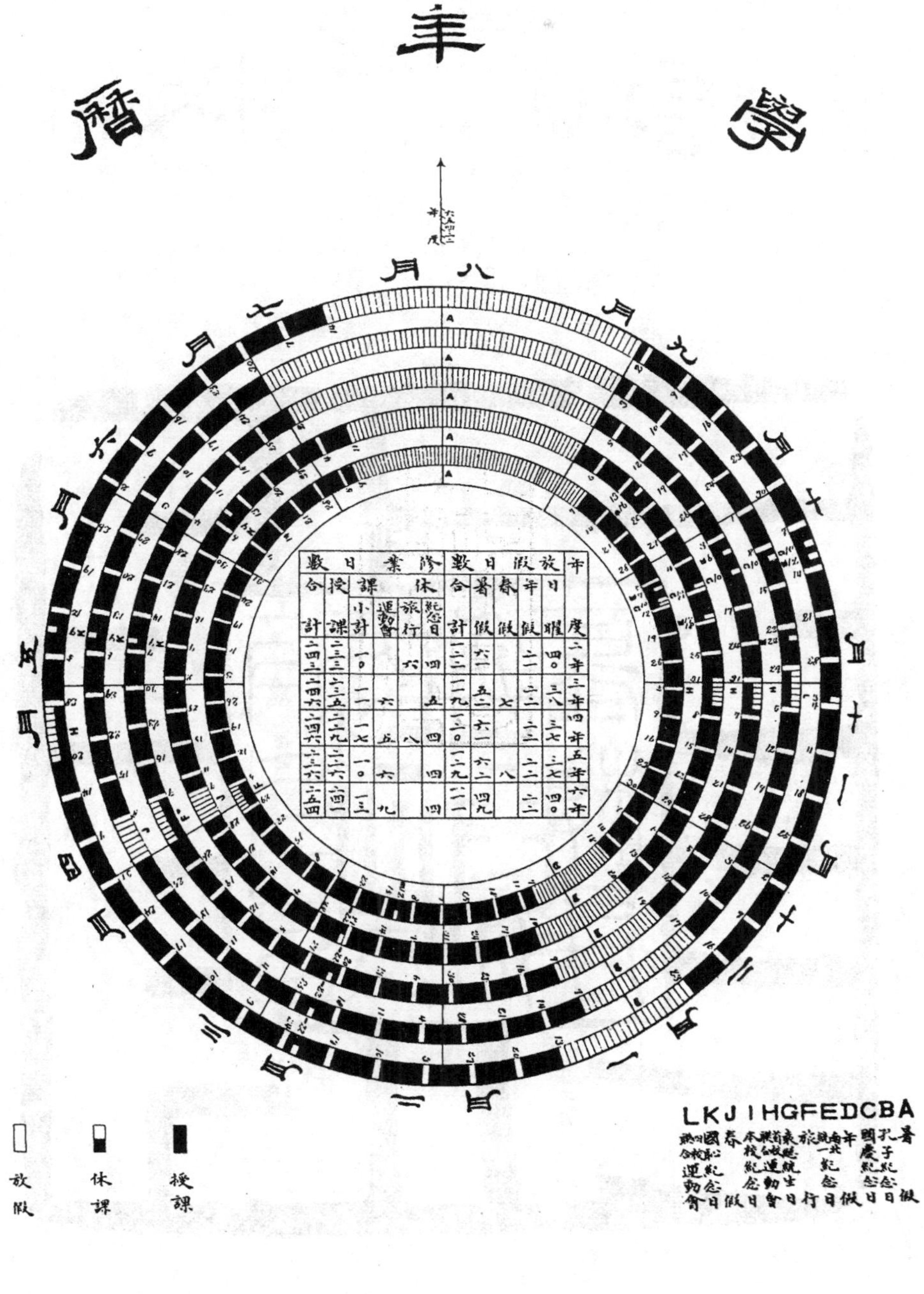

年度	放假日數					修業日數						
	日曜	年假	春假	暑假	合計	休課 紀念日	休課 旅行	休課 運動會	休課 小計	授課	合計
二年	四〇	二二		六一	一二三	四	六		一〇	二三三	二四三
三年	三八	二二	七	五二	一一九	五		六	一一	二三五	二四六
四年	三七	二二		六一	一二〇	四	八	五	一七	二二九	二四六
五年	三七	二二	八	六二	一二九	四		六	一〇	二二六	二三六
六年	四〇	二二		四九	一一一	四		九	一三	二四一	二五四

校訓

校　歌

低部灌雲許崇光擬音　本科三年級生朱福慶製譜表

管理生徒規則

第一章 通則

第一條 本校依部省通令訂定各項規則須一律恪謹遵守切實奉行

第二條 本校目的在養成國民教育之師資生徒入校修養宜堅定立身志趣發抒愛國熱忱勉以教育爲己任

第三條 本校生徒將爲人師宜修飾躬行立他時本身作則之基礎

一意志宜誠實而不迂拙宜遠大而不狂悖

一容止宜端靜而不板滯宜活潑而不浮躁

一語言宜懇摯而不輕率宜和平而不怯懦

一服飾宜樸素而不俚陋宜整潔而不靡麗

第四條 全校秩序宜共同維持欲圖自由先修公德

一校舍校具宜加意愛護牆壁花木不可或有污損

一無故勿入職員室

一不得有狂吟疾走及一切喧擾之行爲

一涕唾必入唾盂任於何地均不得隨意涕吐

一課外服務宜盡職勿偸

一公共物品有一定位置宜愼重勿令毀傷用後宜復其原狀

一私有物或廢物除規定地點外不得隨處拋置亦不得侵用他人物件

一凡於共同生活之地(尤以廁所浴室等處爲要)一切動作均宜各自注意免致啓人憎厭

第五條　身體健康志氣強杲乃成立事業之根本故各宜注重衞生致力體育耐勞節欲以期練成勇毅之氣質與萬有相爭存煙能傷腦爲害匪淺生徒當修養時期任何煙草均宜戒吸

第六條　尊敬師長親睦學友乃生徒應盡之本務故宜嫻習禮儀以表敬意

一敬禮須嚴肅而有衷心恭敬之實際

一每日初見職教員宜表示敬意

一對於職敎員有陳白應對時宜正姿勢而於陳白應對之始終須行敬禮(一鞠躬)

一在校外遇職教員須正姿勢而行敬禮(一鞠躬)

一遇來賓與本校職教員同行時宜立正致敬(但在教室受課時另訂專條)

一生徒宜準此而互行相當之敬禮

第七條　教師須學術兼備故修業時宜勤而不苦勞而有方

一對於各科科學宜貫注精神悉心領會尤須有研究之興趣毋忽其易毋畏其難

一修業固須復習尤須預習以增進自動能力

一各科課業於教員所授外仍宜善自聯絡及廣爲應用

一各科課業凡應於當日預習或復習者萬勿待諸明日

第八條　生徒對於學校有所呈請時應由級長或室長或寮長報告舍監或各主任候其裁可

第二章　教室規則

第一條　教員按時授課有管理生徒之全權故教室內一切動作須悉遵教員命令

第二條　上課退課悉準號鐘先教員入後教員出

第三條　教員入室一律起立教員既就位行敬禮(由級長司口令)

第四條　依編定次序就坐不得或有越亂

第五條　遲到或早退者須伺間呈報其事由於教員候教員許可乃得就坐或出室
第六條　非規定時間內習業切用之圖書用品不得攜入教室
第七條　授課時間一律端坐靜肅非教員許可不得任意離坐出入
第八條　欲質問者須先起立候教員許可乃得發言但不得攙問於教員宣講中並不得互相問答
第九條　教員有所質問必起立應對但每課教員點名則端坐應到
第十條　非教員許可不得塗寫黑板
第十一條　遇有來賓參觀教員不命其敬禮時如常習業
第十二條　教員講授既終一律起立行敬禮（由級長司口令）

第三章　級長及級值日生規則

第一條　每學級置級長副級長各一人均一學年一任但預科適用第二條
第二條　級長副級長於每學年開始由同級生徒加倍互選呈請校長選任但預科第一學期由校長指定第二學期選舉
第三條　級長副級長連任至二次以上者得自行辭退由同級生徒改選

第四條　級長受舍監教務主任及學級主任之指揮處理該學級事務宜率先倡導俾級風善良其職務之概目如左

一注意教室規則之實行

一注意同級個人之學行而忠告善導之

一謀與他學級相親睦

一傳達命令於同級代表同級呈述其意見於該管職教員

一監督級值日生勤務

一預定級值日生當值之順序

一稽查上課人數備舍監教務主任及學級主任之查詢

一分布教科書及印刷品成績品等事

一發給（每晨始業前十五分時）或收存（下課後）級值日生之徽章

一其他類於右開各目之重要事項

第五條　副級長輔佐級長處理該學級事務級長因事離職時須代理其職務

第六條　級長副級長有不稱職時由校長核准得臨時改選或改派

第七條　級長副級長均佩本校所定之徽章(紅色)

第八條　每學級置值日生二人依預定順序按日輪替當值但現任級長者不值日

第九條　級值日生職務之概目如左

一每晨始業前十五分時入該學級教室拂拭桌椅及黑板

一依氣候寒暖光線向背開閉教室之窗戶

一退課後拭淨黑板

一課業既終入該學級教室整頓掃除之

一調製該學級日誌交由級長轉陳教務主任或學級主任

一其他類於左開各目之輕易事項

第十條　級值日生佩本校所定之徽章(橙色)每日課畢後職務完竣交由級長保存以便輪佩

第四章　自修室規則

第一條　每室坐位悉由舍監編定不得自由選擇

第二條　除旅行及其他長期休業外均須於規定時間內在自修室爲豫習復習之功

課

第三條　每日除宿膳授課及其他規定時間外均得集自修室

第四條　自修室由舍監學級主任臨時監視查察學行（無定次）

第五條　室內務求肅靜有時讀書聲調亦宜清朗不得任意喧擾

第六條　自修時遇有疑難得逕詣該科教員處質問

第七條　除自修切用之圖書用品外不得攜入他物

第八條　室內書物宜隨時整頓置有定處

第九條　室內燈火各宜注意不得自由戲弄免致意外危險

第十條　外來人勿延入自修室

第十一條　勿妄自差遣校僕或立處於其室內

第十二條　室內掃除各生輪值每朝行之

第五章　室長及室值日生規則

第一條　每室置室長副室長各一人均一學期一任

第二條　室長副室長於每學年第一學期由舍監指定其他每學期開始由同室生徒

加倍互選呈由舍監選任

第三條　室長受舍監及學級主任之指揮處理該室事務其概目如左

一維持同室生徒之風紀

一注意室內之整潔

一傳達命令幷督勵實行

一監督每室值日生之勤務

一預定每室值日生當值之順序

一稽查同室自修人數備舍監學級主任之查詢

一同室生徒有疾病者報告於舍監

一發給(朝會前)或收存室值日生之徽章

一處理其他臨時發生之事件

第四條　副室長輔佐室長處理該室事務室長離職時須代理其職務

第五條　室長有不稱職時由舍監核准得臨時改派或改選

第六條　室長副室長均佩本校所定之徽章(黃色)

第七條　每室置值日生二人依豫定順序按日輪替當值但現任室長不值日

第八條　室值日生職務之概目如左

一每晨入自修室拂拭桌椅掃除一切

一依氣候光線之變遷開閉該室之窗戶

一其他關於室內整潔之事件

第九條　室值日生佩本校所定之徽章（綠色）每日職務完竣交由室長保存以便輪佩其每日勤務時間自朝會起至入舍時止

第六章　寄宿舍規則

第一條　本校宿舍暫設校外非規定時間不得任意出入出入悉准號鈴

第二條　每日依規定時間由舍監率領自校至宿舍或自宿舍至校均須整隊

第三條　晨鳴出舍鈴後十分鐘以內須一律齊集校內排列指定場所行朝會禮朝會規則另定

第四條　晚鳴入舍鈴後十分鐘以內須一律到舍就寢由舍監入舍檢查

第五條　寢室榻位由舍監編定不得任意更動

第六條　在舍內亦以肅靜爲主尤宜注意於左列各項

一就寢後一概不得談話

一在規定時間前起身者勿妨礙他人之安眠

第七條　晨起須將寢具摺疊整齊然後盥漱

第八條　榻上除寢具外祇可置衣一二件備寒暖驟變之用亦須摺疊整齊置諸一隅餘物悉藏榻下位置宜求適當（便壺宜嚴戒勿用）

第九條　雨具得帶入舍內但須置指定處所

第十條　舍內不得自燃燈燭

第十一條　各舍生徒起身後須逐日於指定處所分晒寢具其順序由舍監定之寢具各繫以名札午後或日中遇雨由校僕按名收取鋪置榻上

第十二條　宿舍公僕不得私遣出外

第十三條　外來人不得留宿

第十四條　舍內掃除各生輪替值日每朝行之

第七章　寮長室長室值日生規則

第一條　宿舍共分若干寮每寮置寮長副寮長各一人均一學期一任

第二條　寮長副寮長於每學年第一學期由校長指定其他每學期開始由同寮生徒加倍互選呈由校長選任

第三條　寮長受舍監之指揮處理關於該寮一切事務其概目如左

一注意寮內之風紀整潔率先倡導並督勵同寮生徒之勤務

一率領同寮生徒每日由校至宿舍或由宿舍至校時整飭其儀容並維持其秩序

一傳達命令並代表呈述同寮生徒之意見於舍監

一每日朝會時檢點同寮人數報告舍監

一處理其他臨時發生之重要事件

第四條　副寮長輔佐寮長處理該寮事務寮長離職時須代理其職務

第五條　寮長副寮長佩本校所定之徽章（藍色）

第六條　每室置室長副室長各一人均一學期一任

第七條　室長副室長於每學年第一學期由舍監指定其他每學期開始由同室生徒加倍互選呈由舍監選任

第八條　室長受舍監及寮長之指揮處理關於該舍一切事務其概目如左

一維持同室生徒之風紀

一注意室內之整潔

一傳達命令並督勵實行同室生徒或有意見報由寮長轉呈舍監

一監督同室值日生之勤務

一預定同室值日生當值之順序

一稽查同室在舍人數備舍監查詢

一同室生徒有疾病者報告舍監

一發給(入舍前)或收存室值日生之徽章

一處理其他臨時發生之輕易事件

第九條　副室長輔佐室長處理該室事務室長有事離職時須代理其職務

第十條　室長副室長佩本校所定之徽章(靑色)

第十一條　寮長副寮長室長副室長有不稱職時由校長舍監核准得臨時改派或改選

第十二條　每室置值日生二人依預定順序按日輪替當值但現任寮長室長者不值日

第十三條　室值日生職務之概目如左

一每晨起身後掃除該室務宜整潔

一依氣候寒暖開閉該室之窗戶

一其他關於該室整潔之事

第十四條　室值日生佩本校所定之徽章（權色）每日職務完竣交由室長保存以便輪佩其每日勤務時間自入舍時起至次日入舍時止

第八章　生徒請假及缺課規則

第一條　除規定休業日外出校均須請假請假手續須自行遇不得已時由同室生代行但規定休業日出入時本章第六條手續仍須實行至遲必回校晚膳

第二條　請假外出須書具請假單申明事由及時間之起訖呈請舍監核許

第三條　假出在一日以上或欲外宿者須由家長或保證人出具請求書署名加章送候舍監核奪其居近本校之生徒土曜自修後有事如欲外宿亦須由家長請求候舍

監之許可

第四條　在修業時間內非有非常事故不得請假外出

第五條　凡已經許可假出者領取名札交給門役返取原札嵌置原處再至舍監處銷假

第六條　凡因病或因事不得已而欲缺課但並不請假外出者亦當自塡其病狀或事由於本校所定之缺課報告單呈請教務主任核許（但遇不得已時同級生代行其手續）

第七條　缺課報告當在缺課時間之前

第八條　凡欲續假者須於假時未滿以前繼續申請

第九條　凡請假外出滿一週以上者除由舍監核許外仍須由舍監轉達校長候校長之裁可

第十條　凡於修業時間內已經許可假出或缺課者須告知室長或級長

第十一條　依部定學生學業成績考查規程第十六條缺課時間逾授課時間三分之一者（無論連續不連續）不得與學期或學年試驗

第十二條　每學期開學後非住居本地生徒不能如期到校而事前又不請假或請假而事由不當者至多不得過三日(住居本地生徒至多不得過一日)過三日（住居本地生徒過一日）則每遲一日到校後禁假一週遲至一週以上者當減損其學期操行成績遲至一週半以上者更當減損其學年操行成績一面予以最後之警告若竟遲至兩週卽當立令退學

第九章　食堂規則

第一條　本校新食堂未及建築時每餐分兩次會食先後次序由舍監指定每週一更調

第二條　鳴鈴後齊集指定場所排班魚貫入食堂(寮長輪値司令)

第三條　同席各食位次由舍監編定

第四條　每食須俟坐齊一同舉箸有缺席者不在此例

第五條　食堂宜整潔而肅靜不得談笑涕唾及其他不正當之行爲

第六條　進食宜細嚼緩咽以重衞生

第七條　食畢各退毋庸坐候但須就本位起立一鞠躬然後退

第八條　除有疾居調養室外進膳必入食堂不得另膳
第九條　三餐均有定時過時不補
第十條　食堂概不留客（但於教育有關係來校參觀者不在此例）

第十章　盥洗處規則

第一條　盥手洗面須在指定場所盥洗具不得隨處移置
第二條　漱口水另接以盂勿吐入面盆或沾汚盥洗水槽
第三條　注水潑水宜注意勿使狼籍
第四條　如手有墨跡或塵垢宜先洗淨毋遻拭於手巾
第五條　盥洗具用後須整理乾淨毋使積汚
第六條　晨起或食後盥洗以先後爲序不得紛爭
第七條　宿舍盥洗具自備每晨於規定地點盥洗後各以盥洗具收置榻下

第十一章　廁所規則（小便處通用第一第二條）

第一條　廁所於全校衞生極有關係故所中清潔最宜注意
第二條　排泄物務入器中勿使沾染他處

第三條　勿蹲踞板上勿書畫牆壁及隨意涕吐
第四條　草紙勿任意抛散
第五條　桶蓋務須密合
第六條　出所務須洗手關門

第十二章　調養室規則

第一條　生徒有疾須報由室長告知舍監察核輕重得遷入調養室
第二條　入調養室者須受校醫之診察
第三條　入調養室者臥起飲食時刻得變通常例但須聽舍監及校醫之調度
第四條　入調養室者得遣校僕購物但須經舍監核許
第五條　入調養室者由舍監察核情形醫治一經復元須卽遷出

第十三章　生徒應接室規則

第一條　生徒在校有親友來訪均於指定生徒應接室接待不得引入自修室宿舍及其他各處
第二條　生徒來賓有欲參觀本校者須按照參觀人規約報由職員許可導引參觀

第三條 在本校規定上課及自修時間內不得應接賓客（但有特別要事者不在此限）

第四條 生徒會客時間以二十分鐘爲限

第五條 室內不得高談譁笑

第六條 室內不得任意涕唾

第七條 室內不得吸煙

第八條 生徒送客以應接室門首爲限

第十四章 閱報處規則

第一條 閱報時間每月自下午三時起七時止日曜日不在此限

第二條 報紙須注意愛惜不得任意毀損塗抹

第三條 報紙不得攜往他處

第四條 閱報以先後爲序不得競奪

第五條 閱報處宜清靜不得高談朗誦

第十五章 制服規則

第一條　本校遵照部頒學校制服規程製定生徒制服寒季用黑色暑季用白色

第二條　制帽亦遵照部章寒季用黑色暑季頂加白套鞋（或靴）襪純用黑色

第三條　生徒入學之始預繳制服費十圓由校代製以示一律嗣後服敝須更製時亦由校預定價額先期宣布於學年開始繳納

第四條　本校特製帽章及服務襟章頒給生徒佩戴

第五條　生徒在校一律着制服但本國毛棉織品未能推廣適用時寒季除體操及參與祝祭儀式時間外得着常服

第六條　常服參用國定乙種常禮服服式以藍袍或藍袍黑褂（對襟長袖）爲限

第七條　生徒着常服時得戴瓜皮式小帽但授課會食及應行敬禮時仍一律脫帽

第八條　制服常服之更易期間規定如左

一春分至芒種間（三月二十至六月初）黑制服

一芒種至秋分間（六月初至九月二十）白制服

一秋分至小雪間（九月二十至十一月二十）黑制服

一小雪至春分間（十一月二十至三月二十）常服

第九條　生徒外出非團體同行得着常服（無論寒暑季）

第十六章　朝會規則

第一條　每晨於出舍時間後十分鐘內全體生徒聞鈴齊集操場按寮之次序雙行排列參與朝會

第二條　全體生徒成列後校長舍監教務主任及學級主任到場生徒立正脫帽行一鞠躬禮（寮長輪值司令）

第三條　前項禮畢由各寮長按室檢查人數報告舍監

第四條　校長或舍監教務主任對於全體生徒有訓話則校長或舍監教務主任前立示意生徒立正靜聽（寮長輪值司令）

第五條　校長或舍監教務主任訓話畢或竟無訓話時寮長報告人數後生徒立正一鞠躬（寮長輪值司令）

第六條　前項禮畢學級主任對於該學級無訓話時則全體散隊否則由學級主任指明該學級生徒卽出列另排其他生徒均散隊

第七條　學級主任訓話畢該級生徒應行相當之敬禮而散隊

第十七章　生徒懲勸規則

第一條　本校依部定規程考查生徒操行學業之成績分別甲乙丙丁於每學期末發表屆一學年或本科四學年之終綜核其結果判定進級畢業或留級（細則另訂）

第二條　本校對於生徒務爲積極之訓練遇不得已時得施以相當之懲戒其形式如左

一隨時訓話
一密室訓話
一特別訓話
一禁假
一停學
一退學

第三條　生徒操行學業一學年之平均得列甲等而又比較同級同等生徒之成績爲尤優者本校特給褒狀以示獎勸

附參觀人心得

管理生徒規則

第一條　凡欲參觀本校者須於本校所定之參觀簿塡明姓名履歷等事由校僕報侯職員之許可由職員導引方可參觀

第二條　參觀教室自修室時請勿徘徊談笑吸煙吐痰

第三條　於學務無關係者謝絕參觀

第四條　休業及試驗期間謝絕參觀

第五條　如有從僕不得同往參觀

第六條　參觀後如有意見可函告本校職員以備研究

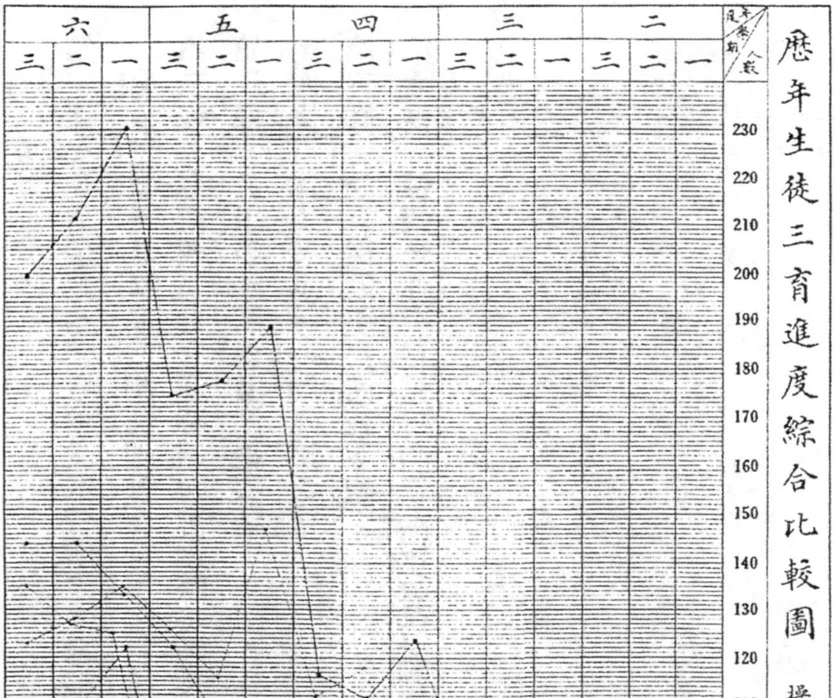
歷年生徒三育進度綜合比較圖
六
五
四
三
二
三 二 一 三 二 一 三 二 一 三 二 一 三 二 一
度 學期 人數
230
220
210
200
190
180
170
160
150
140
130
120
110
100
90
80
70
60
50
40
30
20
10
操行 丙乙甲
學業 丙乙甲
體格 丙乙甲
262
206
165
112
58
全體人數

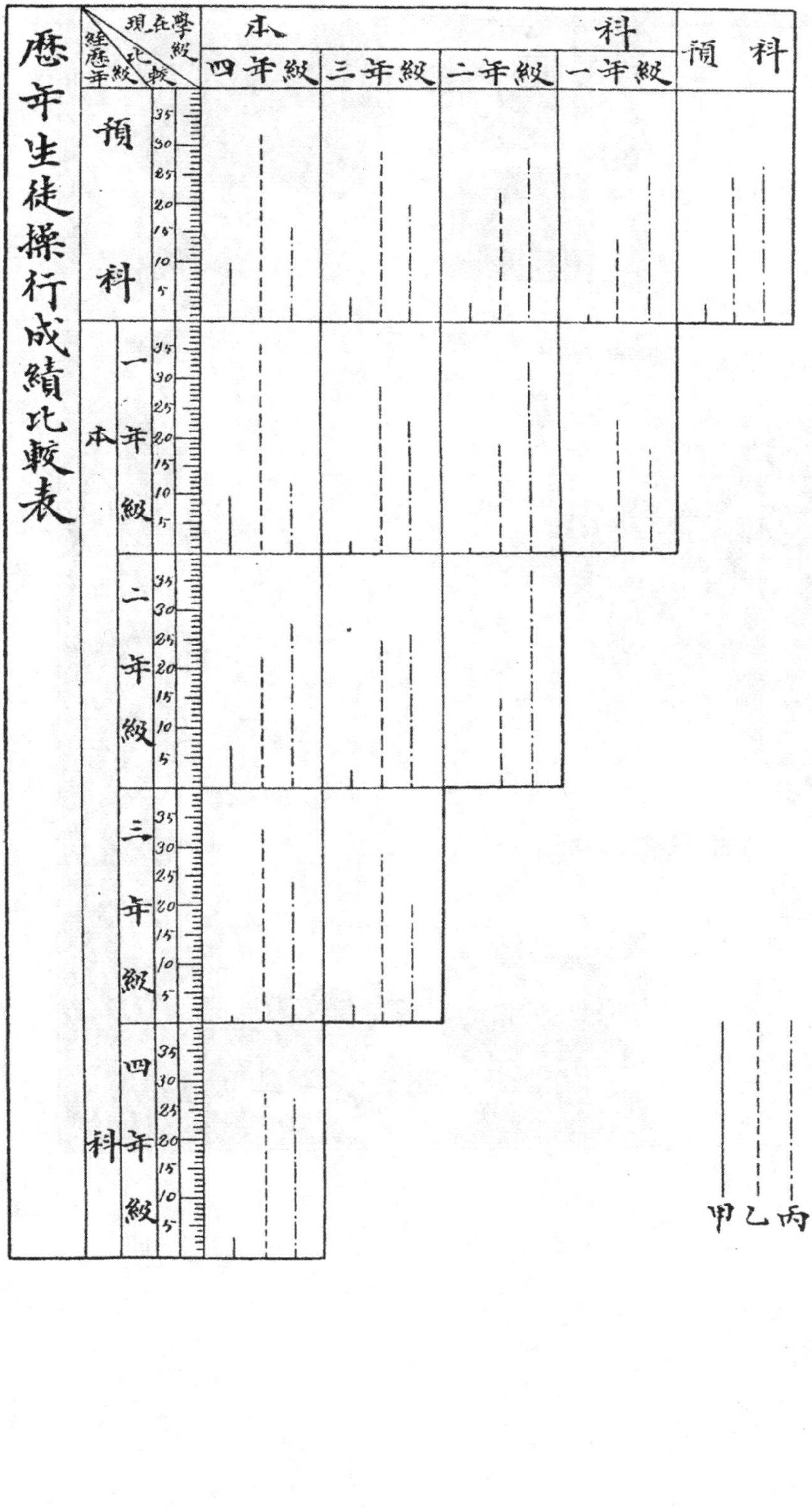
歷年生徒操行成績比較表
現在學級
比較
經歷年級
本　科
四年級
三年級
二年級
一年級
預　科
預科
本科一年級
二年級
三年級
四年級
35
30
25
20
15
10
5
甲乙丙

田徑賽選手

團體競技五十碼賽跑選手

團體競技靜姿遠跳選手

團體競技擲鐵球選手

足球組選手

籃球組選手

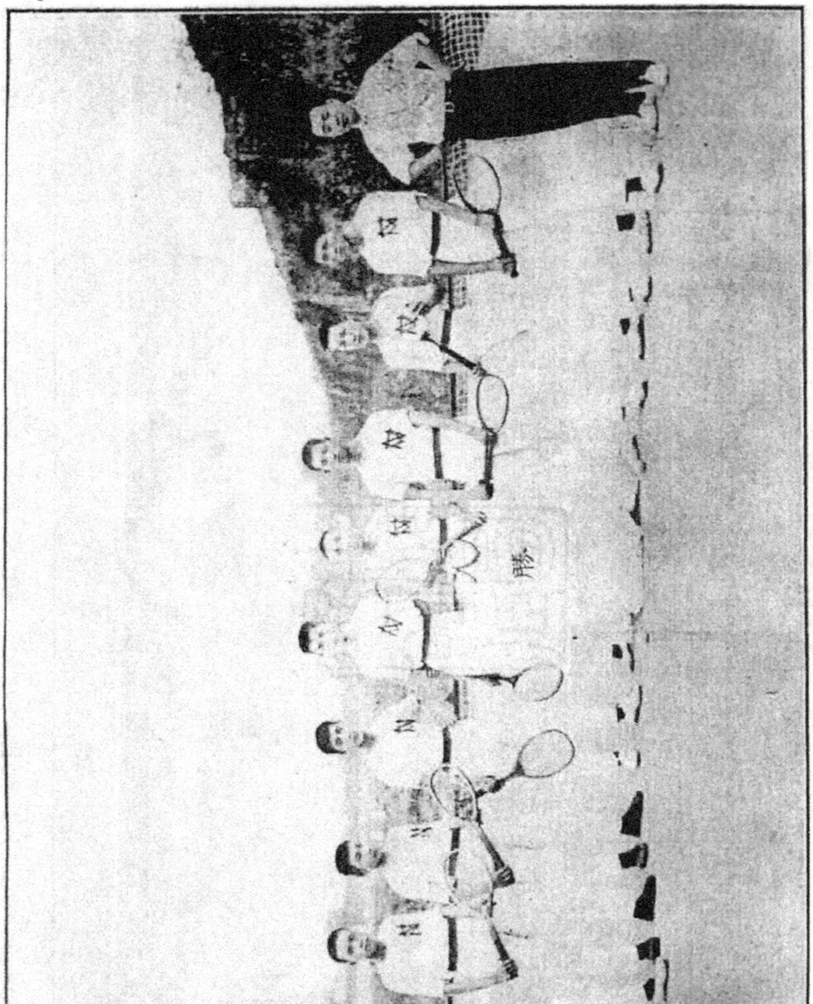

網球組選手

國技(武器)

柔軟體操（本科三年級）

連教練（本科一二年級）

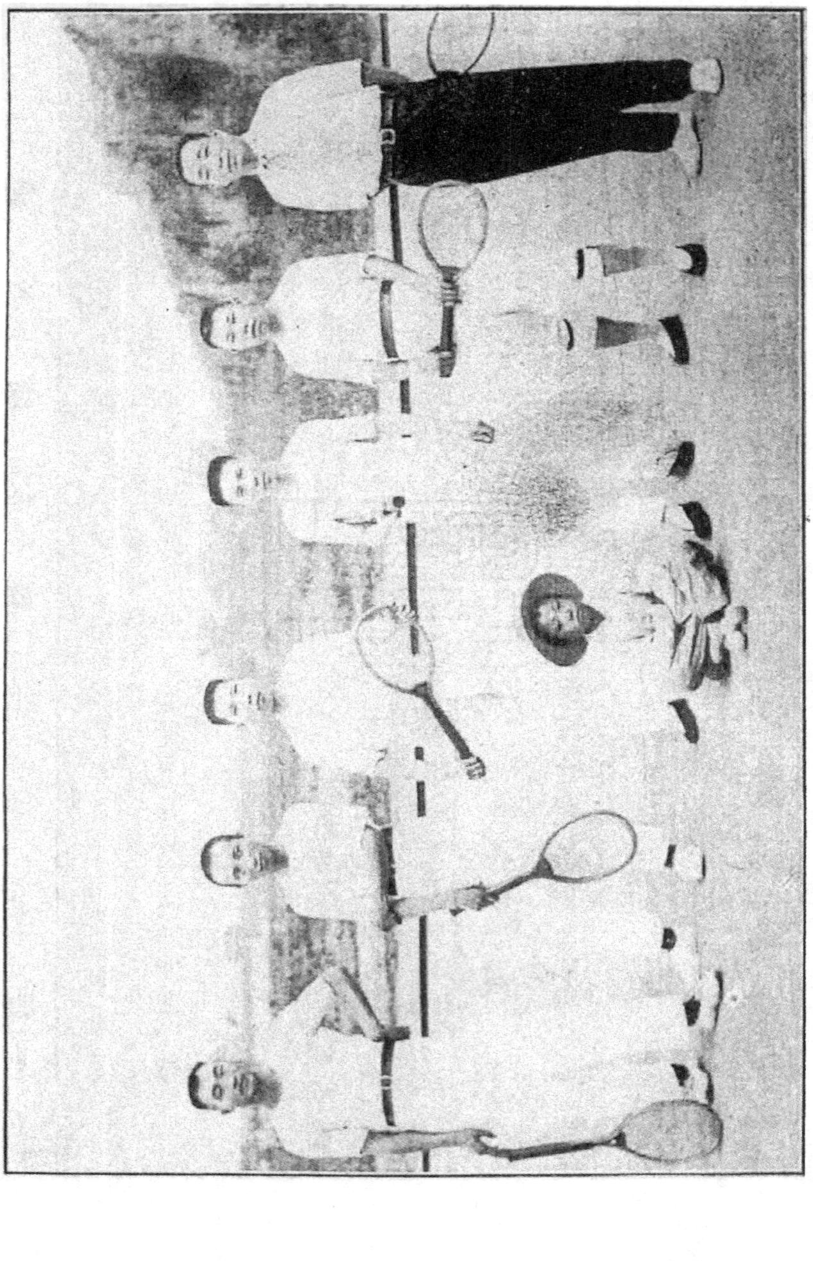

職員網球

歷年各級生徒進退統計表

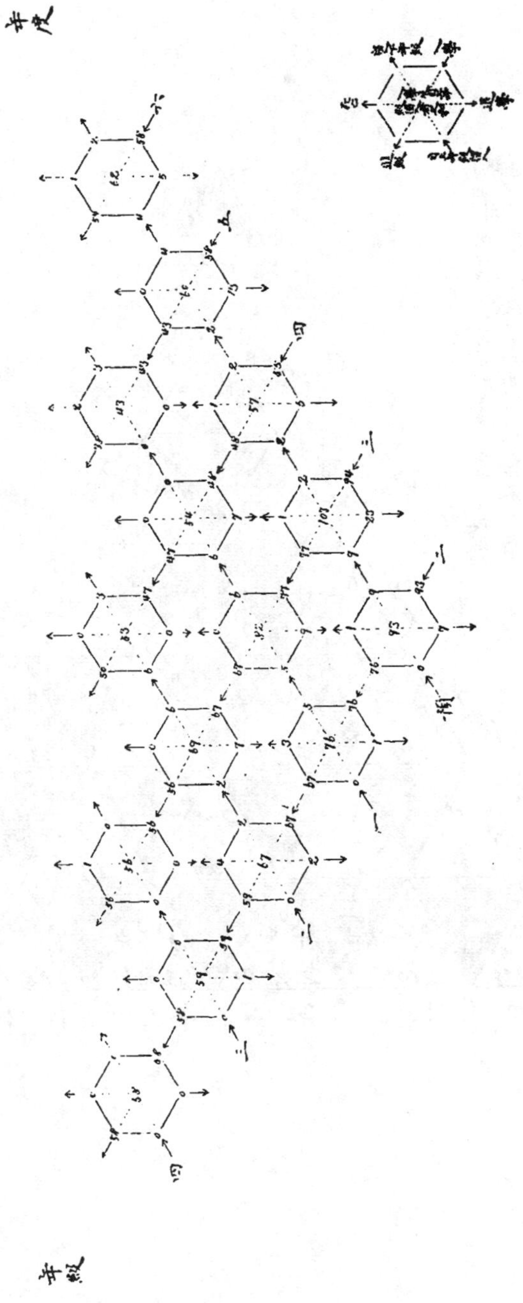

歷年各級生徒缺課時數統計表

說明 缺課時數之百倍與各年授課週數各週授課時數各級人數三者相乘積之比為本表百分數

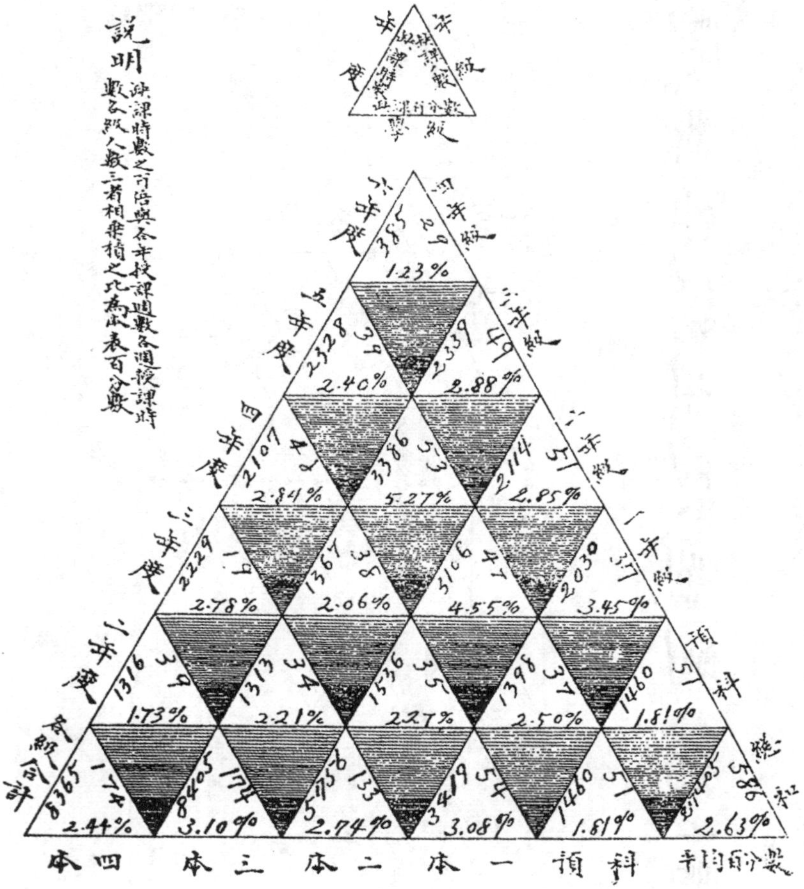

平時留校成績之四

平時留校成績之三

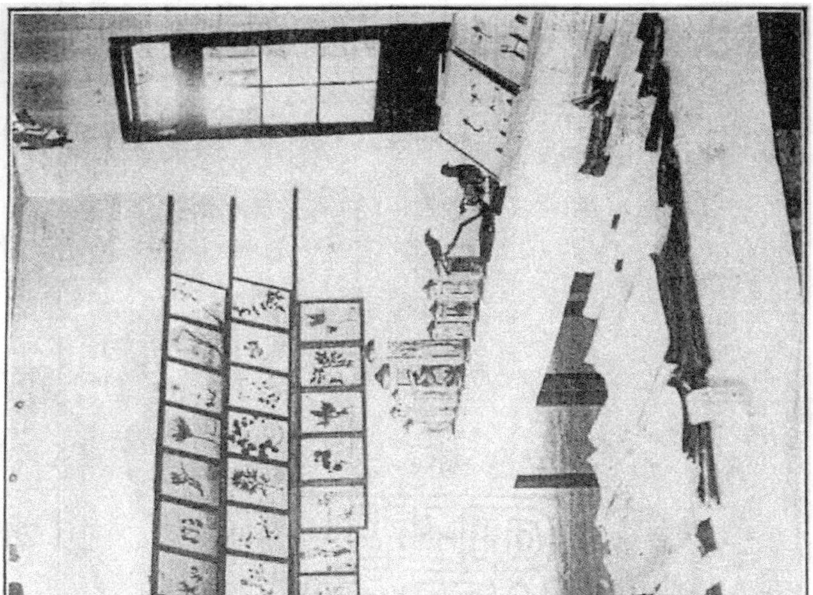

平時留校成績之二

平時留校成績之一

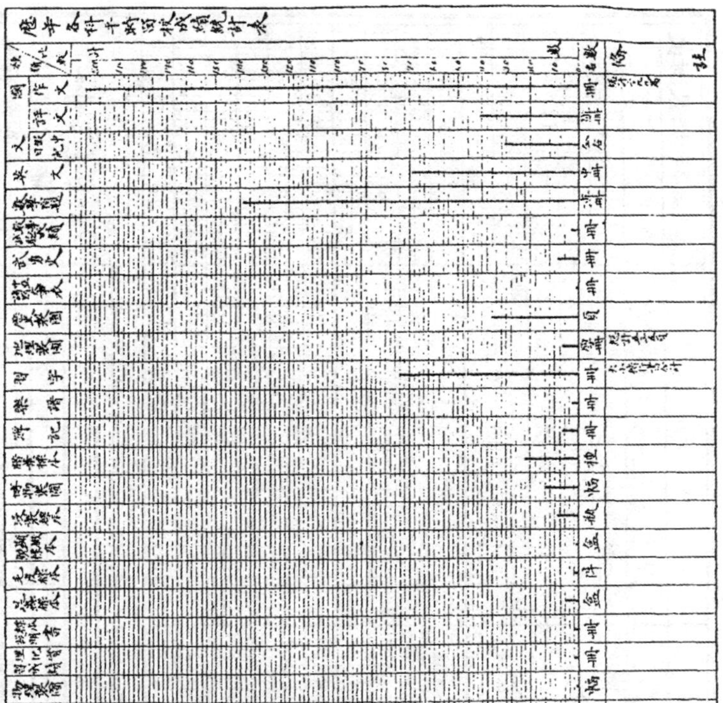

歷年各級學生學業成績比較表

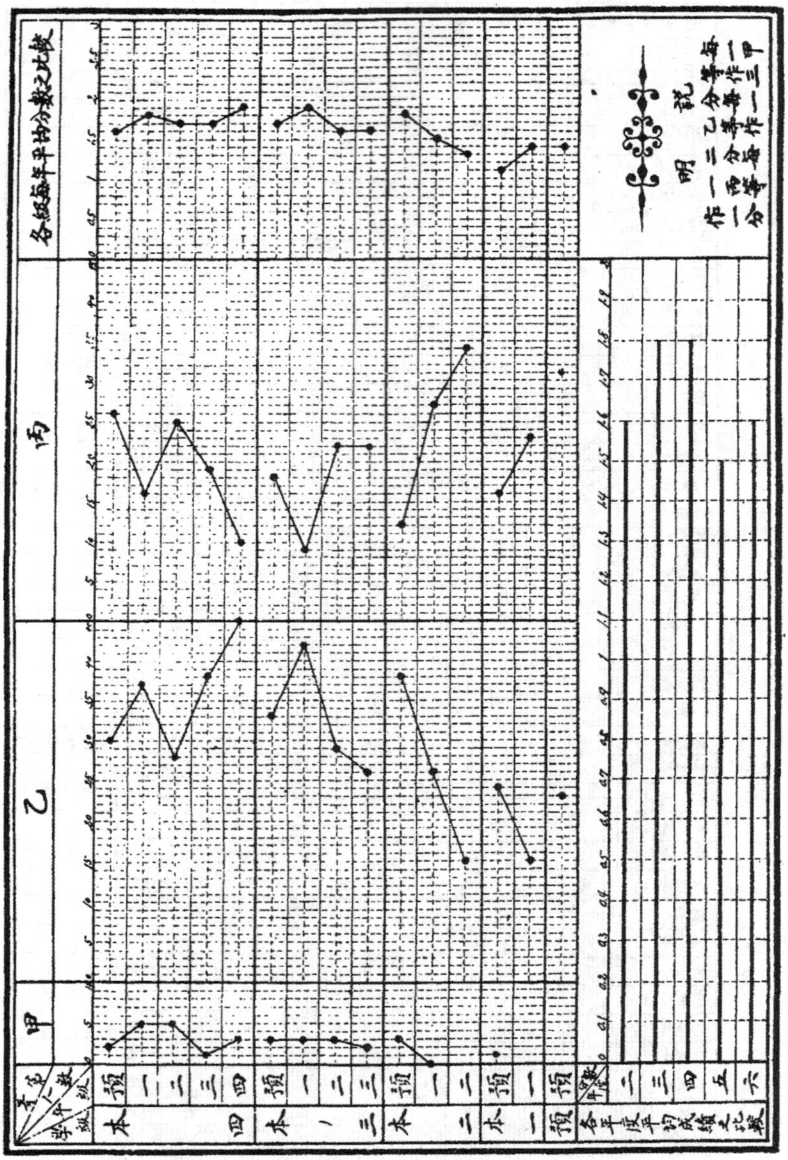

歷年各科教本沿革表

科目＼年度	二年度	三年度	四年度	五年度	六年度	附註
倫理				自編	同上	
修身	[illegible]	同上	同上	[illegible]	同上	[illegible]
心理			[illegible]	同上	自編	[illegible]
論理			自編	同上	[illegible]	
教育學				[illegible]	同上	[illegible]
教育史				[illegible]	同上	同本
教授管理法					自編	
國文	[illegible]					[illegible]
歷史	[illegible]			[illegible]		
地理	[illegible]					
英文	[illegible]	[illegible]	[illegible]	[illegible]	[illegible]	
算術	[illegible]	同上	[illegible]	同上	[illegible]	
代數		[illegible]	[illegible]	[illegible]	[illegible]	[illegible]
平面幾何		[illegible]	(本1)同上 (本1)Godfrey and Siddon's p. Geom. [illegible]	[illegible] (本1)Schulze and Sevenoak's p. Geom. [illegible]	[illegible]	
立體幾何				[illegible]	[illegible]	
三角				[illegible]	[illegible] Rothrock [illegible] Granville [illegible]	
物理			[illegible]	[illegible]	[illegible]	[illegible]
化學			[illegible]	[illegible]	[illegible]	同右
植物		[illegible]	[illegible]	同上年度	[illegible]	[illegible]
生理			[illegible]	[illegible]	同上	
動物				[illegible]	同上	
礦物				[illegible]	自編	
農業				[illegible]	自編	
理化實習					自編	
博物實習				自編[illegible]		
圖畫手工	自編[illegible]					
樂典		自編[illegible]				
哲學	[illegible]	同上	[illegible] 同上	[illegible]	[illegible]	[illegible]
[illegible]				[illegible]	同上 [illegible]	
[illegible]				自編(講錄)	[illegible](講錄)	
法制經濟					自編	
日文					自編	
[illegible]				[illegible]	同上	

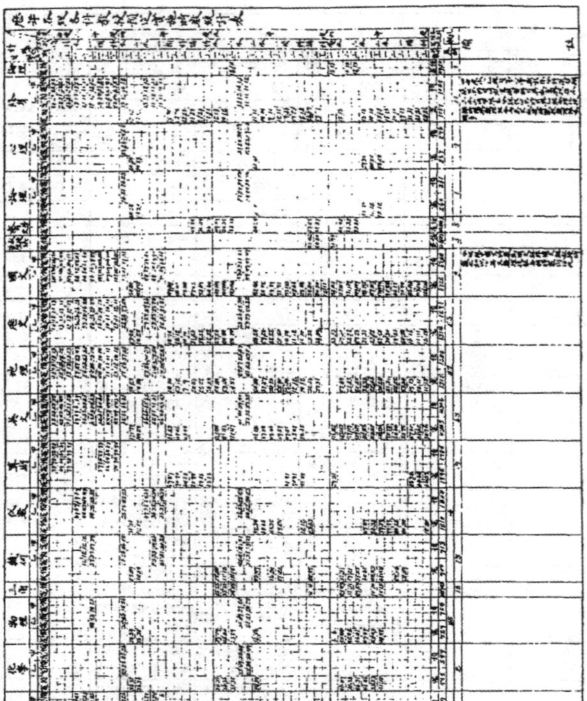
歷年各級各科教授規定實施時數統計表

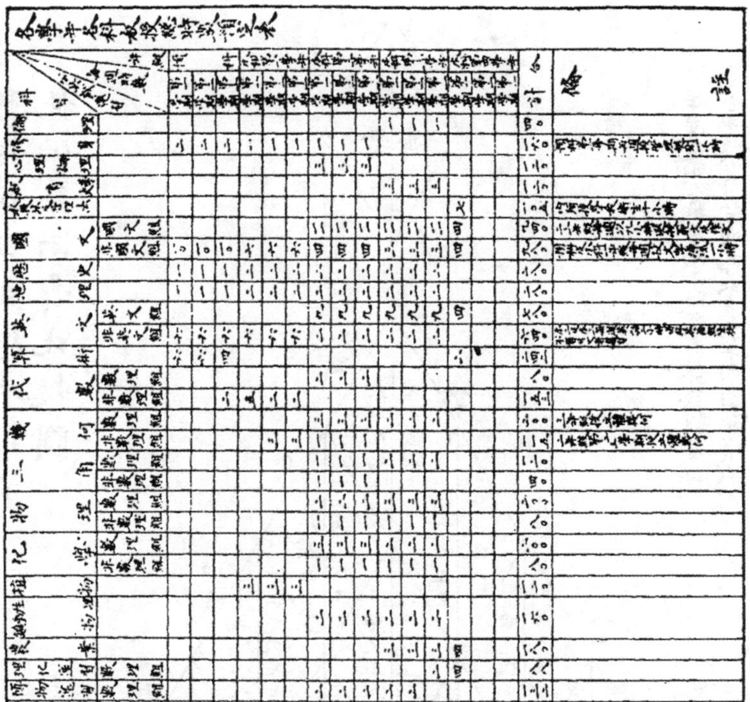

歷年各級生徒平均消耗公私兩費比較圖

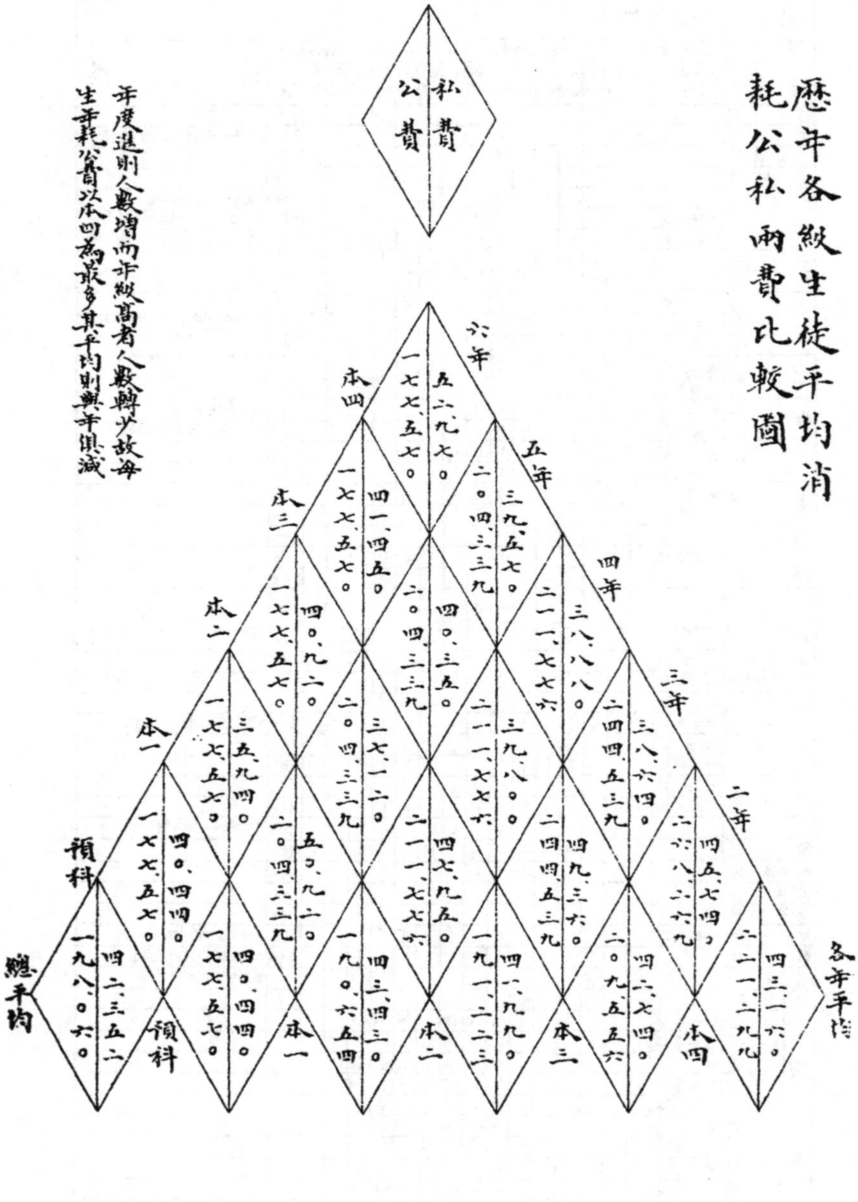

年度進則人數增而年級高者人數轉少故每生年耗公費以本四為最多其平均則與年俱減

歷年各級生徒在校自身費用比較圖

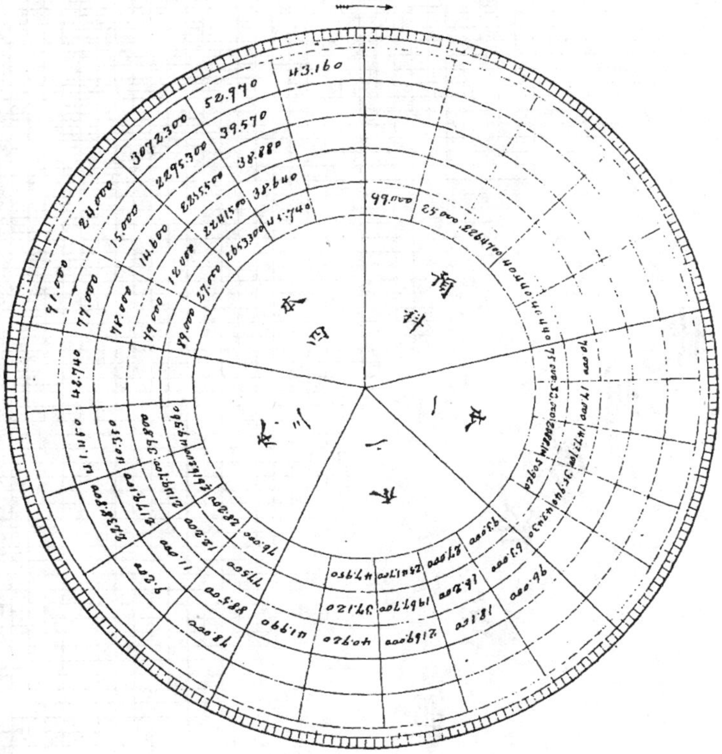

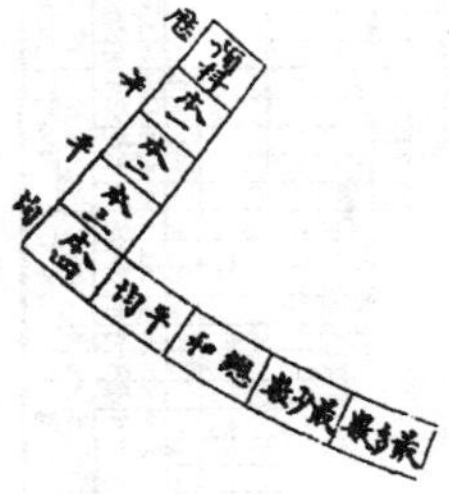

一生徒自身費用爲制服運動衣靴帽等費書籍手工材料學用品講義等費旅費每月零支用費等

一生徒每名所納保證金因畢業時例應取還

一生徒每月零用以在校十個月計餘俱以年計

一留級生徒係以留級年分與在前一年分所用各費平均列計

歷年生徒假出百分比較圖

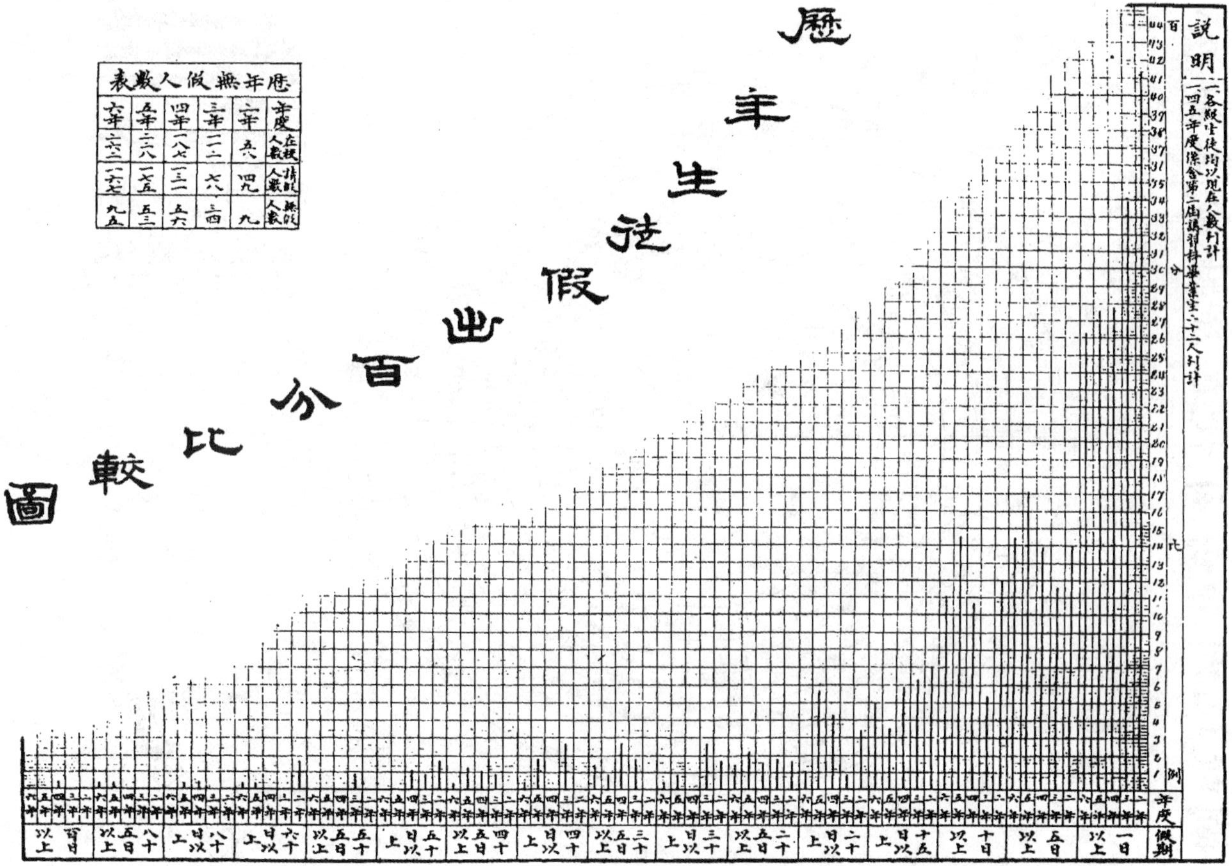

歷年無假人數表

年度	在校人數	請假人數	無假人數
二年	五六	四九	九
三年	一一二	六八	三四
四年	一八七	一三一	五六
五年	二二八	一七五	五三
六年	二六二	一六七	九五

[illegible]

薛鍾泰

本科一年級時得第一次

本科二年級時得第二次

黃同義

本科三年級時得

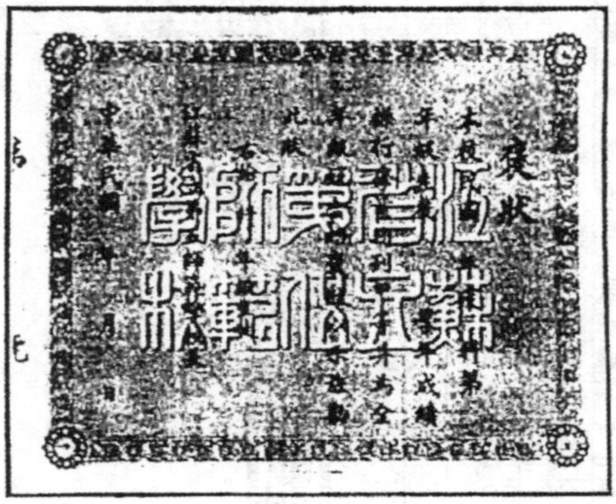

汪其卓

豫科時得

許崇德

豫科時得第一次

本科一年級時得第二次

本科二年級時得第三次

本科三年級時得第四次

歷年本校運動會運動成績一覽表

運動種類	名次	二年度	三年度	四年度	五年度	六年度	備注
百碼賽跑	1st.	張鑄	崔忠良	崔忠良	[illegible]	[illegible]	二三四年度不分組自五年度以體重分甲乙丙三組六年加丁組 甲 一百二十五磅以上 乙 一百十磅以上 丙 一百十磅以下 丁 九十磅以下
	2nd.	王廷棟	夏達官	薛鑄岱(?)	[illegible]	[illegible]	
	3rd.	阮永威	左本烽(?)	宋普祁(?)	[illegible]	[illegible]	
	成績	[illegible]	[illegible]	[illegible]	[illegible]	[illegible]	
二百二十碼賽跑	1st.	丁偉	崔忠良	崔忠良	[illegible]	[illegible]	仝上
	2nd.	薛正林	丁偉	薛鍾岱	[illegible]	[illegible]	
	3rd.	夏貴臣	王家琪	涂桂章(?)	[illegible]	[illegible]	
	成績	[illegible]	[illegible]	[illegible]	[illegible]	[illegible]	
四百四十碼賽跑	1st.	丁樹民	薛正林	薛正林	[illegible]	[illegible]	無丁組
	2nd.	周士秀	周士秀	丁樹民	[illegible]	[illegible]	
	3rd.	丁偉	丁樹民	周士秀	[illegible]	[illegible]	
	成績	[illegible]	[illegible]	[illegible]	[illegible]	[illegible]	
八百八十碼賽跑	1st.	尤廷堅	夏達官	薛正林	[illegible]	[illegible]	仝上
	2nd.	杜隆昌	薛正林	夏達官	[illegible]	[illegible]	
	3rd.	孫杜章(?)	杜隆昌	杜隆昌	[illegible]	[illegible]	
	成績	[illegible]	[illegible]	[illegible]	[illegible]	[illegible]	
半英里替換賽跑	1st.		鄒國鑫 何惟科 宋景祁 張永山(?)	崔忠良 阮永威 薛鍾岱 丁偉	[illegible]	[illegible]	半英里替換賽跑二年度與本校關三年度小運動會時被取第一第二
	2nd.		崔忠良 沈永偉(?) 薛鍾岱 丁偉	鄒國鑫 何惟科 宋景祁 張鑄	[illegible]	[illegible]	
	3rd.			呂元勲 符宗舜 陳继高 莊祖武(?)	[illegible]	[illegible]	
一英里替換賽跑	1st.					[illegible]	一英里替換賽跑六年度始加入祇取第一第二
	2nd.					[illegible]	
	3rd.						
一百二十碼低欄賽跑	1st.	宋景祁	宋景祁	宋景祁	[illegible]	[illegible]	仝第一格但無丁組
	2nd.	鄒國鑫	張鑄	鄒國鑫	[illegible]	[illegible]	
	3rd.	丁偉	崔忠良	丁偉	[illegible]	[illegible]	
	成績	[illegible]	[illegible]	[illegible]	[illegible]	[illegible]	
擲十二磅鐵球	1st.	薛鍾泰	薛鍾泰	薛鍾泰	[illegible]	[illegible]	仝上
	2nd.	崔忠良	崔忠良	崔忠良	[illegible]	[illegible]	
	3rd.	孫誠	尤廷堅	戚元煒(?)	[illegible]	[illegible]	
	成績	二十八尺九寸	三十二尺四寸	二十九尺	[illegible]	[illegible]	
跳高	1st.	張文沛	張文沛	張文沛	[illegible]	[illegible]	仝第一格
	2nd.	薛鍾泰	鄒國鑫	薛鍾泰	[illegible]	[illegible]	
	3rd.	郭敦善	張思谷	鄒國鑫	[illegible]	[illegible]	
	成績	[illegible]	[illegible]	[illegible]	[illegible]	[illegible]	
跳遠	1st.	崔忠良	崔忠良	張鑄	[illegible]	[illegible]	仝上
	2nd.	鄒國鑫	張鑄	崔忠良	[illegible]	[illegible]	
	3rd.	史學禮	宋景祁	張文沛	[illegible]	[illegible]	
	成績	[illegible]	[illegible]	[illegible]	[illegible]	[illegible]	
撑篙跳高	1st.	郭敦善	郭敦善	韓桂章	[illegible]	[illegible]	六年度始分甲乙丙三組
	2nd.	施子豪	宋景祁	單全堂	[illegible]	[illegible]	
	3rd.		鄒國鑫	薛鍾泰	[illegible]	[illegible]	
	成績	七尺八寸	七尺二寸	八尺	[illegible]	[illegible]	
五十碼賽跑	1st.					[illegible]	六年度丙丁兩組始加入
	2nd.					[illegible]	
	3rd.					[illegible]	
擲硬球	1st.					[illegible]	仝上
	2nd.					[illegible]	
	3rd.					[illegible]	

本校歷屆運動最優成績題名表

運動種類	姓名	成績
五十碼賽跑	張鑄	六秒
百碼賽跑	許以翔	十又五分之四秒
二百二十碼賽跑	崔忠良	二十六又五分之三秒
四百四十碼賽跑	薛正林	六十一又五分之二秒
八百八十碼賽跑	薛正林	二分三十七又五分之一秒
半英里替換賽跑	崔忠良 許以翔 宋景祁 顏九福	一分五十四秒
一英里替換賽跑	崔忠良 顏九福 宋景祁 薛正林	四分三十七又五分之一秒
一百二十碼低欄賽跑	李希壽	十七秒
擲十二磅鐵球	薛鍾泰	三十三尺二寸
擲八磅鐵球	薛鍾泰	四丈二尺
擲硬球	張鑄	一百九十五尺五寸半
跳高	張文旆	五尺二寸
跳遠	許以翔	十八尺零半寸
撑篙跳高	韓桂章	九尺二寸
靜姿跳遠	韓桂章	八尺二寸

江蘇省立學校聯合運動會本校運動員得分一覽表

姓名	年歲	籍貫	在校年級	運動會居別	運動種類名次	分數	所得獎品	備註
丁偉	二十二	江都	一年級	壹	二百二十碼賽跑第一	三	金色獎章一	
丁樹民	二十一	睢寧	一年級	壹	四百四十碼賽跑第三	一	銅色獎章一	
張鑄	二十二	泰縣	一年級	壹	跳遠第二	二	銀色獎章一	
			二年級	貳	百碼賽跑(預選)第一 二百二十碼賽跑(預選)第一	二	銀色獎章一	此屆預賽第一之分數與決賽第三之分數相等
宋景祁	二十一	鹽城	一年級	壹	一百二十碼依欄賽跑第二	二	銀色獎章一	
			三年級	叁	半英里替換賽跑第三	四分之一	銅色獎章一	
崔忠良	二十三	如皋	二年級	貳	百碼賽跑(預選)第一 二百二十碼賽跑(預選)第一	二	銀色獎章一	
			三年級	叁	百碼賽跑第二 二百二十碼賽跑第三 半英里替換賽跑第三	二又四分之一	銀色獎章一 銅色獎章一 銅色獎章一	
			四年級	肆	百碼賽跑第三	一	銅色獎章一	
張儀門	二十三	揚中	甲種講習科	叁	擲十二磅鐵球第三	一	銅色獎章一	
鄒國鑫	二十四	無錫	三年級	叁	半英里替換賽跑第三	四分之一	銅色獎章一	
薛鍾泰	二十五	漣水	三年級	叁	擲十二磅鐵球第一	三	金色獎章一	總結第十一名賞[illegible]五等特獎又[illegible]等銀色學術章一面
			四年級	肆	擲十二磅鐵球第一	三	金色獎章一	執照一紙[illegible]
許以翔	十八	宜興	預科	肆	百碼賽跑第三 二百二十碼賽跑第二 跳遠第一	六	銅色獎章一 銀色獎章一 金色獎章一	總結第五名[illegible]特獎三等金色學術章一面執照一紙[illegible]
薛正林	二十	丹徒	四年級	肆	四百四十碼賽跑第二	二	銀色獎章一	
韓桂章	二十三	泰興	三年級	肆	撑篙跳高第二	二	銀色獎章一	
李希壽	十九	丹徒	一年級	肆	一百二十碼依欄賽跑第二	二	銀色獎章一	
符宗韓	二十三	江都	三年級	肆	跳遠第三	一	銅色獎章一	
賀拓如	二十一	武進	一年級	肆	八百八十碼賽跑第三	一	銅色獎章一	

得分運動員小影

第一屆

丁樹民

丁偉

張鑄

宋景祁

第二屆

崔忠良

張鑄

第三屆

鄒國鑫

宋景祁

薛鐘泰

崔忠良

張儀門

第四屆

許以翔

薛鍾泰

韓桂章

李希燾

薛正林

良　忠　崔

如　拓　賀

韓　宗　符

歷屆省立學校聯合運動會本校成績比較表

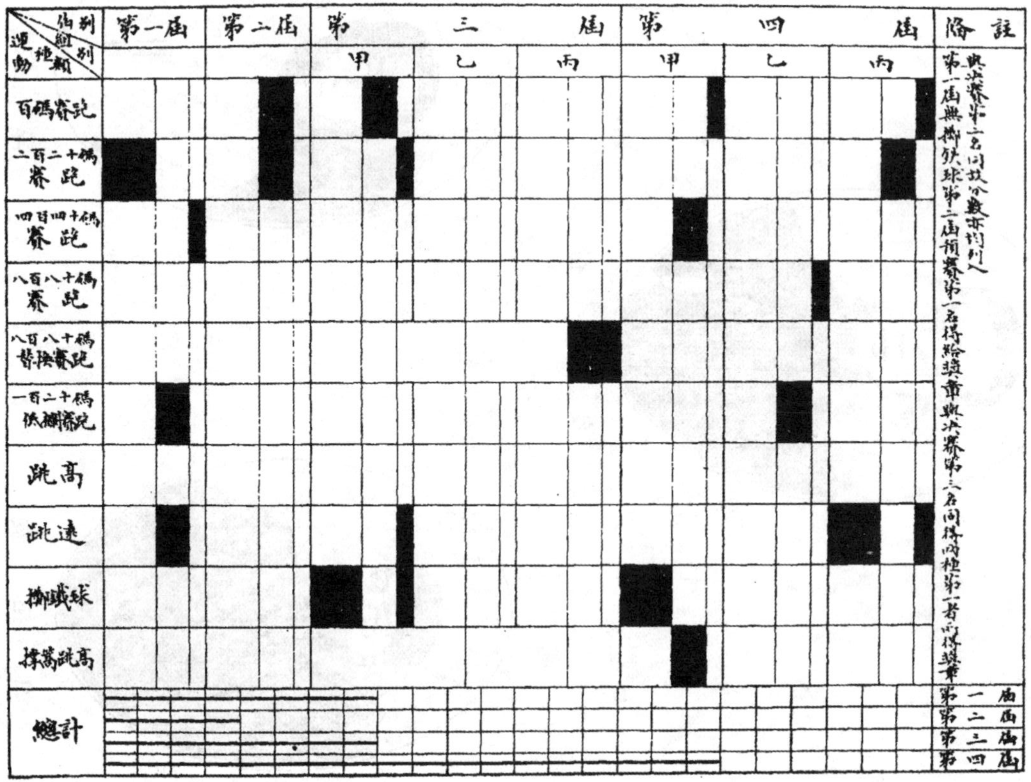

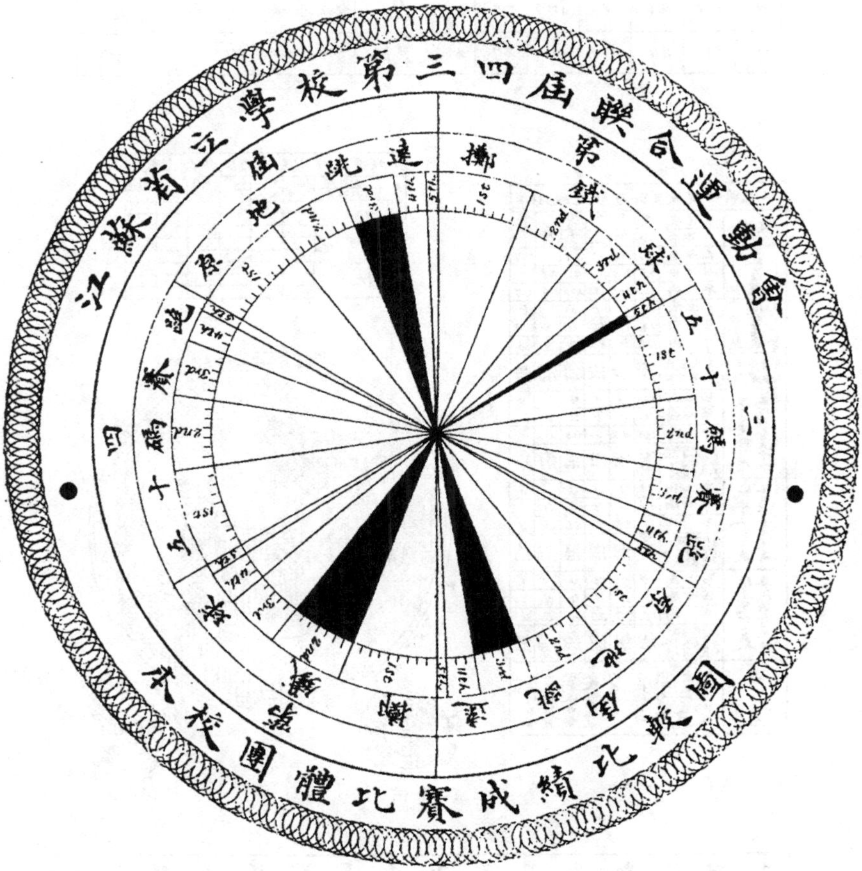
江蘇省立學校第三四屆聯合運動會各校團體比賽成績比較圖

第三第四兩屆聯合運動會本校與會運動員統計表

本校團體競技運動員預賽結果之統計										
運動會屆別	全校學生數	各種運動出賽運動員數	與會運動員數				[illegible]	[illegible]	[illegible]	[illegible]
			三種當選者	二種當選者	一種當選者	合計				
三	270	27	8	14	29	51	17/100	1/3×14+2/3×29=24	51−24=27	1/10
四	270	27	10	11	29	50	18.5/100	1/3×11+2/3×29=23	50−23=27	1/10

各級團體競技運動員數之統計							
級別	五年度	本三	本二	本一	預科		講習科
	六年度	本四	本三	本二	本一	預科	
各級學生數	五年度	59	68	55	57		27
	六年度	58	53	52	42	56	
	平均	58.5	60.5	53.5	49.5	56	27
各級與會運動員數(六種合計)	第三屆	22	11	7	8		3
	第四屆	15	11	10	6	8	
	平均	18.5	11	8.5	7	8	3
[illegible]		31.6/100	18.2/100	15.9/100	14.1/100	14.3/100	11/100
各級與會賽跑運動員數	第三屆	16	3	4	4		0
	第四屆	7	6	6	3	5	
	平均	11.5	4.5	5	3.5	5	0
	[illegible]	36.9/100	16.3/100	16.9/100	12/100	16.5/100	0/0
各級與會鐵球運動員數	第三屆	11	7	3	3		3
	第四屆	11	4	7	2	3	
	平均	11	5.5	5	2.5	3	3
	[illegible]	36.7/100	18.3/100	16.7/100	9.3/100	10/100	10/100
各級與會跳遠運動員數	第三屆	10	9	3	4		1
	第四屆	4	10	4	4	5	
	平均	7	9.5	3.5	4	5	1
	[illegible]	23.4/100	31.7/100	11.7/100	13.3/100	16.7/100	3.3/100
備考	[illegible]						

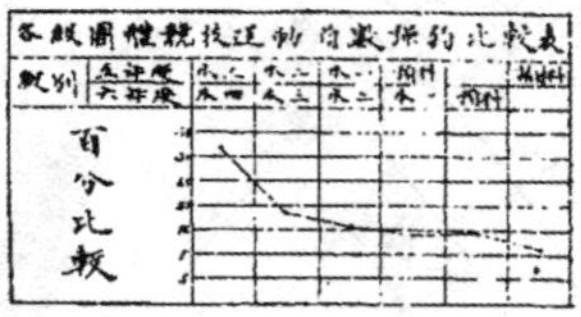

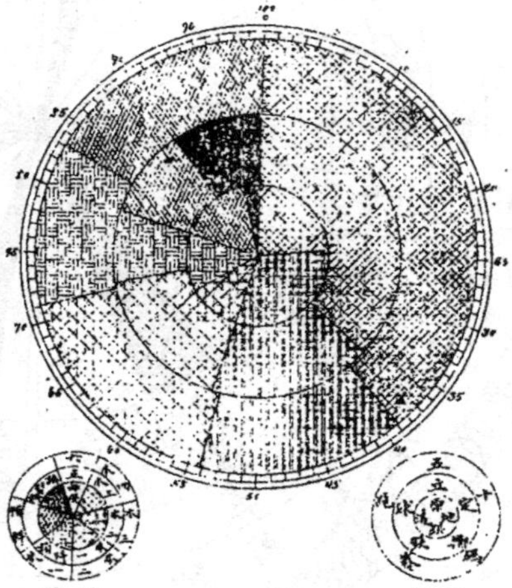

圖例 部分

各種運動各級是否平均發達之觀察										
級別 \ 種別		團體競技運動員數				個人競技運動員數				備考
		三種當選者	二種當選者	一種當選者	合計	三種	二種	一種	合計	
五年度	本科三年級	4	7	11	22	4	2	4	10	[illegible]
	本科二年級	3	2	6	11	0	1	1	2	
	本科一年級	1	1	5	7	0	2	1	3	
	預科	0	3	5	8	0	0	1	1	
	講習科	0	1	2	3	0	0	1	1	
六年度	本科四年級	3	1	11	15	5	1	3	9	[illegible]
	本科三年級	3	3	5	11	1	1	2	4	
	本科二年級	2	3	5	10	2	1	3	6	
	本科一年級	1	2	3	6	1	1	3	5	
	預科	1	2	5	8	4	1	4	9	

揚州學校聯合運動會民國六年度第一次本校運動成績一覽表

學級	學年	姓名及級別	運動種類：50碼賽跑	100碼賽跑	220碼賽跑	440碼賽跑	880碼賽跑	120碼低欄賽跑	1英里競走	跳遠	跳高	擲18磅鐵球	擲鐵餅	總結：個人合計	各級合計	四級合計	所得獎品：錦標章	銀質獎牌	獎章(個人的)
甲	本四	崔忠良		第一3分 11.3/4秒	第一3分 28秒	第二2分		第一3分 17.3/5秒	第二3/4分					11.3/4分	第一	第二	[illegible]	[illegible]	二
	〃	鄒國鑫						第二1分		第一3分 16尺8寸1/2	第二2分			6分			[illegible]		
	〃	薛正林				第一3分 57秒	第二2分		第二3/4分					5.3/4分			[illegible]		
	〃	張文禧								第三1分	第一3分 4尺11寸			4分			[illegible]		
	〃	薛鍾泰										第一3分 30尺1寸1/2		3分			[illegible]		
	〃	丁樹民					第三1分							1分			[illegible]		
	〃	尤廷堅										第二2分		2分			[illegible]		
	本三	韓桂章							第二3/4分					3/4分			[illegible]		
	本二	顧九福		第二2分	第二2分			第一2分			第三1分			7分	第二		[illegible]	[illegible]	
乙	本四	宋景祁		第三1分	第二2分	第二2分		第二2分						7分	第二		[illegible]	[illegible]	
	〃	夏達官				第一3分	第三1分		第二3/4分					4.3/4分			[illegible]		
	本三	賈達									第一3分 4尺10寸1/2			3分			[illegible]		
	本二	左九琛								第三1分				1分			[illegible]		
	本一	李希濂						第一3分 19秒						3分			[illegible]		
	〃	賀拓如					第一3分 2分11秒							3分			[illegible]		
	〃	陳道權									第二2分			2分			[illegible]		
	預科	許以翔		第一3分 11.9/5秒	第一3分 27.3/5秒					第一3分 16尺7寸				9分	第一		[illegible]	[illegible]	
丙	本四	張鑄	第一3分 6.1/5秒	第一3分 11.3/5秒						第二2分			第一3分 17尺5寸1/2	11分	第一		[illegible]	[illegible]	
	〃	蔣寶璿			第二2分	第二2分			第一1.1/4分 4分50秒					5.1/4分			[illegible]		
	本三	符宗軒								第三1分				1分			[illegible]		
	本二	郭榮根				第三1分			第一1.1/4分 4分50秒					2.1/4分			[illegible]		
	預科	武福泰	第三1分	第三1分	第一3分				第一1.1/4分 4分50秒					6.1/4分			[illegible]		
	〃	俞長源							第一1.1/4分 4分50秒					1.1/4分			[illegible]		
丁	本二	高華昌	第二2分	第三1分						第二2分	第三1分			6分	第二		[illegible]	[illegible]	
本校統計			6分	14分	15分	13分	7分	11分	8分	13分	12分	5分	3分	107分			22.20.13	6	2
全體統計			12分	24分	24分	24分	12分	12分	20分	24分	24分	12分	12分	200分			38.38.38	8	6
本校:全體			1:2	7:12	5:8	13:24	7:12	11:12	2:5	13:24	1:2	5:12	1:4	107:200			[illegible]	3:4	1:3

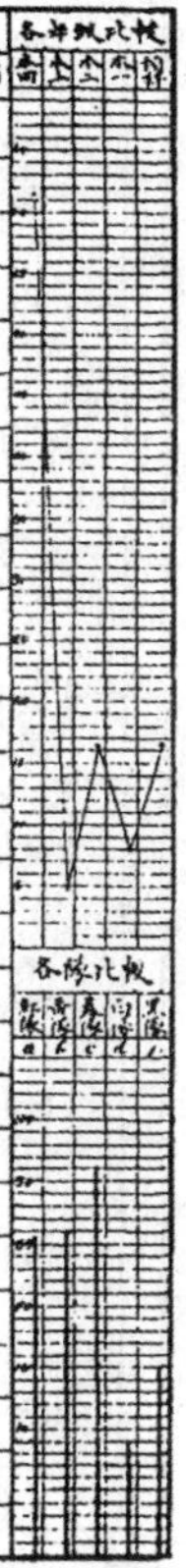

網　球

歷年運動成績統計比較表

民國六年至民國七年

民國七年七月調製

時期		組別	單雙別	與賽學校	分數		各局點數之比			本校選手姓名	各年平均分數
年	月日				勝	負	第一局	第二局	第三局		
六年	六月九日	甲	雙	美漢中學	2	0	6-0	6-2		符宗韓 宋景祁	0
		乙	雙	美漢中學	0	2	2-6	6-2	4-6	崔忠良 朱海中	
		甲	單	美漢中學	0	2	2-6	6-2	0-6	朱海中	
		乙	單	美漢中學	2	0	7-5	9-7		崔忠良	
七年	六月一日	甲	單	*美漢中學	0	2	7-9	4-6		符宗韓	1.2
		丙	雙	*第八中學	2	0	6-1	6-0		朱海中 汪其卓	
		乙	雙	*美漢中學	2	0	6-4	6-3		李布燾 尹成松	
	六月九日	丙	雙	*美漢中學	2	0	9-7	6-0		朱海中 汪其卓	
		乙	雙	*第八中學	2	0	6-1	6-1		李布燾 尹成松	
	六月十七日	乙	單	*第八中學	2	0	6-0	6-3		李布燾	
		甲	雙	*第八中學	2	0	6-0	6-2		符宗韓 徐聲宏	
	六月二十三日	甲	雙	*美漢中學	0	2	0-6	6-0	2-6	崔忠良 符宗韓	
	六月二十六日	乙	單	*美漢中學	2	0	6-2	6-4		李布燾	
		甲	單	*第八中學	2	0	6-3	6-1		符宗韓	

歷年進度比較

六年　七年

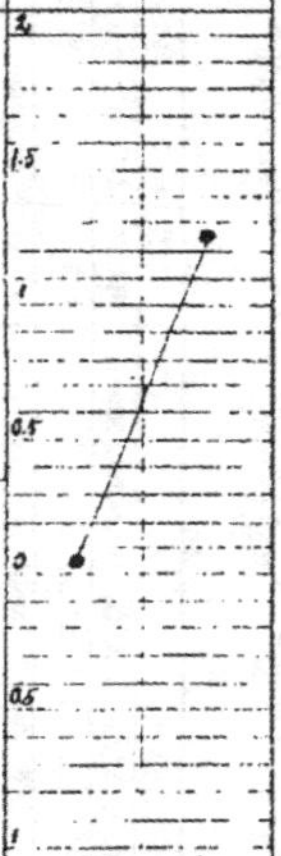

備考

一、組別隨各校自定無一定標準但一人不得兼同種比賽之兩組

二、學校名稱左角上附有*號者為揚州四校聯合運動會之比賽此次商業學校未與賽故未列入

三、每一比賽作二分計算

籃球
歷年運動成績統計比較表
民國六年至民國七年
民國七年七月調製

時期·年	時期·月日	組別	與賽學校	勝負分數·勝	勝負分數·負	本校選手姓名	各年平均成績
六年	四月八日		第九中學	4	0	崔忠良 朱欽學 張文旆 宋景祁 薛正林	4
七年	四月二十二日	甲	※美漢中學	9	13	崔忠良 張文旆 宋景祁 尹成松 李希壽	-4.16
	四月二十三日	甲	※第八中學	20	8	費毅 尹成松 李希壽 夏慶琮 陳書 殷川令	
	四月二十四日	乙	※商業中學	5	11	孫和轔 曹永崙 曹壽世 柳病鶴 許以翔 高華昌	
	四月二十五日	乙	※美漢中學	0	30	曹永崙 曹壽世 柳病鶴 許以翔 高華昌 賀拓如	
	四月二十六日	甲	※商業中學	12	8	費毅 尹成松 李希壽 夏慶瑤 殷川令	
	四月二十七日	乙	※第八中學	5	6	曹永崙 曹壽世 柳病鶴 許以翔 高華昌 賀拓如	

歷年進度比較（六年、七年）

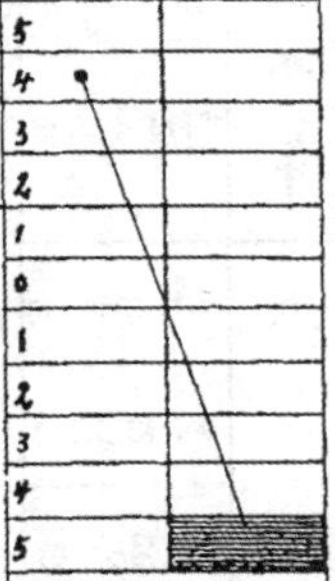

備考

一、第九中學比賽時未分組故於組別欄下未載明何組
二、甲乙組之分以體重為標準
三、學校名稱左角上附有※號者為揚州四校聯合運動會籃球比賽

足球歷年運動成績統計比較表

民國四年至民國六年

民國七年七月調製

時期 年	時期 月日	與賽者	勝負對數 勝	勝負對數 負	各年平均成績
四年	四月二十七日	美漢中學	0	2	-2
五年	四月十三日	第六師範	1	0	1
六年	三月三十一日	美漢中學	4	0	1.33
	四月五日	第六師範	1	1	
	四月六日	第三農業	1	1	
	十一月二十五日	第六師範	1	0	
	十二月一日	*美漢中學	1	2	
	十二月八日	*商業學校	4	0	
	十二月十五日	*第八中學			

歷年進度比較（四年　五年　六年）

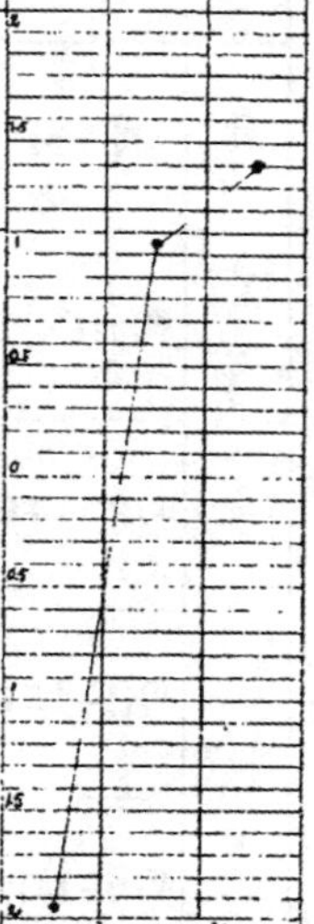

備考

一、學校名稱右肩有*號者為揚州四校聯合運動會足球比賽

二、每一球作一分計算

三、十二月十五日之比賽勝負欄下未記球數蓋第八中學自認失敗未行比賽也

全校生徒運動興味百分比較圖

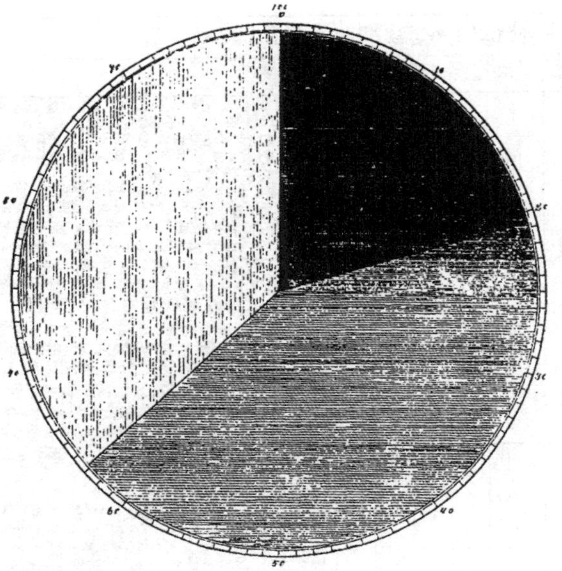

圖例			
說明	對於運動興味濃者	對於運動稍有興味者	對於運動無興味者
百分比	20.7	42.5	36.8

各級生徒運動興味比較表

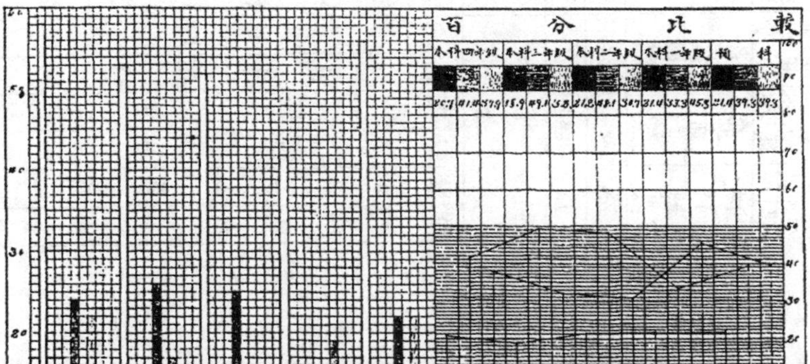

歷屆省立學校聯合運動會本校團體運動成績一覽表

種別	普通體操	普通體操	普通體操	普通體操	國技	國技	國技	國技	國技	國技	國技	國技
名稱	短棒之應用	徒手（肋木代用）	徒手	[illegible]	小純陽	少林棍	七紅拳	下單刀	少林拳	虎蹻行鉤	趙家棍	戒刀
年級	本科一年級甲組	本科一年級乙組	本科一二年級	本科三年級	本科[illegible]	仝上	本科三年級		本科一年級		豫科	
人數	三十二人	三十六人	全體	全體	二十五人	仝上	韓桂章		劉錫康		韓百城	
時間	五十分	五十分	三十五分	四十分	十分	仝上	二十五分					
屆別	第一屆	第一屆	第[illegible]屆	第[illegible]屆	第[illegible]屆	仝上	第四屆					
等次	甲	甲	甲	甲	甲		甲					
獎品類別	金	金	金	金	金		金					
評語	全部皆照永井氏最新式之基本形式編制以教練始以步法終極合學校教授之用以此種教材施之師範頗為合宜然是於行進時參加唱歌以下肢與呼吸同時練習極合體操上之生理并手跳躍運動之後增加唱歌或大聲呼喚本屆相宜因其可以振起全體之精神并得以代呼吸運動也教練之動作極熟練沈着非平常敏捷有工夫者不能至此棒之動作均極整齊且無新舊棒陣幽揚靜慢然不足為病也步法純熟活潑變化雖不多而優美可觀惟動作中（跌躍退行）除一手與對立者互換外其他左（右）手以宜杖腰若任其剛毒略久失當於上一節運動究畢之後不以棒處原而即休息與教師不呼唱而以號笛代口令者雖可節省運動時間及便于教師之矯正與呼吸然是否有利無害頗有研究之價值學生在師範學校畢業之後即為小學教師平時在校所習學者他日當即以之授人故教師選擇教材至宜慎重否則貽害後進何堪設想是校所習之各個與短棒皆為小學校體操中所不可缺少者根本師範二字而定材料宜乎其溫和優雅毫無窒礙矣肋木之功用凡研究體操者類能言之惟實行練習者頗尠是校演習之肋木分用於操場之中復具表示成績之至意具見苦心	全部亦照永井氏最新式之基本形式而編成于腹背腰三種運動中參加肋木運動尤為創舉各項動作均極純熟無瑕可擊中部加授大將球遊技其程度之淺深其動作之難易其編制之目的其材料之選配無一不適合高等小學之程度生徒極守規則并然不紊演習遊技時攻者則奔馳跳躍活潑潑地守者則沈默寡言時時而動若非平時注意訓練者決不能若是	未發表	未發表	拳法得體魄充足	棍法純熟起落有節	尚武如式	得心應手精神四射	純熟異常	動作合式	緊密純熟一氣貫徹	刀法精熟與衆迥異

江蘇省立第五師範學校職員
生徒平治操場開工攝影

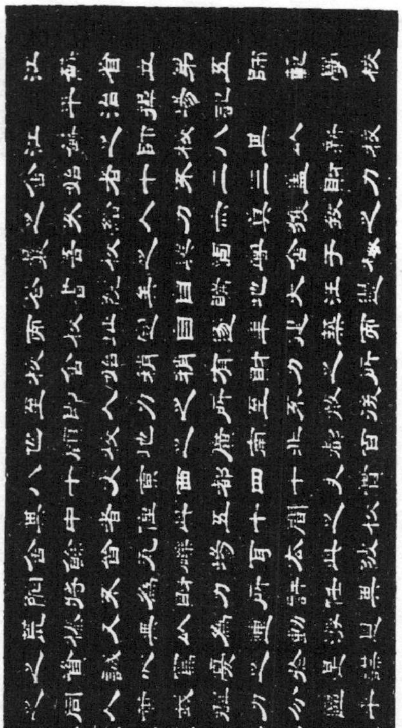

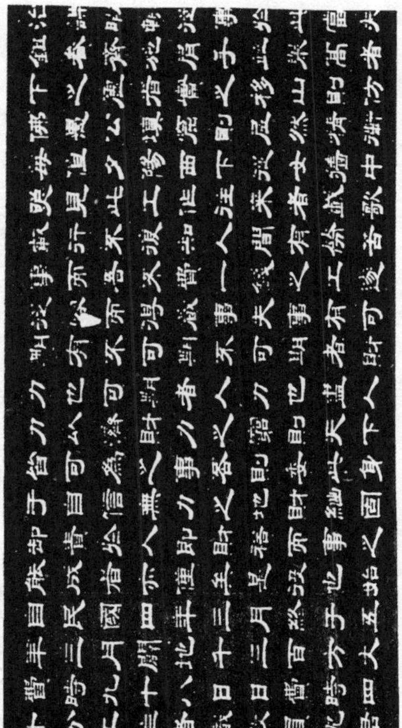

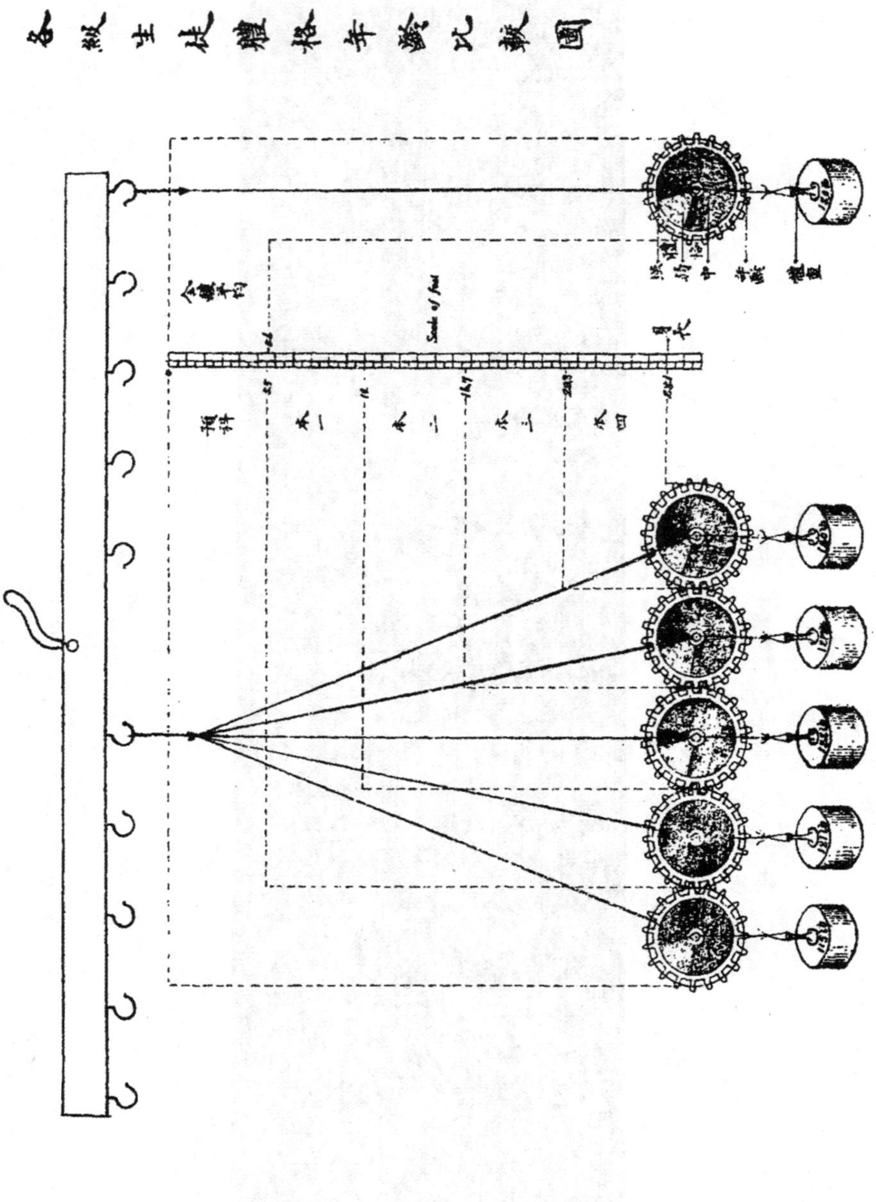
各級生徒體格年齡比較圖

歷年生徒疾病統計表

一　全身傳染病

年度	病類人數	腸窒扶斯	猩紅熱	麻疹	風疹	痘瘡	水痘	瘧疾	流行性感冒	白喉	耳下腺炎	赤痢	花柳病
二年度	豫					一		三		三	六	四	二
三年度	本一	一〇	一					四	一二	一	四	二	
三年度	豫	一一		四				八	六			二	一
四年度	本二		一		一			一〇	三			三	
四年度	本一	二			二			九	七		一	四	
四年度	豫							三	五			二	
五年度	本三							三				三	一
五年度	本二				三			三				五	
五年度	本一	一						四				三	
五年度	豫		一					一					一
六年度	本四	二	一	一	一			一五	一四		一	五	一
六年度	本三	一	五					一〇	一五			三	
六年度	本二	三			一		一	四	二一			三	
六年度	本一	一			一			三	七			八	
六年度	豫				三			四	八		一	二	一
統計	二年度					一		三		三	六	四	二
統計	三年度	二一	一	四				一二	一八	一	四	四	一
統計	四年度	二	一		三			二二	一五		一	九	
統計	五年度	一	一		三			一一				一一	二
統計	六年度	七	六	一	六		一	三六	六五		一	二一	二
總數		三一	九	五	一二	一	一	八四	九八	四	一二	四九	七
備註		全身傳染病一二種共三一三人											

二　呼吸器病　三　消化器病

年度	病類人數	感冒	[illegible]	咽頭加答兒	扁桃腺肥大	咳嗽	肺出血	肋膜炎	肺癆	口內炎	齒痛	胃加答兒	胃痙	胃出血	腸加答兒	腹痛	便秘	痔疾	疝痛	虫疾
二年度	豫	三二	一	一三		六	五		一		一				四	三	一		一	一
三年度	本一	一九		九	一	五				六	一	二			一				一	
三年度	豫	一六	一	五	一	七	一		二	一〇	三	二				四	二	一	二	
四年度	本二	二四	一	五	一	二	三			六	三	三			二	三	一			
四年度	本一	一八	七	三	一	四	四			一二	三	二			二	四	一	二	四	
四年度	豫	八	六	八	一	七	三		一	一〇	六	三			二	五		一	二	
五年度	本三	一九	三	一三		四		三		二	二	五	一		一	一	二			
五年度	本二	一七	四	六	二	七	七	三		二	一	四	三	二	二	五	四	一		
五年度	本一	一六	三	六	一	四	三	二		三	一				四	七				
五年度	豫	一〇		三		四	二	五		二			一		二	四	二			
六年度	本四	八	一	一〇		四	四		二	四		一	三		一	四	一	二	一	
六年度	本三	一四	一	五		七	三		三	三		五		一	六	四	二			
六年度	本二	一九	一	四		五	一			三	二	三	二		二	四	五			
六年度	本一	一四								四	一	二	一		一	二	四			
六年度	豫	一〇		一二	二	二				六		二			三	四		二	一	
統計	二年度	三二	一	一三		六	五		一		一				四	三	一		一	一
統計	三年度	三九	一	一四	二	一二	一		二	一六	四	四			一	四	二	一	四	
統計	四年度	五〇	一四	一六	三	一三	一〇		一	二八	一二	八			六	一二	二	三	六	
統計	五年度	六二	一〇	二八	三	一九	一二	一三		九	四	九	五	二	九	一七	八	一		
統計	六年度	七五	三	一九	二	一八	八		五	二〇	四	一三	六	一	一三	一八	一二	四	二	
總數		二五八	二九	九〇	一〇	六八	三六	一三	九	七三	二五	三四	一一	三	三三	五四	二五	九	一三	一
備註		呼吸器病八種共五一三人								消化器病一一種共二八一人										

四　神經系病　五　血行器病　六　泌尿器病　七　皮膚病　八　耳目病　九　外症

年度	病類人數	腳氣	神經衰弱	貧血	遺尿	疥癬	濕疹	中耳炎	結膜炎	瘰癧	創傷	跌撲傷
二年度	豫	一				一二		一	六	二九		
三年度	本一			一			六		五	一三		七
三年度	豫			一	一	八	七	一	二	一九	二	六
四年度	本二	八	一			三	三	三	一一	一〇	五	一
四年度	本一	九				三	三	一	九	六	三	二
四年度	豫	八				一	二	二	四	七	四	二
五年度	本三	三				一	三		五	一〇	三	
五年度	本二	四	一			二	三	二	九	七	三	一
五年度	本一	四				一	五	二	五	九	一	
五年度	豫	六				三	四		五	一一		
六年度	本四	一							五	二	三	
六年度	本三	一	一			一	一	一	六	七	二	一
六年度	本二	一				一		三	一三	六	一	一
六年度	本一		一					一	四	二		
六年度	豫		一		一	四	二	二	一二	三	一	三
統計	二年度	一				一二		一	六	二九		
統計	三年度			二	一	八	六	一	七	三二	二	一三
統計	四年度	二五	一			七	一五	六	二四	二三	一二	五
統計	五年度	一七	一			七	一五	五	二四	三七	七	一
統計	六年度	三	三		一	六	三	七	四〇	二〇	七	五
總數		四六	五	二	二	四〇	三九	二〇	一〇一	一四一	二八	二四
備註		神經系病二種共五一人		血行器病一種共二人	泌尿器病一種共二人	皮膚病二種共七九人		耳目病共一二一人		外症共二一三人		

備註：共計九類四二種合共一五八四人

歷年生徒傳染病比較表

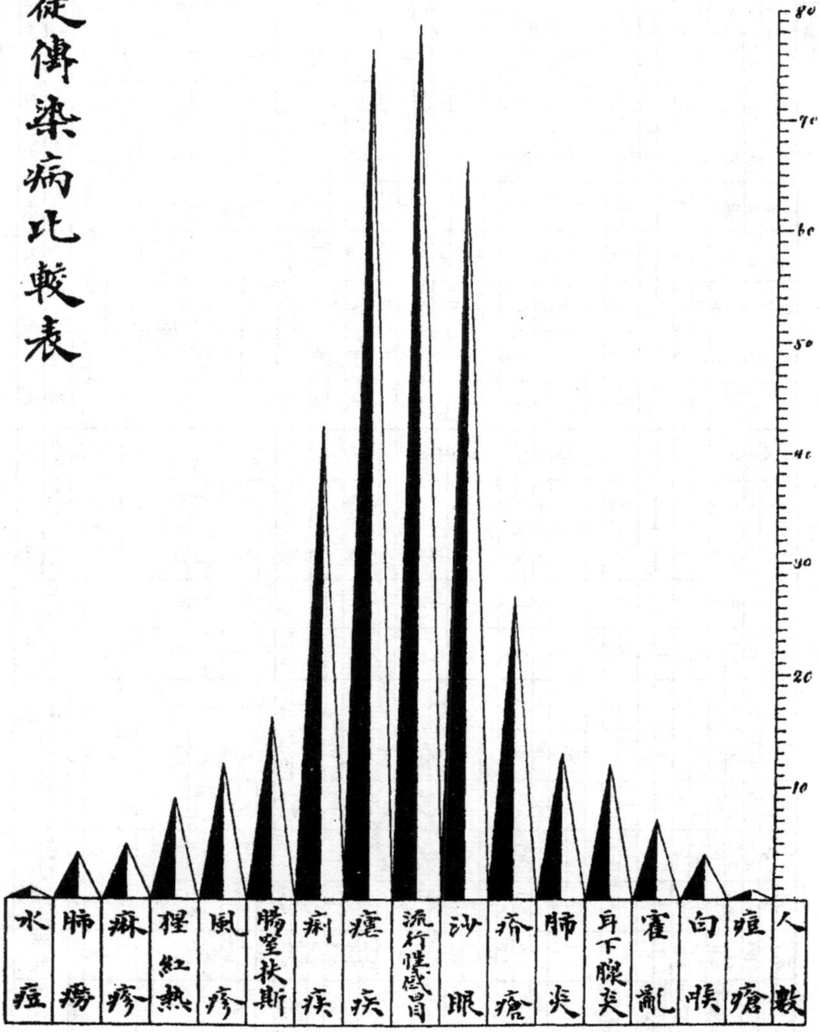
80
70
60
50
40
30
20
10
水痘
肺癆
麻疹
猩紅熱
風疹
腸窒扶斯
痢疾
瘧疾
流行性感冒
沙眼
疥瘡
肺炎
耳下腺炎
霍亂
白喉
痘瘡
人數

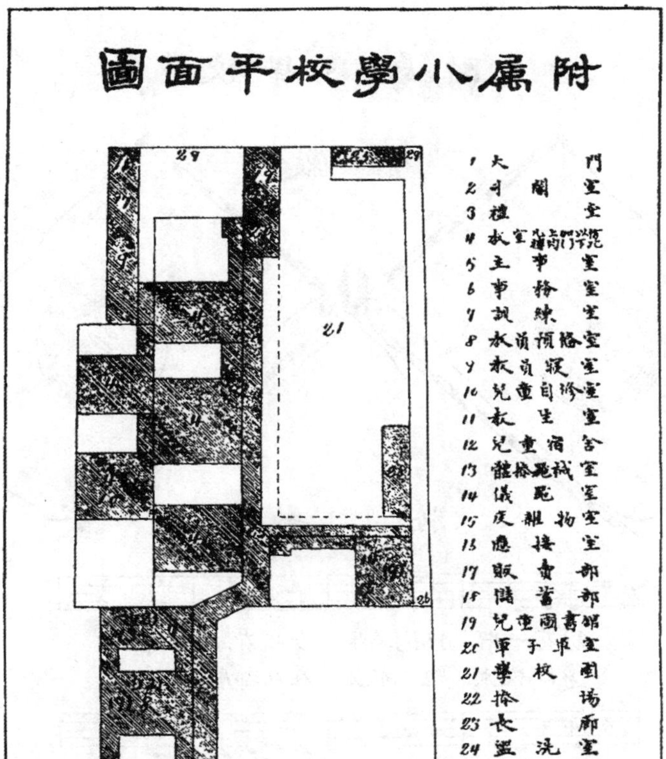
附屬小學校平面圖
1 大門
2 司閽室
3 禮堂
4 教室
5 主事室
6 事務室
7 訓練室
8 教員預備室
9 教員寢室
10 兒童自修室
11 教生室
12 兒童宿舍
13 體操器械室
14 儀器室
15 庋雜物室
16 應接室
17 販賣部
18 儲蓄部
19 兒童圖書館
20 童子軍室
21 學校園
22 操場
23 長廊
24 盥洗室
25 廁所
26 小便所
27 女廁所
28 圖作用具室
29 後門
1:600

附屬小學校

校徽

校歌

瓊花一片 梅花满院 吾校有渊 源
遵此校訓 勉此校訓 在在都府 錄
美哉同學 樂哉同學 時雨春風 徧
必誠必敬 亦公亦勤 樸勇尤勿 諼
教育初基 文明新式 吾曹幸福 全
人格完成 後生可畏 模範宜無 忝
啟吾學識 益吾心身 校訓宜遵 勉
揚我校風 奠我邦本 共和億萬 年

附屬小學校全體

[illegible]

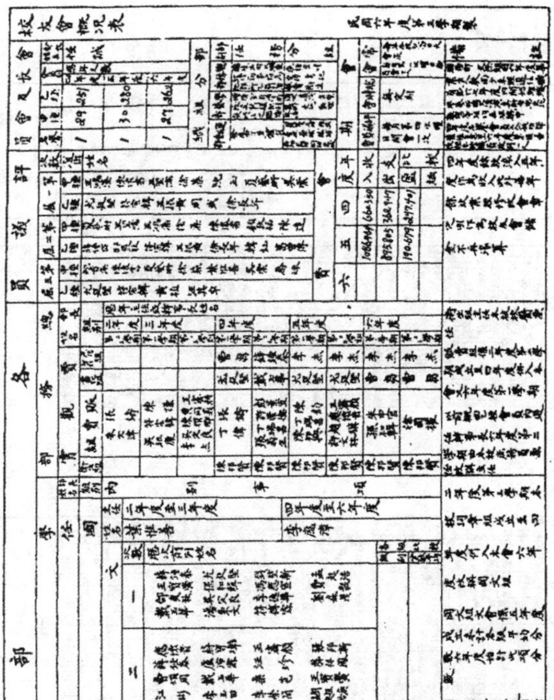
校友會概況表

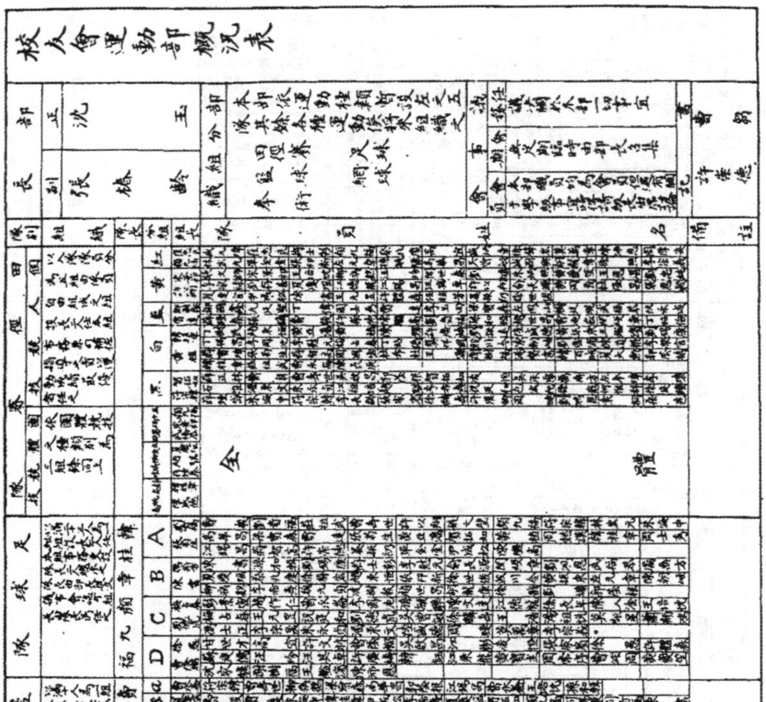
校友會運動部概況表

大事記

民國元年江蘇都督府規畫全省學校設本校於揚州三月二十三日委姚明輝爲校長揚州舊賴鹽款創設中學師範高等初等各小學光復後鹽款未能接濟都督以揚州爲文物舊區師範爲教育根本乃以省款設立師範學校於揚州依成立次序編爲第五

五月十五日奉都督程指令本校校舍就昔之兩淮師範學堂改設并委王鴻藻會同接收

六月七日接收兩淮師範學堂

八月十四日移請各縣民政長保送講習科生徒

初按照省議會預算開列本校經費數目擬繼續兩淮師範學堂開本科三年級一級預科一級講習科一級嗣因接收之校舍不合完全師範之用本科預科祗可緩辦現有校舍擬先開簡易科講習科各一級而一方面則另擇校址徐圖建置嗣又以經常費之問題簡易科亦不克募集計畫屢更殊亂人意

三十日試驗各縣送到講習科生徒六十六名錄取古味芝等五十一名

六週年概况

大事記 二

九月一日講習科生徒古味芝等五十一名入學

二日開課

二十六日呈請確定揚州舊府署之所有地爲本校校址

十月二日第二級講習科開課

第一級講習科既於九月二日開課而江都丹徒鹽城各縣先後陸續保送講習科生徒二百三十四名到校時雖已逾開課之期而各生堅請入學嗣因推廣初等教育既爲現今急務則小學教員之補習實屬必要爰於原定講習科之外添開一級九月二十二日續行試驗錄取張恭壽等七十三名於十月二日開課合前級爲甲乙兩組

十二月

日校長呈請都督府免職

二十五日校長繳委任狀於江蘇民政長再請免職

三十一日江蘇民政長准校長辭職委趙邦榮爲校長

二年一月二十五日校長趙邦榮到校前校長姚郎於是日移交卸責

二十八日校長因病回籍

江蘇省立第五師範學校

四月三日校長因病難速痊請委員接替或代理省委附屬小學主事何鎮寅代理校長

七日改定校址於大汪邊

前校長姚既確定舊揚州府署爲本校校址而軍隊占駐永無讓意至是乃勘定城西南大汪邊一帶曠地計東西約四十餘丈南北縱視橫三倍爲今校址

十九日附屬小學校開學

講習科甲乙兩組將於本學期畢業爰組織附屬小學校招收初等一年級生十人二年級生十四人三年級生十五人分學級二一年生爲一級二三年生合一級以便甲乙兩組講習生實習

校長在籍病故校務仍由附屬小學主事何暫行代理

六月二十一日江蘇民政長委任誠爲校長

二十九日校長任誠到校任事接收案卷表册及一應校具圖書儀器等件惟關於講習科應行結束之事仍由前代理校長何負責

七月二日咨六十縣知事改招豫科生徒兩級

六週年概況

大事記 四

原定招募甲種講習科及豫科各一級茲因各縣講科多已自辦故改招豫科兩級
六日租定缺口街民房爲生徒寄宿舍及附屬小學校
十二日舉行講習科畢業式甲組畢業者計譚濟等四十二人乙組畢業者計侯茂林等三十九人由前代理校長何給憑
十三日至十八日試驗新生凡三次每次均第一日談話幷檢查體格第二日試驗國文算術歷史地理及理科
十九日贛寧事起交通猝停會計員赴滬取付銀行存款未得折回
二十一日發表入學試驗之結果計正取黃同義等百名又備取三十名咨各縣知事幷通告各生家庭
二十六日校長自赴滬取款時製造局方面戰事方酣
八月十四日第一次職教員會議議決戰事未終省費無着暫挪存款（本爲設備費前校長領到尚未支動）籌備開學減成發給職教員薪水預計可支半學期
十九日奉省令定期開學每月經費暫由江都縣於應解省款項下就近撥交一千元（合原預算數十分之七）

江蘇省立第五師範學校

九月一日附屬小學校開學

四日第二次職教員會議議決新生百人暫以年齡支配分爲甲乙兩組訂定授課時間表

六日新生陸續到校發布管理規則

七日奉省令經常費自本月始照發全數但仍由江都縣撥給

開學上午八時行始業式校長訓諸生以自重服從公德三要義

八日自本日始按時授課

十五日改編學級以曾習英文程度之深淺分配之

舊歷中秋無假

十六日指定兩級級長兩寮寮長

十月七日孔子紀念日休業上午九時行紀念式

八日甲乙兩組加授歷史地理每週各一小時

部章豫科本無史地然以此兩科應授教材合之所定本科授課時數實恐不敷而豫科課業又較輕減因決定每週各授一時(永以爲例)

六週年概況

大事記 六

十日國慶紀念日適正式政府成立各國一致承認省立各學校修業三日以誌慶祝上午八時行祝賀式晚開聚餐會職教員生徒全體共飲盡歡

十二日附屬小學校主事兼本校英文教員唐辭職由國文教員單改任主事另聘鮑夏兩君教授國文及英文

十五日自本日始爲前講習科生補習音樂體操前講習科因於晚間授課未便教授體操而音樂一科又以教員未定暫缺特爲補之

二十一日第三次職教員會議議決對於省派俞旨一出洋考察教育來文徵集意見之答復

二十四日運動場始設浪橋

二十八日校長及附屬小學主事赴滬蘇無錫等處參觀學校

十二月二日第四次職教員會議議決不放寒假(永以爲例)及學期試驗各項事宜

十日禁無假外宿生徒一人假一週

十三日開除前講習科修業生靳良金兆梁學籍

江蘇省立第五師範學校

兩生私改證書互相攻訐幷除之
十八日舉放年假上午七時三十分行休業式
二十二日第五次職教員會議議決操行學業考查方法其要點有二一操行列丁等者須加以特別研究果認爲丁卽予退學一學業不及格而操行尙優者雖在預科試習期間仍使留校補習以期進步
二十三日附屬小學校於本校講堂舉行第一次家庭懇談會並展覽成績
二十四日前講習科生音樂體操補習事完行休業式
二十五日發表本學期生徒學行成績通告各生家庭
二十六日附屬小學校年假休業
三年一月一日集合住居本地及留校未歸生徒行祝賀式晚開聚餐會
三日省立校長會於上海省教育會討論學校臨時發生事故之處理方法校長及學舍監均往與會
八日開學上午八時行始業式禮畢卽時上課
十日午後選舉兩級級長五齋齋長二寮寮長六舍舍長均用無記名單記法（永以

六週年概況

爲例）
十二日附屬小學校開學
十六日遊藝會成立午後選舉本會會計庶務書記各幹事
十七日遊藝會運動部成立
十九日禁遲到生徒三人假一週
二十日運動場設備各項器械開始工作
二十六日至二十八日附屬小學校放寒假三日本校照常授課
二十七日令逾限遲到生徒二人退學
二月一日禁無假外宿生徒一人假一週
二日校長晉省呈請省長函商駐揚張旅長讓還舊揚州府署俾卽改建校舍卒以軍事重要不允卽遷
十二日南北統一紀念日休業上午九時行慶祝式
十五日遊藝會販賣部成立選舉部長
二十三日本學期師範校長會議輪值本校主席第一第三第四第八及第二女子師

江蘇省立第五師範學校

範校長均來會
二十七日運動場器械完工
三月一日自第一學期以來每月經費均由江都縣撥濟自本月起始由省庫發放
十一日附屬小學校主事單被任爲第八師範校長主事職務由舍監王代理
十七日新聘指導員譚君到校任事并教鼓號
二十一日第六次職教員會議議決學期試驗常會次數及會期職員勤務規約及春假修學旅行等項
二十三日自本日始生徒更著制服
三十一日舉放春假全校生徒旅行鎭江以軍隊編制編成三小隊由體操教員沈統率之於晨六時由校出發乘小輪渡江校長學舍監事務員及國文英文數學圖畫各科教員均同行并附設書記圖畫各部由國文教員飽圖畫教員俞擔任部長隨時指導十時到鎭遊歷金山中冷泉北固諸山晚宿焦山海西庵
四月一日以一日之力遍遊焦山諸名勝午後由舍監王就海西庵仰止軒集諸生演說長江形勝及國家貧弱原因詞至懇切

六週年概況

大事記 十

二日晨七時自海西庵發乘紅船渡江至瓜洲登岸步行到校是行三日遊記另詳
六日開學上午八時行始業式旋卽按時授課下午第七次職教員會議議決前學期成績考查之結果及組織講演部添設課文批評時間（各級每週於作文時間後行之）等項
七日發表第三學期級寮室長均仍舊服務免致紛更（永以爲例）惟二寮副寮長前以不稱職除名更選以補之販賣部長亦於是日更選
十二日附屬小學校春假主事及各教員均往滬蘇無錫等處參觀學校
十四日遊藝會講演部成立推舍監王兼任部長
十八日發表第二學期成績
十九日假康山空地分組練習足球（以後每週行之）
二十五日因時局關係爲自衞遠禍計自本日始檢查生徒來往信件
二十七日附屬小學校開學
五月一日第二中學校長袁率生徒八人來校參觀
四日第八次職教員會議由舍監兼代理附屬小學校主事王報告前學期參觀蘇滬

江蘇省立第五師範學校

南通無錫各地教育之心得未完
八日庶務員李爲建築事往第一二三各師範調查
十一日職教員臨時會議續由附屬主事王報告參觀事項仍未完
十六日午後爲結束春假旅行事開講演會並由生徒報告旅行心得
十八日職教員臨時再會議結束前兩次未完事項幷議決生徒上下課排班管理員宜加以注意
二十日省視學侯到校視察
二十八日爲舊歷端午節是否放假問題職教員又臨時會議議決春節既未給假夏節當然照行無庸休業（永以爲例）是日附屬小學校亦未放假
六月七日午後開第一次校内小運動會事前布置臨時服務及事後整理均生徒自爲之
二十日製校歌成特於禮堂教授之
二十八日第九次職教員會議議決學期試驗暑假期間及學年成績之計算方法體操教員沈赴日本考察體育於本日出發

七月八日十一時行休業式

九日舉放暑假

十一日第十次職教員會議議決學年成績考查之結果卽日發表計留級者八人函令補習到校重考者亦八人

十四日新聘校醫姚到校(本校始有校醫)

十五日至十七日試驗豫科新生本年仍招豫科兩級惟試法較前略異先試國文算術次試非高小畢業者歷史地理及理科檢查試卷爲第一次之甄別再與初取者談話并檢查其體格以定最後之去留計共取袁文炳等九十六名(連備取)

十九日附屬小學校初等科四年級第一屆畢業上午行畢業式下午於本校運動場開遊藝會招待來賓午後四時起至九時止

二十日附屬小學校暑假

八月一日建築新校舍招工投標本日開匭省派孟委員來校監視中標者李瀛洲南京人

舊揚州府署一時旣不能讓乃改就原勘大汪邊校址從新建築事前繪圖設計蓋

已幾費經營矣

二十三日租定永盛街民房爲生徒第二寄宿舍代理附屬小學校主事王因本校生徒加倍舍務日繁仍專任舍監主事一職由附屬小學校級任教員陳代理

二十五日補考新生三人

二十九日附屬小學校舉行第二次家庭懇談會

三十日第十一次職教員會議議決今後訓練管理教授之方針及學級主任職務之規定并分別職教員會議爲全體會議及教授研究會訓練研究會三種均於定期舉行臨時有事再爲臨時之集合

三十一日豫科生錢懷新曹芻前學年學行均列甲等特免繳各項雜費一年以示獎勸

九月一日開學上午八時行始業式是日爲本校成立紀念日以後學年均定於是日始業但上課自明日起附屬小學校亦於是日開學

補試上學年學業不及格各生祇一人未能通過

二日本科一年級甲乙兩組選舉級長豫科級長及兩寮寮長均仍由校長指定之

四日改訂販賣部規則指定販賣部長（四週一任）
十日修改職員勤務規約訂定會議規約
十二日遊藝會選舉各幹事
十五日新校舍開工省派孟委員監工本校庶務員亦住工專事照料庶務由會計王
兼任
十六日袁總統生日巡按使特令各校休課
二十日爲已故豫科生趙世章開追悼會
趙生病肺暑前卽病故於家
二十一日第十二次教授研究會議決關於國文習字英文諸科教授之問題
二十三日令久假不到生徒三人退學
二十七日午後開第二次校內小運動會
十月三日販賣部更選部長
四日舊歷中秋無假（永以爲例）
五日禁無假外宿生徒一人假一週

江蘇省立第五師範學校

八日省立學校發起聯合運動會本日開籌備會於南京校長及體操教員沈均往與會
十日國慶紀念日休業上午八時行祝賀式
十二日第十三次訓練研究會議決關於運動會旅行事宜及懲勸生徒方法
十七日孔子紀念日休業上午八時行紀念式禮畢開講演會
十九日第十四次教授研究會議決關於數學手工體操諸科教授之問題
二十三日選定參與聯合運動會運動選手
二十六日臨時教授研究會續議關於國文歷史諸科教授之問題
三十日午後爲聯合運動會事行全體訓話晚遊藝會開會聚餐歡送選手
三十一日本科一年級全體及豫科與於運動選手者六人出發赴南京第一次聯合運動會校長學監級任體操教員校醫書記員等均同行
十一月一日至四日本科一年級生在寧參與運動會并遊覽金陵諸名勝遊記另詳
五日赴運動會職員生徒回校豫科生出城迎之
七日爲結束運動會事行全體訓話

販賣部更選部長

十五日令無故請假不到生徒二人退學

二十日舍監王赴上海省教育會聽留美畢業生郭陳諸君講演學校管理法及學校衛生

二十一日遊藝會詞章部成立推國文教員葉秉任部長

二十二日上午開校内第三次小運動會附屬小學校高等科兒童亦加入數節

二十五日部視學王到校視察

二十八日省視學鄒到校視察

二十九日請省視學鄒來校訓話

三十日第十五次教授研究會議決關於評定暑假宿題成績及學期試驗年假期間等項

十二月二日舍監王自滬聽講回晚開講演會講演所聽各節

十六日取消試驗不規則生徒一人試驗成績

十七日發表暑假宿題成績之結果

十九日新校舍行將落成午後全體職員生徒齊往攝影卽於是處行休業式
二十日舉放年假
二十四日第十六次職教員會議議決本學期生徒學行成績立卽發表預科因試習
不及格而退學者計六人
二十八日附屬小學校年假
四年一月一日集合住居本地及留校未歸生徒行祝賀式禮畢遠足小金山爲長距離
之競走晚開聚餐會
二日省教育會發起師範教育研究會校長學舍監級任均往與會
八日第十七次職教員會議議決本豫科改組問題
本科一年級爲謀教授之便利計使學力相近者各爲一組豫科爲平均人數之故
亦略有更動
十一日開學上午八時行始業式午後各級選舉級長
是日附屬小學校亦開學代理主事陳實任主事
年來主事職屢屢更易頗礙校務之進行至是始定

六週年概況

本科一年級乙組生徒誤會改組用意於選舉級長時有不規則之舉動本日午後校長特行級訓話嚴切告誡之

十三日選舉各寮寮長

十七日販賣部更選部長

十八日第十八次教授研究會議決編定教授要目諸問題

二十四日令逾限遲到生徒六人退學

三十日晚開講演會

二月十一日停止食堂犯規生徒一人課二時

十三日陰歷除夕本校仍不放假明日陰歷元旦適值日曜諸生例假歸者晚膳前必須到校十五日照常上課附屬小學校自十三至十五日給假三日

十七日新校舍落成生徒宿舍借用江都義倉亦於事前布置停妥

二十日休課遷校職員生徒共同動作一日而大體已畢

二十二日新校舍食堂狹小每餐分兩次會食

十時行新校舍落成祝賀儀式即以是日爲本校紀念日(永著爲例)

江蘇省立第五師範學校

二十三日第十九次教授研究會議決徵集教授要目及教員缺課調查問題
二十四日修改管理規則訂定制服更易時期免除下課排班
二十六日附屬小學校遷入舊校舍內所租左衞街及永盛街兩處民房均辭退
二十八日販賣部更選部長
三月三日職教員臨時會議議決平治操場事
校舍之前地面雖廣然均爲瓦礫荒蕪不惟不便於體操亦且無以爲運動休息之餘地鳩工整理需費不貲爰議由職員生徒於課後共同動作藉以習勤但職員出於志願
八日發布平治操場理由書及分組工作方法
九日平治操場開工
省委科員楊來校驗收校舍工程
第二十次訓練研究會議決上下課排班一概免除及自修室內能否朗讀諸問題
十三日省視學侯到校視察詞章部適開會因請其涖會講演
二十日晚開講演會分組雄辯

六週年概況

二十二日第二十一次教授研究會議決徵集教授要目豫定春假期間及春假後本豫科甲乙組合并教授方法不可實行等項

校舍建築費因添建食堂廚房門房等處致超過豫算數四千餘元雖以歷年經常節餘及生徒保證金悉數抵充仍不敷用爰擬於第三學期以同年級之兩組合併教授藉省月支以期挹注決議合併教授困難之點實多不可以經濟問題影響於生徒學業

二十三日發表第三學期各職教員任用書變更計薪標準各較前減成有差（惟月薪在三十元以下者仍舊）藉以彌補虧空

二十五日生徒以菜淡且少報告學舍監

二十七日本科一年級乙組試驗音樂請示前學期分數未許

三十一日下午四時行休業式明日舉放春假

四月一日附屬小學校春假

八日開學上午八時行始業式附屬小學亦於是日開學

九日令久假不到生徒三人退學

江蘇省立第五師範學校

十一日販賣部更選部長
十二日第二十二次訓練研究會議決前學期生徒學行成績暫不發表留與本學期成績平均以期較爲確實
十三日裝置電鈴
十七日滬人發起救國儲金事關全國本校開會討論一致贊同職員生徒無不量力儲蓄卽校僕亦略有所儲
二十二日庶務員李辭職
五月二日第二十三次訓練研究會議決考查値日生服務勤惰方法及因天氣漸熱縮短午後工作時間而於日曜早晨加工一時以補不足
十六日爲已故豫科生王廷棟開追悼會
王生學行均佳前週猝中寒疾兩足痲痹勤學仍不少輟強令歸家調治未幾卽以噩耗聞全校均痛惜之
體操教員沈赴滬參觀遠東運動會
二十三日第二十四次教授研究會議決編訂教授要目及評閱年假宿題成績兩事

六週年概況

均儘本學期內辦齊並募集四年公債照章各認繳有差

教授週錄向由書記彙編今後改用新表由教員自書於册每週課程幷列一頁既便記載亦易考查

二十四日平治操場工程第一步告竣午後四時行休工式攝景

自三月九日至今除土曜及陰雨停工外每日午後工作一時計共工作四十二時得地面約百方丈

販賣部更選部長

六月九日上午開第四次校內小運動會附屬小學校高等科兒童亦來參與運動午後二時補行國恥紀念式職員生徒一同宣誓

十六日舊歷端陽本校自仍無假附屬小學校則休業一日

二十三日第二十五次教授研究會由校長陳述日前省立校長會所議今後學校須勵行軍國民主義及遇有學生臨時發生事故當施以明敏之處分各條嗣乃議決暑假期間爲病愈生徒補課方法

自四月二十六日以來生徒患腸窒扶斯者至二十人以上其中以本科一年級乙

江蘇省立第五師範學校

組生徒爲較多除病重假歸諸生外雖幸皆調治就痊然缺課均過一月本學期學業成績勢必不能及格因議決於暑假招生後爲補完所缺各科再行試驗

二十七日詞章部假何園開會

七月十日午後行修業式明日舉放暑假校長訓話提出我字令生徒於假中各自反省體認眞確暑後到校答復幷爲國文歷史教員葉博物教員吳圖畫教員俞習字教員曾開送別會蓋四君者均將因事去職也俞君未到葉君有訓辭

十四日至十六日試驗新生因校舍不敷本年祗招豫科一級試驗方法如前計共取陳鈞等五十一名又備取九名

十六日省委監工員秦到校監視第二步建築工程

十七日附屬小學校初等科第二屆畢業上午行畢業式下午開第三次家屬懇談會幷展覽成績

十八日附屬小學校暑假校長赴上海省教育會師範校長會議

二十二日校長赴東臺招考講習科生徒計共取包殿卿等十一名（連備取）

省令本校爲東台興化儀徵揚中代辦甲種講習科一級幷規定名額及經費由校

長分期自往各縣招考首到東台東台縣以籌款未得欲改考期電省請示不許

二十六日校長赴興化招考講習科生徒計共取李榮簡等八名(連備取)

三十一日儀徵縣咨送投考講習科生徒十六名實到八名計共取謝箴等五名(連備取)

校長由興化回正擬出發適儀徵咨送考生來故未往

八月四日學監賈赴揚中招考講習科生徒應考者竟無一人當復咨該縣續行募集

第二十六次職教員會議議決上學年生徒學行成績當即發表

七日校長晉京赴全國師範會議

二十三日附屬小學校開學

二十四日續考各縣講習科生徒計共取興化三名東台儀徵揚中各一名

二十八日校長歸自北京

九月一日開學上午八時行始業式十時起各級按時授課生徒到四分之三

本科一二年級選舉級長指定豫科講習科級長各寮寮長

令上學年操行劣等及久假不到生徒各二人均退學

江蘇省立第五師範學校

補試上學年學業不及格生徒三人僅一人通過餘均留級又本科一年級補課之
結果留級者二人
自本學期始增設早晨運動時間
二日指定販賣部部長（此後歸校友會按期選舉不特記）
新聘歷史教員丁因事關個人名譽倉猝解職
補考揚中講習科生二名不及格
四日臨時教授研究會議決講習科課程標準徵集教授要目
補考東台講習科生一名函補豫科備取生
六日自本日起每日午後分組檢查體格
聞本科生黃寶箴考入第二工業函請該生家長履行退學手續並函知工校校長
暫令停學
十二日除豫科講習科未到各生名
令本科久假不到生徒三人退學
舍監兼校醫陳講演衞生要旨

六週年概況

十六日總統生日因未奉明令不給假附屬小學仍循例休業一日（蓋事前誤會未及接洽此本校與附屬小學相隔太遠之弊）

二十一日租生徒宿舍鄰近民房三進爲調養室本日修理完工自本學期始教員宿舍亦另租民房連本校及附屬小學合計有機關五處亦可謂散漫之極矣

二十三日舊歷中秋無假

二十七日第二十七次教授研究會議決教員請假調課辦法及考查暑假宿題成績等項

三十日給予上學年學行最優生徒薛鍾泰許崇德褒狀

十月一日改組遊藝會爲校友會本日午後開成立會發布會章選舉幹事幷攝景

二日生徒選舉校友會評議員每級一人

校長及體操教員沈均赴寧與第二次聯合運動會籌備會會議

六日孔子紀念日休業上午八時行紀念式由國文教員鮑講禮運仲尼與於蜡賓五節申明孔子之大同

江蘇省立第五師範學校

七日校長自滬購辦理化儀器博物標本歸
十日國慶紀念日適逢日曜僅例行休業未慶祝
　時人方發起籌安會國體似將動搖憂患方興何暇慶祝
十三日江都縣爲官產經理處來函借用附屬小學房屋謝却
十七日禁無假出校生徒一人假一週
二十四日選定參與聯合運動會運動選手幷免除其服務
二十八日爲本科四學級將赴蘇參與運動行全體訓話晚校友會開聚餐會歡送運
　動選手
二十九日本科四學級生徒出發赴蘇州第二屆聯合運動會校長學監體操運動拳
　術博物圖手各教員校醫事務員均同行
三十日至十一月五日本科四年級生徒在蘇參與運動會並遊覽姑蘇名勝六日回
　校遊記另詳
十一月八日爲結束運動會事行全體訓話
十四日宿舍大掃除

十五日續平操場

第二十八次訓育研究會卽訓練研究會自本學期始改稱今名議決關於平治操場事宜及改訂操行考查方法等項

二十日豫科講習科遠足史公祠小金山平山堂等處

二十二日第二十九次教授研究會議決暑假宿題成績講習科教授要目本豫科教授進程豫算等表均儘來月內辦齊並訂定年假期間及學期試驗等項

二十三日發表早晨運動以後均作爲正課辦法

二十六日午後運動部足球組生徒同往美漢中學校參觀該校與蘇州桃塢中學校選手比賽足球午前特爲提早授課時間俾毋缺課

二十七日午後詞章組開會校友會亦開會詞章組主任改由國文教員李秉任

二十八日規定自本週始生徒日曜必記日記繳管理員核閱

第八中學校爲其已故學生黎常藻開追悼會學監賈率各級級長往列席

二十九日省令秉辦江都講習所本日午後召集該所生徒談話無一至者

先是省視學侯以視察該所之結果呈請委任本校校長秉辦省令照行校長力辭

不獲乃爲籌畫進行擬附其級於附屬小學俾便管理豫定來月一日上課先於本日召集該生等來校談話不料其竟無一人來也

十二月四日詞章組開會晚校友會續開評議會追認前校長姚國文教員葉爲本會名譽會員幷通過評議會則

六日第三十次訓育研究會議決學期試驗之監視及試驗後結束事項

第二步建築工竣呈請派員驗收並請發放未發建築費

七日令晨運動時間本科二年級第五自修室十三人均無假缺席令其停課一時藉以思過

八日晚開講演會選定赴滬講演者爲劉忠純蔣寶璋二人

十日平治操場工程第二步告竣

本學期共工作十六日又得地面一百六十方丈有奇

十六日講演員赴滬由舍監陳率之以行

結果劉忠純列第四名

十七日取消試驗不規則生徒四人試驗成績

十八日午後全體會操操畢行休業式

十九日舉放年假

省令批駁所請建築費謂爲無案可援斥其昧於事理其實豫算案久經核定緣何忽不承認更臨之以嚴辭令人莫測

二十一日校長以校務棘手難期進行晉省辭職

二十三日校長自省歸辭職未准

二十五日附屬小學校年假

二十六日第三十一次職教員會議決本學期生徒學行成績當郎發表令豫科學行皆劣生徒一人退學

五年一月一日集合住居本地及留校未歸生徒於新建大教室內行祝賀式午後諸生學習演劇晚開聚餐會興味甚濃

九日自本學期始教授上決採用分科選習法先試行於本科二年級乙組（理由另詳）本日午後於是級行級訓話分國文英文數理化及技能四組各從志願分別部居以國文組人數爲較多其他僅三五人不等

十日開學上午九時行始業式生徒到三分之二第二時起照常上課附屬小學校亦
於是日開學
各級選舉級長
十二日增補生徒請假及缺課規則
十五日自本學期始土曜午後不給假
各寮選舉寮長
詞章組開會
十六日禁無假遲到諸生假一二週有差
十七日續平操場
十八日講演組繼續練習日語隨意科亦組織成立
二十二日校友會更選各幹事
二十四日第三十二次教授研究會議決臨時試驗留校成績考查操行年假宿題及
本校職教員宜出席於附屬小學教授研究會等項
三十日爲早晨運動日漸疲玩朝會訓話令各於日記簿自述所以不努力之原因

三十一日第三十三次訓育研究會討論早晨運動事無結果

二月二日舊歷除夕本校例行無假住居本地生徒有二三人家屬爲其請假均令少去即返仍到校宿是日附屬小學亦無假到校兒童亦竟有三分之二

三日舊歷元旦本校仍無假朝會訓話說明無假之理由各教員亦無一缺課且無一調課者附屬小學則休業一日

四日第三十四次訓育研究會議決改早晨運動於午後並變更授課時間（每週連課外作業不過三十六時）於明日午後行全體訓話及級訓話分別告誡之

自令諸生各述對於早晨運動之意見後所作日記大率以此事爲苦間有論點變更述及他事者頗見不平氣象職教員集會討論再三以爲生徒身心之勞力或有未均致未能一致悅服爰爲變更作業之時間仍無妨於體育之進行

十五日附屬小學校舉行初等一二年級修身科實地授業討論會本校教育修身兩科教員均往參觀爲共同之研究

十六日招工平塘

操場西偏有深塘所謂大汪者長廣均與其深稱待職員生徒逐漸平治厥功甚緩

江蘇省立第五師範學校

爰招工塡之本日開始運泥卽取材於門外高阜塘滿而阜亦藉平一舉而兩得也
二十二日本校紀念日休業上午九時行紀念式整隊環行校址一週升舉校旗歡呼
爲祝晚開講演會
本校校舍雖少而校址則甚廣故環行以自娛樂
二十六日職員生徒於校之四週各植一樹
三月四日整頓操場工作之方法期於兩週後全部告成
十四日第六師範函約比球復書歡迎之
十五日附屬小學校主事赴寧錫兩處參觀第三第四師範教生之實習
二十日第三十五次教授研究會議決學期試驗及春假旅行等項
三十一日操場全部工成午後行休業式
先後三學期中共工作九十八日平均日作工四十分得地千三百方丈
取消試驗不規則生徒一人試驗成績
四月一日舉放春假
二日全校生徒出發本科二年級兩組旅行無錫本科一年級兩組及豫科講習科旅

六週年概況

大事記　三十四

行鎮江校長學舍監事務員均同行各科教員亦多有往者
三日至五日各級生徒遊覽鎮江無錫諸名勝遊記另詳五日晚全體返校仍自瓜洲徒步而回
六日令久假不到生徒六人退學
十日開學上午八時行始業式各級旅行後假歸未到生徒與其原有人數之比適成一調和級數以本科二年級乙組爲最少講習科爲最多九時照常上課午後開會令生徒報告旅行心得
十二日校友會開晚餐會歡迎第六師範足球選手第一農業林科生六人來揚採集假住附屬小學校
十三日與第六師範比球本校進一球
十七日第六師範與第八中學假本校球場比球無勝負
十九日附屬小學校開第二次遊藝會本校職員生徒均出席來賓除兒童保護人外無甚從事教育者而女賓獨較多至可注意明日附屬小學校春假
二十日時局不靖將軍巡按使有布告到校以安人心

江蘇省立第五師範學校

五月一日第三十六次訓育研究會議決整頓會食排班等項
六日臨時國文教授研究會議決每級每週於課外增設國文補習時間或温故或補授視教者便幷議決以留校國文擇尤選印以便觀摩
九日國恥紀念日休業開第五次校內小運動會晚復開講演會
二十一日自修室大掃除
二十七日校友會學藝部第一次會文題爲本校選印國文成績序
附屬小學校開學
六月五日舊歷端陽本校及附屬小學校均無假
第三十七次教授研究會議決暑假時期及學期試驗等項
二十二日第一期國文成績選印出版人爭購閱頃刻盡百五十册當卽再版
七月一日午後全體會操操畢行修業式
二日舉放暑假
十三日第三十八次職教員會議議決本學期生徒學行成績當卽發表計退學者四人留級者八人操行不良通信懲戒者十人學業不足須補習重考者十六人

六週年概況

十五日附屬小學校國民科第三屆兒童畢業上午行畢業式明日暑假

十五日至十七日試驗新生本年仍祇招豫科一級試驗方法如前計取鄒毓和等四十八名又備取九名

二十一日招工平治校舍北面運動場亟須應用不及自平也

八月一日附屬小學校修繕校舍開工

附屬小學校須擴充原有學級為來年教生實習地新校舍建築無期不得已就舊者設法修改所費已多仍未必盡適於用

十五日新建草蓋雨操場成

本校無此建設每因雨而停操頗感不便偶一繪圖設計至少亦需兩三千元限於財力不果建不得已以杉代松以草代瓦且支柱多木無庸大然即此已費百數十元矣

二十一日附屬小學校開學

九月一日開學上午八時行始業式校長特施訓話

全體生徒二百六十七人是日參與始業式者二百人自上午十時至下午九時到

江蘇省立第五師範學校

者又二十一人十時授課
各級選舉級長并指定預科級長及各寮寮長
補試上學年主要科目之不及格者
三年級生薛鍾泰二年級生許崇德講習科生孫壎上學年之操行學業均列甲等
第一各給褒狀
一年級生江德龍於預科一學年內凡教室操場宿舍自修室均完全出席無一分
間之假篤信好學全校一人特給褒狀
三年級乙組英文組有生徒一人補試國文數學均未滿意令改入國文組專修國
文并令於相當機會補習數學
三年級甲組有生徒一人於國文一科有加意修習之必要亦令改入國文組
二日午後驟熱下課後特開放浴室并令自修時得自由遊散
三日續試上學年主要科目之不及格者
江都縣立商業學校來函索榆
是榆本爲淮揚合一中學堂之遺物光復後該校停辦本校因得借用商校自以承

接該校之後認爲所有無已還之

四日連日天熱異常恐生徒因飲食致病戒葷一日

第三十九次訓育研究會

六日預科生一人因學業困難堅求退學不許

嬌慣子弟驟離家庭往往出此抑之徐誘以學校生活之興味以後除例假外并未

一日假歸

十日假本校附屬小學大講堂開會追悼學行優美之三年級生錢懷新朱文津并及

歷年亡故諸生徒職員生徒感情俱熱

十二日舊歷中秋本校仍照常授課

十三日省立第六中學學監周來校參觀歷預科講科本一及本二甲諸教室

附屬小學校童子義勇隊成立

分兩大隊隊員六十人高等科人數占十分之九國民科人數占十分之一又隊長

六人執旗二人共六十八人

十七日代用師範職員王七師校長胡七中教員陶來校參觀

江蘇省立第五師範學校

十八日教育科科長盧省立第一女子師範學校校長呂來校參觀
第三屆省立學校聯合運動會設事務所於本校
十九日爲選定參與聯合運動會運動選手舉行第一次競技運動之豫賽
二十日繼續競技運動之豫賽
第六師範校長徐來校參觀
二十四日孔子紀念日上午八時行紀念儀式由國文教員鮑講易書周禮春秋諸經證孔子之惡專制而重共和
十月二日附屬小學校販賣部成立本校校友會書聯往賀
七日籌備雙十節提燈職員亦組織燃放烟景花爆以誌慶祝
校友會評議會開會
九日晚演習提燈是日自休課臨時休止
十日國慶紀念日上午八時三十分行慶祝式下午六時三十分職員生徒提燈出發遊行街市十時返校歡呼燃放烟景十架十二時始息
十一日全體生徒因提燈會疲勞推各級級長請求休課一日不許

一年級生徒於第一節授課時有多數請假者餘完全出席

二十二日參與省校聯合運動會運動選手請以未盡之臨時試驗於會後舉行

二十三日臨時職教員會議議決省校聯合運動會期近生徒心志業經旁騖凡各科臨時試驗未經舉行者胥俟會後補行

二十四日縣立商業學校假本校操場練習簿記棒操及百碼徑賽

二十八日休課改各教室爲生徒臨時寢室以原有之寢室招待本省各女校之生徒赴會者

二十九三十三十一日闔校職員生徒皆盡日從事於運動場之佈置

此次運動會場擇定本校各校之任籌備者皆係客體作事諸多不便故本校不得不出全力輔助之三十三十一兩日夜間皆列炬工作

三十日附屬小學校停課一週以校舍暫作省立各校來揚運動員之臨時寄宿舍

十一月一日第三屆省立學校聯合運動會開始運動

二日繼續運動

三日繼續運動午後兩團體比賽之擲鐵球及跳遠兩節均移於室内行之夜九時給

獎
七日照常授課一切秩序皆於前三日內恢復
十二月三日晚開講演會選定赴滬講演者爲劉忠純
五日午前八時講習科生徒二十四人往附屬小學校參觀
九日午後一時起舉行第六次校內小運動會
十六日午後各級會操并舉行休業式
十八日舉放年假生徒因舟車之便有於昨日首途者
二十三日第四十次職教員會議結束本學期成績報告各生家庭因學行不良退學者五人
令久假不到生徒十人退學
二十五日附屬小學校年假
六年一月一日上午十時行慶祝式凡住居本地之生皆先時蒞校十二時聚餐職員生徒共六十餘人
三日附屬小學校主事陳因整理校舍準備開學事務跌傷右臂請假三週校務由高

三級任尹代理
八日開學上午行始業式附屬小學亦於是日開學
九日選舉寮長
十八日各級選舉級長
二十五日舊歷元旦本校仍無假附屬小學則休業一日
三十日令排班滋事生徒三人退學
本科一年級晚膳排班未能整飭舍監王令其重排竟多數不服教訓閧然散走正召級長詢問忽又有多人喧嚷室外口出惡聲破壞秩序爲本校從來未有之變象嗣經查悉此事主動者三人併令退學
三十一日消除本三級長之資格
本三級長因開除滋事三生有不當之請求消除其級長資格
二月二十二日本校紀念日八時三十分行紀念式預備風箏多種任生徒於操場內縱放以盡娛樂
三月六日陸軍第七十六混成旅某營假本校操場操演每日兩次

江蘇省立第五師範學校

二十日九時三十分教育科長盧因排班事代表省長來校訓誡生徒
二十八日部視學錢周二君來校視察
三十一日請部視學錢來校訓話
與美漢中學比賽足球本校進四球
午後四時三十分行休業式
四月一日舉放春假遠道生多不歸者附屬小學校亦於是日春假
校長及運動指導員張率足球隊赴清江與六師球隊比球無勝負便與三農九中
爲非正式之比賽各一次
九日開學八時行始業式九時照常授課附屬小學校亦於是日開學
講習科實習時間預定一學期卽於是日開始課業之未完結者如理科字源體操
等均於實習時間後補授
十一日足球隊返校
十九日校長丁外艱
二十二日省立第八中學校假本校操場開運動會

六週年概況

五月二日附屬小學校童子軍變更編制
以原有童子軍改爲第一團以國民科四年級全體兒童編爲第二團
五月五日松坡圖書館募捐本校同人均助之
九日國恥紀念日八時三十分行紀念式比賽足球午後各級生徒分道散給國恥不
雪五月九日不可忘十一字傳單
二十六日舉行第七次校內小運動會
六月二日附屬小學舉行運動會生徒全體均往參觀
十七日舍務主任凌附屬小學校主事陳率講習科生徒二十四人赴錫蘇滬寧通等
處參觀學校
二十八日講習科生徒二十四人參觀返校
三十日校友會開講習科送別會講科生姚李孫茆報告參觀狀況體操教員沈張二
君殿以幻術以助餘興
七月一日舉放暑假上午八時行休業式講習科畢業者二十二人不及格者二人
十五日試驗新生仍招預科一級試驗方法如前計取謝樹福等六十三人(連備取)

江蘇省立第五師範學校

內附屬小學高等科畢業學行優良特許無試驗入學者五人
七日附屬小學校國民科第四屆高等科第一屆畢業上午九時行畢業式卽於是日
暑假
九月一日開學上午八時行始業式生徒到五分之四校長特施訓話幷發給上學年
學行俱優三人褒狀十時起按時授課
本科一二三四年級各選舉級長預科級長及宿舍各寮寮長由校長指定之各寮
室長由舍監指定之
收受省立第八師範學校轉學生一名經編級試驗入一年級
通函令本屆預科備取生十一名入校
本屆預科因校舍不敷應用令在教室自修其餘各級均分配自修室
生徒會食自本學期始改爲獨食每人菜兩簋葷素各一
二日自修室選舉室長
三日第四十一次職教員會議議決會議須按期舉行及教員調課困難情形並發表
省署勸告教育人員毋染嗜好訓文一通

六週年概況

附屬小學校自本日起實行朝體操

七日省立第八師範學校校長鄭來校參觀

十四日校醫檢查全校生徒身體

校長赴省參與省立各學校校長會議十七日返

二十二日國文教授研究會成立本校國文教員凡七人故於一般之教授研究會外特別組織此會合校長教務主任國文教員及有志研究國文之職員組織之每週土曜舉行本日爲第一次(以後按期開會不特記)

二十四日令級長自修室室長每晨分送各教室自修室值日生姓名於事務室以資考核

二十九日校友會學藝部講演組開始練習講演

十月一日第四十二次教授研究會

六日校友會選舉評議員甲種議員鮑先生芹士等七人當選

十日國慶紀念日上午八時行祝賀式旋開第八次校內小運動會

十二日孔子紀念日上午八時行紀念式仍由國文教員鮑講孝經前七章

江蘇省立第五師範學校

十六日校友會評議員會選舉乙種議員尤生廷堅等四人當選
校長赴省參與省立各師範學校校長會議十九日返
十七日校友會評議員會開會提議本會預算案
二十六日操場發現女孩屍
生徒早晨運動忽於跳遠所用之沙塘內發現小兒頭一頸下連氣管頭無髮口張目閉當報本區巡警局檢視警士認爲野犬銜至攜出埋之午後生徒在運動場散步又於校南窪地見小兒下肢一具兩股完全自腰以下斜平劃斷辨爲女屍且有手撳青痕因更報警檢視本校南面牆垣甚低警士查視一過自沙塘至牆端有來去足跡長約八寸上下尖微銳牆隅有缺口似有人踰之出入者不知誰氏之子爲人置之死地且既死而又肢解之殘忍殊甚警士攜屍掩埋謂須偵緝然久無端緒也
二十七日學藝部舉行本學年第一次國文大會
二十九日附屬小學校校友會成立
三十日舊歷中秋照常授課

六週年概況

校友會總務部庶務會計組選舉幹事

三十一日校友會評議員會開會通過預算

各績生徒國文成績優異者自本日起以原文張貼之

十一月一日揚州四校聯合運動會假本校開職員會

二日揚州四校聯合運動會舉行田徑賽假本校開會自上午九時起至下午六時三十分止本校生徒組織警隊四十人附屬小學校童子軍亦到場維持秩序是日本校得分最多受給繡金田徑賽優勝旗一面

附屬小學校童子軍舉行入團宣誓儀式

二十一日校長赴省參與省立各學校校長會議二十四日返

省立第六師範校長徐來校議比賽足球事

運動部足球隊隊員三十四人赴美漢中學校參觀美漢八中比賽足球

預定四校參互比賽足球每週土曜一次本校除與賽外他校比賽時均列席參觀但均於課畢後舉行無妨課業（以後仿此）

二十六日運動部足球隊隊員在西門外大校場與六師學生比賽足球本校進一球

江蘇省立第五師範學校

十二月一日揚州四校聯合運動會假本校比賽足球本校與美漢比美漢進二球
三日校長赴省參與各師範學校校長會議六日返
八日運動部足球隊隊員赴省立第八中學校與商業學校比賽足球本校進四球
十五日運動部足球隊隊員赴省立第八中學校與八中比賽足球屆時八中學生表示謙退謝却比賽本校生徒遂與自鎮來揚之英國運動員及美漢八中商業各校教員聯合編制之臨時球隊比賽其結果無勝負
學藝部講演組開講演會選定赴滬講演者爲馮應宣
二十二日下午三時行休業式
本學期以教授研究會會議議決各科學試驗均在授課時間內舉行務期破除停課試驗之習慣本日已分別試竣
附屬小學校舉行童子軍發給入隊證書儀式
附屬小學校舉行第四次家族懇談會
二十三日舉放年假
本科四年級生五十八人以下學期從事實習令留校補課概不給假預定每日講

授國文算術各二小時教育樂歌體操各一小時
三年級以下各生有因道遠河冰不能歸里請求在校宿膳者共二十九人
附屬小學校同日放假
二十四日附屬小學校改建教生室
以原有之國民科一年級教室及校僕室改建之而移國一教室於他所校舍偪仄
勉強移併期以三週竣工
七年一月一日上午九時行祝賀式在城職員生徒畢集十二時聚餐酒肴豐腆並燃爆
竹以助興下午四時演試幻術及新劇來觀者約數百人
五日上學期生徒學行成績計算事竣經職員會議通函報告各生家屬
令學行不及格生徒四人退學
七日本科四年級生補習期滿令各預備實習
九日附屬小學校開學本科四年級生均往參與始業式並自本日起分組參觀教授
附屬小學校高等三年級級任張辭職以本校國文教員王代之
十四日開學上午八時行始業式十時起授課

江蘇省立第五師範學校

各級選舉級長
校長召集四年級生開談話會
十五日宿舍各寮選舉寮長
本科四年級生在附屬小學校開始實習
十六日本科二年級級長辭職特令改選
自修室選舉室長本學期以四年級生既往附屬小學校實習故預科生均有自修室
十九日校友會學藝部講演組開始練習講演
校友會總務部販賣組改定規則易幹事長爲主任以本校庶務員兼任之
二十日宿舍各寮選舉室長
二十一日校友會運動部改選隊長
舍監召集本科四年級生開談話會
二十二日商業學校假本校球場練習籃球
二十四日舍監葉代表校長赴省參與省立各學校校長會議三十日返

以開會期間適爲校長父喪舉葬期也
二月二日運動部召集隊員開談話會
十日舊歷除夕
是日適值星期學生除晝間依例假出校外下午五時後一律回校自修雖住居附近之生徒亦無託故請假回家度歲者附屬小學校則給假三日
十一日舊歷元旦本校仍無假
十四日校長因弟病接電赴滬
二十二日本校紀念日
上午八時行祝賀式旋學藝部講演組開講演會計用國語講演者八人用英語講演者四人十一時四十分會畢
晚餐改每人葷素各一簋爲兩葷簋以示歡祝
校長召集本科四年級生開談話會
二十五日令現在本科三年級受課生一人改入二年級以主要科目屢經補試仍不及格也

江蘇省立第五師範學校

二十八日校長偕體操教員沈張兩君赴省參與省立各學校聯合運動會會議三日返
三月二日學藝部舉行本學年第二次國文大會
四日第四十三次教授研究會議決徵集各科教授細目及本學期結束事項
七日本科四年級生赴瓜洲實習野外教授
八日省視學劉來校視察
十日劉省視學在本校講演
十二日校長因弟病危赴滬十九日返
十三日省委第七路檢定小學教員主任蔣來校商假校舍並延本校職員襄助檢定各事項
十六日召集全校生徒講授字母反切由國文教員葉擔任之
預定每週土曜在課外講授一次三週講畢
十九日第四十四次職教員會議決赴省校聯合運動會及襄助檢定小學教員各事
二十二日有日本人二名來校託售書籍又基督教會教士二名來校募捐均未之應

二十五日第四十五次教授研究會議決緩放春假

以接教育廳來函本屆運動會因南京發生鼠疫延期本校原擬利用春假期間旅行南京並赴運動會今既延期舉行則生徒無異有兩度春假未免荒廢學業故特開會議討論之嗣議決緩放春假

二十八日第七路檢定小學教員主任蔣來揚決定假附屬小學校爲試驗場所

四月一日附屬小學校舉放春假

第七路檢定小學教員主任在附屬小學校開始試驗本校職員分往監試

五日校長因弟在滬逝世得電赴滬七日返

九日附屬小學校開學

十日改定閱書室規則

以各級副級長爲値週生每日另派値日生一人由事務室指定

第四十六次教授研究會議決赴運動會及旅行事項

十二日改定寢室規則每晨生徒出舍後各寢室一律下鎖下午七時三十分啓鑰

十七日運動部籃球隊隊員十七人赴美漢中學校參觀比賽籃球

江蘇省立第五師範學校

十九日附屬小學校五週成立紀念日上午八時行祝賀式九時開遊藝會下午六時休止七時教員教生合演新劇十時閉幕本校生徒概往參觀就寢時間延至十一時

二十日補放春假全體生徒旅行南京並赴第四屆省立各學校聯合運動會上午八時出發用軍隊編制下午四時抵省預定個人競技運動選手住高等師範學校團體運動選手住河海工程學校旅行隊住省立第一工業學校旅行隊除參觀開會外游覽地點為鍾山明孝陵明故宮莫愁湖清涼山等處校長以次偕行者凡職員七人

二十三日運動會開會全體均出席以下四日同

附屬小學校童子軍赴省參與全省童子軍會操住暨南學校

二十七日全體生徒暨附屬小學校童子軍自省回揚

此屆運動成績個人競技列全省第三團體競技列全省第二江蘇李督軍預定個人競技前列二十名各給獎章並咨達陸軍部本校得獎章者二人並受領筆墨磁杯銅尺等贈品多件

三十日運動部籃球隊甲組與美漢中學校比球結果美漢勝
五月一日籃球組乙組與美漢中學校比賽結果美漢勝
二日籃球隊甲組與商業學校比賽結果本校勝
四日籃球隊甲組與第八中學校比賽結果本校勝
五日補授本科四年級生法制經濟
六日籃球隊乙組與第八中學校比賽結果八中勝
本科四年級生分四組參觀城內各國民學校
七日籃球隊乙組與商業學校比賽結果商業勝
本科四年級生參觀城內兩高等小學校
八日舍監賈率本科四年級生赴江寧南通上海吳縣無錫各學校參觀偕行者附屬小學校職員二人上午八時三十分出發
九日國恥紀念日
上午八時行紀念式學藝部講演組續開講演會十一時會畢下午舉行本學年第三次國文大會

江蘇省立第五師範學校

十日揚州四校聯合運動會網球隊開始預賽
十一日預科生補植樹計植二百四十株
二十六日舍監賈率本科四年級生歸校此屆參觀秩序甚佳生徒均有快感
六月一日運動部網球隊隊員赴美漢中學校比賽結果本校勝
　本科四年級生在附屬小學校賡續實習
　校長赴省參與各師範學校校長會議三日返
四日令本科四年級生在附屬小學校集會報告參觀事項
六日令預科生一人退學以學業不堪造就故
七日本週內職員生徒多患輕流行性感冒先後達數十人本日調養室有人滿之患
十日網球隊隊員赴美漢中學校比賽結果本校勝
　第四十七次教授研究會議決學年試驗散放暑假彙刊校友會雜誌三案
十七日網球隊隊員赴美漢中學校比賽結果本校勝
十九日同前比賽結果本校負
二十一日本科四年級生在平山堂聚餐職員均偕往

二十五日網隊隊員赴美漢中學校決賽結果本校勝受奬銀盾一面
二十七日温度達華氏計九十度縮短晚膳後自修時間
二十九日天熱令講演組暫輟講演
七月八日各級停止講授自本日起按時試驗
第四十八次職敎員會議議決本科四年級生畢業成績
本科四年級五十八人均予畢業連夜繕寫證書暨清册送省驗印回憶預科考取
入校時計甲乙兩組共百人歷年留級退學死亡者殆及其半學行上之修養優劣
勝敗其故亦昭昭然矣
十一日各級各科試驗完竣校長召集三年級以下生徒舉行休業式
十二日校長召本科四年級生爲最後之訓話歷三時之久
十三日上午八時起開成績展覽會
十時舉行本科四年級生畢業式
省視學伍代表教育廳長來校發給證書來賓爲前省公署第三科科長安徽教育
廳廳長盧兩淮鹽運使代表舒兩淮緝私營統領代表鍾江都縣知事代表縣視學

李省立第八中學校校長李暨地方各界共百餘人盧李二君均有講演餘致祝詞
十餘通十二時三十分禮畢
下午五時校友會開畢業生惜別會全體在校南廣場聚餐席間各有陳述八時餐
畢
十四日舉放暑假諸生陸續歸里
十五日附屬小學校舉放暑假
二十三日第四十九次職教員會議決學行成績分別留級補考各級有差當通告生
徒家屬
二十四日校長赴省參與省立各學校校長會議二十七日返
令學行俱劣生徒一人退學

六週年概況

大事記

六十

江蘇省立第五師範學校

附言

任誠

民國光復本省教育勃興省立學校依次設置本校亦卽肇始於元年之春忽忽於今已六週歲上海姚孟塤先生首創大體如皐趙彥誠先生繼任未久旋以病殂誠學殖既疏經驗又少謬承其乏五年於茲任重力棉恆虞隕越況復遭時多故益覺不勝今第一屆本科已修業期滿行將出校服務而校之外觀荒蕪如故校之內容貧乏如故蓋歷時雖經六載其建設上猶未得以成立稱也然其間經過情形則不無可述之處請分別言之

一校地及校舍　本校開辦之初以前兩淮師範校舍爲校舍原係梅花書院舊址雖經修改而屋宇尚多舊式間數亦僅有數十操場院落莫不狹隘全體面積不過七畝南北逼近通衢東西比鄰邑紳之家屋毫無餘地可以擴充孟塤先生規畫久遠以爲欲辦本科非另闢校舍不可適有揚州府署光復後閒置未用其房舍雖不盡合而地面甚廣儘敷展布去城市又較遠空氣新鮮宜建學校當會同江都縣呈准都督撥作校舍乃爲軍隊所屯駐屢請不遷延候半年終無接收希望時彥誠先生已回里養痾其代理何景平先生復會同江都縣於府署西南勘定荒地八十餘畝中有民地二千三百餘方以時値收買祇需費七百餘元誠不爲貴然其地舊爲地方刑人之所荒烟蔓草孤塚纍纍芟夷

之已非易事更欲平地建築爲費滋多自不若仍就府署改建之爲得及誠奉委教育司黃任之先生首囑到校後第一着卽規畫校舍蓋二年度臨時經費已由省議會核准三萬餘元矣不意贛寧事起學校經常費且須取給於縣署安有財力從事建築因就舊校舍設法更改勉強開學時僅預科兩級生徒百人已覺有實不能容之勢職員生徒宿舍及附屬小學則均於校外分別租賃民房暫時代用機關分立管理固覺爲難而學級人數且將與年以俱增長此因循何以爲繼惟是舊校址旣無餘地揚州府署又急切不能接收祇有就新校址力謀建設之一法明知一片荒蕪無異憑空結撰而自顧於工程又絕對未嘗學問乃使繪圖設計儼若工師詎不可笑徒以事實所迫不容不冒昧以行預算呈文凡三上分年籌備詳圖及施工細則亦無不三易其稿始奉令核准第一次建築樓房十九幢然省費祇發萬圓不足則益以前校長開辦費所餘及二年以來經常費所節省者仍不足則暫挪生徒保證金以充數仍不足則更由全校職員縮減薪金以補之蓋預定之十九幢其價已不止一萬加以食堂廁所及其他雜屋必須一併築成乃可適用因之所費達一萬七千六百餘元出入之數相差旣多勢不得不悉索餘存以資結束影響所及每月省費一有愆期卽覺大窘而校舍已成之部分猶未足全體七分之一前

江蘇省立第五師範學校

遂何似渺不可知然揆諸得寸則寸之初衷未嘗不沾沾自喜工事既竣宜即謀遷顧當時有一難題即生徒之宿舍尙無着落原租民房距校太遠新校舍左近又絕無大屋可賃頗費躊躇幸校舍之東有一義倉離校門不過百步爲昔時地方積穀之所近年已改建警監學校未幾即停辦駐兵適兵亦移調他方遂商准倉董汪幼儀先生祇封閉倉屋一間以存歷史餘悉假予本校職員生徒分室共居一時尙能敷用倉屋本甚爽塏而院宇宏敞空氣亦尙流通雖形式上未必盡合於學校然理想之宿舍既未能倉卒告成得此已覺難能而可貴特校舍雖已更新間數究嫌太少四年度開始添招預科同時又爲各縣代辦講習科一級全校有六級之多教室自修室寢室在在均形局促除將職員宿舍依舊租用民房藉以騰寬生徒寢室外仍須續行建築不幸四年度預算縛束過甚本校臨時費僅僅核准四千圓祇得於已建十九幢之兩端各接三幢以完成第一步之計畫此次工程不及前次四分之一自問亦少有經驗以爲克期成事無復困難而孰知經濟上之恐慌乃較前益甚蓋發動時猶未暑假開工時已九月中旬牽延幾及年終甫經告竣應領工費尙短二千緫會計年度變更四年度原定預算無論經臨概行折半至五年一月以後准支何數須俟另案重編此項工料價銀亦一例折發半數惟工程之核定

在年度末改以前即其落成亦尚在年內開工而後既未可廢於半途則工完當付全價實理有固然亦事所必至然而此種責任行政方面殊不過問當事者若負私債多方羅掘且顧目前意者待至來年仍可如數請領又豈料洪憲之預算直無所謂臨時其籌墊之銀遂一任其虛懸而無着當經呈敍原委請予設法維持乃斥爲不明事理令撙節經常費分月消彌猶且謂之體恤坐是五年月支頓形拮据逐漸虧短積累至數千之多拖沓至三年之久疊經呈訴苦況冒瀆再三始准由五年下半年臨時費項下移撥歸償此案乃結甚矣工程之爲累一至於斯言念及之不禁氣短然自茲以後雖欲如此受累亦不可得五六兩年度建築費未嘗不核定二萬二千八百餘圓六年三月初旬即着手進行第二步計畫詳圖細則均已呈奉批回領費公文亦早蒙核准令廳如數發放乃事隔年餘同樣之呈文與同樣之指令已往還數次而實際除歸墊之數千圓外迄未領到分毫致三年以來未曾有一瓦一椽之添置徒於五年秋間因第三次省校聯合運動會之故推廣運動場六千數百方丈全校面積擴大至百八十畝有奇面積愈增實其中者僅此二十五幢之樓房愈形孤陋且師生三百日局促於其中落成雖僅三年內容實已陳舊譬猶窮漢製衣無論寒暑祗此一襲日夜着之自易敝壞分年籌備之計畫昔時猶患

其迂然果能節節進行亦尙有成功之一日今則年年上計畫書年年造預算册立説繪圖務求精密彙編交議幾費經營迨進爲實行放款之請求雖屢奉明令准支終不免無期仰候所謂計畫悉等空談所有希望悉成泡影徒自覺其浪費筆墨虛耗精神而已夫復何言

一設備　初既以兩淮師範校舍爲校舍原有校具亦曾有一部分之接收然除教室及各室用具外無甚重要物品孟墳先生初請開辦費四千圓因校舍太少未能即辦本科設備上亦祇整理其大綱款多儲以有待嗣因講習科教授理化購入儀器數百元但合諸高小教材猶多未備二年度後學級漸推廣應用器物亦漸多有必不可以因陋就簡者前儲之款半已消耗於舊屋重修租房改造其餘則悉以補助工程之不足安所得此臨時設備之資惟有以經常費撙節所餘逐漸設備如場所之裝修如器械之添置如圖書儀器標本模型之購辦凡所以爲講求體育研究理科之資者罔無一不需乎經費即普通教便之物尋常日用之具亦均與生徒人數以俱增六年之間用於理科者約十之五六用於體育者約十之一二用於其他雜項備品者約十之二三統計之萬圓而已是誠不可謂不簡然其代價則多由積銖累寸而來所不經濟者費既仰給於每月之節餘

六週年概況

附言　六

時有所需常不能以現金相交易其値乃因以稍貴有不免虧耗於無形者而此間又多拙工不能精選材料往往於一廚一几雖極力研求其做品如何注意形式如何改良乃製成終不如式欲謀更製則爲費又多在在使人不快耳

一職員　凡百事業待人而理學校亦然任何主義與方法得其人皆可因以爲利否則祗見其弊而已矣誠初服務本校時去卒業期甫兩載辦事冋全憑理想初無經驗之可言卽素與交遊者亦殊泛泛故任事之始頗以組織爲難幸前校長所聘職員類皆一時之選得賴以繼續開學厥後校務日進組織日益繁難於時省教育事業復有所擴充單君治秋葉君貽穀均先後被命出長他校因之牽動甚多而陳君容普又因兼課於八中未克獨任本校之職務致數學一席年來屢有變更動輒發生障礙加之二年級以上實行分科選習教授時數大增爲事擇人需材尤衆每當學年更始或臨時忽有進退事前必多方物色物色有得未嘗不自以爲幸然亦僅憑介紹者之一言卽不勝其倚重有時名實兼到的未易才雖結合於偶然實相見之恨晚亦有因別種故障未能如所預期者惟職員以久任爲原則才能須歷驗而後知苟非至必不得已之時自未可輕於更動六年以來除附屬小學曾於一學年中數易主事(其原因另詳)外祗歷史數學兩科因他

校之關係紛更至三次之多餘均能久於其任且誠於延聘職員常持有兩種意見一則任務求其專如一種學科合各級所有時數能以一人擔任者必不分配於二人以期於教授方面得各行其所抱之主張無牽制散漫之弊一則俸薪務求其厚任務既專凡授課時數因以增多者俸薪固不至過菲卽如國文一人祇能任一級而年級益高時數益少設亦以時計之則區區之金何足爲俸況國文課後處理最爲繁勞尤不當僅以時論本校於此項計薪方法業經數數更張要必力求其義務與報酬相應故年來豫算縱極困難第一項俸薪總期不因其縛束之嚴而遽形短縮無已則勉減第二項以下各目使總數不至過於擴張以蘄議會之通過蓋與其多耗於雜項支出毋寧稍厚其俸給俾易於延攬相當之人才而在職者亦庶幾相安而可久特理想雖云如是有時困於經濟亦未能一律實行而尤爲抱憾不置者約言之猶有三端一每月俸薪從未能如期發放而所擔責任則並不因此而少寬一校舍不完同人多寄居校外聯絡之機緣苦少甚有相處已久而情志猶未交融者一校內固無共同遊息之設備校外又無高尚娛樂之機關致吾人課業之餘欲求一適宜之休養而不得實不無影響於日常勤務之精神

一生徒　自二年度至今招考預科凡五次取得生徒三百五十人（前兩屆均招雙級）

今全體生徒數祇二百有六十其間并無畢業者而相差幾近百人論者不察至謂本校教而不育生徒已死亡其三分之一實則五年間死亡者祇十餘人其他均退學生耳就中因學行不良由校令其退學者猶居少數推原其故良由一般青年當投考時志願本無一定祇知高小畢業或自信已有相當之程度遇有學校招考便相約報名而來至是校之性質如何學成後之用途安在豈惟本人未遑顧及即其家庭亦鮮有預爲考究者迨入校而後學校之生活一與其固有之習慣不能相容輒自覺其不便而退志以萌加以籌費之難婚期之早均足促成其退學之念而不克自持況追繳公費之法令從未見有實力奉行者益無所用其忌憚貿然而來安然以去夫何怪自行退學者之多也且嘗調查其退學後之狀況有無業者有改業者有賴此短期之學習考入他校肄業者有迫於生計之艱難聊以課蒙度日者均無足異所異者若輩在學期間至多不過三年乃退學之後不惟不繳償公費更公然爲地方小學教師甚有爲某私立中學校教員乃至校長者嗚呼退學生之用途與畢業生相若已屬奇談今更駕而上之人固何憚而不退學人又何樂而不退學哉然本校辦理不善感化無方未能使人不中道而廢亦至可反省之一端用將歷年訓育教授之大概情形約述如左

江蘇省立第五師範學校

（一）訓練　今之言訓練者或曰宜嚴或曰宜寬主嚴者以爲少年之心性靡常可與爲善亦可與爲惡不約束之使趨於軌範充其流弊所至不惟行檢無以修飭此心一放卽學業亦難期有成而非難者則謂少年如果英俊倘當任其自動俾有以發展其才能卽間有性質未純苟予以改進之機亦未必遂無效果何事多所抑制或過於干涉以桎梏其性靈於是有所謂寬大放任諸名詞與嚴格約束相對待竊嘗思之以約束爲訓練誠無當於教育原理然一經放任則純粹聽其自然何異以不教育爲教育且卽假定人性皆善然社會形形色色耳濡而目染之何在不可汨沒其天眞轉移其根性安有未經陶冶自始卽具有判別之明堅定之力不爲外物所搖惑而自然日進於善良者有之或卽所謂上智不移之一類詎可求之一般之青年故以寬嚴論容尙有相對之關係若約束與放任則均無若何價値之可言蓋以已成陶冶未成原爲敎育之本務訓育云者亦惟對於被教育者輔導之誘掖之使以有意識之活動各自修養其身心以期完成其人格卽有時訂爲規章使之遵守亦正欲以理法之統一益專其嚮學之精神豈得遽目爲消極茲因追憶本校歷年訓練之實況有所感想贅論及之不知有當於萬一否也本校校訓八字定自姚前校長誠謹依之制校歌一章各級

六週年概況

附言 十

講授修身固純用實踐資料卽每遇始業終業祝祭紀念諸儀式亦多就事實發明學理而每晨朝會或偶發事端均可利用爲施行訓話機會所提示於諸生者要不外守規律耐勞苦重實行求進化諸大綱而已至居處有序出入有時以及行動排班日常服務諸項雖僅屬於管理而其作用則皆與訓練有關頻年承社會敎誨有許爲尙能實事求是者亦有斥爲乖謬不近人情者實則凡百舉措未始不有所主張然多爲理想之試行幸而可通未敢自信爲成績而一念及能力之薄弱如此環境之複雜又如彼則其失敗也或轉爲事實所當然亦正不必遽引爲觖望且訓練爲精神事業收效良難學校管理大體縱有可觀亦不過形式上之整飭生徒心性是否卽因此有所改進殊未易言本校當民國三年祇有預科兩級職員事務較簡用神自覺較周厥後學級漸增精神不無紛忽訓練之效果益覺茫然至擔任訓練人員年來屢易其組織始設學舍監及級任繼以校舍狹隘職員大都別居而級任敎課又多致有未克盡其任務者遂暫停級任加設學舍監二人未幾又改學舍監爲敎務主任及舍監以期責權歸一初亦未感若何之不便不意五年度第二學期某夕晚餐時生徒排班不整舍監王君芷濱責令退出食堂重行排列生徒竟不服教令甚至報以惡聲雖經誡加以訓

江蘇省立第五師範學校

言并斥退三人秩序旋卽恢復而王君因此辭職歷年之訓練至此乃頓覺徒勞論者謂生徒個性未良由於各級無級任之故因復設級任并設舍務主任專治舍務而改舍監爲生徒監以統之行之半年仍未見級任之必要而徒增生徒監之困難於是復罷級任仍沿前制設舍監二人及教務主任一人迄今思之覺職員之組織如何初無重大之關係其要點在所與組織者爲何如人耳蓋當此社會潮流日下家庭習慣已深學校信用未孚之際以言訓練誠戞戞乎其難能然惟一不二之要求則爲訓練者之人格且此之所謂人格非必求其高尚至於何等惟欲訓練人者第一當先自訓練凡事先求諸己然後舉以責人人未有不服者子曰其身正不令而行又曰君子先行其言而後從之訓練之道如是而已訓練者果能本身作則任何主義與方法無不可以實行無所謂寬無所謂嚴更無所謂放任與約束特撫衷自問亦殊有愧於是言

(二)教授　今人談教授咸趨重於學生自動蓋與其謂教授毋寧謂學習固也然無論爲教爲學要必以學者確有所得爲惟一之方針又嘗習聞實用主義矣學而無用誠不必學然所學是否足用非又一問題乎師範學校科目之繁爲他校所未有而其期限則亦不過五年時少而課多教者擇焉不精語焉不詳學者西抹東塗疲於應接

六週年概況

附言　

以故優者不見爲優而劣者乃益劣比及卒業出其所學以致用則又恒患其少而未能游刃有餘在在使人有供不應求之感根究其故則現行師範學校之課程固大有討論之餘地適聞當時有分科選習之說因卽詳爲審度擬定分科選習辦法實施於第二學年以上試行結果未必遂無弊端然生徒學習興味因此加濃其所造亦頗有起色請先陳述其意見以次及於實施之狀況幸當世教育家一垂教焉

(1)分科選習之時期　師範學校修業五年以教授言約可分爲三時期

(i)初等教育之補充時期　入學資格旣以高小畢業爲標準以前所受教育固未必一致且使直接領受中等程度各科學亦恐未能故爲設預科一年於國文算術兩科加意注重蓋所以植其基礎俾可層累而上也此時期爲師範教育之根本固無可分之科亦斷無分科選習之理

(ii)普通智識之修養時期　今日中學校所授普通學計其門類已二十有二師範學校無不應有儘有更益以心理學論理學教育學教育史管理法教授法及酌量加習之農業或商業其數蓋在三十科以上雖心論教育諸門爲師範生必備之學術不當以普通論然所謂普通各科小學校科目固無如是之多而師

江蘇省立第五師範學校

範生乃一一視爲必修者誠以常識之修養及各科相互之關係欲求知識之充分勢不得不兼營并騖不僅於致用之途爲直接之準備已也故自入本科一年級後教授科目卽逐漸增加迨本科二三學年科目乃多至十七八生徒之困苦以此時爲最但本科一年級雖亦爲普通智識之修養時期然科目尚不過繁心論教育諸科尚未加入生徒腦力尚可敷用且此年所授多有爲以後二年之預備者亦未便遽有偏倚故本科一年級仍無分科選習之必要然則分科之時期當俟諸本科二三年級矣

(iii)小學教育之研究時期　此時期雖似起於本科二三年級然二三年級所授心論教育諸科究爲小學校實習以前學理上及方術上之種種準備而實地研究小學教育之時期則在第四年級部定課程標準四年級每週教育時數祇十有一而教授實習祇有九時全年以四十週計祇得三百六十時按諸事實斷不敷用而國文體操之外凡英文數學理化法制經濟圖畫手工音樂等科仍各占有時間多寡不等致生徒腦力仍爲普通各科學所累不能專心致志於教育而實地教授時數又少練習不能純熟一旦畢業應用乖方殊失師範教育之本

附言

六週年概況

附言　十四

旨故師範學校應授之普通科學及關於教育理論各科應於三年級以前教授完畢自四年級起專力於教授管理訓育諸端容有未盡之學科亦得於第一學期補授而要以講究方法預備試教爲其主體預備既足第二三學期乃完全從事於實地練習較之且學且教收效當自不同然因是而二三年級之課程乃不得不益加繁重故爲生徒節省腦力俾得造詣精美計固當於二三年級分科選習卽爲寬留四年級實施地步俾師範生之教授能力充分養成得於應用上收良好之效果計亦當於二三年級分科選習

(2)不分科時期之課程

(i)預科　國文固爲預科時期之主課然部章每週已有十時每日平均約得兩時似亦不必再加因國文教材選擇甚難教授方法亦至不易教授時間過多或恐貪多無得否則興味索然轉不若熟讀勤作之爲愈惟歷史地理則宜各加一時因本國史地教材較繁合之外國史地三學年每週二時殊不敷用且所授資料亦可以補助國文故不妨量爲加授

(ii)本科一年級　部章一年級國文每週祇有五時(文字源流時間在內)微

江蘇省立第五師範學校

嫌不足擬增加一時數學擬改爲五時第一學期授代數第二學期代數與幾何并授時間爲三與二之比第三學期爲二與三之比而以簿記移至四年級教授因第二學年開始卽授物理固宜以幾何提前且簿記一科改於將畢業時教授應用上亦覺較便

(iii)本科四年級　部章實習每週九時似乎太少倘附屬小學學級不多而教生人數較衆或竟有雙級同時實習支配益覺爲難必須增加時數且部章以實習於一年中平均支配而以他科錯雜其間循是以行教生必一面授課一面試教所學與所教不必相侔則反足以相害故不若以應授或應補之課併歸第一學期而以二三學期爲完全實習之地

(3)應分何科之商榷　分科選習在師範學校既認爲必要且假定其時期爲二三年級惟應分幾科及何種學科當使選習實一至可研究之問題然一回顧此問題所以發生之前提當不難得其解決蓋分科之標準要不外避其繁難求其性之所近俾得專研熟練能於應用時綽有餘裕而已循是以求覺二三年級當分爲左之四科

六週年概況

附言　　十六

(i)國文科　師範生多來自高等小學母校之教授果能得法益以預科一年及本科一年之修養入二年級後國文程度理論上似當不至過劣然徵諸事實殊不盡然劣等生他科成績之不佳半由於國文程度之不足聽講讀書義理固未能貫澈卽偶有所得無論口答筆答亦往往詞不達意於此而物理化學心理論理等科同時并進而國文時數且日少豈惟博而不精直恐學如未學國文之進步益不可知何以畢業更何以應用故國文分科當抱積極的專精主義但消極的補救亦事實上所不可免者蓋是科既分國文不良之生徒雖欲不入必強之入而後可不得曰性非所近遂置而不學也故是科性質似與他科不同

(ii)英文科　中等學校最費學生腦力者厥惟英文與數學茲姑先論英文江以北各地高等小學不必盡有英文致入學以後有幷字母亦不識者不得不從頭教起中學校英文時數多於師範學校幾至一倍然攷其畢業生之程度優者且未必可爲人師(其實質之修養卽已足用其教法固從未講求)況師範學校英文時數少而他科時數多其造詣尤可想見而腦力不充之生徒更無怪其引爲苦事論者因之有減少英文時數之建議甚謂英文於師範學校儘可作隨意

江蘇省立第五師範學校

科高小英文教師不必非師範生不可此說似是而實非高小無教英文之必要則已（高小應否教英文當爲另一問題）有則師範學校必須養成此項師資蓋以非師範畢業生擔任小學教科其流弊何可勝計師範生旣必修英文則每週時數豈惟不可減少且當增加然二三年級科目已多安有再加之餘地故不得不分科選習且此項師資但求其不至缺乏不必盡人皆能故不妨從其性之所近俾有選習之機會得以造就有用之人才

（iii）數理科　師範生畢業後祇教算術然所學則不祇於此爲數學知識之充分預備計固必學代數幾何三角爲理化上之應用計亦必學代數幾何三角因是而生徒之自修時間遂大半消磨於演算證明之下曾無暇顧及其他性近乎此者固樂之不疲否則未有不以爲苦者且自然現象之觀察與自然規律之說明欲求有精確之概念勢不得盡避數理算式而不用如水之平面及虹之現象均爲高小教材師範生必洞明其理自不待言然液面何以水平與虹何以生苟不應用數學以說明畢竟隔靴搔癢況歐戰而後物質文明日益進化國民常識之養成應否趨重於此種方面卽現行高小理科教程可否卽認爲適用尤爲至

要之問題故欲求師範生於小學理科一門有充分必備之知識師範學校理化教材於理不當過簡而數學之修養亦必足以相當坐是而生徒之負擔乃益形繁重但是項要求與英文同不必人人皆滿足故可別爲一科以長於此者習之成效當可逆覩

(iv)技能科　長於記憶者不必優於思攷精於理想者不必工於技術一級生徒對於各科能平均發達者實占少數如圖畫手工音樂三科每一學級擅長者固不乏其人然間有絕對不能者亦未嘗不知努力也故分科果成事實依性之所近及應用充足兩大前提此科亦當有分設之必要

(4)分科時期之課程　因學科太繁故分科選習分科之後學科目似當較簡然師範學校所授各科目均係普通程度學者嘗認爲不可或缺特如現行辦法於本科三四年間每週祇有二時或三時之教授實苦於博而不精腦力已傷而造詣有限正不若分科選習之爲得非謂一經選習可幷棄科外各科目而不習也故分科時期之課程當分爲公共必修科目及選習科目二種

(i)公共必修科目　仍如部章所定應有儘有惟每週時數及教材有多寡繁

江蘇省立第五師範學校

簡之分耳蓋師範學校分科之目的究與造就專門人才者有別况以國民學校論所有科目形式上雖甚簡單其實質與普通各學科相關之處比比皆是倘不略知梗概則分科選習將與級任制不能幷行矣烏乎可

(ii)選習科目　如上述所分四科各從其類於公共必修科目外每週特加數時惟因每週授課總時數之關係選習時數可加幾何且教材之分量宜如何選擇精粗斟酌深淺換言之卽分科選習旣爲積極的專精主義其專精之程度究應達於何限此實分科問題中又一至可研究之要點故各學年授課時間必須通盤籌畫預爲規定而各科教授細目亦當分別編輯以期有所標準乃可便於實行

(5)分科選習之實况　依前述意見自五年度下半年起實行分科初猶試行於一級繼則每屆本科第二學年卽爲分設四科各年級授課時間固已一再修訂（總表見前）卽各科教授細目亦均次第編成施行以來教學兩方均以爲便蓋各分科人數比全級少其選習科目之時數比定章多故行之覺有數利一程度較爲齊整進步自能平均一思路較爲單純會心自覺不遠一練習之工夫較足印象無

六週年概況

附言

慮其不牢一參攷之資料較詳應用可期其充分然其困難亦有數端

(i)在未分科前　分科時期既斷自二年級始生徒當一年級時遇有困難之功課逆知次年將分科選習輒自謂非其所好而淡漠置之或自以爲不能而不思努力雖勉爲矯正促其一致用功毋許以是爲規避之口實然其好逸惡勞之心理未始非分科一念有以啓之也

(ii)在將分科時　每屆分科時必詳告以分科之理由及各科性質使各從其志願自行選定一科但國文程度如認爲相差甚多雖欲入他科亦必使改習國文界以充分補習之時機以期有相當之造就故分科雖由於自願而必經國文教師之審定者所以示師範生根本之修養自有所在不容不重視之也至於他科果其爲志趣所傾向自不勞責難而有成此本爲主張分科之前提故不妨一任其選擇惟志趣浮動者乃因是而搖惑無主不能自決其宜入何科卽勉爲區分猶不免見異思遷請求改組者而委靡不振之輩則不問志趣何似轉誤認某科較易某科較難本其畏難苟安之心以自爲取舍故每屆選習國文者恆較他科爲多實則其志趣未必皆在於斯蓋舍此而別無所能又不欲努力自修無已

江蘇省立第五師範學校

惟有藉此偸安而藏拙此則大背乎分科選習之本旨必須設法矯正者也

(iii)在旣分科後　師範生應修之學科不當因分科而減少祇可於時數及敎材上酌量其多寡與繁簡業旣如前節所言惟分科而後生徒於公共必修課程如心論教育各主要科尙能一致注意而對於他科所選習者（如英文數學理化等卽不選習亦未嘗不有一時乃至二時之補充）大都若有若無隨班聽講而已其寡味之態度較一年級殆有甚焉特卽不分科亦未必遂無此現象耳所尤困難者分科之目的旣積極的望其專精而國文一科又含有消極的補救性質坐是國文科教授之困難與不分科時仍多相同其成效乃不易覩況國文敎授之難本非他種學科所可相提并論者因於各科教授研究會外特設一國文教授研究會每週集議一次行之兩年覺所有難題賴以解決者頗夥

其他關於教授可述者猶有一事當民國四年以前學級少而課程亦甚簡單兩學年中竟能不缺一課雖各學科分別統計因臨時移調關係不無有所增損然缺於此者必盈於彼試一檢查各學級之日記固未嘗有一時之虛也自分科之制行此風遂不能持續蓋學級固多而各級授課時間表至此乃頓形複雜加以兼課他校者之條件

一遇教員請假輒覺調課爲艱有時竟無從設法事後因學科性質或時間障礙雖力謀補授而終於不能完全未嘗不引以爲憾然統計五學年缺課時數亦僅占授課時數千分之一五卽每二百時中實缺三時也

(三)體育　誠自幼病多屢瀕於死及長病魔稍却然軀幹各部發育殊不如人留學日本之初每以體力不強爲人輕視更一念夫學業之浩繁如此時勢之艱難又如彼未嘗不固定其意志淬厲其精神奈雖能奮發於一時浸假而意志已流於薄弱精神已不覺其委靡其所以然者身體一不健全任何理想與希望均徒託空言而已爰力矯習慣之非務實行學理之是持之既久自覺日趨於壯實非復當年怯弱之情形究其成效之由來恍然若有所心得以爲體育之道與醫家所謂衞生者不同當爲積極的鍛鍊不當爲消極的養護是也此其故非一二言所能盡因述及本校之體育特不揣謬妄先自述其概念如斯其詳說請俟異日然卽此已可見本校體育設施之大概矣今之學校孰不講求體育雖其主張有緩急之分其成績有高下之别然其未得社會一般之贊同也則一本校歷年因講求體育動遭社會之非難約言之蓋有數端

(1)體操　學校有體操亦嘗公認爲不可免之功課惟不許藉端請假則嬾動者

已感不便而體操中猶有遊戲不僅各部之動作且需爲奔走跳躍之競爭彼習於嬌惰者流更覺不堪其勞苦因是而退學者有之問其理由則謂學校不當有強迫操且以騎馬擬戰之遊戲謂爲以人騎人有乖人道是誠不可以理喩然社會之心理亦可略見一斑矣

(2)運動　體操而外猶有運動又爲今日學校所通行未可顯然反對者然大都別具眼光以爲此類動作激烈殊甚即偶一爲之亦惟彼強有力者或能應選某也文弱潛心學問足矣無須習爲奔躍致不勝隕越之憂也蓋能認運動爲任何學生必要之事者千百中不得一二且嘗有遺書子弟力戒運動甚至謂如不聽命便爲不孝者然則學校提倡運動不啻以不孝敎人是豈講求體育之本旨哉

(3)校址　前兩節或猶爲他校所同此則本校獨有之難點因本校校址爲昔時地方行刑之所所遺白骨甚多建築時慈善家慮爲鍬鍤所擢殘爲之拾埋他處乃校舍落成未幾生徒有患腸窒扶斯而死者論者至謂爲厲鬼所憑歸咎於校址之不合夫生徒何以病病何以竟致不起實體育上至可研究之問題乃亂以不經之談致體育之眞理愈晦誠不得不引以爲憾者也

（4）操場　本校校舍甚少而空地則甚多然其初一片荒蕪豈惟不可運動與體操并散步亦不適用當校舍一部分初成之際建築費且患不敷安有餘貲以平地因集合同志職員及生徒全體於課餘時協力平治之固卽此以爲運動亦藉以養成其合羣自治習勤耐苦之風事更三學期得地千數百方丈其旨趣及事實均詳於平治操場記中（記見前）當時由職員生徒共同操作故生徒興味頗濃并無所謂困難蓋深念夫陶侃猶以運甓爲樂傳說且以版築爲生在學子固當惜陰而工作實非賤役況灑掃服勞值日勤務在學校已視爲當然此不過推而廣之夫何足異無如誤解者以爲學生也而工徒之愛人子弟者固不應爾爾而舂築負擔之事又非彼久經嬌養者所能堪則非難之來又何足怪所奇者明年工事已完而欲來投考而踟躕者猶殷殷以仍否作工爲問有某某兩處竟因是無一來考者其影響不已大乎

（5）服裝　生徒在校必着制服固已行之有年而一至嚴冬則仍換常服亦事實上不容遽已者惟考其用意所在豈不曰生徒必着制服而後有莊嚴之態度而後有振作之精神乎乃剪裁旣未匀稱而裝束又不整齊更誤解衞生着衣惟恐其不

江蘇省立第五師範學校

厚氣温稍降已擁重棉以致襟漲領開臃腫不堪名狀轉不若長袍短褂尚有可觀故本校對於生徒之服裝苟未至於嚴寒務令其修飭儀容勿遽作怯寒之態非好爲形骸之束縛蓋正其衣冠尊其瞻視形式所在精神寄焉非然者又何取乎必着制服夫衣以保温絕不貴乎多着若體格不強體温較下雖多着而猶寒且多着則肌理不嚴一經觸寒便當致病此卽養護所以不若鍛鍊之一例雖嘗爲生徒說明而學理之主張殊未易變更其慣性也至於常服則力勸其以棉爲止無庸着皮吾人服御務求簡單此固與師範生將來之生活問題大有關係卽以禦寒而論皮似較棉爲適用然衡以體育之原理所謂非棉不暖非皮不暖者純爲客觀的富而好禮之舉動與身體之健康與否絕對無關惟棉旣較儉於皮毋寧舍皮而取棉耳然因是頗滋物議其力不足以着皮者已矣苟有皮而不聽其着則以爲大不近情有託病而故着者亦有上皮而下棉以自掩者及來春偶有疾作論者輒歸咎於冬日之受寒執內經冬傷於寒春必病温之說以詰難尙容有置喙之餘地也耶

綜觀以上非難所由起實起於思想之不同凡有責言均足以促進吾人之反省所當一例歡迎者今且就體育實施各方面略述其經過情形如左

六週年概況

附言　　　　　　　　　　　　二十六

(1)體操　師範生講求體育其要旨不僅在強健己身而已且當以小學體育爲前提體操雖爲體育之一部然小學校既有是教科師範生卽當洞明其理論與方法尤必先自正確其姿勢修養其精神況理想之小學教師其任務至爲繁重非具有較強之體力何足以當故本校雖實行分科體操仍列爲必修科目卽實習時間之支配亦令與國文算術同爲必習之教科自三年夏沈君屛周出洋考察以還於體操教授上多所主張學者頗饒興趣前兩屆省校聯合運動會曾以平日所習表而出之尙能引起當時體育家之注意惟生徒中有未明體育原理者平時稍感不快便思請假不操而操之前後各時則均受課如故彼或以爲他課多坐而聽講猶可休息於無形操則進退屈伸憊非病體所能任庸詎知人如無病體格已強卽不操亦奚不可惟其弱而多病所以必按時操練以期日進於健康況適當之體操本具有療病之作用乎

(2)兵式操　本校兵操五年之內教者已四易其人致進度未能均一加以五年秋季操槍忽爲江都商業學校索去又因之停頓多時迨重行領到槍枝爲數亦祗有六十以之教練仍患不敷然歷居旅行均應用軍隊編制風紀賴以整肅亦嘗薄

江蘇省立第五師範學校

有虛聲未始非兵操之效果也

（3）運動　本校歷年經濟雖甚恐慌設備雖甚單簡惟關於運動所費實多肋木窗梯啞鈴棍棒凡事力求新式自以特製爲宜而內場外場之工程大球小球之消耗衣履則半由代辦旗幟則務取鮮明測量之具則不厭其精詳獎勵之方則益趨於名貴推至網邊路界灰線沙池繩脚竹頭海綿松節殆無一不需乎經費雖所費不必盡出於校用由校友會支給者有之由職員捐助者亦有之然每年平均總在數百元以上非好爲踵事增華如此蓋根據體育之原理適應世界之潮流有必需提倡運動者凡此種種皆藉以實施體育之方便以期吾青年學子日進於康強精健之途也豈有他哉故雖有前述各方之非難而本校運動宗旨則終始不渝且力謀所以貫澈之之道自第三屆省校聯合運動會後本校運動場頓推廣至六十餘畝各種球類遊戲及一切田賽徑賽器械拳術諸運動均得以自由分配同時幷舉而各不相妨此實本校歷年以來一極快意事至其練習之程序亦頗有可以追憶者

附言

（i）球類運動　自第一屆預科入校未久卽組織球隊練習足球時新校舍猶

六週年概況

附言　

未開闢校內尚無球場每週日曜假用校外廣場分組練習全級生徒幾於無一不蹴蓋初初從事運動興味甚濃且其程度相當故無所謂選手乃地方所駐軍隊亦借此會操往往球興方酣一遇赳赳者排隊而來不容不掩旗相讓嘗引以爲憾而莫可如何者然本校球類運動之初基實啟於此時網球亦開始練習惟總以場所不敷爲苦迨遷入新校舍後又滿目荊榛無可插足待稍稍平治而練習已荒以故第一次與本城美漢中學比球遂遭失敗幸能加意練習興趣不爲少衰更値運動場特別擴充籃球隊球壘球等均得以同時組織非復從前跼蹐之情形適張君鶴侶到校指導之職員加多運動乃益循軌範時復與美漢六師三農九中商業八中諸校以球隊相往還興致愈豪受益亦復不淺

(ii)田徑賽　在舊校舍時雖運動場小不足盤旋然已分組練習并常於校內開小運動會以勵進行第一屆省校聯合運動會創於南京幸有三數運動員當選興趣因之頓增而中等學生對於各種運動應發達至於何程亦因此比較而有所標準惜當時指導運動者迭有更易致蘇州之會自較乃不如以前幸第三屆在揚舉行又得張君鶴侶來此指導於一切運動方法講究詳明場所亦足用

江蘇省立第五師範學校

有餘乃得較第二屆略有起色比及五年揚州學校亦以運動相聯合益促進本校對於運動之熱心一時頗爲各方所注意其實能運動者仍祇此少數人耳故欲自少數漸及於多數以求其發達之平均自非重視團體之比賽不可然試觀第四屆聯合大會之結果雖較前不無進步究以運動員少而練習又未能充分抱憾仍多也

(iii)國技　自各校於課外多加習拳術武器本校亦仿而行之惟此爲吾國所固有便於傳授個人今乃施行於學校必如何編配乃適用於教科必如何改良乃不背乎學理實一至可研究之問題故本校對於此門務取合於團體之教材務注重其基本之動作至刀劍戈矛之屬間亦習之以備特殊運動之一格

然則本校之體育似不無成績之可言矣然所謂成績究何如乎學校體育成績不在設備之完不在種類之多不在練習之形式尤不在所得之旗章而在學生之本體即就學生言亦不在少數選手之技能而在全校學生之體格即以體格論更不在一部之若何發達而在各部之能否調和而所以必觀其全體必取其平均者則以體育主旨本欲使大多數學生得有健全之身體藉以完成其人格增益其知能也吾校體育

附言

是否已具有如此之成績或其進步已達於何程吾斯之未能信惟覺有種種事實令人不能無疑者一任何如提倡體育之主張而不喜活動者自若競技運動無論矣平易之球戲亦視爲畏途早晨之體操亦引爲苦事於是分組也點名也管理員驅策之煩勞運動時間支配之困難力求普徧而興味索然則何以故一任何如講求體育之方法而動輒生病者自若時疫流行無論矣操作偶多則疲勞滋甚氣溫稍變則感冒隨之於是調養也假歸也新舊醫理之背馳中西藥物之雜進日謀強健而柔脆依然則何以故一體育優良而品格亦佳腦力亦足者學校中未嘗不有其人然試察其造詣之淺深未必卽因體育而有何輔助而因此損害者有之而德育知育較爲可取之生徒又往往不注意於體育極意調和聯絡而成效茫然則何以故凡此疑問非難者固振振有詞卽自問亦殊難索解竊願體育家有以教正之也

一附屬小學校　師範學校有附屬小學其重要猶之農業學校有農場工業學校有工場也然必待師範生將實習時而後組織小學則已患其遲矣本校於民國二年因乙種講習科將屆畢業趕就師校餘屋設國民科兩級爲講習生實習之地及預科開辦無屋可餘不得不租賃民房以代用簡陋喧闐不類學校然亦敷衍年餘迨師範新校舍一部

分落成小學乃遷入舊校舍由是逐年推廣迄今已達九級有兒童三百餘人然所有房舍則已一律用盡操場仍舊狹隘依然無可擴充更苦與師校距離太遠凡關於管理教授一應事宜總覺有呼應不靈之感而職教員間因此不能聯絡於校務及教務上尤多隔閡之虞民國三年度以前主事因改任他校職員之故一年中竟更易五人殊非學校之幸今主事陳君蘭舫自三年秋就職悉心研究極意經營於管理教授多所規畫就學人數逐漸增加社會信仰日益昭著年來師範生實習兩次復賴其指導獲益良多誠平日因道遠不易兼顧於小學僅持大體一切事務悉以託之陳君間一往視而已近刊有附屬小學概覽記載尙詳茲不贅

其他有可言者類皆不成片段然卽此數端於事後追思已覺複雜不有記敍恐日久湮沒無以爲考證之資乃集同人各就所任職務分取歷年成績一一統計而比較之合之元年度所有事實以成本校六週年概況一篇編次旣終爰附述其梗概如此

六週年概况

附言

三十二

H33848

江蘇省立第五師範學校概況

薛鍾泰

中等教育發刊，徵集各處學校狀況，謀學校間聲氣之溝通，以合力解決中等教育上之種種問題，誠今日教育界之一要事也。顧余以身爲此校之一教員，又爲此校之一畢業生，相知雖深，關係亦切，深懼論述時或不免主觀之牽制，而不獲表客觀之眞相，爰採純粹介紹之義，而不作一句優劣之批評，或瑕或瑜，一任閱者之自發耳。泰識。

一、總述

此校創始於民國元年秋，迄今已九閱週年。校址初承揚州左衛街梅花書院之舊，歷三年始遷至現居之大汪邊新址，以其舊遺附小。現有學生本二，三，四各一班，本一預科各兩班，都三百三十七人；畢業學生計乙種講習科兩班，甲種講習科一班，本科共四班，都二百九十餘人；職教員凡三十五；校役廚夫共三十六。年支經常費現爲六萬零四百五十四元。首任校長爲姚孟壎先生，閱時僅一年，繼之者爲趙彥臣先生，任事三日即以病去位，再繼即爲現任之任孟閑校長。

二、設備

校地大汪邊，原爲揚州之執刑場，廣可數百畝，荒冢纍纍，荆榛滿地；自此校遷止後，始平凸實凹，伐荆榛而植樹木，繼以省立學校聯合運動會之便，乃大剷平其地。現此校所享有之空場極寬廠，爲全省學校所未有，除設備大小運動圈，以及農場各種球戲場外，所餘空間仍多，苟有充分之經濟，雖一理想學校之建築，亦不能罄其用，乃不謂遷移後六七年來，因臨時費之無着，僅有一形似海面孤舟之一字樓房五十間也！外此只有零星之食堂，門房，廚房，厠所，手工場等之小房十數間，他則別無長物。（近始添設教員宿舍兩操場各一所，所有學生宿舍均借用校外民房或倉廠。）在此一排洋房內，上課也，實驗也，閱報也，辦事也，會客也，陳列成績也，以及職員之寄宿，校醫之診病，教員之休息也，在在均不出此樓上下五十間之外，加以學生數年復增多，而房屋依舊，因之欲爲容積之擴充，乃年年時時爲隔間之變化與應用途徑之改換，其利用空間之機巧，有如分配幾何形，又若鬬七巧板鈎心鬬角，雖樓梯之上下間，亦扳壁而利用之，其始也，尙用爲修髮販賣或貯藏之所，今且以之爲教員預備室校醫診病所矣，以如此利用空間之法，吾實未之他見，故不惜詞費而爲之一瑣述焉。其他設備甚簡陋，尤以圖書爲最，閱覽書報，均在自修室內，預科自修且在教室中，惟運動方面及理化儀器兩項，設備尙稱豐富云。

五、組織

組織系統表列下：（見第三面）

四、課程

此校自民國五年起，卽試辦分科選習，其制爲依學科之性質及社會之需要，分所有課程爲若干科，（初分國文英文數理技能四科）各科中皆各有其主要之科目與次要之科目，學者得本其性之所近與志之所趨而任選一科以學焉。此種辦法之要旨，在使學者得適其個性與需要，而於有限期間內，可以兼獲得較爲專精之知識與技能。惟自試行以後，其方法雖幾經改革（八年合英數兩科而一之，九年又改變一次）而其間仍不免有窒礙限制之嫌，因於本年度開始遂逕改爲選科制。更於教育方面之學科，大爲擴張，時數與種類，均較原有數倍增而又過之；其開始教授之時間亦提前。茲將該校現行之選科課程表及計算學分之方法一併錄後：——

江蘇省立五師範學校

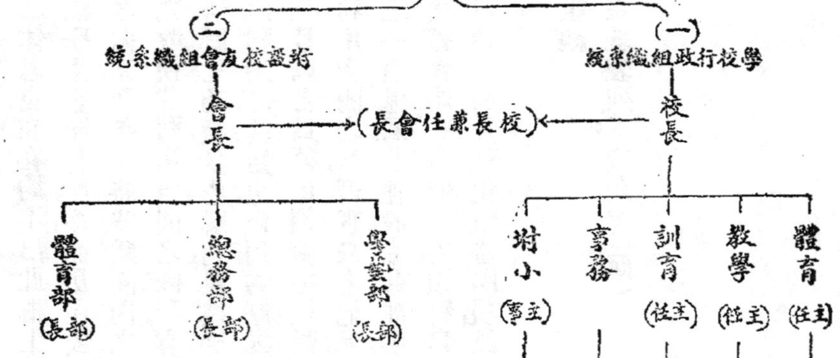

江蘇省立第五師範學校概況

三

第二十九條　爲便於學生選習計各學科除體操外均以學分計算每週四時積半學年爲一學分(不足四時或四時以上者類推)各學年應得總數以十六學分爲標準本科二年級以後因選習關係得略予變通但積至本科四年級上半年修了時至少必滿足七十學分方可畢業

第三十條　各學年必修選習各科目每週教學時數分配如左

	學科＼學年	預科	本科一年	本科二年	本科三年	本科四年	各科歷年合計	備註
必修	倫理				一		四〇	每學年以四十課計第四學年祇半年教課其餘半年實習
	論理			二			八〇	
	心理			二	二		一六〇	本三下半年教兒童心理
	教育史			二	二		一六〇	
	教育哲學					三	六〇	
	小學教學法管理法					六	一二〇	
	國文	一〇	五	四	四	三	九八〇	
	外國文	五	五	四	四	三	七八〇	
	算術	六					二四〇	預科下半年以二時教代數二十週共教四十時算術共教二百時
	代數幾何及平三角大要		六				二四〇	上半年全教代數連前共一百六十時下半年五時幾何一時三角幾何共教一百時三角共教二十時
	歷史	三	三				二四〇	

地理	二	四				二四〇	
理科	二	五				二八〇	預科教博物本一二時教博物三時教理化
公民學				二	四	一六〇	包法制經濟等科
圖畫	二	二	二	二	二	三六〇	
手工		一	一	一	一	一四〇	
樂歌	二	一	一	一	一	二二〇	
體操	四	四	四	四	四	七二〇	本科一二三年有兵操一時
各學年每週合計	三六	三六	二二	二三	二七		
選科							
哲學					二	四〇	
心理測驗					三	六〇	
教育社會學					二	四〇	
國文			四	四	四	四〇〇	
外國文			四	四	四	四〇〇	
算術					二	四〇	
代數			五			二〇〇	
幾何				四		一六〇	包三曲線及解析幾大要等科
三角					六	一二〇	

第一期

習科															
歷史	地理	物理	化學	博物學	氣象天文學	農學	博物實習	理化實習	商學	簿記學	圖畫	手工	美術史	樂歌	合計
四		六		五		三	四		三		三	二		三	四六
	四		五	四		三		四	二		三	二		三	四二
					三					三	三	二	二	三	三九
一六〇	一六〇	二四〇	二〇〇	三六〇	六〇	二四〇	一六〇	一六〇	二〇〇	六〇	三〇〇	二〇〇	四〇	二八〇	
				本二教植物三時動物二時本三教生理衛生及礦物地質各二時											

右表選習各科任本科二三四年級生自由選習但必經教務主任及該科擔任教師核許

每週選習時數合之必修科以三十六時爲標準其伸縮限度不得少於三十二時多於四十時

每學科同時至少須有五人以上選習否則暫缺

每週選習科數不得過四科但圖手唱並選者以兩科計選其中兩科者以一科計選哲學心理敎育各科同

高年生得兼選低年級之課但留級生不在此例

五、訓育

此校原設舍監二人專司全校之訓練管理事務，本年乃改設訓育主任一人，復設自治指導員四人。自治指導員之職務，除各任一級之個別訓練外，復輔助訓育主任共擔全校學生自治事業之指導及校務室宿舍例行事務之輪值。遇必要時開訓育研究會，加入校長教學主任共同討論之。

六、附小

附小有兒童五百餘名，計男高等科一二三年級各一班，又春季始業一班女高等科一二合級一班國民科有單級一班，一二三四年級單式各一班，一二複式一班，春季始業一二複式一班。附近入學兒童數非常之多，常有室不能容之憾。職敎員數凡二十六。採級任制。校務除雜務繕寫由庶務書記擔任外，餘事均由各敎員分擔。敎授上有種種研究會，月開一次。設備方面亦力求完美。茲附其組織系統表一則其內部之行政，當更可瞭然矣。(見第八面)

江蘇省立第五師範學校概況

第五師範附屬小學全校組織一覽表

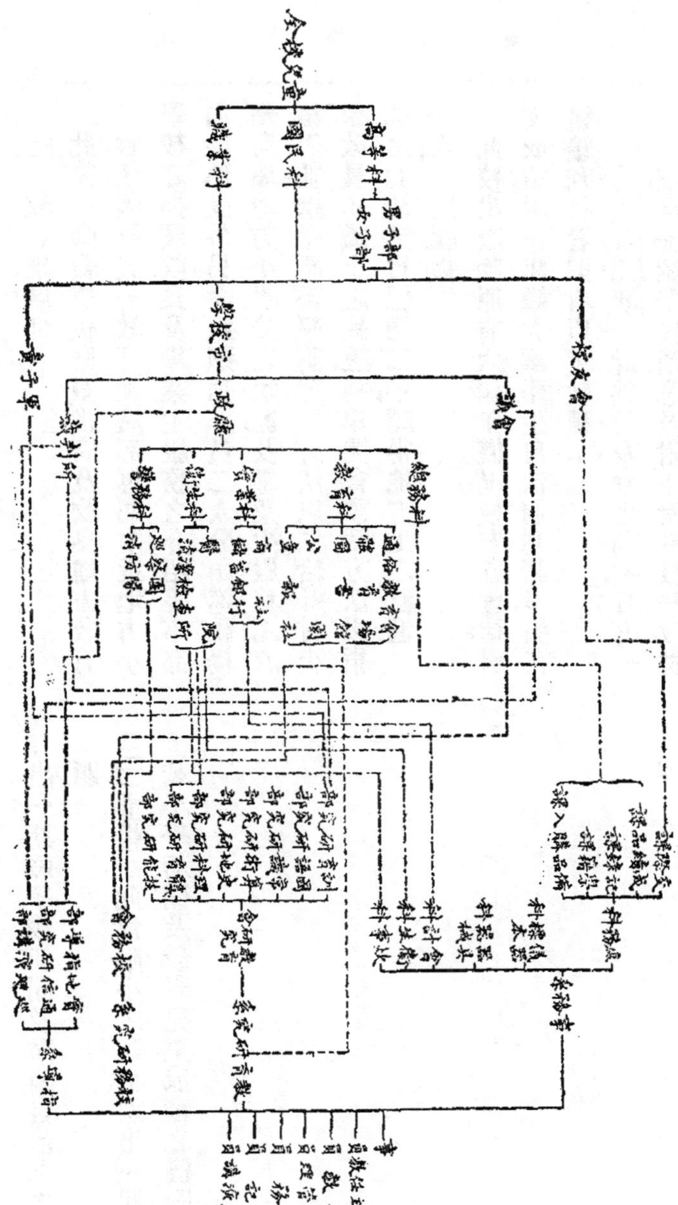

八

七、教育推廣部

此後以師範學校應負推廣及改良地方教育之責任，因特設一教育推廣部，專司附近地方小學校之推廣改良及畢業生服務之介紹等事，部內除部長外另設巡迴指導員二人，分頭巡視揚州府屬地方小學校之狀況，及畢業生服務之成績等，並携帶新書報研究新方法以供給鄉村小學教員知識上之缺乏，利用開會談話方法以指導之。此法試行已閱二年，頗得地方上之歡迎。

八、出版物

此校出版物原有六週年概況，校友會雜誌，國文成績，附小組織大綱，學生自治週刊諸事，現在繼續刊行者則有以下數種：——

(一)校友通訊　此爲校友會之刊物，月出一期，專介紹學校消息及附小對於教法教材上之研究等，於校友並載畢業校友服務之狀況及教授上之問題心得等。

(二)學校新聞　此爲學生自治會之產物，週出一期，載學校新聞及討論自治上之諸問題。

(三)童報　此爲附小之刊物，週出一期，爲登載小學新聞及發表兒童成績之機關。

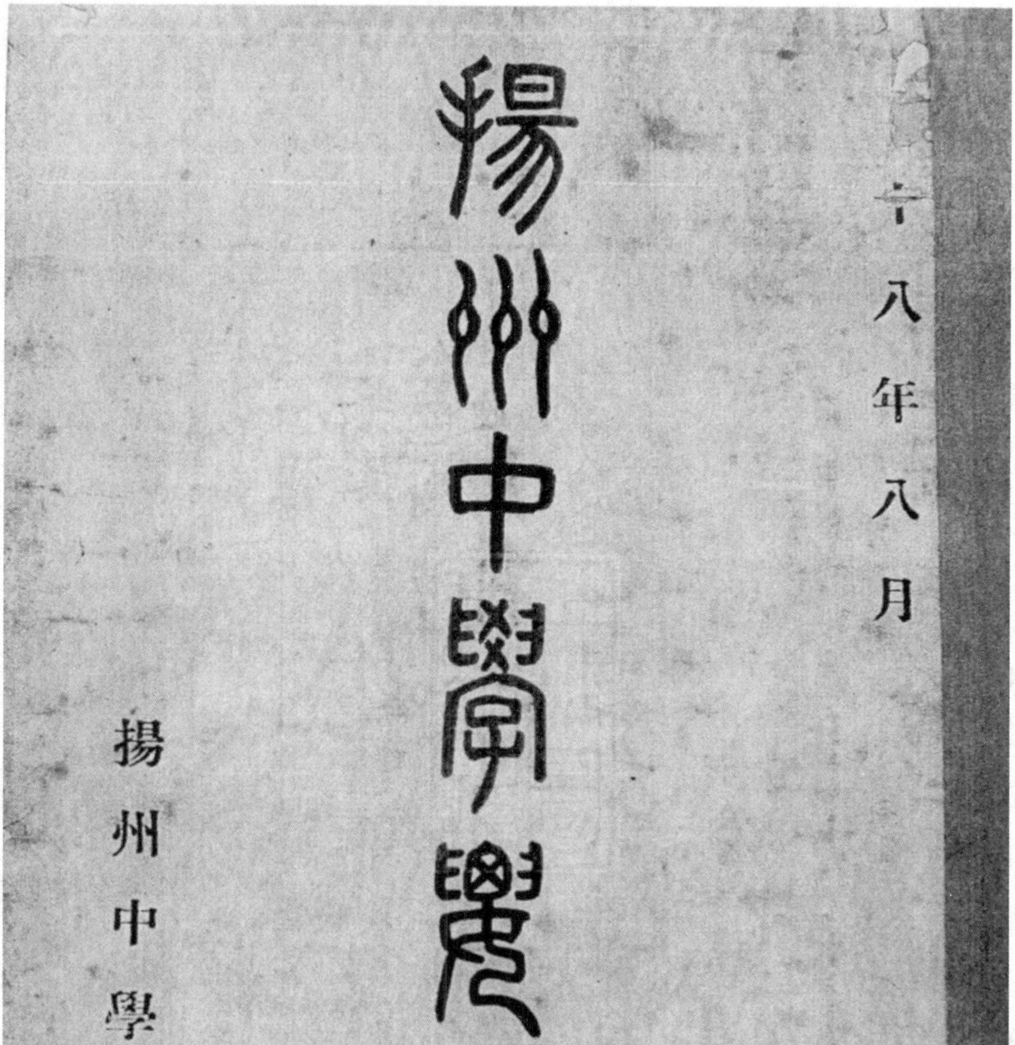
十八年八月
揚州中學印行

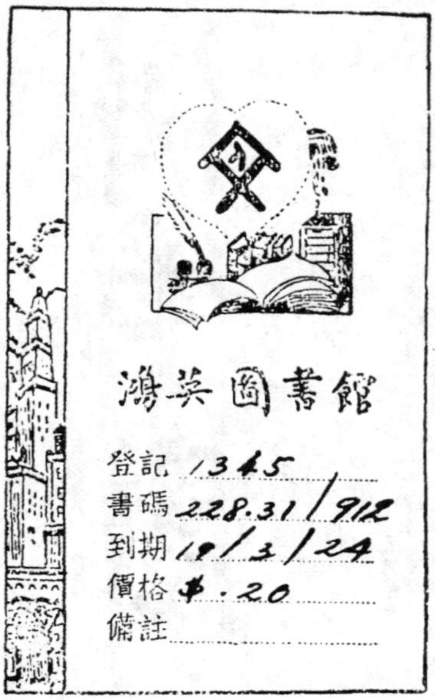

囑

余致力國民革命凡四十年其目的在求中國之自由平等積四十年之經驗深知欲達到此目的必須喚起民衆及聯合世界上以平等待我之民族共同奮鬥現在革命尚未成功凡我同志務須依照余所著建國方略建國大綱三民主義及第一次全國代表大會宣言繼續努力以求貫澈最近主張開國民會議及廢除不平等條約尤須於最短期間促其實現是所至囑

目錄

各部校舍平面圖
(一)高中部
(二)初中部
(三)鄉村師範科
本校組織系統表
本校組織大綱
校務會議規程
行政會議規程
教務會議規程
訓育會議規程
事務會議規程
體育會議規程
各分科會議規程
秘書任務規程
普通科主任任務規程
師範科主任任務規程
初中部主任任務規程
訓育主任及訓育主席任務規程
訓育員任務規程
事務主任任務規程
體育主任任務規程
圖書館主任任務規程
文牘員任務規程
會計員任務規程
高中各股庶務員任務規程
初中庶務員任務規程
儀器標本管理員任務規程
校醫任務規程
招生委員會規程
出版委員會規程
學生課外活動指導委員會規程
經濟審核委員會規程
衛生委員會規程
軍事訓練委員會規程
聘請教職員規約
教員服務簡約
教職員出席紀念週簡約
教職員由校津貼參觀規程
講義股簡章
各部科購置辦公用物簡章
各部科領取辦公物品簡章
高初中學則
成績考查規程
考試規約
訓育標準
學生獎懲標準
青年修養的指導
高中學生信約

初中學生信約
獎學規程
發給獎狀規程
獎進學生課外研究成績簡則
獎進學生文科研究成績簡則
學生集會規約
學生請願規約
學生揭貼規約
初中學生勞動訓練實施辦法
高中學生生活規約
高中學生出校規約
高中學生請假規約
初中學生生活規則
初中學生請假規約
儲蓄室規約
入學須知
註册手續
退學通知書

師範生參觀規程
師範科敎生實習行政委員會簡則
師範科敎生實習規程
指導敎生實習細則
敎生實習須知
敎生實習初等敎育研究會規程
師三學生在實習期內請假辦法
敎生實習敎科計劃大綱
敎生實習評案
黨童子軍訓練大綱
升落國旗規約
黨童軍營地規則
黨童軍營地請假規則
黨童軍露營守衛規則
黨童軍初級課程考核表
學生課外活動各會會員任務通則
各項研究會執委會聯席會議規程
各項研究會執行委員會任務規程

校工規約
校工請假規約
本校經費統計表
本部現任職敎員一覽表

各部校舍平面圖

十八年六月製

（一）
高中部

縮小四千分之一

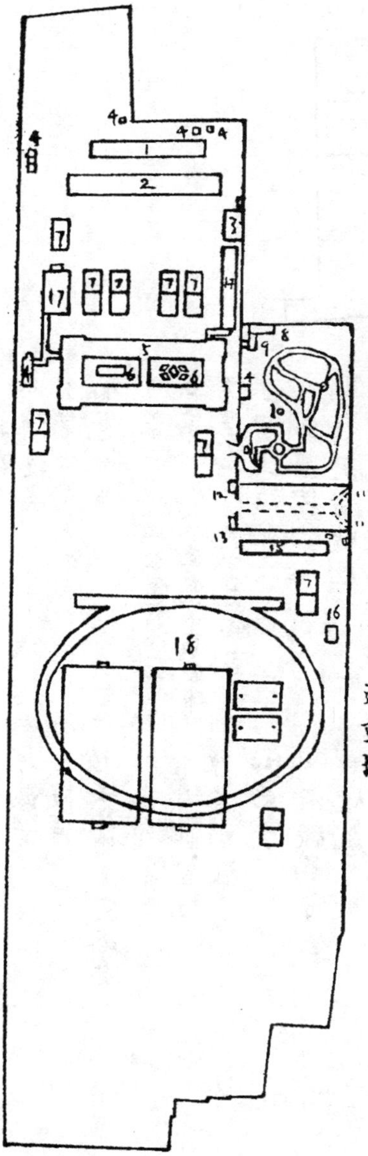

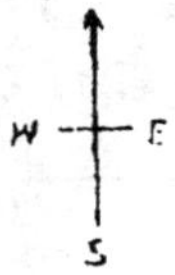

1. 一字房（男生宿舍）
2. 新樓（男生宿舍）
3. 廚房
4. 大小便所
5. 口字樓（教室辦公室等）
6. 花壇
7. 網球場
8. 新浴室
9. 茶水爐
10. 校園
11. 校門
12. 傳達室
13. 學生會客室
14. 飯堂盥洗室
15. 南樓（教員宿舍）
16. 調養室
17. 雨操場
18. 運動場

（二）

初中部

縮小二千四百分之一

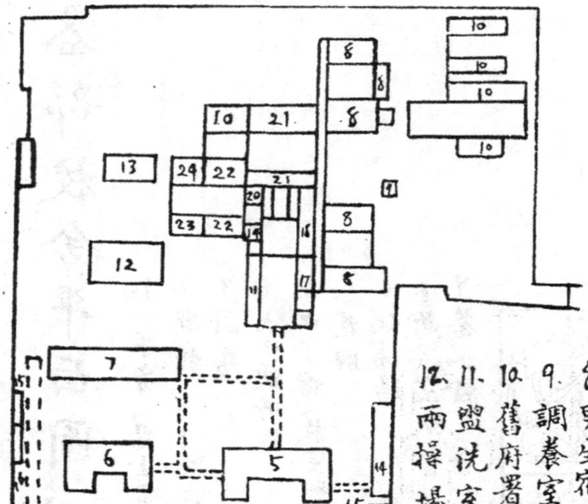

1. 校門
2. 傳達室
3. 學生會客室
4. 運動場
5. 第一院（辦公室教室等）
6. 第二院（女生教室宿舍等）
7. 第三院（教室自修室等）
8. 男生宿舍
9. 調養室
10. 舊府署破屋
11. 盥洗室
12. 兩操場
13. 禮堂
14. 飯堂
15. 便所
16. 女生盥洗室浴室
17. 油印室
18. 娛樂室
19. 茶水爐
20. 浴堂
21. 教職員宿舍
22. 厨房
23. 手工教室
24. 儲藏室

(三)

鄉村師範科

縮小二十分之一

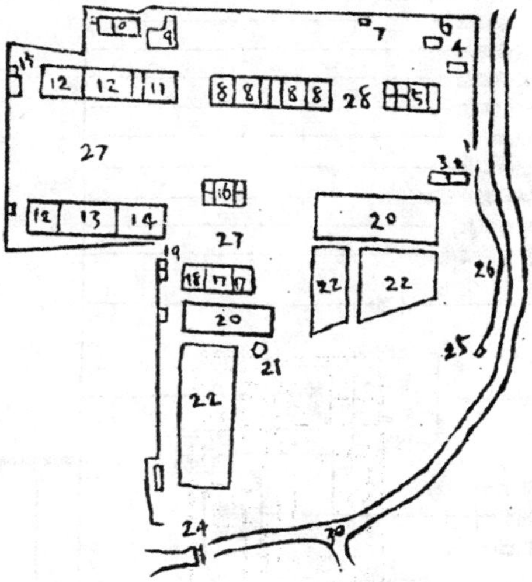

1. 校門
2. 門房
3. 販賣部
4. 調養室
5. 辦公室職員室等
6. 花房
7. 燈房
8. 教室成績室等
9. 厨房
10. 浴室
11. 飯堂
12. 學生宿舍
13. 自修室
14. 禮堂
15. 便所
16. 教員宿舍
17. 實小學生宿舍
18. 實小辦公室等
19. 實小校門
20. 荷池
21. 紀念亭
22. 水生植物標本區
23. 蔬圃
24. 惠農橋
25. 肥料儲藏所
26. 苗圃
27. 運動場
28. 校園
29. 桃園
30. 界河

本校組織系統表

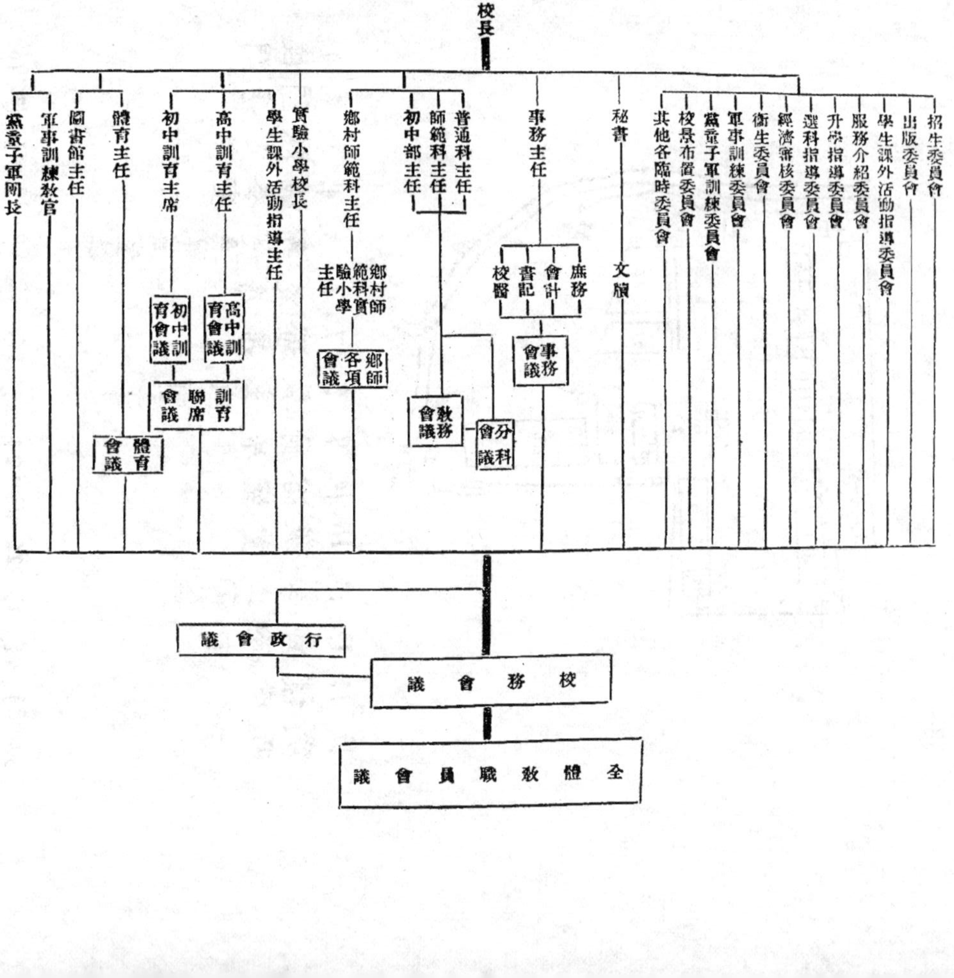
校長
招生委員會
出版委員會
學生課外活動指導委員會
服務介紹委員會
升學指導委員會
選科指導委員會
經濟審核委員會
衛生委員會
軍事訓練委員會
童子軍訓練委員會
校景布置委員會
其他各臨時委員會
秘書
文牘
事務主任
庶務
會計
書記
校醫
事務會議
普通科主任
師範科主任
初中部主任
教務會議
分科會議
鄉村師範科主任
鄉村師範科實驗小學主任
鄉師各項會議
實驗小學校長
學生課外活動指導主任
高中訓育主任
初中訓育主席
高中訓育會議
初中訓育會議
訓育聯席會議
體育主任
體育會議
圖書館主任
軍事訓練教官
童子軍團長
行政會議
校務會議
全體教職員會議

本校組織大綱

第一章　名稱

第一條　本校依據中央大學之規定定名爲中央大學區立揚州中學

第二條　依據中央大學之規定在本校系統下分設高中部初中部實驗小學鄉村師範科及鄉村師範科實驗小學三所其名稱分別訂定如左

1中央大學區立揚州中學高中部

2中央大學區立揚州中學初中部

3揚州中學實驗小學

4中央大學區立揚州中學鄉村師範科

5中央大學區立揚州中學鄉村師範科實驗小學

6中央大學區立揚州中學鄉村師範科實驗小學蘆村分校

7中央大學區立揚州中學鄉村師範科實驗小學紫英山分校

第二章　校址

第三條　本校高初中兩部及實驗小學均設立於揚州城內鄉村師範科鄉村師範科實驗小學及鄉村師範科實驗小學紫英山分校均設立於高郵縣界首鎮鄉村師範科實驗小學蘆村分校設立於寶應蘆村

第三章　宗旨

第四條 本校以根據三民主義繼續小學之基礎訓練發展青年個性增進其知識技能爲預備研究高深學術培養小學健全師資及從事各種職業以適應社會生活延續民族生命發展國民生計之目的爲宗旨

第四章 學制

第五條 本校高初中修業期限各三年鄉師四年實驗小學六年

第六條 高中設普通師範二科

第七條 高中師範科及初中男女兼收分班教授

第八條 初中暫不分科惟爲發展青年個性及順應社會需要起見於第三學年得設職業指導及關於商業教育之初級訓練

第九條 高中採用分組選科制高初中對於各學程均酌量採能力分組辦法凡學生升級俱以學科爲本位

第十條 各部科及實驗小學之詳細學則另訂之

第五章 職制

第十一條 本校設校長一人由國立中央大學校長聘任秉承大學校長綜轄全校行政

第十二條 本校設秘書一人襄理學校行政

第十三條 普通科設主任一人秉承校長支配該科課業指導青年研究高深學術之預備並處理該科教務

第十四條 師範科設主任一人秉承校長掌理師資訓練支配該科課業與實驗小學及鄉村師範科切實聯

絡而指導其工作並處理該科教務

第十五條　初中設主任一人秉承校長處理初中行政及教務

第十六條　實驗小學設校長一人秉承校長處理實小行政及教務

第十七條　鄉村師範科設主任一人秉承校長處理該科行政及教務

第十八條　鄉村師範科實驗小學設主任一人秉承校長及鄉師主任處理鄉師實小行政及教務

第十九條　高中設訓育主任一人初中設訓育主席一人分別秉承校長訓練學生品性考核學生操行並指導其一切生活初中訓育主席由訓育員輪值之

第二十條　本校高初中鄉師各設訓育員若干人襄理學生訓練及生活指導事宜

第二十一條　本校設事務主任一人秉承校長掌理全校預算決算款項出納校舍支配及校具購置等事宜

第二十二條　本校設體育主任一人秉承校長掌理學生身體訓育上一切事宜

第二十三條　本校設圖書館主任一人秉承校長處理圖書之增購編記保存及管理閱覽等事宜

第二十四條　本校設學生課外活動指導主任一人秉承校長掌理學生課外活動事宜

第二十五條　本校設軍事訓練教官一人秉承校長掌理高中學生軍事訓練事宜

第二十六條　本校設黨童子軍團長一人秉承校長掌理初中童黨軍訓練事宜

第二十七條　本校設文牘員一人秉承秘書處理並保管對內對外公牘事宜

第二十八條　本校各部設校醫庶務會計書記圖書管理員儀器管理員事務生若干人秉承事務主任商承秘書各部科主任處理範圍內一切工作

第二十九條　本校各部科主任及教職員由校長直接聘任之實驗小學校長依大學條例由本校校長推薦請

大學校長聘任之軍事訓練教官經訓練總監部委任由校長聘任之黨童子軍團長經中國國民黨中央執行委員會訓練部委任由校長聘任之

第三十條　本校組織系統及各部科規程另訂之

第六章　會議

第三十一條　本校採取會議制設左列各會議

1 全體教職員會議

2 校務會議

3 行政會議

4 教務會議

5 高初中訓育會議及聯席會議

6 體育會議

7 事務會議

8 分科會議

9 鄉師各項會議

第三十二條　各項會議規程另訂之

第七章　委員會

第三十三條　各部科及各會議得設各項委員會除臨時委員會外設常務委員會如左

1 招生委員會

2 出版員委會
3 學生課外活動指導委員會
4 升學指導委員會
5 服務介紹委員會
6 選科指導委員會
7 經濟審核委員會
8 衛生委員會
9 軍事訓練委員會
10 黨童子軍訓練委員會
11 校景布置委員會
12 其他各臨時委員會

第三十四條　各委員會規程另訂之

第八章　附則

第三十五條　本大綱如有未盡事項得提議於校務會議修改之

校務會議規程

第一條　參照中學校暫行條例第二十一條之規定組織本校校務會議

第二條　本會議以本校左列人員組織之

1校長 2秘書 3普通科主任 4師範科主任 5初中部主任 6事務主任 7高中訓育主任初中訓育主席 8體育主任 9圖書館主任 10分科會議主席六人 11鄉村師範科主任 12實驗小學校長 13鄉村師範實驗小學主任 14教職員代表（教職員各選三人任期半年於每學期開始選舉之）

第三條 本會議之職權規定如左

1議定本校具體方針

2議定本校組織大綱學則與各屬會規程

3審議本校之預算決算

4審議學科之增減與學級之增設

5審議校舍之建築與設備之擴充

6審議學生之獎金及津貼教職員參觀費

7討論答復大學校長諮議事項

8答復學生重要請議事項

9其他關於本校重要事項

第四條 本會議分常會臨時會二種

1常會 每月舉行一次

2臨時會 遇必要時由校長邀集之

第五條 會議時以校長為主席校長缺席由秘書代之

第六條　會議時以全體會員三分之二以上出席爲法定數

第七條　會員因事不能出席時得於本會會員敎職員中委託一人爲代表但每人祇能代表一人

第八條　會員提議事件須於會期前二日繕交秘書處以便列入議事日程臨時動議不在此限

第九條　會議地點定在本校高中部南樓下會議廳

第十條　本規程經本校全體敎職員大會通過後由校長公布施行

第十一條　本規程如有未盡事宜得於全體敎職員大會中由五人以上之出席會員提議增改之

行政會議規程　十七年十二月

第一條　本校爲便於召集會議處理校務起見根據十七年度第二次校務會議議決案組織行政會議

第二條　本會議以左列人員組織之

1校長　2秘書　3普通科主任　4師範科主任　5高中訓育主任　6課外活動主任　7初中部主任　8初中訓育主席　9事務主任　會議時主席得召集與議案有關係之敎職員參加討論與表決

第三條　本會之職權規定如左

1學校行政上臨時發生重要事故校長得召集本會議商決之

2校長不在校時臨時發生事故不屬各部自行解決之範圍者得由秘書隨時召集本會議商決之

第四條　會議時以校長爲主席校長不在校時由秘書代理主席

第五條 會議時以會員過半數以上之出席爲法定數

第六條 本規程由校務會議通過施行

第七條 本規程如有未盡事宜得於校務會議時提議修正之

教務會議規程

第一條 依據大學行政院暫行條例第十五條之規定組織本校教務會議

第二條 本會議由下列人員組織之

1.校長 2.秘書 3.普通科主任 4.師範科主任 5.初中部主任 6.各分科會議主席 7.體育主任

第三條 主席由普通科主任師範科主任初中部主任輪值之

第四條 本會職權規定如左

1.審議學程之增減及必修選修學程之上課時數及學分數

2.規定各科教學之方法

3.研究各科教學之方法

4.審議各學科之成績考查法

5.審議各分科會議交議事項

6.審議其他關於教務之重要事項

第五條 本會議分常會臨時會二種

甲、常會每月舉行一次由輪值主任定期召集之

乙、臨時會遇必要時亦由輪值主席召集之

第六條　會議時以會員過半數出席為法定人數

第七條　會員因事不能出席時得委託一人為代表

第八條　會議地點暫定本校第一院南樓會議廳

第九條　本會議經校務會議通過後公布施行

第十條　本規程如有未盡事宜由會員二人以上之提議經校務會議修改之

訓育會議規程

第一條　依據本校組織大綱高初中分別各組織訓育會議

第二條　甲、高中訓育會議由下列人員組織之

1.校長　2.秘書　3.科主任　4.事務主任　5.訓育主任　6.訓育員

乙、初中訓育會議由下列人員組織之

1.校長　2.秘書　3.部主任　4.事務主任　5.訓育主席　6.訓育員

開會時以訓育主任或訓育主席為主席

第三條　本會議職權規定如下

1.擬定訓育方針及應行改進事項

2.指導學生生活事項

3.制定攷查操行成績之標準與方法
4.決定重大之獎勵及懲戒事項
5.處理其他關於訓育之重要事項

第四條　本會議分常會臨時會及聯席會三種
甲、常會　每週舉行一次高中於星期日下午七時初中於星期日下午八時
乙、臨時會　遇必要時由主席召集之
丙、聯席會　高初中於訓育有相關事宜得由兩部主席互商召集之

第五條　會議時以會員過半數出席爲法定數

第六條　會議地點定訓育處

第七條　本規程經校務會議通過後公布施行

第八條　本規程如有未盡事宜得由會員二人以上之提議經校務會議修改之

事務會議規程

第一條　依據本校組織大綱組織本校事務會議

第二條　本會議由事務處全體職員組織之遇必要時得請校長教務主任師範科主任初中主任訓育委員會代表體育主任出席開會時事務主任主席

第三條　本會議職權規定如左
1.製定事務上各種規程

2. 經費事項如預算決算之編製物品之估價及購置等
3. 衛生事項如校舍之掃除飲食之清潔溝渠之疏通等
4. 警備事項如消防器械之設備盜賊防範等
5. 工程事項如校舍之建築或修繕等
6. 保管事項如校舍校具及文書之保管等
7. 佈置事項如校舍之支配及校景之點綴等
8. 用人事項如校役之賞罰及進退等
9. 其他關於事務上一切事項

第四條　本會議分常會臨時會二種
1. 常會每月舉行一次
2. 臨時會遇必要時由事務主任召集之

第五條　會議時以有關係之重要職員出席爲法定人數

第六條　會議地點於通知書內註明

第七條　本規程經校務會議通過後公布施行

第八條　本規程如有未盡事宜得由會員二人以上之提議經校務會議修改之

體育會議規程

第一條　依據本校組織大綱組織體育會議

第二條 本會議由左列人員組織之

1校長 2秘書 3普通科主任 4師範科主任 5初中主任 6事務主任 7體育主任 8體育教員 9軍事教練員 10黨童子軍團長 11高中訓育主任 12初中訓育主席 13校醫

第三條 本會議得議決左列事項

(1)訂定體育成績攷查標準

(2)規定體格檢查時期

(3)擴充體育設備並討論預算

(4)擬訂課外運動指導方法及組織

(5)商訂鼓勵運動及清潔方法

(6)籌備運動會

(7)其他關於體育上重要事項

第四條 本會議以體育主任爲主席

第五條 本會議定每學期舉行常會二次遇必要時得由主席召集臨時會

第六條 本會議議決之事項由主席分別性質逕自執行或秉承校長交關係各處分任辦理

第七條 本簡則經校務會議議決施行

第八條 本簡則之修改由校務會議議決行之

各分科會議規程

第一條　依據本校組織大綱組織〇〇分科會議

第二條　本會議由本校〇〇學科全體教員組織之

第三條　本會議主席由校長指定

第四條　本會議研究事項之範圍如左

1. 審訂本學科各學程之課程綱要教學程序
2. 審定或選擇本學科各學程之教材
3. 研究本學科各學程教學方法之改進和各學程之聯絡啣接
4. 討論本學科各學程之教授設備事項
5. 討論指導學生對於本學科各學程之課外研究事項
6. 討論發行本學科各種刊物事項
7. 討論本學科師生應用參攷圖書等事項
8. 審議校長及教務主任交議事項
9. 審議其他各會議各委員會各研究會重要之建議事項

10 討論其他關於本學科之一切事項

第五條　本會議定每學期舉行常會三次但遇必要時得開臨時會均由主席召集之

第六條　本會議須有規定人數過半數之出席方得開會

第七條 本規程經校務會議通過施行

第八條 本規程如有未盡事宜得於常會中議決修訂提交校務會議通過施行

秘書任務規程

1.襄理學校行政
2.承校長囑託分任對內對外接洽及代表事項
3.彙閱各項文件
4.擬撰重要稿件
5.覆核文牘員擬撰稿件商承校長酌定施行
6.整理校務會議及行政會議之記錄
7.指導及審核文牘員與繕寫員之任務
8.掌理出版事宜
9.處理其他校長指定或委託事項

普通科主任任務規程

1.秉承校長規定本科教育方針及具體計劃
2.掌理本科學生之訓練
3.編製整理及保管本科各種規程表冊

4. 辦理本科學生選課事宜
5. 支配本科教授及考試時間表
6. 秉承校長增減本科課程
7. 攷核本科各教員教授狀況
8. 輪值教務會議主席
6. 輪值召集分科會議
10 辦理本科招生事宜
11 答覆本科學生請求事項
12 支配本科教室實驗室並注意教授及實驗用品之缺補
13 審訂本科各學程之教材
14 整理本科各學程教授大綱
15 研究本科各學程教學法之改進
16 考查本科學生課程缺席
17 核定本科學生長期請假休學及補考
18 彙核整理保管本科學生成績並報告學生家庭事宜
19 接洽並指導本科學生參觀旅行遊藝展覽運動會等事項
20 指導本科學生升學事宜
21 統計本科教員缺席時數並商訂調課及補授時間

22 接待參觀或考察本科之來賓

23 秉承校長代表本科對外事宜

24 秉承校長處理其他耑屬本科範圍內一切事宜

師範科主任任務規程

1. 秉承校長規定本科之教育方針及具體計劃
2. 掌理本科學生之訓練
3. 編製整理及保管本科教務上各種規程簿
4. 辦理本科學生選課事宜
5. 支配本科教授及考試時間表
6. 統計本科教員缺席時數並商訂調課及補授方法
7. 審訂本科各學科之教材
8. 整理本科各學程教授大綱
9. 研究本科各學程教授法之改進

10 考查本科學生課程缺席

11 核定本科學生長期請假休學及補考

12 彙核整理保管本科學生成績並辦理報告學生家庭事宜

13 接洽並指導本科學生參觀旅行遊藝展覽運動會等事宜

14 處理指導幷批評本科學生實習事項
15 秉承校長聘請有關係之教職員指導本科學生參觀實習事項
16 秉承校長增減本科課程
17 切實聯絡幷指導實驗小學一切教務之進行
18 切實聯絡幷指導鄉村師範科及鄉師實驗小學校務之進行
19 指導本中學區教育事業
20 計劃本科學生之出路切實聯絡本科畢業生而指導其工作
21 秉承校長代表本科對外事宜
22 接待參觀或考察之來賓
23 輪值教務會議主席
24 輪值召集分科會議
25 辦理本科招生事宜
26 答復本科學生請求事項
27 支配本科教室實驗室並注意教授及實驗用品之缺補
28 秉承校長處理其他專屬本科範圍內一切事宜

初中部主任任務規程

1. 秉承校長規定本部之教育方針及具體計劃

2. 秉承校長處理本部一切行政
3. 掌理本部學生之訓練
4. 考核各教員在本部教授狀況並審查教授週錄
5. 考核本部各職員工作狀況並督促全部事務之進行
6. 支配本部校舍
7 稽查本部學生之秩序及整潔
8. 參與本部級任會議
9. 會同本部級任解決重要訓育問題
10 接洽並指導本部學生參觀旅行遊藝展覽運動會等事項
11 彙核整理保管本部學生成績並秉承校長報告學生家庭
12 攷查本部學生課程之缺席
13 核定本部學生長期請假休學及補攷
14 釐訂本部各學程之教材
15 整理本部各學程教授大綱
16 研究本部各學程教授法之改進
17 辦理本部學生選課事宜
18 支配本部教授及攷試時間表
19 編製整理及保管本部各種規程表冊

20 輪値教務會議主席

21 輪値召集分科會議

22 統計本部教員缺席時數幷商訂調課及補授方法

23 注意本部務器標本藥品及一切教授用具之缺補

24 秉承校長增減本部課程

25 指導本部學生升學事宜

26 答復本部學生一切請求事宜

27 接待參觀本部之來賓

28 辦理本部招生事宜

29 秉承校長代表本部對外事宜

30 處理本部其他行政及教務

訓育主任及訓育主席任務規程

1. 綜理全部訓育事宜
2. 擬訂訓育標準及方法
3. 指導學生課外作業
4. 指導學生日常生活
5. 會同訓育員舍務員及其他教職員訂定學生操行成績

6. 召集訓育會議
7. 召集學生談話
8. 處理學生獎懲事項
9. 報告並建議本處進行事務於校務會議或校長
10 接受教職員及學生關於訓育上建議事項
11 指導學生會及課外一切組織之工作
12 指導學生團體遊行遠足參觀實習照像運動會及一切團體集合事項
13 答復學生對於課外請求事項
14 佈告學生關於本處進行之事務

訓育員任務規程

1. 協助訓育主任指導學生課外作業
2. 協助訓育主任指導學生日常生活
3. 核奪學生請假每學期終編製學生請假外宿及無故各項缺席統計表
4. 檢查該級教室自修室寢室之整潔衛生及秩序並視察學生各項缺席及早晚作息
5. 支配宿舍自修室教室及編定學生坐位與臥號數
6. 注意膳廳盥洗室娛樂室及學生集會辦公室之整潔秩序
7. 注意學生之疾病並檢查調養室之整潔秩序

8. 攷查學生之自修
9. 檢查學生早操事件
10 督察服務生之工作而攷核其勤惰

事務主任任務規程

1. 綜理全校事務事宜並監導事務處各股職員處理事務
2. 會同本處各股職員計劃本處事務之進行
3. 報告並建議本處進行於校務會議或校長
4. 執行校務會議議決關於本處事務
5. 召集事務會議
6. 秉承校長會同會計擬定每學年全校預算並調製決算
7. 分配校舍
8. 會同校長簽訂關於購置之單據
9. 會同會計股職員負對外收付責任

體育主任任務規程

1. 秉承校長規劃全校體育方針及具體計劃
2 秉承校長管理全校學生體格鍛鍊事宜

3. 調製體育表格簿册及一切統計圖表
4. 考核體育教授狀況及校醫工作情形
5. 商承校長添設運動用具及運動場所
6. 主持檢查全校學生體格每學期舉行一次
7. 主持校內或參加校外運動會事宜
8. 主持保管及修理全校運動器具及場所
9. 管理關於全校體育其他一切事宜

圖書館主任任務規程

1. 督率圖書管理員保管整理登錄編列本校一切圖書及定期刊物
2. 編擬關於圖書館之各項規程表册及目錄並注意師生對於借閱規程實踐
3. 規劃圖書館之設備及場所
4. 秉承校長計劃添置圖書及定期刊物
5. 矯正輔導學生閱書行爲
6. 計劃圖書館管理方法及編目方法之改進
7. 掌理購書及外界贈送圖書一切來往函件
8. 管理關於圖書館其他一切事宜

文牘員任務規程

1. 保存及整理文卷函扎
2. 擬撰公文函扎
3. 管保及鈐用校印
4. 記錄學校大事
5. 掌理郵票之出納並須登錄郵票出納簿註明日期數量及用途每月結束一次
6. 存查校中各部任何章程規約細則名單及一切印刷品
7. 搜集本校一切印刷品以應外界之索取
8. 處理校長或秘書指定或委託其他事項

會計員任務規程

1. 商承校長支配欵項之出納
2. 商承校長編製預算決算
3. 經理學生應繳各費
4. 負保管往來現金及賬簿票據之責
5. 任何用項在五元以上者非得校長許可不能發欵
6. 收支欵項逐月結束交稽核委員會審查

7. 登記及謄錄各種帳簿及表冊
8. 本股範圍以內其他一切事項

高中各股庶務員任務規程

(一)雜務股

1. 掌管修繕校舍整理及保管一切校具
2. 稽查門禁掌管鎖鑰
3. 整治校內之各部
4. 注意全校清潔及電燈膳食茶水事項
5. 考查校役之勤惰商承校長及事務主任加以賞罰或進退
6. 布置一切場所
7. 本股其他一切事項

(二)購置股

1. 購置校用及部科辦公應用物品(簡章另訂)
2. 在五元以上之購置必得校長許可一元以上之購置必得事務主任之同意方可採辦(無論現金或記帳之工匠之計工亦在內)
3. 購置物品無論現金或記帳必須將單據隨同所購之物向校長及事務主任呈驗事先須由校長及事務主任在購物簿上簽字以示負責

4. 購置物品須交分發股分發或交儲藏股儲藏如係校具須分配各處應用者則由雜務股登入校具簿
5. 本股其他一切事項

(三)儲藏股

1. 驗收購置校用及各部辦公應用物品而儲藏之
2. 登記及核算所儲藏之物品
3. 每月結束一次將存儲物品編製一覽表報告事務會議
4. 本股其他一切事項

(四)分發股

1. 分發校用及各部科辦公應用物品
2. 登記及核算所分發之物品
3. 學期開始時分送各教職員信紙百張信封五十便條若干此外私人用物概不再送
4. 需用者所需物品得酌減其數量
5. 每月結束一次編製一覽表報告事務會議
6. 本股其他一切事項

(五)講義股

1. 收發教員講義及稿件(簡章另訂)
2. 將教員講義稿分送繕寫員繕寫並登記所用蠟紙及講義印刷張數
3. 掌管各部公用油印品

4. 分別統計並核算校用課用之油印品
5. 結算學生講義費報告會計股
6. 督促繕寫員及事務生按時工作
7. 考核繕寫員情形報告事務主任
8. 本股其他一切事項

初中庶務員任務規程

1. 秉承校長初中主任事務主任處理本部一切事務
2. 負責處理本部師生校工膳食事宜
3. 處理本部電燈茶水
4. 掌管本部校舍校具之修繕整理及保存
5. 稽查本部門禁刼賊及火險
6. 注意本部清潔衛生
7. 考查本部校役之勤惰稟承校長初中主任及事務主任加以賞罰或進退
8. 布置一切場所
9. 收發登記核算並儲藏本部辦公應用物品
10. 掌管並核算本部學生應用講義材料

儀器標本管理員任務規程

1. 保管及整理本校儀器標本及化學藥品
2. 預備及擔任教員或學生試驗需用之儀器標本及藥品
3. 洗滌整理收藏試驗用過之儀器標本及藥品
4. 注意儀器標本藥品之損毀或消費並須登入規定之簿冊註明品名日期原因詳情及損耗者之姓名至學期之統計定價如有需學生賠償者先期通知會計處在損失賠償費內扣除
5. 注意儀器標本藥品之缺少及殘破並於應用以前商承各部科主任或理科教員設法添補及修理
6. 登錄安放新購之物品
7. 注意實驗室及儲藏室之整潔及秩序
8. 預防實驗室及儲藏室之危險

校醫務任規程

1. 診視全校員生工役之一切病症
2. 出席體育會議
3. 注意全校衛生
4. 預防傳染病症
5. 檢查新生體格

6. 會同體育主任每學期檢查全校師生體格至少一次
7. 關於其他衛生事項

招生委員會規程

第一條　依本校組織大綱第三十三條之規定組織招生委員會
第二條　本委員會委員由校長在教職員中聘定之
第三條　本委員會設正副主席各一人由委員互選之
第四條　本委員會之職權如左
1. 編訂招生簡章廣告及投考指南
2. 保存及處理關於招生之一切文件
3. 辦理關於考試新生之一切手續
第五條　本委員會開會無定期由主席臨時召集之
第六條　本規程經校務會議通過施行

出版委員會規程

第一條　依本校組織大綱第三十三條之規定組織出版委員會
第二條　本委員會委員由校長在教職員中聘定之任期一學期
第三條　以秘書爲本會主席

第四條　本委員會之任務爲計劃及辦理本校一切出版事宜

刊物種類暫定如左

1.半月刊

2.年刊

3.叢書

第五條　本委員會分左列二股

1.編輯股　任撰述紀錄迻譯謄寫修正等事項

2.發行股　任刊物之分發交換保存等事項

第六條　本委員會得按事務之繁簡酌聘編輯員及幹事員若干人

第七條　每學期舉行常會三次由主席委員邀集之遇必要時得舉行臨時會

第八條　出版經費由本委員會商承校長劃定之

第九條　本規　經校務會議通過後施行

學生課外活動指導委員會規程

第一條　依據本校組織大綱第二十三條之規定組織學生課外活動指導委員會

第二條　本委員會以指導學生課外各項研究團體使獲充分之訓練與均衡之發展爲宗旨

第三條　本委員會委員及主席由校長聘定之

第四條　本委員會委員任期爲一學期

第五條　本委員會之任務如左

1.根據學生之需要決定課外活動之種類

2.依據課外活動之種類指導其工作途徑

3.審察各項活動團體之需要商請校長分聘指導員

4.審核各項活動團體之成績

5.辦理獎進成績之手續

第六條　本委員會常會每月舉行一次遇必要時由主席邀集臨時會

第七條　本委員會日常事務由主席處理之

第八條　本規程經校務會議通過施行

經濟審核委員會規程

第一條　本委員會根據中央大學頒布中小學經濟公開辦法組織之

第二條　本委員會於開學後四星期內組織成立

第三條　本委員會設委員五人由全體教職員互選之但會計員及庶務員不得當選

第四條　本委員會委員任期爲一學期

第五條　本委員會主席由委員互舉之

第六條　本委員會每月開會一次由主席召集之

第七條　本委員會之職權如左

第八條　1.稽核校內一切賬目及單據
2.稽核每月收支對照表及決算書
本委員會開會稽核時遇有疑義得請負責人員出席說明夠說明不能滿意得逕呈中央大學校長解決之

第九條　本規程經校務會議通過施行

衛生委員會規程

第一條　依據本校組織大綱第三十三條之規定組織衛生委員會

第二條　本委員會委員由校長在教職員中聘定之任期一學期

第三條　本委員會設主席一人由委員互選之

第四條　本委員會之任務如左
1.注意全校清潔事宜
2.傳染病之預防及消毒
3.辦理其他衛生事宜

第五條　本委員會每學期舉行常會三次由主席召集之遇必要時得舉行臨時會議

第六條　本規程經校務會議通過施行

軍事訓練委員會規程

第一條　本委員會研究及促進本校軍事教育之設計及設施

第二條　本委員會委員由校長在教職員中聘定之任期一學期

第三條　本委員會以軍事教練員爲主席担任議決案之執行及會議之召集

第四條　本委員會每學期舉行常會三次遇必要時得召集臨時會議

第五條　本規程經校務會議議決施行如有增減之必要得隨時提出校務會議通過修正之

聘請教職員規約

一、凡教職員皆須服膺中國國民黨黨義熱心教育協助校長以謀學校之發展

二、總理紀念週各教職員須參加此外共同另組黨義研究會亦須加入兼任教員在他機關參與者聽

三、專任教員不得兼任他項有給職務

四、凡職員無論職務之繁簡與待遇之多寡概爲專任非經校長同意不得兼校外職務

五、教員不得已而缺課須與他教員商酌對調或擇相當時間補授如請假滿一週以上者須商得校長同意請人代理除親喪疾病外請假逾一月以上者得由校長聘人接充

六、專任教員訓育員以住校爲原則此外負有保管責任之職員一律住校校中供宿不供膳

七、專任教員及職員雖在放假期內亦有到校服務之責

八、教職員應遵守本校各部所訂與自身職務有關之各項細則

九、新聘教員須於開學前到校如於開學後到校者自到校之日起薪

十、教職員中途辭職者其薪俸於停止職務之日爲止

十一、教職員應於接到聘書後五日內寄回應聘書否則以不願應聘論

教員服務簡約

一，教員於每學期之始各按所任學科編定教學程序交教務處備查

二，教員每次上課時須嚴加考核學生之勤惰凡有缺席或遲到者須隨時填表通知教務處

三，教員於每課教授完畢時須填注教學日錄

四，本學科教學上應用之圖書器械用品担任教員應負整理保管之責

五，教員須按教務處通知平時考試時期嚴加考試并將每次成績及試題試卷按期送交教務處

六，教員於每學期末應將學生考試成績及試題試卷並核定總平均分數送交教務處

七，教員缺課須與教務處預商補授或調課其時間由教務處訂定公布

八，教員負切實施行本校考試規約之責

九，教員除原定職守外須負教室管理評定學生操行及本學科課外活動指導之責

十，教員須出席分科教學研究會

十一，教員於每學期末各按所任學科製簡明教授過程報告教務處備查

教職員出席紀念週簡約

一，全體教職員除在請假期內須按下列各則一致參加　總理紀念週

1.職員在其辦公所在院參加紀念週

2.住校教員在其所在住院參加紀念週

3.住校外之專任教員在其教授鐘點數較多之院參加紀念週

4.兼課教員不能來參加紀念週者應於每學期開始前具函聲明出席何方服務機關或黨部

二，教職員出席紀念週應各自簽名以憑稽考

三，凡一學期內無故不出席紀念週者一次通知　二次警告　三次嚴重警告　四次辭退

四，本簡約經校務會議通過施行

教職員由校津貼參觀規程

一，本校爲提倡教職員出外參觀增進行政及教學之效率起見特訂津貼辦法

二，無論自願出外參觀或由校派出參觀者事前均須擬具參觀計劃分及經費預算書交校務會議核定

三，津貼欵數不得超出核定之預算

四，參觀時課務職務事前均須商請他人分代或回校後補授

五，參觀後回校須擬具報告書及對於本校改進計劃書送交校長以資採納

六，本規程經務會議通過後公布施行

講義股簡章

一，教員需用講義至少須於三日前將稿件填單送交講義股

二，講義股收稿件後隨時將該件及蠟紙送交繕寫員繕寫員須於一日內繕就

三，寫就後繕寫員將繕就蠟紙及稿件送交講義股登記

四，講義股將蠟紙及講義紙交印刷處付印

五，印就後送交講義股登記

六，講義股將印成講義及稿件送交教員或由教員自取

七，講義如有錯字教員可將所錯字數通知講義股（須將某科某種講義所錯何字寫明）

各部科購置辦公用物簡章

一，凡各部科需購置辦公物件務須於三日前開單由本人簽字並經各部科主任簽字後送交事務處分發股轉購置股購辦

二，購置股事務員視所購各物價值在五元以上者須將物單送交校長核閱簽字價值五角以上五元以下者須經事務主任簽字事務主任認為須交校長核奪者須送交校長簽字

三，簽字後購置股先向會計股付定錢若干

四，購到後須由購置股事務員帶同店主或司事將購物及單據分別向校長或事務主任驗明

五，驗明後由校長或事務主任簽字向會計處領價

六，所購之物須由購置股填單（三聯，一交事務主任，一交保管股，一購置股存根）交保管股保管

七，所購之物無論現金或寫賬均照所定手續辦理

各部科領用辦公物品簡章

一，各部科領用辦公物品須由本人開單簽名再由各部科主任簽名向事務處分發股領取

二，分發股視所領物件價值在五角以上五元以下者須送交事主任簽字價值五元以上者須送交校長簽字

三，分發股視所領物件必須購置者交購置股

四，私人用物分發股概不分發

高初中學則

第一章 宗旨

第一條 初中部以根據三民主義初期青年之身心狀態繼續小學灌輸基本智識實施公民訓練為升學或就業之準備為宗旨

第二條 高中部普通科以根據三民主義青年個性繼續初級中學之訓練增進其知識技能為預備研究高深學術及從事各種職業以達充實人民生活發展國民生計為宗旨

第三條 高中部師範科以根據三民主義以適宜之科學教育及嚴格之身心訓練養成一般國民道德上學術上健全之師資以扶植社會生存延續民族生命為宗旨

第二章 組織 學額

第四條 本校除鄉師外分初級中學高級中學兩部修業期限各三年

第五條 高中部分普通師範二科

第六條 高中師範科及初中部男女兼收分班教授初中自十七年度起試行春秋始業並行制

第七條 本校學級暫定高中部普通科雙軌計六班師範科男生單軌計三班師範科女生單軌計三班初

中部男生秋季始業春季始業及女生俱爲單軌制各三班共二十一班學額初中每班至多以五十人爲限高中以四十五人爲限

第三章　學科　學分　修業期限

第八條　初中部自三年級起採用選科制高中部各科採用分組選科制

第九條　本校對於各學程酌量採用能力分組制

第十條　本校學生學業成績以學科爲單位各學科均以學分計算

第十一條　初中部各學年必修科學程時數及學分列表於下

初中部必修科學程表

學程＼學年／學期／每週時數及學分	第一學年				第二學年				第三學年			
	第一學期		第二學期		第一學期		第二學期		第一學期		第二學期	
	時數	學分	時數	學分	時數	學分	時數	學分	時數	學分	時數	學分
黨義	2	2	2	2	2	2	2	2	2	2	2	2
國文	6	5	6	5	6	5	6	5	6	5	6	5
書法	1	.5	1	.5	1	.5	1	.5				
英文	6	6	6	6	6	6	6	6	6	6	6	6

算學				歷史	地理	自然					
算術	代數	幾何	三角			實用生理衛生	植物	動物	礦物	化學	物理
5				2	2	3					
5				2	2	3					
3	2			2	2		3				
3	2			2	2		3				
	5			2	2			3			
	5			2	2			3			
	3	2		2	2				3		
	3	2		2	2				3		
		5		1	1					4	
		5		1	1					4	
		3	2	1	1						4
		3	2	1	1						4

學程	第一學年第一學期時數	學分	第一學年第二學期時數	學分	第二學年第一學期時數	學分	第二學年第二學期時數	學分	第三學年第一學期時數	學分	第三學年第二學期時數	學分
手工	2	1	2	1	2	1	2	1				
圖畫	2	1	2	1	2	1	2	1				
樂歌	1	.5	1	.5	1	.5	1	.5	1	.5	1	.5
體育與黨童軍	3		3		3		3		3		3	
家事									1	1	1	1
合計	35	28	35	28	35	28	35	28	29	25.5	29	25.5

附註家事爲女生特設必修學程又女生手工酌參縫紉刺繡

第十二條　初中部各學生年選修學程時數及學分列表於下

初中部選修科學程表

學程＼學年、學期、每週數及學分	第一學年第一學期時數	學分	第一學年第二學期時數	學分	第二學年第一學期時數	學分	第二學年第二學期時數	學分	第三學年第一學期時數	學分	第三學年第二學期時數	學分
應用國文									2	2	2	2

應用英文									2	2	2	2
用器畫									2	1		
圖畫									2	1	2	1
手工									2	1	2	1
音樂									1	.5	1	.5
書法									1	.5	1	.5
商業經濟									2	2		
商業要項											4	4
簿記									2	2	2	2
珠算											1	1
商業織組及管理											1	1
國語練習									1	5	1	.5

附註茲爲適應地方需要於初中第三學年特設關於商業選修學程五種備初中學生畢業後職業之補助

第十三條　高中部普通科各學年必修科學程時數及學分列表於下

高中普通科必修學程表

學程＼學年／學期／每週時數及學分	第一學年				第二學年				第三學年			
	第一學期		第二學期		第一學期		第二學期		第一學期		第二學期	
	時數	學分	時數	學分	時數	學分	時數	學分	時數	學分	時數	學分
黨義	2	2	2	2	2	2	2	2	2	2	2	2
國文	5	5	5	5	5	5	5	5	4	4	4	4
英文	6	6	6	6	5	5	5	5	4	4	4	4
三角			3	3								
立體幾何	3	3										
本國文化史									2	2	2	2
人生哲學									1	1	1	1

學程	第一學年第一學期時數	第一學年第一學期學分	第一學年第二學期時數	第一學年第二學期學分	第二學年第一學期時數	第二學年第一學期學分	第二學年第二學期時數	第二學年第二學期學分	第三學年第一學期時數	第三學年第一學期學分	第三學年第二學期時數	第三學年第二學期學分
生物學	2	2	2	2								
軍事訓練	3		3		3		3					
普通操	1		1		1		1		3		3	
國技	1		1		1		1					
合計	23	18	23	18	17	12	17	12	16	13	16	13

第十四條　高中普通科文史地組自然科學組分組必修學程時數及學分列表於下

高中普通科文史地組分組必修學程表

學程＼每週時數及學分＼學期＼學年	第一學年第一學期時數	第一學年第一學期學分	第一學年第二學期時數	第一學年第二學期學分	第二學年第一學期時數	第二學年第一學期學分	第二學年第二學期時數	第二學年第二學期學分	第三學年第一學期時數	第三學年第一學期學分	第三學年第二學期時數	第三學年第二學期學分
文字學	2	2										
文學史大綱			2	2								

高中普通科自然科學組分組必修學程表

國學概要	世界地理	世界史	代學	物理	中國近百年史	西洋近百年史	高等代數	社會學	英文修詞學	合計
	2		4							8
	2		4							8
	2		4							8
	2		4							8
2		3		4			3			12
2		3		4			3			12
2		3		4			3			12
2		3		4			3			12
					2			2	2	6
					2			2	2	6
						2			2	4
						2			2	4

學年	第一學年				第二學年				第三學年			
學期	第一學期		第二學期		第一學期		第二學期		第一學期		第二學期	
學程　每週時數及學分	時數	學分	時數	學分	時數	學分	時數	學分	時數	學分	時數	學分
化學	6	6	6	6								
化學實驗	2	1	2	1								
物理					6	6	6	6				
物理實驗					2	1	2	1				
高等代數					5	5	3	3				
解析幾何							2	2	4	4		
世界地理					2	2	2	2				
世界史									3	3	3	3
合計	8	7	8	7	15	14	15	14	7	7	3	3

第十五條　高中部師範科各學年必修科學程時數及學分列表於下

師範科必修學程表

學年	第一學年				第二學年				第三學年			
學期	第一學期		第二學期		第一學期		第二學期		第一學期		第二學期	
學程　每週時數及學分	時數	學分	時數	學分	時數	學分	時數	學分	時數	學分	時數	學分
黨義	2	2	2	2	2	2	2	2	2	2	2	1
國文	5	5	5	5	5	5	5	5	4	4	4	2
國語									1	1	1	.5
立體幾何			3	3								
高級算術									2	2		
實用算術											3	1.5
本國文化史	2	2	2	2								
世界地理	2	2	2	2								

世界史	論理學	人生哲學	生物學	化學	物理	小學教師應用圖畫	小學教師應用手工	音樂	社會學概論及社會問題	教育概論	教育心理
			4			2	2	1		3	2
			3			1	1	.5		3	2
			4			2	2	1			2
			3			1	1	.5			2
2	2			4		2	2	1	2		
2	2			3		1	1	.5	2		
2				4		2	2	1	2		
2				3		1	1	.5	2		
		1			4			2			
		1			3			1			
		2			5			2			
		1			3			1			

合計	看護	家事	國技	休育與軍事訓練	小學實習	小學參觀	教育思潮	小學教材研究	小學教學法	小學行政
30		1	1	4						
22.5		1								
31	1	1	1	4						
23.5	1	1								
31			1	4					3	2
23.5									3	2
29			1	4					3	2
21.5									3	2
28				3		4	2	3		
21						2	2	3		
28				3			2	4		
27					12	2	1	2		

附註家事看護為女生特設必修學程

第十六條 高級中學普通科分文史地自然科學兩組師範科分文史地自然科學藝術三組

第十七條 高級中學普通師範兩科學生於第一學年始各隨志趣需要認定分組認定後除有特別情形經校中許可外不得改組

第十八條 文史地自然科學藝術三組各學年選修學程時數及學分列表於下

高中普通科師範科選修學程表(文史地組)

學年	第一學年				第二學年				第三學年			
學期	第一學期		第二學期		第一學期		第二學期		第一學期		第二學期	
學程 / 每週時數及學分	時數	學分	時數	學分	時數	學分	時數	學分	時數	學分	時數	學分
文字學	2	2										
文學史大綱			2	2								
國學概要 上下					2	2	2	2				
應用文									2	2		
美術文											3	3
師選英文(一) 上下	4	4	4	4								

同右(二)下上					4	4	4	4				
同右(三)下上									4	4	4	4
英文修詞學下上									2	2	2	2
應用英文下上					1	1	1	1				
英語語音學	2	2										
英文名著閱讀(一)			2	2								
同右(二)					2	2						
同右(三)							2	2				
中國近百年史									2	2		
東亞各國史											2	2
西洋近百年史											2	2
史學概要									2	2		

人文地理					2	2						
自然地理							2	2				
社會學									2	2		
論理學											2	2
經濟概論	2	2										
法制概論			2	2								
政治概論					2	2						

高中普通科師範科選修學程表（自然科學組）

學年 學期 學程 每週時數及學分	第一學年 第一學期 時數	第一學年 第一學期 學分	第一學年 第二學期 時數	第一學年 第二學期 學分	第二學年 第一學期 時數	第二學年 第一學期 學分	第二學年 第二學期 時數	第二學年 第二學期 學分	第三學年 第一學期 時數	第三學年 第一學期 學分	第三學年 第二學期 時數	第三學年 第二學期 學分
普通化學實驗 上下	2	1	2	1								

普通物理實驗上下					2	1	2	1				
植物學	3	3										
動物學			3	3								
生理衛生					3	3						
礦物學							2	2				
地質學									2	2		
天文及氣象學大意											2	2
師選高等代數上下					3	3	3	3				
有機化學大意					3	3						
工業化學							4	3				
高等幾何									3	3		
幾何補習	2	1										

高中師範科選修學程表(藝術組)

師選三角	3	3										
初等分析									3	3		
力學									5	4		
電磁學											5	4
微積分											3	3
弧三角											2	2
工業概論									1	1		
科學發達史											1	1
用器畫					2	1						
投影幾何							2	2				
平面測量									2	1		

學程 \ 學年 學期 每週時數及學分	第一學年第一學期 時數	第一學年第一學期 學分	第一學年第二學期 時數	第一學年第二學期 學分	第二學年第一學期 時數	第二學年第一學期 學分	第二學年第二學期 時數	第二學年第二學期 學分	第三學年第一學期 時數	第三學年第一學期 學分	第三學年第二學期 時數	第三學年第二學期 學分
圖案畫 上下	2	1	2	1								
國粹畫 上下					4	2	4	2				
單色西洋畫（一）	4	2										
同右（二）			4	2								
同右（三）					4	2						
彩色西洋畫（一）							4	2				
畫學常識 上下					1	1	1	1				
彩色西洋畫（二）									4	2		
同右（三）											4	2
美術史 上下									2	2	2	2

國樂（上 下）	西樂（上 下）	西樂及樂理(一)（上 下）	同右(二)（上 下）	粘土工蠟工石膏工	藤竹工	木工	金工	紙工	敎便物之製作
2	2			3					
1	1			1.5					
2	2				3				
1	1				1.5				
		4				3			
		3				1.5			
		4					3		
		3					1·5		
			4					2	
			3					1	
			4						2
			3						1

第十九條　師範科學生每人須在下列表中至少選習六學分

師範科選修教育學程表

學年	第一學年				第二學年				第三學年			
學期	第一學期		第二學期		第一學期		第二學期		第一學期		第二學期	
學程 / 每週時數及學分	時數	學分	時數	學分	時數	學分	時數	學分	時數	學分	時數	學分
兒童學與幼稚教育					3	3						
教育測驗統計							2	2	2	2		
鄉村教育									2	2		
衛生及醫藥常識									2	2	2	1
教育史					2	2						

第二十條　選修學程須在前學期將終時於指定時間內各隨需要選定之除有特別情形經校中許可外不得更改選修規程另訂之

第二十一條　選修科目不及十五人以上者得不開班

第二十二條　選修學程以一學期爲單位其註明上下者爲一學年之學程凡一學年之學程非習滿一學年不給學分

第二十三條　選修學程冠以普選或師選二字者係爲普通科或師範科特設之選修學程他科學生不得選修

第二十四條　初中學生須修滿一百八十學分畢業除必修學程共一百七十五學分外至少須讀選修學程五學分

第二十五條　高中學生修滿一百五十學分畢業

第二十六條　高中普通科文史地組除必修學程共一百三十六學分外至少須讀選修學程十四學分茲將各學年必修選修學分支配表列下

學年	一				二				三				共計	
學期	一		二		三		四		五		六			
必修學分	26		26		24		24		19		17		136	
選修學分	最小限度	最大限度	最小限度	最大限度	最小限度	最大限度	最小限度	最大限度	最小限度	最大限度	最小限度	最大限度	最小限度	最大限度
	0	4	0	4	1	6	1	6	5	11	7	13	14	44
總計	26	30	26	30	25	30	25	30	24	30	24	30	150	180

第二十七條　高中普通科自然科學組除必修學程一百三十八學分外至少須讀選修學程十二學分茲將各學年必修選修學分支配表列下

學年	一				二				三				共計	
學期	一		二		三		四		五		六			
必修學分	25		25		26		26		20		16		138	
選修學分	最小限度	最大限度	最小限度	最大限度	最小限度	最大限度	最小限度	最大限度	最小限度	最大限度	最小限度	最大限度	最小限度	最大限度
	0	5	0	5	0	4	0	4	4	10	8	14	12	42
總計	25	30	25	30	26	30	26	30	24	30	24	30	150	180

第二十八條　高中師範科除必修學程一百三十六學分外至少須讀選修學程十六學分茲將各學年必修選修學分支配表列下

學年	一				二				三				共計	
學期	一		二		三		四		五		六			
必修學分	22.5		23.5		23.5		21.5		21		27		139	
選修學分	最小限度 2.5	最大限度 7.5	最小限度 1.5	最大限度 6 5	最小限度 1.5	最大限度 6.5	最小限度 3.5	最大限度 8.5	最小限度 4	最大限度 9	最小限度	最大限度 3	最小限度 13	最大限度 41
總計	25	30	25	30	25	30	25	30	25	30	25	30	150	180

第二十九條　須課外預備之學程每週上課一小時滿一學期者作一學分凡無須課外預備之學程（如理科實驗圖畫手工習字唱歌等）每週上課　小時滿一學期者作半學分

第三十條　成績攷查以學業操行體育三項爲標準其考查標準另定之

第三十一條　高中學生選修學程至少須於本組中選習五分之三其餘五之二得於他組選修科中選修之

第三十二條　凡上學期學業成績列甲等者得於下學期本校規定最大限度外加習二學分至三學分

第三十三條　學生一學期總成績列甲等者下學期得免學費

第三十四條　普通科師範科之學程倘有程度相同學分相等者得合併上課

第四章　學期休業日

第三十五條　本校以每年八月一日爲學年之始翌年七月三十一日爲學年之終

第三十六條　一學年分兩學期本年八月一日至翌年一月三十一日爲一學期二月一日至七月三十一日爲第二學期

第三十七條　本校每年校曆悉依據教育部所頒學歷

五　第　章　入學　退學　休學　畢業

第三十八條　高中新生除招收初中畢業生外得招收具有相當程度而成績優異者但不得超過招收額數百分之十

第三十九條　初中新生除招收小學校畢業生外得招收具有相當程度而成績優異者但不得超過招收額數百分之十

第四十條　高中部容納本校初中部畢業生之免試學額以招收高中新生學額總數百分之五十爲限其免

試標準由本校校務會議組織審查委員會依學生成績及專任教師之公斷定之

第四十一條　未經立案學校之畢業證書不發生效力

第四十二條　師範生學額以容納本省學生為限外籍學生附讀者其應納各費高中師範科與高中普通科同

第四十三條　本校各級有缺額認為有招收插級生之必要時得經校務會議通過招收插級生以學科相符學力相等呈驗原校修業證書及成績表并經編級試驗及格者為限

第四十四條　最高年級不收插級生及轉學生

第四十五條　招收新生時試驗科目列左

(一)初中一年級入學試驗科目為三民主義淺測國語算術常識測驗口試及體格檢查

(二)高中一年級入學試驗科目為三民主義國文英文算學(算術代數平面幾何)史地自然口試及體格檢查

(三)插級生入學試驗科目依班次程度而定詳招插級生簡章

第四十六條　入學試驗報名手續如下

報名應繳最近四寸半身相片一張(不粘硬片背面寫明本人姓名籍貫年歲經歷通信處及投考年級)報名費一元同時呈驗畢業證書手續不完備者不得報名通函報名者須將相片報名費(用郵局匯票寄郵票不收)及畢業證書由郵局掛號寄本校招生委員會

第四十七條　試驗及格者於入學時親填入學願書並由保證人具繳保證書存校

第四十八條　學生請求轉學須於學期之末由家長或保護人具請求書經校長認可後為具轉學證書填明該生歷年在校操行學業體育成績表並附該生最近四寸照片逕函該生所志願轉入之學校

第四十九條 受退學懲戒之學生不得請求轉學

第五十條 學生非因左列情形不得請求退學

(一)家庭忽生變故不能繼續學業者

(二)身體患病一時難望痊愈者

(三)因其他原故改就別項職業者

第五十一條 學生請求退學須由家長或保護人具請求書經校長之許可

第五十二條 學生有下列各欵情形之一者由校長令其退學

(一)發生重大不正當行爲者

(二)身體羸弱難望成就者

(三)性行不良屢戒不悛者

(四)不遵校章繳納各項費用者

(五)學業過劣難望造就者

(六)無故曠課時間合計至十五小時以上者

(七)發生其他事故認爲不適於修學者

(八)合於成績考査規程第十條情形者

(九)開學後一星期無故不到者

第五十三條 退學學生除學宿體育僕費不退還外其餘各費得扣算發還

第五十四條 師範科學生自行退學者除沒收其保證金外並追繳應納之學膳宿費

第五十五條　學生因疾病或其他正當事故得請求休學惟須由家長或保護人具請求書說明理由經校長之許可

第五十六條　學生因病或確有正當事故雖經請假而假期合計超過每學期授課時間三分之一校長得令其休學

第五十七條　學生休學以一次爲限其期限規定爲一學年期滿後不入校者以退學論

第五十八條　新生不得請求休學

第五十九條　學生休學期滿到校續學由本校檢查體格及格後編入相當班次肄業如無相當班次時得由本校轉送他校肄業

第六十條　高初中學生規定學分數修完由校給予畢業證書高中普通科師範科畢業生本校每年得各擇成績最優者一名保送入中央大學肄業但師範科畢業生受保送者須先服務一年

第六章　納費

第六十一條　學生每學期應繳各費如下

部別科別 費別	高中部 普通科	高中部 師範科	初中部	備註
學費	十元		十元	
宿費	四元		三元	

膳費	第一學期二十六元 第二學期二十四元		第一學期二十六元 第二學期二十四元	餘還欠補 午膳減半
保證金		十元		入學時繳納 畢業時發還
損失賠償費	五元		五元	同右
體育費	一元	一元	一元	
講義費	二元	二元	一元	餘還欠補
僕費	半元	半元	半元	
附註	新生入學時須繳制服費十六元餘還缺補 初一初二繳黨童軍活動費一元			

第六十二條　學生入校須繳清各費方能入舍住宿出席上課

第七章　附則

第六十三條　本學則由校務會議通過施行

第六十四條　本學則未盡事宜由校務會議修正之

第六十五條　本校各項規程細則另訂之

成績攷查規程

(甲)總成績攷查規程

(一)成績考查以學業操行體育三項爲標準
(二)成績等第分甲乙丙丁四種以丙等爲及格等第
(三)學業操行體育三項等第之規定其詳細規程另訂之
(四)凡學業操行體育三項等第相同均在丙等或丙等以上者即以該等第爲學期總成績等第
(五)凡學業操行體育三項等第在丙等或丙等以上有兩項相同者即以相同之等第爲學期總成績等第
(註)如三項等第爲甲乙丙者提出交校長會同評定之
(六)凡學業操行體育三項等第在丙等以上而互異者學期總成績應列入乙等
(七)學業成績爲丁等操行體育在丙等或丙等以上者學期總成績應列入丙等並留級
(註)凡應留級之學生如因班次不能銜接時得暫在原班試讀一學期
(八)操行體育有一項列入丁等者學期總成績應列入丁等
(九)學業成績繼續兩學期爲丁等者學期總成績應列入丁等
(十)學期總成績爲丁等者應令退學

(乙)學業考查規程

(一)學業考查記分法暫以百分法爲標準以六十分爲及格分數
(二)凡三學分以下之學程每學期舉行臨時試驗兩次三學分以上之學程每學期舉行臨時試驗三次
(註)國文圖畫手工等注重平時練習不舉行試驗
(三)計算各學程平均分數時平日績分臨時考試分數與學期考試分數各占三分之一
(四)凡無平日績分之學程計算平均分數時臨時考試分數與學期考試分數各占十分之五

（五）學期攷試因本人疾病或父母大故缺考者得舉行補考

（六）各學程以最後之平均分數滿六十分者爲及格給與學分

（七）各學程最後之平均分數在六十分以下五十分以上者得舉行補攷一次補攷及格給與學分補考仍不及格者必脩學程須令重習

（八）補攷手續須於次學期開學後兩星期內辦理過期不補其成績以百分之九十計算

（九）一學期內缺課時數占受課時數三分之一或三分之一以上者不得與學期攷試

（十）學期學業成績分數以下法計算之

1.以各學程學分數乘各學程平均分數得各學程平均分數總積

2.各學程平均分數總積相加以本學期脩習學分總數除之得本學期學業成績分數

（十一）計算學業成績分數時凡不及格學程之成績均一律加入

（十二）學業成績等第以學業成績分數之高下爲標準依下法計算之

1.學業成績分數在八十分或八十分以上者爲甲等但有三分之一以上之學分成績在八十分以下者則爲乙等

2.學業成績分數在七十分或七十分以上八十分以下者爲乙等但有三分之一以上之學分成績在七十分以下者則爲丙等

3.學業成績分數在六十分或六十分以上七十分以下者爲丙等但有列情形之一者則爲丁等

（甲）有四種或四種以上之學科成績在六十分以下者

（乙）不足六十分之學分數占本學期脩習學分總數三分之一或三分之一以上者

4.學業成績分數在六十分以下者爲丁等

考試規約

甲、不得違下列各項之一違者分別懲處

1.須按照指定席次就座

2.除考試應用文具外概不准攜帶他物

3.考試題旨既經教師解釋後不得任意發問

4.繳卷前不得出教室繳卷後不得入教室

乙、不得犯下列各項之一犯者該科考試無分

1.互相談話者

2.傳遞者

3.看夾帶者

4.看書者

5.閱他人考卷者

訓育標準

以積極的訓練爲主消極的管理爲輔本革命之精神師生合作之原則以期造就學生爲三民主義化的公民

訓育具體方針

(1)養成認識主義信仰主義實現主義的人才
(2)養成適應生活改進生活的技能
(3)養成忠孝仁愛信義和平的國民道德
(4)養成觀念正確思致周密是非明辨作事敏捷的頭腦

訓育實施方法

1.積極　a.談話分個人學級全體三種以期融貫師生的情感並灌輸以處世立身之道
b.選舉各項服務生及各項委員治理其生活上一切事宜以期發揮其自治的能力
c.設立集思箱以期收集思廣益之效

2.消極　一、規定各項規程以期學生養成共同生活必備的習慣
二、規定懲獎辦法以期養成學生有遷善的決心

學生獎懲標準

甲、獎勵

A標準——合於左列標準之一者當分別獎勵
(1)能實踐生活及程序者
(2)一學期中出席全勤者
(3)學業成績均優良者
(4)課外作業有特殊成績者

(5)服務熱心者

B方法——分別實際情形由訓育會議決定之

(1)獎詞

(2)獎狀

(3)獎金

(4)留影

乙、懲戒

A標準——合於左列標準之一者當分別懲戒

(1)不能實踐生活指導及程序者

(2)一學期中缺席滿三分之一者(但遇特別情形得除外)

(3)學業成績不良者

(4)服務不熱心者

(5)違犯下列特殊事情之一者

a.熄燈後燃燭者

b.寄宿生不請假在外住宿者

c.有不正當嗜好者

d.有危險舉動及不正當行爲者

e.一學期中無故缺席五次以上者

B方法——分別實際情形由訓育會議決定之

(1)口頭勸戒(每三次作書面警告一次論)

(2)書面警告(每次作記過一次論)

(3)記過(一學期中記過三次得令退學每次記過同時通知家庭)

(4)受記過懲戒後應降低操行等第

a.凡一學期內記過一次操行應降低一等

b.凡一學期內記過二次予以最低之操行等地

(5)凡犯規自首者得減輕其懲戒

青年修養的指導

(一)積極方面

A青年應明瞭：

1.三民主義的眞義

2.公民的責任與義務

3.共同生活的要點

4.社會的現狀及國際的情勢

B青年應具有：

1.豐富的興趣

2.活潑的態度

3.奮鬥合作的精神

4.健全的身心與正確的人生觀

C青年應努力：

1.勤勞習慣的養成

2.道德知識的實踐

3.團體活動的參加

4.生活技能的培養

(二)消極方面

A青年應打消：

1.祇知有己不知有人的私見

2.祇讀死書不知應用的通病

3.祇慕虛榮不求實際的錯念

4.祇責他人不察己過的惡性

B青年應矯正：

1.孤僻厭羣的思想

2.放縱浪漫的行為

3.固執詭辯的惡習

4.重情輕理的偏見

C 青年應力避：

1.躐等求進的心理

2.奢侈逸樂的習慣

3.夤緣徼逐的穢行

4 不近事實的愁慮

高中學生信約

我立志為揚州中學之良好學生謹守下列各項信條

（一）信仰三民主義

（二）實行軍事訓練

（三）發展自治能力

（四）振起互助精神

（五）培植科學頭腦

（六）養成勞動習慣

（七）遵守公共秩序

（八）履行法定義務

（九）鍛鍊健全體魄

（十）注重公共衛生
（十一）愛護所在團體
（十二）努力人格救國

初中學生信約

揚中初中學生是信從三民主義的，
揚中初中學生是遵守團體紀律的，
揚中初中學生是富有研究態度的，
揚中初中學生是崇尚忠實美德的，
揚中初中學生是勤勞耐苦的，
揚中初中學生是敬愛互助的，
揚中初中學生是活潑快樂的，
揚中初中學生是愛護學校的。

獎學規程

一、本校爲獎勵成績優良學生起見特設免費獎學學額
二、合於下列二項之一者普通科及初中學生得免除來學期之學費師範科學生因已受優待改給獎狀
1. 學業操行體育三項成績全列甲等者

2.各學科成績均列甲等而操行體育成績列乙等或乙等以上者

三、受獎學生於受獎後仍能努力合於上列二項之一者得繼續受獎

四、本規程經校務會議通過後公布施行

發給獎狀規程

一、本校爲鼓勵優良學生起見特給獎狀

二、凡在一學期內操行列入甲等而合於下列各項之一者得由校給予獎狀

1.從未無故缺席及請課假者

2.體育成績列甲等而健身操及體育課程從未無故缺席及請假者

3.體育成績列甲等各項成績有超過標準運動者

4.服務勤勞著有成績者

5.注意整潔足資模範者

6.其他優異行爲足爲表率者

三、受獎學生經訓育會議審定後由校長發給獎狀

四、本規程經校務會議通過後公布施行

獎進學生課外研究成績簡則

一、目　的　促進學生課外研究之努力考核研究成績之進度

二、標　準　獎進標準分左列兩項

1.作品優異者

2.技術優異者

三、範　圍　以指導委員會所確定之各項研究會爲限

四、考核程序　考核程序分左列兩步

1.由各會指導員之審查與評判

2.由學生課外活動指導委員會之核定

五、獎進方法　獎進方法分左列兩種

1.作品成績優異經過核定者

甲、由教務處酌給與選脩學程同等之學分細則另訂之

乙、編入叢刊酌贈若干册

丙、在校刊發表酌贈若干份

2.技術成績優異經過核定者

甲、贈紀念獎章並攝影存校留念

乙、贈紀念獎章

丙、攝影存校留念

六、執行手續　由學生課外活動指導委員會辦理之

七、附　則　本簡則如有未盡事宜得於校務會議時提議脩正之

獎進學生文科研究成績簡則

一、目　的　促進學生文科研究之努力攷核研究成績之進度

二、標　準　獎進標準分左列兩項

1.著述優異確有心得者

2.圖表精當富有創造性者

三、範　圍　以各人在學期內所脩關於文科各項學程爲範圍

四、考核程序　攷核程序分左列兩步

1.由各學程敎師之審查與評判

2.由文科研究室指導委員會之核定

五、獎進方法　獎進方法分左列七種

1.由教務處酌給與選修學程同等之學分細則另訂之

2.由敎師酌加平時積分

3.贈紀念獎章並攝影存校留念

4.贈紀念獎章

5.攝影存校留念

6.編入叢刊酌贈若干冊

7.在校刊發表酌贈若干份

六、執行手續　由文科研究室指導委員會辦理之
七、附　　則　本簡則經校務會議通過後施行如有未盡事宜由文科研究室指導委員會提議修正之

學生集會規約

一、學生於課業以外在校一切集會均應遵照本規約辦理之
二、凡屬集會應先一日由該會負責人向訓育處陳述開會宗旨並依法填寫集會報告單呈候訓育處核准
三、集會地點應請訓育處指定之
四、集會時應依照民權初步之程序
五、上課時間不得自由集會
六、報告單須有二人以上之署名方生效力
七、凡不合手續及違反學校規則之集會訓育處得取締之並懲戒其負責人

附懲戒辦法

甲、友誼的集會未報告者予以口頭勸戒
乙、含有政治性質及與學校行政有關者予以書面警告
丙、違反黨義及校規者予以記過之懲戒

學生請願規約

一、學生有某項意見對於學校當局有所陳述或請求時應先向訓育處領取請願書按式填明由訓育處轉商

受請求人聽候裁可

二、經裁可後當由受請求人邀自與請求人定期會談或按期出席

三、請願人同一事由以本人或代表四人爲限如係各級合組則每級以代表一人爲限

四、如有不合理之請求或未依請願手續辦理者受請求人得拒卻之

學生揭貼規約

一、學生有某項意見（或印刷品）欲揭貼於學生告白欄者應先向訓育處領取揭貼紙俟繕寫後再請審核

二、該項揭貼經訓育處認可後即加章發還由該揭貼人自行張貼於規定地點

三、凡違反學校規則之揭貼訓育處得取締之

四、非指定處所不得隨意揭貼違者加以勸戒

五、未經呈驗逕自揭貼一經查明當加警告

初中學生勞動訓練實施辦法

一、目的

1. 養成勤勞習慣耐苦精神打破養尊處優奴隸他人的惡習
2. 培植合作精神服務興趣剷除孤僻乖戾遇事退縮的惡性
3. 提倡公共衛生鍛鍊健全的體魄
4. 改進生活環境發展創造的本能

二、辦法

1.校內平治道路芟刈雜草開闢校園以及會場布置等勞役均由師生校工協同工作

2.平日生活如取物購物濯物晒物等均自爲之不得濫使校工

3.校內清潔由師生校工共同負責除每學期舉行大掃除一次外每日灑掃依照規定時間區域順序分別工作

甲、灑掃時間　詳作息時間表

乙、灑掃區域

A教　室　各級選學生四人輪値

B自修室　每室二人輪値

C教務處　訓育處　職員二人輪値

D其他各室及通道　校工分別担任

丙、灑掃順序

A灑掃者至灑掃工具室按號攜取洒掃用具

B洒水

C掃地

D掃拭桌椅窗戶等

E整理洒掃用具並送還原處按置

（如有損失由該日洒掃者賠償）

三、考查

1.教室自修室由訓育處規定標準逐日攷查評定等第分別發表

2.凡一學期內連續列甲等滿四星期者獎「整潔」布旗一方

3.凡一學期內連續列甲等滿八星期者獎「整潔」綢旂一方

4.凡一學期內皆列甲等者該室全體各獎徽章一枚

5.臨時勞役參酌情形分別獎懲（辦法另定）

高中學生生活規約

1.紀念週

一、聞鈴即入禮堂依編定號位就席

二、開會時應肅靜行禮時態度須莊嚴

三、讀總理遺囑及靜默時須表示至敬至誠

四、未到散會時不得退席

五、不得閱覽各種書籍

六、有違上列情事之一者加以口頭勸戒

七、無故不到者與無故缺課二次同惟無故缺席至二次者加以警告三次記過四次則開除學籍

2.健身操

一、依點名表號次排列
二、不得遲到或先退
三、須保持秩序不得喧嘩及談笑
四、上操時不得食物
五、動作須確實而有精神
六、有違上列情事之一者加以勸戒屢勸而不改者記
七、凡練習國技或他種運動經體育處或訓育處認爲確實者得免健身操
八、無故不到者與無故缺課等

3. 教室

一、上課退課悉準號鐘遲到或早退者須向教師行禮陳述理由滿五分鐘者作缺席論
二、坐位依編定次序
三、教師授課時須靜聽不無故談笑不私閱他書
四、注意教室清潔不得隨地吐痰亂拋紙屑
五、違反本規程者予以口頭勸戒

4. 自修室寢室

第一項

一、室內須保持整潔優美
二、室內用具如床鋪桌椅等物須照規定之方法布置不得任意移動

三、各生所帶之衣箱網籃等件須放置床下其不能放置者須存儲藏室
四、牆壁上不可污損或黏貼任何紙張如須張掛字畫可用圖釘
五、窗門上玻璃不得用紙或布遮蔽以求外觀整齊一律
六、居住樓上者須舉步輕緩以免侵擾樓下人之安寧
七、室內不能存放不正當書籍

第二項

一、自修時須肅靜不得喧嘩歌唱及玩弄樂器
二、自修時須勤勉溫習不得偃臥榻上其有因事或病不能自修者須向訓育處請假
三、自修時間內因事暫離室內者須填寫校製之自修臨時缺席考查錄

第三項

一、外人概不得留宿
二、凡寄宿生不得無故在外寄宿
三、學生須一律在規定之起身時起身其在起身時間前起身者應留意妨礙他人安眠
四、熄燈後不得談笑及燃燭
五、起身後須將被褥摺疊整齊衣服被褥污垢時須即交校工浣洗

第四項

一、犯以上規程之一者（惟犯第二項第二條第三條與無故缺課同並加以勸告犯第三項第一及第二條記過）加以口頭勸告屢勸不變犯同樣事實三次者記過

二、每日由訓育處攷查各室清潔狀況每週將各室清潔成績公布之

5. 膳廳

一、膳廳坐位須各依編定次序不得攙亂越坐
二、就餐時須以鈴聲爲準不得先入膳廳
三、每席坐齊然後舉箸
四、就餐時務求肅靜不得拍案擊箸致擾秩序
五、不得故意損壞膳廳用具
六、不得任意換菜或添菜
七、三餐均依規定時間非有特別原因經訓育處許可者不得提早及後開
八、廚役有不是處須報告訓育處不得肆意辱罵
九、膳廳概不留客
十、凡違背本規程者（犯第五項者記過在第四或第八項予以書面警告）予以口頭勸戒

6. 盥洗室

一、各依指定處所安置面盂盥具
二、盥洗用具須隨時整理洗滌
三、盥洗室內不得任意吐痰
四、盥洗水不得任意傾棄
五、盥洗畢手巾宜各展開懸掛架上

六、不得任意取用他人之器皿
七、不得在盥洗室內洗滌衣襪
八、凡違背本規程者予以口頭勸戒

7. 廁所

一、不得隨處溲溺
二、不得在小便池內大便
三、廁所清潔須特別保持
四、廁所牆壁不得任意塗寫
五、凡違背本規程者予以口頭勸戒

8. 調養室

一、未得校醫證明書不得移住調養室
二、學生在調養室時其寢與時刻悉聽校醫及訓育處之指導
三、病人須攝心靜養不得攜帶書籍入室
四、室內不得燃燭及安置炊具
五、爲病人之安全計飲食物品除稀飯小菜外不許帶入調養室
六、在調養室內須保持清潔不得隨意吐痰
七、能照常上課時卽須遷出
八、病勢較重者應斟酌情形遷入相當醫院或還家自醫

九、凡違背本規程者（犯第五項者記過）予以口頭勸戒

9.娛樂室

一、上課及自修時不得入娛樂室

二、娛樂品須向訓育處簽名領取用後由領取人歸還並負保全之責

三、娛樂室內不得吵鬧

四、須保持公共秩序及整潔

五、開放時間以每日下午四時至六時爲原則但棋類或台球無課時亦可玩弄（星期及放假日）領取玩具時間（上午十時至十二時下午一時至三時）

10浴室

一、開放日期由學校公布

二、開放日之沐浴時間訂於每日下午二時至七時十五分

三、不在開放時間內不得入浴

四、沐浴者須依入室先後爲序如盆位已滿則俟有空位再洗

五、洗畢須自將污水傾於水溝之內

六、浴室須保持清潔不得將污水任意傾棄或濯洗污穢之物

七、外人概不許入浴

八、入浴前及出浴後均須衣服整齊

高中學生出校規約

一、自校中正式上課日始學生如有要事須親向訓育處請假始得出校出校時須領取假單及名牌交存號房返校時仍繳還訓育處銷假

二、星期六課後至入舍前及星期日晨至晚膳前學生得隨意出校不必請假

三、放假日亦得隨意出校但遇舉行紀念典禮等會集時須待會畢始能出校

四、通學生出入校門須領名牌請假手續與住宿生同

五、凡違背本規程第一第四各項者予以口頭勸戒違背第三項者與無故缺席同

高中學生請假規約

一、請課假必須向訓育主任或訓育員申述理由得其許可始能領取假單

二、凡補假者概不予以追認

三、凡家不在本城者概不得請宿假

四、課後請假亦應向訓育處登記領取假單

五、長假須由家庭負責人予以證明

六、星期六自課後至入舍前星期日自晨至晚膳前均得自由出入放假前一日與星期六同放假日與星期日同

七、課假每月不得過四次（疾病大故不在此例）課後假每週不得過二次

八、自修時間以內請假與課假同紀念週及由學校召集之各種集會同此

九、凡家住本城者除星期六外非得家庭負責人證明不得請宿假

初中學生生活規約

甲、紀念週

一、聞鈴即入禮堂依編定號位就坐

二、入坐後應肅靜行禮時應莊嚴

三、讀總理遺囑及靜默時應表示至敬至誠

四、聽講時應注意下列各點

1.不得閱覽各種書籍

2.不得談笑

3.不得無故離席

4.不得有厭倦表示

五、違上列情事之一者予以勸戒或記過

六、無故缺席一次者勸戒並與無故缺課二次同二次警告三次記過四次除名

乙、健身操

一、聞鈴即踴躍出場依固定牌號排列

二、教師發令時須一致動作

三、動作須正確而有精神

四、唱早歌聲調須齊一

五、違上列情事之一者予以勸戒屢勸不改者記過
六、無故不到者與無故缺課等

丙、教室

一、上課退課悉准課鐘因故遲到或早退者須向教師陳述理由
二、教師上課時學生應起立行禮
三、坐位依編定席次
四、教師授課時須靜聽不談笑不閱他書
五、注意整潔

1. 不隨地吐痰
2. 不亂抛紙屑
3. 不塗寫黑板
4. 不移動教具

六、凡通學生有自修室者退課後不得逗留教室
七、違上列情事之一者予以警告或記過

丁、自修室

一、自修室須依照編定席次就坐
二、自修時應肅靜不喧嘩
三、自修時因事或病不能出席者須向訓育處請假不請假而缺席與無故缺課同

四、注意整潔

1. 不隨地吐痰

2. 不亂抛紙屑及果殼

3. 不移動桌凳

五、不看不正當書籍

六、室內不得置放樂器及其他雜物

七、不得玩弄室內電燈致生意外危險偶過電燈熄滅時不作無味之喧鬧

八、來賓不得延入室內

九、下自修後不得逗留室內私自燃燭致生危險（違者記過）

十、違上列情事之一者予以勸戒警告或記過

（附註）通學生在教室自修者亦適用之

戊、寢室

一、床榻依編定次序

二、箱籠網籃安放整齊

三、起身不得逾規定時間其起早者不得妨礙他人安眠

四、起身後即整理被褥

五、不得隨地吐痰亂抛雜物

六、晚間須依時就寢

七、查號時必在本室
八、熄燈後不談笑不燃燭（燃燭者記過）
九、外人概不留宿（違者記過）
十、患病學生經校醫證明後得向訓育處領取許可證移入調養室
十一、違上列情事之一者予以勸戒警告或記過

己、膳堂

一、聞鈴入室不得先到
二、坐位依編定席次
三、每席坐齊然後舉箸
四、就餐時不談笑不作擾亂秩序之行動
五、不得故意損壞膳食用具（違者記過或除名）
六、餐後不得另開
七、除有疾病居調養外必須在膳堂就餐
八、違上列情事之一者予以勸戒記過或除名

庚、盥洗室

一、各依指定處所安置面盆盥具
二、盥洗用具須隨時整理洗滌
三、盥洗室內不得任意吐痰

四、盥洗水不得任意傾棄
五、盥洗畢手巾宜各展開懸掛架上
六、不得任意取用他人之器具
七、違上列情事之一者予以勸戒

辛、調養室

一、學生有疾病時經校醫證明後向訓育處領取許可證方得移住調養室
二、學生在調養室時其寢興時刻悉聽校醫及訓育處之指導
三、室內不得燃燭及安置炊具
四、室內須保持清潔
五、病愈即遷出
六、病勢較重者應斟酌情形遷入相當醫院或還家自醫
七、違上列情事之一者予以勸戒或警告

壬、娛樂室

一、入室須依規定時間
二、娛樂器具用後須放置原處不得攜出室外
三、損壞娛樂器具須負賠償之責
四、須保持室內秩序及整潔
五、違上列情事之一者予以勸戒或警告

癸、接待室

一、上課及自修時間內非有特別重事故不接待來賓

二、室內不吸烟不隨意食物不喧嘩

三、來賓欲參觀本校者須先報告教務處

子、浴室

一、沐浴時間訂於每日下午三時至七時（星期日不開放）非在開放時間內不得入浴

二、茲因盆少人多不敷分配特按照自修室順序規定輪流沐浴表於左

星期一　四	第一　二　三　四自修室
星期二　五	第五　六　七　八自修室
星期三　六	第九　十　十一自修室

三、各生入浴前須至訓育處領取澡籌憑籌取水

四、各生入浴概以先後爲序如盆位已滿須俟有空位時再洗

五、洗畢須自將污水傾於水溝之內

六、浴室須保持清潔不得任意傾棄污水及濯洗污穢之物

七、外人概不得招待入浴

八、入浴室前及出浴室後均須衣服整齊

初中學生請假規約

一、凡請假超過全學期授課時間三分之一以上者不給學分

二、如確有重大事故須長期請假時應由家長具函蓋章申明理由經訓育處許可始得有效（但新生不在此例）

三、長期請假至多不得過一年

四、在校學生因病須長期請假時由訓育處酌奪辦理

五、如離校返家未遵第二第四兩項辦法者即照每日上課時數計算作無故缺席論

六、在校學生如因事故請課假者須親向訓育處告假如因疾病而請課假得請本寢室或自修室服務生代為告假

七、通學生如因事故或疾病而請假須由家長塡繳校製之通學生請假書始得有效

八、課假每月不得過四次（疾病大故不在此例）

九、凡未遵第六第七兩項者作無故缺席論

十、每晚自修作上課兩小時計算請假及無故缺席與課假辦法同

十一、由學校召集之集會作上課一小時計算請假及無故缺席與課假辦法同

十二、凡一學期內無故缺席滿五次以上者警告十次以上者記過十五次者退學

十三、每日健身操作上課一小時計算請假及無故缺席與課假辦法同

十四、寄宿生如確有重大事故須請宿假應由家長或親戚具函蓋章本人親向訓育處請假許可方得有效（

家住本城者星期六課後得親向訓育處請假）

十五、如未遵第十四項辦法者記過

十六、寄宿生因事請假出校除向訓育處領取假證外並須攜取名牌連同請假證繳詢問處返校時將名牌攜置原位並到訓育處銷假

十七、寄宿生不請假而出校者予以警告再犯者記過

十八、通學生每晨到校須於詢問處攜取名牌放置訓育處學生名板內規定處所出校時應攜取名牌仍置詢問處

十九、通學生未到規定散學時間私自出校者與寄宿生不請假而出校者同

二十、星期六下午課後至九時星期日晨至晚膳前均得自由出入例假前一日與星期六同例假日與星期日同但遇舉行紀念典禮或集會時須待會畢始能出校

儲藏室規約

1. 凡笨重而非時時應用之物或訓育處認為不宜安放於宿舍者得儲藏本室

2. 本室每星期開放三次每次開放一小時星期二四定於下午四時至五時開放星期六定於下午一時至二時開放

3. 儲藏物件由訓育處求條註明某人儲藏某種物件

4. 不在開放時間不得要求開門取物或存物

5. 儲藏之物必須親自加鎖或加封內裝何物概不負責

6.本室暫設在口字樓校門室間壁教室内

7.本規約自公布之日施行

入學須知

一、學生應於開學前註册期内來校辦理入學手續無故不到逾一週者除名

二、平時學生必須各着制服有制服者須先向訓育處繳驗然後憑訓育處准許入學單繳費入學有制服者得免繳制服費一部或全部

三、書籍課品本校暫不代辦惟各生來校時須備資自購

四、寄宿生須注意下列各項

㈠勿帶貴重衣物勿多帶銀錢以免遺失

㈡勿帶易致危險及養成惡習之物品如燈燭水烟袋等一經查出立即毀除並受訓育處相當處分

㈢所帶箱篋至多不得過兩件勿過高大入舍後必須放在本人牀下（牀下空間長裁尺三尺四寸寬二尺三寸高一尺二寸半）

註册手續

一、寄宿生未註册前行李不得入舍（須先行安放於指定場所由校役代爲保管然後註册）

二、向訓育處繳驗制服無制服者應繳制服費由校代製

三、憑訓育處准許入學單向會計處繳費

四、寄宿生憑繳費收據至訓育處領取入舍證再憑入舍證率領校役搬運行李入舍（其行李存放校內者亦須憑入舍證領取入舍）然後憑收據向教務處領取上課證

退學通知書

○○部○○科○年級○組學生○○○茲因……事由家長/保證人來函聲請退學業經校長核准惟該生有無應行歸還之公物及賠償損失務希各部查核以便發還該生應退之費為荷

校長辦公室啓 年 月 日

各部科	簽名或蓋章	備注
教務處		
訓育處		
事務處		
圖書館		
體育部		
講義股		
理化博物儀器室		
會計處		

附註

1. 本通知書由校長辦公室塡就交由該生順次向上列各職員接洽
2. 各職員須將該生借用公物收回後方可簽名或蓋章
3. 各職員須將該生應行賠償損失之物品名稱及費用附單送交會計處
4. 會計處結算該生應行退還諸費發給後詳註數目於會計處備註欄
5. 本通知書最後由會計處簽名或蓋章後送交校長辦公處核閱歸秘書處保存

師範生參觀規程

（十八年四月）

（一）參觀團共分○組每組選舉正副組長各一人會計一人庶務二人

（二）各人須認定一組（向各級務生處簽名）認定後不得變更並向本校會計處繳納公共旅費掣取收條由本校統計人數向鐵路管理局購買車票

（三）參觀團員不得中途脫離團體先行返校

（四）每組由本校請指導員一人率領出發

（五）每日出發前及歸寓後由組長點名一次報告指導員以便稽考

（六）每組日程已經規定除因特殊事故得指導員之同意外不得變更日程內之細目

（七）出發時行李衣物愈簡單愈好行李兩人合帶一件手提箱以四人合帶一件爲標準

（八）行李之卸運由庶務指揮全體組員須同負照料之責

（九）費用之支出由會計商同指導員支付賬目由會計記載公共款項得寄存指導員處以免遺失

（十）除公共必須之費用由公共旅費中支付外個人之車費茶資點心費等槪歸自給

(十一)參觀團員須一律着制服對於服裝言語動作須特別謹慎愛惜團體聲譽對於所借住學校及旅舍之公物尤須加意愛護

(十二)參觀團員須服從指導員之意旨

(十三)參觀後須呈驗參觀筆記筆記須逐日記載(筆記以一個學校或一個機關爲單位)以便評訂參觀學分無筆記者不給學分

(十四)參觀學校及擴充教育機關應注意左列事項

(甲)經濟狀況　公費學費收入及支出數

(乙)物質狀況　校址校室校具圖書儀器等

(丙)組織　行政組織及學級編制

(丁)訓育　通常訓練及黨化訓練之方法

(戊)教學　教材及方法

(巳)課外設施　公安局儲蓄銀行販賣部等等

(庚)其他

(十五)參觀時應遵守之規律

(甲)參觀的態度應虛心領受不宜妄事批評

(乙)初抵學校參觀時須先將該校「參觀須知」及招待室內所懸圖表仔細視閱一遍其不明瞭時再行發問

(丙)如向學校當事人發問全體須靜聽勿同時發言問過者不宜再問

(丁)所參觀之學校無論認爲滿意或不滿意不宜即有所表示須始終保持謙虛誠摯的態度

(戊)參觀至一定場所後不宜自由隨便亂跑

(己)參觀時須注意經由「參觀者出入戶」出入均宜輕足緩步以免妨礙課業

師範科教生實習行政委員會簡則

第一條　本會由中學師範科主任教育教員暨實驗小學校長教務主任訓育主任各階段主任及其他被實習之小學校長組織而成

第二條　本會開會由師範科主任召集並爲主席

第三條　本會職權如左

1.議決教生實習辦法

2.執行教生實習行政指導事宜

第四條　本會在教生實習以前一月成立至實習終了時閉會

第五條　本簡則有未盡善處由師範科主任商承中學校長修改之

實習規程

一、教生實小見習規定自○月○日至○日全實習規定○週(○月○日起至○月○日止)

二、教生平均分配爲○組每○組爲一團每團設服務生一人輪流至實小各階段及其他小學實習

三、教生實習應包括教學實習校務參與級務處理三方面

四、實習科目由各級級任教師參照實習各組表支配之
五、實習分量由小學教務課案照下列原則分配由小學校長核定之
1.就規定實習時間內竭力使分量增加
2.各人實習分量力求平均
六、各組敎生在規定期內應受各級級任之指導實習級務其時間由級任教師支配由小學校長核定施行
七、各組學生在規定期內應受各部各課担任先生之指導實習校務由小學各部主任支配經小學校長核定施行
八、敎生實習期內應受小學校長之指導
九、敎生實習時本組敎生均須列席參觀
十、敎生實習後應請担任先生隨時集合同組敎生開會批評
十一、敎生實習成績包括下列各項總計不及格者不得畢業計算方法另定之
1.實習計畫大綱敎學實施與課後處理
2.級務處理及校務參與
十二、敎生實習分數由小學校長及各担任敎員評定後彙交師範科主任
十三、關於實習指導細則由小學校長訂定施行

指導敎生實習細則

一、敎生在小學實習時由小學全體敎職員分任指導

一、在總參觀期間由實小校長及各部主任召集全體教生將實小概況報告並詳加指導談話之要項約舉如左
1. 實小之教育方針
2. 實小之組織大綱
3. 實小章程之內容
4. 職教員務服通則及細則
5. 各種會議及集會規程
6. 教務概況
7. 訓育概況
8. 學校市之概況
9. 各階段之概況
10 其他有關全校之事項
一、教生在每級實習之始級任教師應依據下列三標準及分組表上之標記將實習支配表調製分發各該組教生標準規定如左
1. 就規定實習時間充分支配
2. 單元能不破碎便不破碎
3. 各人實習分量力求平均
一、教生在每級實習之始須開一部分談話會由級任報告該級之情形並詳加指導談話之要項約舉如左

1.本級兒童之個性
2.本級兒童各種活動情形
3.上課與課後管訓之方法
4.級任及值週校師之任務
5.處理公共集會之手續
6.本級上各種表簿之使用及記載法
7.本學級之種種經過
8.討論關於教育上之零碎問題

一、在教生實習級務一日以前應塡下列表格交教生

試教先生	週次	月日起迄	事項	備註

一、各科担任教師應於教生實習前將該科教學情形詳細指導其應行注意指導事件約舉如左

1.教學過程及實驗方法
2.教學計劃案例
3.教材內容及教便物
4.成績考査法及整理

5.本科優中劣兒之姓名

6.本科分團之狀況

7.本科之學程綱要及教科用書

8.本學科之種種經過

一、各科担任教師在教生實施教學以前應填下列表格將材提示教生

試教先生	週次	星期	級次	科目	題目	備註

一、教生授課之際担任教師應在教室後方參觀並將該教生教學之實施概況記錄於教生實習評案中

一、教生每課每單元授畢各担任教師應隨時批評

一、每段實習完畢在未調換以前應開教生實習初等教育研究會(其規程另定之)

一、担任各項職務之教員教生參與時應將經過情形詳細指導其應行注意指導事件約舉如左

1.服務細則

2.表簿使用法

3.服務心得

4.本職務之種種經過

一、每段教生實習完畢担任教師應將教生實習計畫大綱及實習評案分別交各級級任由級任統計結果彙交小學校長

一、小學校長收集各教生之實習計劃大綱及實習評案後在實習終了時調製實習成績一覽表一併彙交中學師範科主任

教生實習須知

一、教生實習期內應隨時隨地注意下列各項

1.實習態度是研究的

2.多與兒童接觸並須保持兒童對於自己應有之信仰

3.多與担任教師談話

二、教生實習期內對於實習學校一切規程細則須一律遵守

三、教生在小學實習當受小學校長及担任教員之指導

四、教生實習某科之先必須先一日與該科担任教師接洽之

五、教生每單元實習前須根據教學過程預訂實習計畫大綱繳於該科原担任教師

六、教生在實習期內如因不得已之事故不能到小學實習時須先一日呈明訓育主任或師範科主任核准發給請假書轉達小學校長以便轉告實習學級之級任及該科担任教員將缺少實習之次數記入實習評案中

七、教生担任實習之科目既經配定不得實習級級任之許可不得更調

八、各科教材經擔任教員規定後不得臨時變更(但由教生事前提出協商得擔任教員同意者不在此例)

九、同組教生實習時單元有連續者須列席參觀

十、敎生處理兒童之成績須經担任敎師檢閱後方可發還兒童

十一、敎生每課或每單元授畢應隨時請原擔任敎師批評

十二、敎生有關於敎育上之零碎問題可在各級談話時討論之

十三、敎生關於敎育上有共同硏究性質之問題得提交敎生實習初等敎育硏究會討論之

十四、敎生敎生實習成績包括下列各項總計不及格者不得畢業

1.課前準備

2.敎學實施

3.課後處理（以上三項由各科擔任先生計分）

4.級務處理（由實習學級之級任計分）

敎生實習初等敎育硏究會規程

一、爲增進敎生實習之興趣起見特設敎生實習初等敎育硏究大會

一、本會凡實習學校之敎員及實習敎生均須出席中學校長師範科主任及敎育敎員均應出席指導

一、本會於每段實習終了時舉行由實習學校校長召集並爲主席

一、敎生提出問題須開會兩日前繕交主席分類彙編議事順序先一日分發各會員

一、討論時先由敎生發表後再由實習學校之敎員憑實施情形及其心得逐一解答

一、敎員敎生因事不能出席時均須事前向主席請假

一、開會時於敎生中自推臨時書記二人司記錄限二日內將記錄整理完好繕印分發各會員

師三學生在實習期間內請假辦法

㈠實習時不得無故缺席

㈡因事或病不能實習者必須請假請假辦法與課假同

㈢日間出入校門祇須攜帶名牌

㈣每日下午七時以前須一律返校其在七時以後因有特別事故出校者必須請假請假辦法與課後假同

㈤星期六及例假前一日下午七時以後出校者又不請假但至遲不得過九時四十分返校

㈥凡住家居本城之學生概不得在外住宿

㈦家住本城之學生如欲在家過宿須先由家長具函請假方得准許

師範科教生實習教科計劃大綱　教生＿＿＿＿

民國　年度　學期第　週星期　午第　節		
級次		教材
教科		
題目		
要旨		

準備	方法

師範科敎生實習評案

原担任敎師簽字＿＿＿＿

實習年級							原担任敎師
敎生姓名	週次	星期	科目	評語			分數
				課前預備	課時實況	課後料理	

附計分標準

一、教學實施級務處理與實習計劃大綱總分以百分計

一、課前預備時實況課後料理共佔百分之九十

一、級務佔百分之十

黨童子軍訓練大綱

十八年三月訂

第一章　黨童子軍訓練之宗旨和目的及原則

第一條　本校根據中國國民黨童子軍總章之規定以養成三民主義的革命青年完成國民革命爲宗旨

第二條　本校根據中國國民黨童子軍總章施行通則之規定以發展兒童作事能力養成自立互助愛國愛民族愛人類及勇敢犧牲等習慣使其人格高尙常識豐富體魄健全俾能切實作三民主義革命的繼續者以實現民有民治民享的國家漸臻於世界大同爲訓練目的

第三條　本校根據中國國民黨童子軍總章施行通則之規定以下列十項爲訓練原則

㊀一切訓練以三民主義爲最高原則

㊁一切訓練以兒童爲本位

㊂充分發揚中華民族的精神但承認童子軍的世界性

㊃認眞執行誓詞與規律注重言行相符

㊄採用各國童子軍最有效力的訓練與考核方法

㊅注重野外生活但不得妨礙兒童本身對家庭與對學校的任務

㊆注重德智體羣美五育的平均發展但不得與學校課程重複

㊇注重政治常識的訓練但未得中央訓練部之命令不得以黨童子軍名義參加政治行動（以個人所享有的言論行動的自由不在此限）

㊈注重軍事智識之灌輸但不採用專門兵式操

(十)不得存宗教派別

第二章 黨童子軍訓練之實施

第四條 本校根據中國國民黨童子軍司令部頒布之課程以訓練達標準爲度茲將課程大綱列後

初級：

(一)三民主義 (二)總理事略 (三)國恥
(四)黨國旗 (五)童子軍史 (六)記號
(七)徽章 (八)結繩 (九)操法
(十)衛生 (十一)洗滌 (十二)禮節
(十三)旅行 (十四)遊唱 (十五)訊號
(十六)誓詞與規律 (十七)儲蓄

中級：

(一)服務 (二)三民主義要略 (三)中國國民黨史略
(四)帝國主義侵略中國概況 (五)旗語
(六)童子軍步 (七)偵察 (八)刀斧使用法
(九)生火 (十)方位 (十一)炊事
(十二)縫補 (十三)救護 (十四)露營
(十五)禮儀 (十六)黨童子軍組織法 (十七)貯蓄

高級：

(一)服務 (二)三民主義精義 (三)五權憲法
(四)建國大綱 (五)中國革命史略 (六)各國革命史略
(七)中國國民黨及國民政府之組織 (八)中國國民黨之政綱

㈨貯蓄　㈩游泳　⑾博物
⑿旅行　⒀救護　⒁技能
⒂訊號　⒃測量　⒄製圖
⒅烹飪　⒆實施初級訓練　⒇軍事常識

第五條　本校將黨童子軍課程列爲初中必修科學程每週規定每學級授課二小時課外訓練之時間隨時訂定

第六條　本校三學年授課標準卽將初中高級課程酌量分配但至初中畢業時以能修完中級課程並達考試標準爲最低限度

第七條　本校由初中部主任及訓育委員及教練員等組織黨童子軍訓練委員會專司訓練進行及研究訓練方法事宜（黨童子軍訓練委員會規程另訂）

第八條　本校指定校內操場爲永久露營之區域野外露營地點與日期由黨童子軍訓練委員會訂定

第九條　本校每學期內規定三週以上爲動員令週凡黨童子軍於該週內應隨時隨地作種種準備以便聽令工作（動員令週規程另訂）

第十條　本校每學期內舉行分隊比賽若干次其比賽項目及方法由黨童子軍訓練委員會訂定（比賽規程另訂）

第十一條　本校利用假期集合富於黨童子軍興趣之隊員組織春季營冬季營夏季營施以相當之訓練其時間以一週至二週爲度地點及組織法由黨童子軍訓練委員會另訂

第十二條　本校於初中黨童子軍辦事室前豎旗杆由隊員每日輪流司升落黨國旗及插旗團旗之職（升落

旗幟規約及升落旗幟輪值表另訂）

第十三條　本校對於黨童子軍隊長另訂時間施以隊長訓練

第十四條　遇有服務機會不論校內外儘量領導黨童子軍担負工作

第十五條　本校每學期訂定黨童子軍訓練進行程序表以爲訓練實施之根據（訓練進行程序表另訂）

（按）本大綱係團部籌備時期所訂

升落國旗規約

第一條　每日早操後行升旗禮晚膳前行落旗禮

第二條　升落國旗時由黨童軍吹升落國旂號

第三條　升落國旂時無論何人一聞號聲必立正致敬

第四條　遇陰雨時停止升旂升旂後如遇陰雨得由值日生隨時落旂

第五條　採用黨童子軍司令部所頒佈之升落國旂號譜

第六條　升落國旗輪值表另訂公佈

營地規則

㈠營地隊員一律須按照每日作息時間表工作與休息

㈡未吹起身號前不得在營外閒遊就寢後須一律安眠

㈢每日起身後須將被毯等物摺疊齊整再由隊長督促隊員將營帳內外打掃清潔

(四)帳內不得穿靴鞋

(五)盥洗及大小便均有指定之處不得隨處便溺及涕吐

(六)掃除之垃圾均須傾入垃圾坑內

(七)營地隊員如發生疾病無論輕重均須報告值日隊長轉達衛生股派人診治所犯如屬傳染之病或病篤時卽報告教練飭人送往醫院

(八)面巾面盆及其他用具均須安置有序

(九)脫下之衣服須摺疊整齊安置一隅不得隨處亂拋

(十)在營地不得喧嘩噪雜雖在休息時間亦不得謔浪叫囂或互相毆打

(十一)每日清晨六時奏起身號一律起身不得逗留帳裏升旗時須一律到場行禮

(十二)在營地行路不得衝撞奔走夜間有事出帳外時脚步尤宜輕細

(十三)除烹飪時間外未經許可不得任意烹煮食物

(十四)夜間吹熄燈號後一律不准喧嘩

(十五)營地一切公用物品均須保護愛惜如故意損壞照價賠償

(十六)營地內所有一切植物或建築物無論有無物主均不得踐踏破壞否則以破壞公物論

(十七)外界來營參觀時須注意禮節參觀人如有所諮詢時尤宜和藹解答

(十八)遇有未盡事宜由團部規定公布執行之

營地請假規則

一、隊員離開營地無論時間長短均須向隊長請假經隊長核准後方可離開營地

二、隊員離開營地在一小時以上者須具請假單申明理由請本隊長轉達團長核准後方可離營

三、請假須照所定時限返營向教練或值日隊長報告銷假

四、請假時限非有重大事故最多以二小時爲限

五、凡不遵請假規則輕離營地者報告教練懲罰之

露營守衛規則

一、日間守衛規定自晨六時起至夜九時止

二、夜間守衛規定自夜九時起至翌晨六時止

三、日間守衛及晚間守衛之時間及人數之分配均由公安股另訂之

四、日間守衛由該守衛之隊長爲值日隊長負指揮巡查監督及招待來賓之責

五、夜間守衛每夜每班派一值時隊長負指揮巡查監督及通知下班交換之責

六、守衛之職責如下

㈠維持營地公安

㈡檢查攜帶出營之公私物品

㈢糾正隊員不守紀律之行動

七、守衛時須服裝整備舉止端正態度嚴肅令人望而敬畏

八、守衛時須注意附近來往之人物勤於巡視

九、日間守衛時須阻止未佩帶徽章及服裝不整齊者之出入

十、夜間營地之出入均須口號有不能報出口號而逼近營地者即喝令停步加以搜檢

十一、守衛時可往來梭巡但不得離營地二十步以外

十二、營地職官之出入均須引禮致敬

十三、守衛時須按時鳴鐘報更並司通知司號隊員吹作息之號

十四、守衛時不問晴雨寒暖均須守望在外非奉命令不得進入營內

十五、輪值守衛時須於換班前五分鐘報到

十六、守衛交替時應互行敬禮

十七、守衛時如接班未到不得擅先離去職守

十八、守衛時倘有事故爲己所不能解決者日間報告於值日隊長夜間則報告於值時隊長

十九、守衛時如遇有警須審查清楚方可報警

二十、夜間守衛時須心機靈敏凝神一心雖一微光之閃爍一枯枝之迸裂務必反覆審視窮其原因

二一、營地發生妨礙公安之事時守衛者於不得已時始得施以正當防禦動作不得動輒毆打他人

二二、營地如發生異常之危險時守衛者除一面報警外自己須竭力防禦不得畏縮不前

二三、守衛者如犯擅離職守或無故毆打他人時查出後分別處罰

二四、夜間守衛如有發生伏睡事情以違犯擅離職守論

二五、守衛者有犯上列二條重者取締輕者罰其增加守衛時間之負担或其他工作

二六、營地如有訪候及參觀者應詳詢其姓名後引導見值日隊長並將來賓之姓名詳載於參觀簿上

二七、營地在晚間九時後卽拒絕訪候及參觀
二八、守衛者不得隨意小食及嬉戲

黨童子軍初級課程攷核表

姓名＿＿＿＿＿＿　　　　第　　中隊　　隊

	初級課程	成績	試期	主試者	備註
1.	三民主義				
2.	總理事略				
3.	國恥				
4.	黨國旗				
5.	童子軍史				
6.	記號				
7.	徽章				

8.	結　　繩				
9.	操　　法				
10.	衛　　生				
11.	洗　　滌				
12.	禮　　節				
13.	旅　　行				
14.	游　　唱				
15.	訊　　號				
16.	誓詞與規律				
17.	儲　　蓄				

中國國民黨童子軍司令部直轄第六十團

學生課外活動各會會員任務通則

一、各會會員以自動研究或練習等爲主要任務指導員居輔導地位

二、會員入會時宜先加攷慮認定目標及需要然後簽名加入入會後不得中途退出

三、會員有出席會議之任務

四、會員有互助之任務

五、會員有共謀會務發展之任務

六、會員須按各會性質及需要分別作左列各項之活動

(一)問題研究　(二)問題討論

(三)講演記錄　(四)標本採集

(五)事項調查　(六)外籍譯述

(七)物品製造　(八)技術練習

七、各項活動之資料綱要及程序等由指導員擬定或由各會執委徵集會員意見商同指導員決定之

八、每會會在一學期內至少須一種以上之成績報告或表現如研究報告作品展覽藝術表演等

九、本通則如有未盡事宜由指導委員會修正之

各項研究會執委會聯席會議規程

一、依據分工合作之原則組織本聯席會議

二、本會議以各研究會執委會組織之

三、本會議設主席文書交際各一人事務編輯各二人由執委會互選之(每會一權)

四、本會議之任務如下
㈠議定各會共通事項
㈡議定各會聯絡事項
㈢議定指導委員會委託事項
㈣議定各研究會會員請議事項
五、本會議每學期舉行常會三次遇必要時由主席邀集臨時會
六、本規程如有未盡事宜得於常會時提議修正之

各項研究會執行委員會任務規程

一、本委員會依照研究會通則第三條之規定組織之
二、本委員會之職權如下
㈠執行大會議決事項
㈡處理指導委員會委託事項
㈣招集大會
㈣計劃及促進會員之研究事項
㈤接洽敦請指導員事項
三、本委員會之任務分配如下
㈠常務委員

綜理本會會務
招集開會及開會時主席
對外代表本會
㈡文書委員
掌理本會文牘布告記錄及講義事項
商同常委調製會務計劃書及成績報告書
保管文件名冊及圖章等件
㈢事務委員
掌理本會經濟出納物品購製及會場佈置商同常委調製經費預算書與決算報告書
四、本委員會每月舉行常會一次遇必要時由常務委員邀集臨時會
五、本規程如有未盡事宜於常會時修改之

校工規約

1. 校工到校任職之初須邀本埠殷實商店出具保單俟退職時發還
2. 各校工對於其所任定職務應切實負責
3. 校工任職須誠懇勤慎遇事不得互相推諉及怠惰
4. 本校各處校具各校工應負照之責不得移動或損毀
5. 本校各處房屋各校工每日應掃除一次每星期洗刷地板兩次擦玻璃一次

6. 本校畫分若干清潔區每區由校工選舉區長一人負各該區清潔之職
7. 校工出校無論爲公爲私均須到事務處說明事由
8. 各校工在服務期間不得無故請假（請假規程另訂）
9. 本規約如有未盡善處得事務會議修改之

校工請假規條

第一條　本校校工因公外出在半小時以上得返校者須至事務處將本人名牌翻爲紅色幷在告假牌上註明何時外出何時返校因何事故返校仍須至事務處將名牌翻作藍色並將告假時間揩去否則即依私自外出論

第二條　凡請事假者須親自事務處陳述理由繕具請假單（註明何時至何時）請假時間逾三小時以上一以下者須商請該區區長該區內委託一人兼代職務二日以上者須另尋替工（倘因疾病該項工可由校給否則概歸請假者自理）宿假亦須事先至事務處聲明手續與普通請假論

第三條　凡住居本城確有眷屬者每星期可請宿假一次（出校時間須在晚九時半後入校時間須在早六前否則仍依私自外出論）有因校內無處住宿或缺乏行李向在家中住宿者其出入時間務與請宿假者同否則一樣論罰

第四條　凡請時假（即一二點鐘之類假）每星期至多二次日假（即一日以上之類）每月至多一次宿假每期至多一次

第五條　凡違第一條及第四條時假者初則書面勸告勸告二次後予以警告警告一次後施以罰金（減工

罰金一次後除名

第六條　凡違第四條日假及宿假者初次即行警告警告一次及罰金一次後即除名

第七條　凡每月不請時假及每學期不請日假者由事務處分別獎勵或酌加工資

第八條　本規條自經事務處召集各區長會議通過後施行

經費統計表

費別	經常	臨時	合計
十七年度預算總數	一〇六〇七一元	二二九〇二元	一二九〇三三元

概算數 部分 項目		全年 高初中	每月 高初中
經額支數	教職員薪	七一三七六元	五九四八元
	夫役工食	四三二〇元	三六〇元
	學生伙食	一〇八七五元	九〇六元二五〇
	茶水	一二〇〇元	一〇〇元
	小計	八七•八七一元	七三一四元二五〇

常費			
活支概算數	電燈	三六〇〇元	三〇〇元
	文具	二九四〇元	二四五元
	郵電	九六〇元	八〇元
	煤炭	三六〇元	三〇元
	雜支	二二八〇元	一九〇元
	購置	三九〇〇元	三二五元
	修繕	二五八〇元	二一五元
	預備費	一六八〇元	一四〇元
	小計	一八三〇〇元	一五二五元
合計		一〇六〇七一元	八八三九元二五〇

本部現任職教員一覽表十七年度第二學期

姓名	表字	年歲	籍貫	經歷	現任職務	通信處
周厚樞	星北	三十一	江都	美國麻省理工大學碩士曾任國立廣東大學河南中州大學國立東南大學教授	校長	揚州舊城倉巷

孫爲霆	雨廷	二十七	六合	國立東南大學文學士曾任如皋中學國文教員	秘書兼國文專任教員	揚州府東街倉巷口
薛元鶴	天遊	三十三	吳江	南京高等師範數理本科畢業曾任上海滬江大學數學教員省立第一中學理科主任兼數理教員	普通科主任兼數理專任教員	蘇州同里鎮高地上
金森寶	書樵	三十四	泰興	東南大學教育學士曾任江蘇第四師範教務主任教育國文教員南京中學教育國文教員	師範科主任兼國文教育專任教員	泰興大西門司徒廟北
相菊潭		四十一	寶應	國立南京高等師範國文本科畢業曾任江蘇省立第三中學學監第八中學教務主任第九中學及第一中學訓育主任	初中部主任兼國文教員	揚州大牛彔巷
龔恩霖	子勤	三十四	江都	國立東南大學文學士曾任南京東方公學訓育主任兼社會學科教員成美中學國文教員	高中訓育主任兼社會學科專任教員	邵伯官驛前
周玉棠	樹滋	三十二	江都	江蘇省立第九師範文牘一年上海招商局公學國文數學教員八年	事務主任兼國文教員	揚州縣西街大梅家巷四號
金宗華	崇如	三十七	漣水	南京高等師範文史地部本科畢業國立東南大學文學士歷任江蘇省立第一中學學監教務主任文科主任兼公民歷史教員	課外活動委員會指導主任兼歷史專任教員	漣水城內大街西首莊宅王伯堅先生轉
萬鼎辭	彝香	四十	江都	曾任美漢中學國文主任兼英文教員江蘇省代用商業學校國文歷史教員	高中訓育員兼外國地理專任教員	揚州達士巷

朱增璧	白吾	三十三	寶應	國立北京高等師範博物部畢業歷任江蘇省立第三女子師範第十中學第七師範銅山縣立師範生物學及自然教員	高中訓育員兼生物學專任教員	揚州南門禾家巷頭
紀乃佺	子仙	三十一	鎮江	南京高等師範文史地部畢業曾任山西省立第三中學教務主任如皋中學文史地教員	初中級任兼國文教員	大橋鎮
李宗義	宜甫	二十七	江都	江蘇特設二師文科專修科英語系畢業曾任五師初中部英語教員兼學行指導員	初中級任兼英文專任教員	揚州東圈門堂子巷六號
姚之璽	爾玉	三十四	江都	南京高等師範英文科畢業曾任江蘇省立第八中學第九中學第七師範學校英文教員	初中級任兼英文專任教員	揚州府西街
吳本務		三十一	合肥	東大體育科曾任浙江十中江蘇六中體育主任兼童子軍教練中大錫中體育主任中央大學區童子軍委員會委員	體育主任兼體育教員	蕪湖六家畈沙二崗村
唐　耀	曙東	二十六	安徽涇縣	國立東南大學理學士曾任國立暨南大學中學部教員	圖書館主任兼生物學地質教員	揚州缺口街大把總門
殷紹曾	聘卿	五十五	江都	曾任江蘇省立第六師範第四師範教員十二年	國文專任教員	揚州仙女鎮
李邦壽	契芝	五十四	鎮江	江蘇優級師範畢業歷充杭州巡警學校國文教員兼文書股員江蘇陸軍小學陸軍第四中學陸軍大學第二預備上海招商公學國文教員	文牘兼國文教員	揚州大樹巷

凌樹勳	放盦	三十六	江都	南京高等師範文史地部本科畢業國立東南大學文學士歷任江蘇省立第九師範安徽第二中學第二女子師範國文教員江蘇第四師範東大附中史地教員	國文地理專任教員	仙女廟同春巷
范冠東	耕研	三十六	淮陰	南京高等師範文史地部本科畢業歷任江蘇省立第八中學國文歷史教員第六師範國文教員	國文專任教員	清江浦城內人和巷
洪北平	白蘋	三十六	儀徵	南京高師國文科畢業歷任江蘇省立一中東大附中天津南開大學上海約翰大學光華大學國文教員	國文專任教員	南京松濤巷
柳壽高	舜年	二十五	鎮江	金陵大學畢業	國文教員	鎮江德仁里八號
徐慕杜	公美	四十二	江都	日本弘文學院師範科卒業生前徐州淮安中學監督省立第六師範學校校長	國文兼任教員	揚州北柳巷
何兆霖		三十九	廣東	美國密蘇利大學文學士曾任廣東珠江大學英文教授一年上海澄衷中學英文主任及英文書記三年上海承天中學英文各科教員四年	英文專任教員	上海閘北寶山路一四九號
黃永緒	子光	三十二	寶山	南京高等師範英文科畢業曾任江蘇一女師及無錫中學英文教員	英文專任教員	上海浦東高橋鎮公興布廠
湯志謙	恂卿	三十四	浙江諸暨	南京高等師範英文科畢業曾任江蘇七師安徽第四農校河南第二中第一中英文教員及河南第一師範英文主任	英文專任教員	河南開封後營門二號

王理成		二十七	鎮江	上海復旦大學文科畢業曾任復旦文科助敎安慶一女師英文敎員安慶工業專門英文敎員安徽敎育廳秘書安徽省公署秘書中央黨部宣傳科幹事江蘇民政廳公報股主任	英文敎員	鎮江順江洲
汪桂榮	靜齋	三十一	江都	南京高等師範工科畢業曾任東南大學附中算理工程敎員八年	數學專任敎員	揚州北小街石杜西
陸祖安	靜孫	三十三	崇明	東大畢業曾任東大附中及江蘇一中敎員	化學專任敎員	蘇州顏家巷十二號
周厚福	載之	二十七	江都	東南大學理學士曾任前省立第一中學理化敎員	理化專任敎員	揚州後李府
黃　泰	階平	二十六	江都	國立東南大學數學系畢業曾任附中南中高中部數學敎員	數學專任敎員	揚州舊城大三巷
萬頤祥	青芝	三十二	安徽鳳陽	東南大學工學士曾任南京中學敎員安徽正陽公立中學敎員	數學專任敎員	揚州達士巷
包　瀚	墨青	三十四	鎮江	南京高等師範數理化部畢業曾任新加坡南洋華僑中學敎務主任江蘇省立第七師範敎職員第六中學高中理科理化敎員	數理化兼任敎員	揚州下鋪街
黃應韶		二十七	江都	江蘇省特設數理專科師範畢業曾任江蘇五師數學敎員湖北一中二中數學敎員江蘇省黨部編輯	數學專任敎員	揚州龍背
吳錫齡	遐伯	四十九	儀徵	寧屬初級師範及兩江優級師範畢業曾任兩江師範附屬中學江蘇省立第五師範第八中學江都縣立師範博物敎員	博物專任敎員	儀徵新城鎮

陳家鴻	賓南	三十二	鹽城	國立南京高等師範教育科畢業曾任江蘇省立六師舍監教育教員鹽城私立羣英中學教務主任國文教員漣水縣立中學校長	教育專任教員	鹽城湖棠楊記號轉吳家
施之勉		三十七	無錫	國立南京高等師範文史地部畢業曾任河南二中福建集美江蘇三師及中央區立無錫中學國文歷史地理教員	史地專任教員	無錫玉祁鎮恆茂號轉
趙培基	仲初	三十四	江都	南京高等師範文史地部本科畢業曾任江蘇省立第七師範第九師範文史地等科教員自修指導員浙江第四中學國文公民教員及訓育員	史地教員	揚州三祝庵小太平巷
張雅煥	幼虹	三十四	江都	蘇省一師本科畢業曾任前五師附小教員及地方教育巡迴指導員東大附中算學教員兼統計員揚州中學實驗小學校長	教育教員	揚州南小街十一號
吳八文		二十九	崑山	上海美專畢業曾任上海東方藝專新華藝術大學上海美專南京美專教授國民革命軍總司令部藝術部長	圖畫專任教員	崑山周市
劉桂桐	琴甫	二十八	東台	江蘇省立第四師範特設藝術專科畢業曾任四師圖工教員	手工圖畫專任教員	泰縣溱潼羅
潘錫純		二十五	宜興	上海美術專門學校畢業	初中教務員兼國畫教員	宜興蜀山開祥
邱望湘	文藻	二十九	浙江吳興	前上海藝術師範大學畢業曾任上海美術專門學校上海藝術大學音樂教員	音樂專任教員	上海兆豐路明書店編輯錢君匋轉

唐　壽	叔眉	三十九	江都	兩江優級師範農博專科畢業上海美術專門西洋畫科畢業曾任江蘇省立第八中學代用商業圖畫教員江都縣立師範校長	圖畫兼任教員	揚州舊城三元巷
汪典稼	莘田	二十六	湖南	黃埔軍校第三期畢業曾充營連長參謀等職	高中軍事教員	益陽馬市皮萬興轉天灣板瓦村
葉養源	浩然	二十九	江陰	中國體操學校畢業中國國民黨童子軍教練員訓練學校畢業歷充省立九中江陰縣師童子軍教練員江蘇省童子軍副總教訓	初中黨童子軍教員	無錫西塘市
馬炳元	筱軒	五十八	吳縣	曾任前江蘇省立第五師範國技教員	高中拳術兼任教員兼課外指導員	蘇州城內小蓮河橋街一號
邱鼎山	欲仁	二十七	江陰	江蘇第一代用師範畢業江蘇省立體育學校畢業	體育專任教員兼早操及課外運動指導員	江陰東外純陽堂交
周朝藩	鷄槳	三十五	貴州湄潭	貴州講武學校畢業歷充副官參謀營連排長副官長團附長教官科長等職經訓練總監部考試分派	軍事教員	南京訓練總監部國民軍事教育處轉
杜鑑秋		三十一	江都	江都代用甲種女師講習所及上海愛國女學體育專科畢業歷任安徽省立女子職業中學江蘇省立第五師範附中江都梅英公學女子部蘇州中華體育專門學校高郵縣立女師等體育教員	體育兼任教員	揚州南柳巷杜宅

鍾杏城	平仲	三十一	江寧	江蘇省立第一女子師範畢業國立東南大學教育科肄業二年曾任南京明德女中聖道女中江都一女高及廣州東山培道女中教員南京培德女學校長揚州梅英公學女子部主任	數學家事兼任教員	揚州大汪邊揚州中學對門
周芹猶	紹成	三十二	江都	國立北京大學哲學系畢業曾任國立武昌中山大學教員南京江蘇中學教務主任現任江蘇省黨部監察委員	黨義教員	大橋市周家蕩
吳滄粟		三十一	無錫	北京國立女子高等師範畢業曾任省立三女師教務主任汕頭市立女子中學校長上海黨務訓練所隊長革命軍二十六軍司令部秘書兼政治宣傳科主任	黨義教員	上海施高塔路四達里一〇三號本城大東門蔡官八巷壹號
陳同	冠同	三十五	江都	南京高師畢業歷任省立七師五師安徽五中七師教職員	國文兼任教員	本城吳公祠巷
王堅如		二十四	淮陰	蘇州女子職業學校美術專科畢業曾任淮安中學女子部手工教員	絨線刺繡教員	清江浦倉巷
孫蓁青		三十七	江都	廣益醫院院長	校醫	揚州丁家灣廣益醫院
傅德炤	亮卿	四十二	江寧	前在江蘇省立第一工場會計兼庶務員浙江鄞縣地方審判廳收費處主任江蘇省立第一圖書館會計兼庶務員江蘇教育經費管理處總務科科員	會計員	揚州府東街
羅德麟	瑞安	三十七	江寧	前充教育行政機關書記科員等職	副會計	南京大石橋

尹炡富	銘夫	三十五	淮安	江蘇省會警察教練所畢業歷充民國女子大學助理庶務省立第九師範炊事部主任兼書記	高中庶務員	揚州舊府署西圈門
宮文保	伯懷	三十九	泰縣	江蘇省立第八中學會計員庶務員	初中庶務員	揚州舊府署前
鍾興宏	昌言	二十四	江寧	江蘇省立第一中學高級中學商科畢業	高中庶務員	南京天青街九號
戴維清	味青	二十五	無錫	江蘇一中畢業歷任無錫縣立小學主任教員	理科儀器助理員兼助教	無錫安鎮
潘保意	碧如	二十九	嘉定	前省立二女師畢業曾任嘉定高小校長南京職業傳習所所長省立二女師訓育兼教員嘉定縣立職業學校校長兼教員蘇州職業中學校訓育主任	舍務員	上海辣斐德路淞雲別墅三號
江毓蘭	芝倩	二十九	江都	前省立一女師本科畢業曾任淮安縣立女高級任兼國英算教員音樂教員江都公立一女高級任兼國英算家事教員	舍務員	本城府西街
徐鍾渭	師竹	二十二	江陰	江蘇一中畢業曾任常熟新莊小學教員	初中部圖書管理員	無錫西塘市
張漢澄		三十二	江都	鎮江中學肄業丹徒縣公署收發員	高中書記員	揚州卸甲橋
呂永福	綏之	二十七	江都	曾任江蘇省立第八中學理化圖書助理前江都縣清黨委員會秘書處文書幹事江都縣特別委員會組織部事務幹事	高中書記員	揚州南門街淸眞寺北首
俞俊官	應五	二十八	鎮江	曾任北京陸軍部軍械司書記江都縣立初中文牘員	高中書記員	揚州牌坊巷

周開甲	寅齋	四十七	江都	法政講習所畢業曾充江蘇省立代用商業書記	高中書記員	揚州公共體育場吳公祠後
劉厚成	厚齋	二十三	南京	鎮江六中畢業曾充濟南交通收支稽核處綜核課課員天津津浦路管理局出納課監視員	書記員	南京城內水西門顏葉街施家巷六號
鄭森玉	騰青	二十三	江都	潤州中學肄業	書記員	揚州天寧門街
張子瀞	硯農	二十八	高郵	鎮江潤州中學肄業	書記員	高郵界首王營鎮
孫翔魁	南衍	二十二	江都	江蘇省立第八中學校肄業	初中事務員	揚州縣西街囘子巷
吳秉嚴	伯琴	二十三	江都	江蘇立省第五師肄業	書記員	揚州南小街二六號
丁家驊	雲皋	二十	鎮江	江都縣師畢業	事務生	揚州張囘子巷
謝慶溥	蒓江	五十三	江都	江都崑曲研究會會員	崑曲指導員	揚州西方寺東首小火星廟後身朝西大門院內
林聲淮	益之	二十一	江都	南京青年會中學校肄業	初中書記生	南通金沙市
吳炎	漢民	十七	儀徵	五師附小畢業	初中工讀生	揚州徐凝門街

編輯　揚州中學出版委員會

626878
海图书館

總理遺囑

余致力國民革命凡四十年其目的在求中國之自由平等積四十年之經驗深知欲達到此目的必須喚起民衆及聯合世界上以平等待我之民族共同奮鬥現在革命尙未成功凡我同志務須依照余所著建國方略建國大綱三民主義及第一次全國代表大會宣言繼續努力以求貫澈最近主張開國民會議及廢除不平等條約尤須於最短期間促其實現是所至囑

中華民國教育宗旨

中華民國之教育根據三民主義以充實人民生活扶植社會生存發展國民生計延續民族生命爲目的務期民族獨立民權普遍民生發展以促進世界大同

江蘇省立揚州中學行政總則

二十一年一月

江蘇省立揚州中學行政總則

二十一年一月訂

目錄

頁數

本校組織系統表……一
組織大綱……一
校務會議規程……五
行政會議規程……七
教務會議規程……八
師範科會議規程……九
高中訓育會議初中訓導會議及聯席會議規程……一〇
教導會議規程……一二
事務會議規程……一二
體育會議規程……一四
各分科會議規程……一五
獎學審核委員會規程……一六
經濟稽核委員會規程……一七
招生委員會規程……一八
出版委員會規程……一八
學生課外活動指導委員會規程……二〇
衛生委員會規程……二一
普通科主任任務規程……二一
師範科主任任務規程……二三
工科主任任務規程……二五
初中部主任任務規程……二七
訓育主任舍務主任任務規程……二九
女子部主任任務規程……三〇
訓育員及導師任務規程……三〇
高中庶務主任任務規程……三一
體育主任任務規程……三二
文書主任任務規程……三二
文牘員任務規程……三三
會計員任務規程……三三
高中各股庶務員任務規程……三四
初中庶務員任務規程……三六
圖書管理員任務規程……三七
藥器標本管理員任務規程……三八
校醫任務規程……三八
聘請教職員規約……三九
職員服務簡約……四〇
教員服務簡約……四一
教職員出席紀念週簡約……四一
教職員由校津貼參觀規程……四二
本校歷年規定教員應行注意事項……四三
講義股簡章……四四
各部科購置辦公用物簡章……四五
各部科領用辦公物品簡章……四六
校工規約……四六
校工請假規條……四七
學生自治會章程……四八
學生自治會代表大會章程……五二
學生課外活動各會會員任務通則……五四
各項研究會執委會聯席會議規程……五五
各項研究會執行委員會任務規程……五五
師範科初等教育研究會會章……五七
實驗民衆學校組織大綱……五八

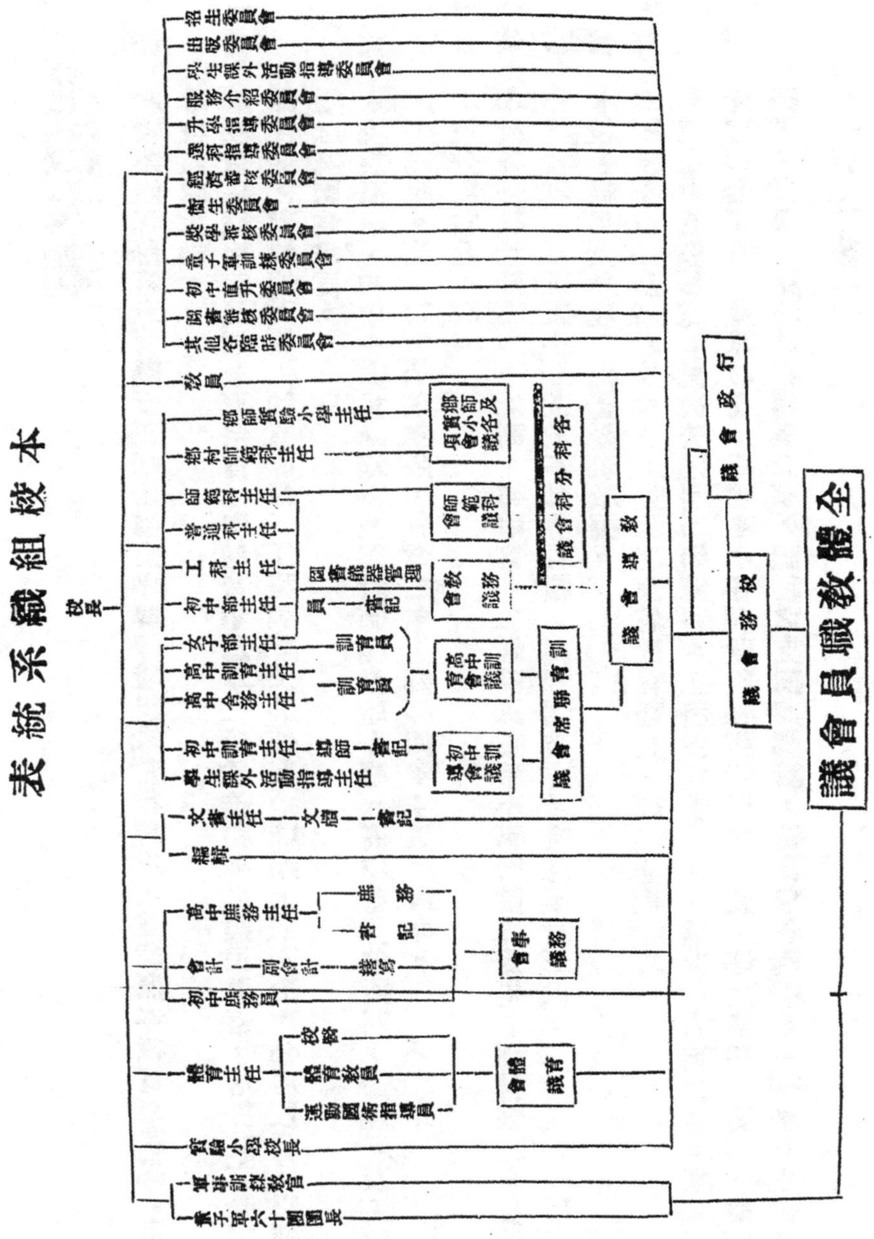
本校組織系統表

組織大綱

第一條 本校遵照江蘇省教育廳修正江蘇省立中等學校組織暫行規程，並參照本校實際狀況，定爲本校組織大綱。

第二條 本校以根據中華民國教育宗旨，陶融青年忠孝仁愛信義和平之國民道德，培養其充分之知識技能，就預備升學，師資訓練，工程訓練及其他普通職業上之陶冶，分別設科，以期能効忠黨國爲宗旨。

第三條 本校設高中、初中、鄉村師範科及鄉村師範實驗小學。高中暫設普通科，師範科及工科土木工程組。高、初中修業年限，各爲三年；鄉師四年；實小六年。

第四條 本校分設實驗小學。

第五條 本校各部校址分布如下：高、初中第一二兩院及實驗小學均設於揚州；鄉村師範科設於高郵界首鎮；鄉師實小分設於高郵界首鎮，高郵菜英山及寶應蘆村三處。

第六條 本校各級男女兼收；但得分班教授。

第七條 本校校長由江蘇省政府委任，秉承江蘇省教育廳長，統轄全校行政。

第八條 本校高中設教務處：處設普通科、師範科、工科主任各一人，書記一人或二人，圖書儀器管理員若干人，秉承校長，掌理高中各科教員服務狀況之考查，學生修學、實習、參觀、擇業、升學、服務之指導與考核，課程之支配與調動，圖書儀器講義及一切教具之設置，以及其他關於教務上之統計、註冊、保管、設計、改進等事宜。

第九條　普通科主任秉承校長掌理普通科學生訓練事宜。

第十條　師範科主任秉承校長掌理師資專業訓練，並與實驗小學及鄉村師範科切實聯絡而指導其工作。

第十一條　工科主任秉承校長掌理工科學生專業訓練事宜。

第十二條　本校高中設訓育處：處設訓育主任，舍務主任各一人，訓育員若干人，書記一人，秉承校長，掌理高中男生自治輔導，生活指導，服務指導，思想訓練，操行考察及關於訓育上一切設計改進事宜。

第十三條　本校設體育部：部設主任一人，運動國術指導員各一人，體育教員若干人，校醫一人，秉承校長，掌理全校學生體格訓練，體格檢查，健康監護，疾病預防，體育行政，運動比賽及一切設計改進事宜。

第十四條　本校設軍事教官一人，秉承校長，掌理高中學生軍事訓練事宜。

第十五條　本校設文書處：處設文書主任一人，文牘、統計、書記二人或三人，掌理文書統計等事宜。

第十六條　本校高中庶務處：處設庶務主任一人，庶務員四人，秉承校長，掌理校舍校具之支配、整理、添置及保管，講義之繕寫、分發、計算、教科用書之購備及一切設計改進事宜。

第十七條　本校設會計處：處設正副會計各一人，秉承校長，掌理預算，決算及款項出納事宜。

第十八條　本校初中設主任一人，秉承校長，襄理該部行政，掌理教務。此外得設書記一人或二人，助理統計、註冊、繕寫、保管等事宜；圖書管理員一人，處理初中圖書館事宜；庶務員一人，處理初中事務。

第十九條　初中設訓育處：處設主任一人，導師若干人，導師若干人，課外活動指導員一人，秉承校長，商承初中主任，掌理初中訓育事宜。

第二十條　初中設童子軍教練員，副教練員各一人，掌理童子軍訓練事宜。

第二一條　本校高初中女生設主任一人，訓育員一人，事務員一人，書記一人，掌理關於女生訓育事務及女初中教務。

第二二條　本校鄉師設主任一人，秉承校長，處理該科行政及教務。鄉師組織另訂之。

第二三條　本校鄉師實小設主任一人，秉承校長，商承鄉師主任，處理該科行政及教務。鄉師實小組織另訂之。

第二四條　本校實驗小學校長一人，秉承教育廳長，商承本校校長，處理實小行政及教務。實小組織另訂之。

第二五條　本校教職員由校長聘任之；實小校長由教育廳長委任之；軍事教官經訓練總監部委任，由校長聘任之；童子軍訓練員受校長聘任後，得受中國國民黨中央執行委員會訓練部委任，為直轄第六十團團長。

第二六條　本校設全體教職員會議，於每學期始末各開會議一次，由校長主席，報告校務進行，並徵集全體意見，共謀改進；遇必要時，得由校長召集臨時會。

第二七條　本校除全體教職員會議外，設左列各項會議：

1.校務會議；
2.行政會議；
3.教務會議；
4.師範科會議；
5.高中訓育會議；初中訓導會議及聯席會議；
6.教導會議；
7.體育會議；
8.事務會議；
9.各學科分科會議。

各項會議規程另訂之。

第二八條　各部科及各會議得設各項委員會。除臨時委員會外，設常務委員會如左：

1.招生委員會；
2.出版委員會；
3.學生課外活動指導委員會；
4.升學指導委員會；

5.服務介紹委員會；
6.選科指導委員會；
7.經濟審核委員會，
8.衛生委員會；
9.圖書審查委員會；
10童子軍訓練委員會；
11獎學審核委員會。
各委員會規程另訂之。

第二九條　本大綱如有未盡事項，得提議於校務會議修改之。

校務會議規程

第一條　依據本校組織大綱之規定，組織校務會議。

第二條　本會議以本校左列人員組織之：

1.校長；2.普通科主任；3.師範科主任；4.工科主任；5.初中部主任；6.女子部主任；7.課外活動主任；8.文書主任；9.高中庶務主任；10高中訓育主任；11舍務主任；12初中訓育主任；13體育主任；14分科會議主席五人；15鄉村師範科主任；16實驗小學校長；17鄉村師範實驗小學主任，18教職員代表（於專任教員職員中每七人分別互推一人，任期半年，於每學期開始選舉之)。

第三條　本會議之職權規定如左：

1.議定本校具體方針；

2.議定本校組織大綱、學則、各項會議委員會規程及其他重要法規；

3.審議本校之預算，決算；

4.審議學科之增減與學級之增設；

5.審議校舍之建築與設備之擴充；

6.審議學生之獎金及津貼教職員參觀費；

7.審議其他各會議各委員會之重要建議事項；

8.答復學生重要請求事項；

9.其他關於本校重要事項。

第四條　本會議分常會，臨時會二種：

1.常會　每月舉行一次；

2.臨時會　遇必要時由校長召集之。

第五條　會議時以校長爲主席；校長缺席由代理人主席。

第六條　會議時以全體會員過半數出席爲法定數。

第七條　會員因事不能出席時，得於本會會員教職員中委託一人爲代表，但每人祇能代表一人。

第八條　會員提議事件，須於會期前一日繕交文書處，以便列入議事日程；臨時動議，不在此限。

第九條　會議地點定在本校教職員會所。

第十條　本規程經本校全體教職員大會通過後公布施行。

第十一條　本規程如有未盡事宜，得於全體教職員大會中，由五人以上之出席會員提議增改之。

行政會議規程

第一條　本校為便於召集會議，處理校務起見，組織行政會議，隸屬於校務會議。

第二條　本會議以左列人員組織之：

1.校長；2.普通科主任；3.師範科主任；4.工科主任；5.高中訓育主任；6.高中舍務主任；7.女子部主任；8.課外活動指導主任；9.初中部主任；10初中訓育主任；11高中庶務主任；12文書主任。

會議時，主席得召集與議案有關係之教職員參加討論與表決。

第三條　本會之職權規定如左：

1.學校行政上臨時發生重要事故，校長得召集本會議商決之；

2.校長不在校時，臨時發生事故，不屬各部自行解決之範圍者，得由校長委託之代理人或其他主任職員，隨時互商，召集本會議商決之；

第四條　會議時以校長為主席；校長缺席時，由代理召集人為主席。

第五條　會議時以會員過半數以上之出席爲法定數。

第六條　本規程由校務會議通過施行。

教務會議規程

第一條　依據本校組織大綱之規定，組織本校教務會議。

第二條　本會議由下列人員組織之：

1.校長；2.普通科主任；3.師範科主任；4.工科主任；5.初中部主任；6.女子部主任；7.各分科會議主席；8.體育主任。

第三條　本會議主席於學期開始由普通科主任，師範科主任，工科主任，初中部主任，女子部主任，互推一人充之。任期一學期，但得連任。

第四條　本會職權規定如左：

1.審議本校教學方針；

2.審議各科課程之增減；

3.研究各科教學之方法；

4.審訂各科教材及用書事項；

5.審議各學科之成績考查法；

6.審議處理教員缺席辦法及評閱文卷考核辦法；

7.審議處理學生缺席辦法；
8.討論各科教學之聯絡事項；
9.審議各分科會議交議事項；
10審議其他關於教務之重要事項。

第五條　本會議分常會；臨時會二種：

甲、常會每月舉行一次，由主席定期召集之；

乙、臨時會；遇必要時亦由主席召集之。

第六條　會議時以會員過半數出席爲法定人數。

第七條　會員因事不能出席時，得委託專任教員一人爲代表。

第八條　會議地點暫定本校教職員會所。

第九條　本會議規程經校務會議通過後公布施行。

第十條　本規程如有未盡事宜，由會員二人以上之提議，經校務會議決修改之。

師範科會議規程

第一條　依據本校組織大綱，組織本校師範科會議。

第二條　本會議由下列人員組織之：

1.校長；2.師範科主任；3.高中訓育主任；4.會務主任；5.實小校長；6.實小教導主任；

7.地方教育指導員;8.師範科教員中聘請數人;9.實小教員中聘請數人。

第三條　本會議任務如左:

1.討論本科進行方針;

2.擬訂師範生特殊訓練標準;

3.審議本科必修學程,修訂選修學程;

4.計畫並指導師範生課外作業事項;

5.計畫並指導師範生參觀及實習事項;

6.指導及介紹服務事項;

7.討論本科與實驗小學聯絡事項;

8.討論與地方教育研究會聯合研究事項;

9.討論參與師範科聯合會事項;

10處理其他有關師資訓練事項。

第四條　本會議每學期開常會三次,遇必要時得開臨時會。開會時以師範科主任為主席。

第五條　本會議規程經校務會議通過後公布施行。

高中訓育會議初中訓導會議及聯席會議規程

第一條　依據本校組織大綱,組織高中訓育會議,初中訓導會議及聯席會議。

第二條 甲、高中訓育會議，由下列人員組織之：

1.校長；2.各科部主任；3.庶務主任；4.訓育主任；5.舍務主任；6.課外活動指導主任；7.訓育員；8.體育主任；9.臨時有關之教職員。

乙、初中訓導會議由下列人員組織之：

1.校長；2.部主任；3.訓育主任；4.導師；5.舍務員；6.童子軍團長；7.課外活動指導主席；8.初中庶務員；9.臨時有關之教職員。

第三條 本會議職權規定如下：

1.擬定本校訓育方針及實施方法；2.指導學生自治及課外作業事項；3.指導學生生活事項；4.制定考查操行成績之標準與方法；5.決定重大獎懲事項；6.指導學生遵守秩序，注意整潔，衛生事項；7.處理學生重要疾病請假輟業事項；8.處理其他關於訓育之重要事項。

第四條 本會議分常會，臨時會及聯席會三種。

甲、常會 每週舉行一次；

乙、臨時會 遇必要時由主席召集之；

丙、聯席會 高初中於訓育有相關事宜，得由兩部主席互商召集之，或由校長召集之。

第五條 會議時以會員過半數出席為法定數。

第六條 會議地點定訓育處。

第七條 本規程經校務會議通過後公布施行。

教導會議規程

第一條　依據本校組織大綱，組織教導會議。

第二條　本會議分高中、初中、女初中三部舉行，遇必要時得按學生年級分級舉行。

第三條　每部開會，由該部訓育主任召集，與該部有關之訓育，教務人員及教師出席，以訓育主任為主席。遇必要時，得請校長出席。

第四條　本會議職權如左：

1. 討論改善學級風紀；
2. 聯絡教師與職員對於訓教之意見；
3. 設計改進訓教之實施；
4. 批評學生之學業操行成績；
5. 糾正並指導學生修學立行之方針與方法。

第五條　本會議每部每學期舉行二次：一在學期之中；一在學期之末。

第六條　本規程經校務會議通過後公布施行。

事務會議規程

第一條　依據本校組織大綱，組織事務會議。

第二條 本會議由庶務處、會計處全體職員組織之，遇必要時請校長出席，並得請各部科主任出席。開會時以高中庶務主任爲主席。

第三條 本會議審議下列事項：

1.製定事務上各種規程；

2.經費事項：如預算、決算之編製，物品之估價及購置之考核等，

3.衛生事項：如校舍之掃除，飲食之清潔，溝渠之疏通等；

4.警備事項：如消防器械之設備，盜賊防範等；

5.工程事項：如校舍之建築或修繕等；

6.保管事項：如校舍校具及文書之保管等；

7.佈置事項：如校舍之支配及校景之點綴等；

8.用人事項：如校役之賞罰及進退等；

9.其他關於事務上一切重要事項。

第四條 本會議分常會，臨時會二種：

1.常會每二週舉行一次；

2.臨時會遇必要時由庶務主任召集之。

第五條 會議時以有關係之重要職員半數以上之出席爲法定人數。

第六條 本規程經校務會議通過後公布施行。

體育會議規程

第一條 依據本校組織大綱組織體育會議。

第二條 本會議由左列人員組織之：1.校長；2.各部科主任；3.高中庶務主任；4.體育主任；5.體育教員；6.運動指導員；7.軍官教官，8.童子軍團長；9.高中訓育主任，10.舍務主任；11.初中訓育主任；21.校醫。

第三條 本會議之職權如左：

1.決定本校體育方針；

2.訂定體育成績考查標準；

3.規定體格檢查實施辦法；

4.審議學校衛生之實施，學生健康之監護及疾病之預防；

5.討論體育設備之擴充與預算；

6.規定課外運動指導方法及組織；

7.商訂鼓勵學生注意運動衛生事項；

8.籌備運動會及各項比賽；

9.其他關於體育上重要事項。

第四條 本會議以體育主任爲主席。

第五條　本會議定每學期舉行常會二次，遇必要時得由主席召集臨時會。

第六條　本會議議決之事項，由主席分別性質，逕自執行；或秉承校長，交關係各處分任辦理。

第七條　本規程經校務會議議決施行。

各分科會議規程

第一條　依據本校組織大綱，組織〇〇分科會議（暫定國文、英文、數理、社會、藝術學科五種。）

第二條　本會議由本校〇〇學科全體教員組織之。

第三條　本會議主席，由會員全體於每學期開始互選之。

第四條　本會議研究事項之範圍如左：

1. 兼訂本學科各學程之課程綱要，教學程序；
2. 審訂選擇或改造本學科各學程之教材；
3. 研究本學科各學程教學方法之改進及各學程之聯絡與啣接；
4. 討論本學科各學程之教授設備事項；
5. 討論指導學生對於本學科各學程之課外研究事項；
6. 討論發行本學科各種刊物事項；
7. 討論本學科師生應用參攷圖書等事項；
8 審議校長或各部科主任交議事項；

9.審議其他各會議各委員會各研究會之重要建議事項；

10討論其他關於本學科之一切事項。

第五條　本會議定每學期舉行常會三次；但遇必要時，得開臨時會。均由主席召集之。

第六條　本會議須有規定人數過半數之出席，方得開會。

第七條　本會議開會時，得請校長及各部科主任出席。

第八條　本規程經校務會議通過施行。

獎學審核委員會規程

第一條　依據本校組織大綱及生活規約第五章獎學規程第三條之規定，組織獎學審核委員會。

第二條　本委員會由下列人員組織之：

1.校長；2各部科主任；3.高初中訓育主任；4.高中舍務主任；5.由校長於每次開會時在其他教職員中聘請數人。

本會議由校長主席。

第三條　本委員會以依據本校獎學規程之規定，決定應行獎勵之學生及獎勵之方法，交主席執行之。

第四條　本委員會於每屆每學期終了時開會一次。

第五條　本規程經校務會議通過施行。

經濟稽核委員規程

第一條　本委員會遵照江蘇省教育廳頒布之省立教育機關經費稽核委員會簡章組織之。

第二條　本委員會稽核本校每月收支賬目，以示公開而昭覈實。

第三條　本委員會委員額定五人，由本校教職員互選之。會計、庶務各員，不得當選。

第四條　本委員會每年度改選一次，連選得連任。

第五條　本委員會應於每年十月以前組織成立，由校呈報教育廳備案。

第六條　本委員會組織成立後，由各委員中推定主席委員一人，任開會時主席；並保管本會印信及文件。連推不得連任。

第七條　本委員會每月應召集常會一次，稽核本校一切收支賬目及單據，遇有特別事故，得隨時召集臨時會。

第八條　本委員會稽核賬目時，遇有疑問，應由負責人說明；倘不能滿意，或查有不實不盡之處，應由會呈報教育廳核辦。

第九條　本委員會稽核本校每月賬目，認爲無誤，應於收支對照表及支出計算書內簽字蓋章，由校呈報並公布之。

第十條　本委員會于會計年度終了後兩個月，稽核本校全年度決算書，認爲無誤，應于決算書內簽字蓋章，由校呈報並公布之。

第十一條　本委員會於開會稽核時，應共同悉心稽攷，以昭公允；不得瞻徇情面，代爲隱匿。如查有以上情弊，應由本會各委員連帶負責。

第十二條　本規程經校務會議通過施行。

招生委員會規程

第一條　依本校組織大綱，組織招生委員會。

第二條　本委員會委員由校長在教職員中聘定之。

第三條　本委員會設正副主席各一人，由委員互選之。

第四條　本委員會之職權如左：

1.編訂招生簡章，廣告及投考指南；

2.保存及處理關於招生之一切文件；

3.辦理關於攷試新生之一切手續；

4.統計新生之成績。

第五條　本委員會開會無定期由主席臨時召集之。

第六條　本規程經校務會議通過施行。

出版委員會規程

第一條　依本校組織大綱，組織出版委員會。

第二條　本委員會委員由校長在教職員中聘定之，任期一學期。

第三條　以本校編輯員爲本會主席。

第四條　本委員會之任務爲計劃及辦理本校一切出版事宜。

刊物種類暫定如左：

1. 半月刊；

2. 年刊；

3. 叢書；

4. 其他不定期刊物及章則等。

第五條　本委員會分左列二股：

1. 編輯股　任撰述、紀錄、迻譯、謄寫文稿。及修正取捨來稿等事項；

2. 發行股　任刊物之分發、交換、保存等事項。

第六條　本委員會得按事務之繁簡，酌聘編撰員及幹事員若干人。

第七條　每學期舉行常會三次，由主席委員邀集之；遇必要時，得舉行臨時會。

第八條　出版經費由本委員會商承校長劃定之。

第九條　本委員會日常事務，由主席任之。

第十條　本規程經校務會議通過後施行。

學生課外活動指導委員會規程

第一條　依據本校組織大綱組織學生課外活動指導委員會。

第二條　本委員會以指導學生自治及課外各項研究團體，使獲充分之訓練與均衡之發展爲宗旨。

第三條　本委員會委員及主席由校長聘定之。

第四條　本委員會委員任期爲一學期。

第五條　本委員會之任務如左：

1.輔導學生自治事項；

2.根據學生之需要，決定課外活動之種類；

3.依據課外活動之種類，指導其工作途徑；

4.審察各項活動團體之需要，商請校長分聘指導員；

5.審核各項活動團體之成績；

6.辦理獎進成績之手續。

第六條　本委員會常會，每月舉行一次；遇必要時，由主席邀集臨時會。

第七條　本委員會日常事務由主席處理之。

第八條　本規程經校務會議通過施行。

衛生委員會規程

第一條 依據本校組織大綱，組織衛生委員會。
第二條 本委會委員由校長在教職員中聘定之，任期一學期。
第三條 本委會設主席一人，由委員互選之。
第四條 本委會注意及審議事項如左：
1. 全校清潔事宜；
2. 傳染病之預防及消毒；
3. 其他衛生事宜。
第五條 本委員會每學期舉行常會三次，由主席召集之；遇必要時，得舉行臨時會議。
第六條 本規程經校務會議通過施行。

普通科主任任務規程

1. 秉承校長，規定本科教育方針及具體計劃。
2. 會同訓育主任，處理本科學生之訓練及自治之輔導。
3. 編製，整理及保管本科各種規程表册。
4. 辦理本科學生選課事宜。

行政總則

5. 支配本科教授及考試時間表。
6. 稟承校長增減本科課程。
7. 考核本科各教員教授狀況。
8. 考核教員評閱學生文卷及各項練習。
9. 輪流召集教務會議。
10 推進各分科會議研究事項。
11 辦理本科招生事宜。
12 答覆本科學生請求事項。
13 支配本科教室，實驗室，並注意教授及實驗用品之缺補。
14 會同各科教員審訂本科各學程之教材及圖書館應備之圖書。
15 會同各科教員整理本科各學程教授大綱。
16 會同各科教員研究本科各學程教學之改進。
17 考查本科學生課程缺席。
18 核定本科學生長期請假，休學及補考。
19 彙核、整理、保管本科學生成績，並報告學生家庭事宜。
20 接洽並指導本科學生參觀、旅行、遊藝、展覽、運動會等事項。
21 指導本科學升學就業事宜。

22 統計本科教員缺席時數，並商訂調課及補授時間。
23 接待參觀及考察之來賓。
24 秉承校長代表本科對外事宜。
25 每週 製工作報告送交校長辦公處。
26 輪值總理紀週主席。
27 秉承校長處理其他屬於本科範圍內一切實施及設計事宜、

師範科主任任務規程

1. 秉承校長規定本科之教育方針及專業訓練計劃。
2. 會同訓育主任處理本科學生之訓練及自治之輔導。
3. 編製，整理及保管本科教務上各種規程表簿。
4. 辦理本科學生選課事宜。
5. 支配本科教授及考試時間表。
6. 統計本科教員缺席時數，並商訂調課及補授辦法。
7. 會同各科教員審訂圖書館應備之圖書。
8. 會同各科教員整理本科各學程教授大綱。
9. 會同各科教員研究本科各學程教材教法之改進，並注意其對於小學教材教法之聯絡及應用。

10 考核教員評閱學生文卷及各項練習。
11 考核各教員教授狀況。
12 攷查本科學生課程缺席。
13 核定本科學生長期請假，休學及補攷。
14 彙核、整理、保管本科學生成績，並辦理報學生家庭事宜。
15 接洽並指導本科學生參觀、旅行、遊藝、展覽、運動會等事宜。
16 處理，指導並批評本科學生實習事項。
17 秉承校長聘請有關係之教職員指導本科學生參觀實習事項。
18 會同本科教育學科教師及實小校長指導並督促學生對於各項教育問題之研究與實驗。
19 秉承校長增減本科課程。
20 切實聯絡並指導實驗小學教務之進行。
21 切實聯絡並指導鄉村師範科及鄉師實驗小學校務之進行。
22 指導本中學區教育事業，並與各教育局及小學校長聯絡討論師資問題。
23 會同實小校長計劃幷介紹本科學生之出路，調查本科畢業生服務狀況而指導其工作。
24 秉承校長代表本科對外事宜。
25 接待參觀及攷察之來賓。
26 輪流召集教務會議，並按期召集師範科會議。

27 增進各分科會議研究事項。
28 辦理本科招生事宜。
29 答復本科學生請求事項。
30 支配本科教室，實驗室：並注意教授及實驗用品之缺補。
31 每週填製工作報告送交校長辦公處。
32 輪值總理紀念週主席。
33 秉承校長處理其他專屬本科範圍內一切實施及設計事宜。

工科主任任務規程

1. 秉承校長規定本科之教育方針及專業訓練計劃。
2. 會同訓育主任處理本科學生之訓練及自治之輔導。
3. 編製，整理及保管本科教務上各種規程表簿。
4. 辦理本科學生選課事宜。
5. 支配本科教授及考試時間表。
6. 統計本科教員缺席時數，並商訂調課及補授辦法。
7. 會同各科教員審訂圖書館應備之圖書。
8. 會同各科教員整理本科各學程教授大綱。

行政總則

9.考核教員評閱學生文卷及各項練習。
10考核各教員教授狀況。
11考查本科學生課程缺席。
12核定本科學生長期請假，休學及補考。
13彙核、整理、保管本科學生成績，並辦理報告學生家庭事宜。
14接洽並指導本科學生參觀、旅行、遊藝、展覽、運動會等事宜。
15處理，指導并批評本科學生實習事項。
16稟承校長聘請有關係之教職員指導本科學生參觀實習事項。
17秉承校長增減本科課程。
18計劃並介紹本科學生之出路，調查本科畢業生服務狀況而指導其工作。
19秉承校長代表本科對外事宜。
20接待參觀及考察之來賓。
21輪流召集教務會議。
22推進各分科會議研究事項。
23辦理本科招生事宜。
24答復本科學生請求事項。
25支配本科教室，實驗室，並注意教授及實驗用品之缺補。

26每週填製工作報告送交校長辦公處。
27輪值總理紀念週主席。
28秉承校長處理其他專屬本科範圍內一切實施及設計事宜。

初中部主任任務規程

1.秉承校長規定本部之教育方針及具體計劃。
2.秉承校長處理本部一切行政。
3.會同初中訓育主任及導師，掌理本部學生之訓練及自治之輔導。
4.考核各教員在本部教授狀況。
5.考核教員評閱學生文卷及各項練習。
6.考核本部各職員工作狀況，並督促全部事務之進行。
7.支配本部校舍。
8,稽查本部學生之秩序及整潔。
9.參與本部各項會議。
10接洽並指導本部學生參觀、旅行、遊藝、展覽、運動會等事項。
11彙核、整理、保管本部學生成績，並秉承校長報告學生家庭。
12考查本部學生課程之缺席。

行政總則

13 會同各教員核定本部學生長期請假，休學及補攷。
14 會同各教員審訂本部各學程之教材及圖書館應備之圖書。
15 會同各教員整理本部各學程教授大綱。
16 會同各教員研究本部各學程教授法之改進。
17 辦理本部學生選課事宜。
18 支配本部教授及攷試時間表。
19 編製，整理及保管本部各種規程表冊。
20 輪流召集教務會議。
21 推進各分科會議研究事項。
22 統計本部教員缺席時數，并商訂調課及補授辦法。
23 注意本部儀器、標本、藥品及一切教授用具之缺補。
24 秉承校長增減本部課程。
25 指導本部學生升學就業事宜。
26 答復本部學生一切請求事宜。
27 接待參觀本部之來賓。
28 辦理本部招生事宜。
29 秉承校長代表本部對外事宜。

30每週填製工作報告送交校長辦公處。
31輪值總理紀念主席。
32處理本部其他行政上，教務上實施及設計事項。

訓育主任舍務主任任務規程

1.綜理全部訓育事宜。
2.擬訂訓育標準及實施方法。
3.會同各部主任，訓育員或導師，輔導學生自治事宜，並督促其工作。
4.注意改進學校之風紀與團體之行動。
5.指導學生日常生活及公共服務。
6.會同舍務主任、訓育員或導師及其他教職員，評定學生操行成績。
7.召集訓育會議。
8.召集學生談話，訓練其思想，並設法解除其痛苦與煩悶。
9.處理學生獎懲事項。
10報告並建議本處進行事務於校務會議或校長。
11接受教職員及學生關於訓育上建議事項。
12指導學生其他課外一切組織之工作。

行政總則

13指導學生團體遊行、遠足、參觀、實習、照像、運動會及一切團體集合事項。
14答復學生對於課外請求事項。
15佈告學生關於本處進行之事務。
16每週填製工作報告送交校長辦公處。
17輪值總理紀念週主席。
18處理其他訓育上實施及設計事宜。

女子部主任任務規程

1.秉承校長綜理女生訓育事宜，詳訓育主任任務規程）。
2.秉承校長掌理女初中各級教務事宜（詳初中主任任務規程）。

訓育員及導師任務規程

1.協助訓育主任或舍務主任，指導學生各項自治組織，公共服務及各項課外作業。
2.協助訓育主任或舍務主任，指導學生日常生活。
3.核奪學生請假，每學期終編製學生請假，外宿及無故各項缺席統計表。
4.檢查各管理學級教室，自修室，寢室之整潔，衛生及秩序，並視察學生各項缺席及早晚作息。
5.支配宿舍、自修室、教室及編定學生坐位與臥榻號數。

6.會同事務處注意膳廳、盥洗室、娛樂室及學生集會辦公室之整潔秩序。
7.會同校醫注意學生之疾病，並檢查調養室之整潔秩序。
8.輪値總理紀念週主席。
9.檢查學生早操事件。
10.督察服務生之工作與勤惰。

高中庶務主任任務規程

1.綜理全部庶務事宜，並監導庶務處各股職員處理事務。
2.會同本處各股職員計劃本處庶務之進行。
3.報告並建議本處進行狀況於校務會議或校長。
4.執行各項會議議決關於本處庶務。
5.召集事務會議。
6.秉承校長，會同會計，擬定每學年全校預算幷調製決算。
7.秉承校長，督率事務員，分配、整理、計劃、保管、購備全校校舍校具。
8.會同校長簽訂關於購置之單據。
9.會同會計股職員負對外收付責任。
10聯絡他部督率事務員注意全校整潔衛生事項。

11 每週填製工作報告表交校長辦公處。

體育主任任務規程

1. 秉承校長規劃全校體育方針及具體計劃。
2. 秉承校長管理全校學生體格鍛鍊事宜。
3. 會同校醫監護學生之健康及疾病之預防，調製體育表格，簿冊及一切統計圖表。
4. 考核體育教授狀況及校醫工作情形。
5. 秉承校長添設運動用具及運動場所。
6. 主持檢查全校學生體格，每學期舉行一次，並比較研究其結果，藉謀學生健康之增進。
7. 主持校內或參加校外運動會事宜。
8. 主持保管及修理全校運動器具及場所。
9. 管理關於全校體育其他一切實施及改進事宜。

文書主任任務規程

1. 襄助校長察閱各項文件及各部工作報告。
2. 秉承校長擬撰稿件，並處理應行呈報及答覆事項。
3. 核閱文牘員擬撰稿件，商承校長酌定施行。

4. 整理各種議案。
5. 指導文書處各職員之任務，核對各處統計，並創製關表式樣。
6. 按日記載學校大事。
7. 督率文書處職員整理，保管一切文卷及校鈐。

文牘員任務規程

1. 保存及整理文卷函扎。
2. 擬撰公文函扎，並辦理呈報各項表册等。
3. 管保及鈐記校印。
4. 記錄學校大事。
5. 掌理郵票之出納，並須登錄郵票出納簿，註明日期，數量及用途，每月結束一次。
6. 存貯校中各部任何章程、規約、細則、名單及一切印刷品。
7. 搜集本校一切印刷品，以應外界之索取。
8. 處理校長或文書主任指定或委託其他事項。

會計員任務規程

1. 商承校長支配款項之出納。

2. 商承校長編製預算決算。
3. 經理學生應繳各費。
4. 負責保管往來現金及賬簿票據。
5. 任何用項在五元以上者，非得校長許可，不能發款。
6. 收支款項，逐月結束，交稽核委員會審查。
7. 登記及謄錄各種賬簿及表册。
8. 處理本股範圍以內其他一切事項。

高中各股庶務員任務規程

(一)雜務股

1. 保管，修繕，整理一切校舍校具。
2. 稽查門禁，掌管鎖鑰。
3. 整治校內之各部。
4. 注意全校清潔、衛生、電燈、膳食、茶水事項。
5. 考查校役之勤惰，商承校長或庶務主任，加以賞罰或進退。
6. 布置一切場所。
7. 本股其他一切事項。

（二）購置股

1. 購置校用及部科辦公應用物品（簡章另訂）。

2. 在五元以上之購置，必得校長許可；一元以上之購置　必得高中庶務主任之同意，方可採辦（無論現金或記賬，工匠之計工亦在內）。

3. 購置物品，無論現金或記賬，必須將單據隨同所購之物品向校長及庶務主任呈驗；事先須由校長及庶務主任在購物簿上簽字，以示負責。

4. 購置物品須交分發股分發，或交儲藏股儲藏；如係校具，須分配各處應用者　則由雜務股登入校具簿。

5. 本股其他一切事項。

（三）儲藏股

1. 檢收購置校用及各部辦公應用物品而儲藏之。

2. 登記及核算所儲藏之物品。

3. 每月結束一次，將存儲物品編製一覽表，報告事務會議。

4. 本股其他一切事項。

（四）分發股

1. 分發校用及各部科辦公應用物品。

2. 登記及核算所分發之物品。

3. 學期開始時，分送各教職員信紙百張，信封五十，便條若干，此外私人用物，概不再送。
4. 暫用者所需物品酌減其數量。
5. 每月結束一次，編製一覽表，報告事務會議。
6. 本股其他一切事項。

(五)講義股

1. 收發教員講義及稿件(簡章另訂)。
2. 將教員講義稿分送繕寫員繕寫，並登記所用蠟紙及講義印刷張數。
3. 掌管各部公用油印品。
4. 分別統計及核算校用課用之油印品。
5. 結算學生講義費，報告會計股。
6. 督促繕寫員按時工作。
7. 考核繕寫員工作，報告庶務主任及校長。
8. 本股其他一切事項。

初中庶務員任務規程

1. 秉承校長，初中主任處理本部一切事務。
2. 負責管理本部師生校工膳食事宜。

3. 管理本部電燈，茶水。

4. 掌管本部校舍，校具之修繕，整理及保存。

5. 稽查本部門禁，緝賊及火險。

6. 注意本部清潔，衛生。

7. 考查本部校役之勤惰，秉承校長，初中主任加以賞罰或進退。

8. 布置一切場所。

9. 收發、登記、核算並儲藏本部辦公應用物品。

10 掌管並核算本部學生應用講義材料，實驗材料及圖書等。

圖書管理員任務規程

1. 秉承校長及各部科主任，負責保管，整理，登錄，編列，借索本校一切圖書及定期刊物。

2. 編擬關於圖書館之各項規程 表册及目錄，並注意師生對於借閱規程之實踐。

3. 規劃圖書館之設備。

4. 計劃添置圖書及定期刊物。

5、輔導學生閱書行為，並注意閱書室之秩序及整潔。

6. 計劃圖書館管理方法及編目方法之改進。

7. 掌理購書及外界贈送圖書一切來往函件。

8. 管理關於圖書館其他一切事宜。

儀器標本管理員任務規程

1. 保管及整理本校儀器標本及化學藥品。
2. 預備及整置教員或學生試驗需用之儀器標本及藥品。
3. 洗滌、整理、收藏試驗用過之儀器標本及藥品。
4. 注意儀器標本藥品之損毀或消費；並須登入規定之簿冊，註明品名、日期、原因、詳情及損耗者之姓名。至學期之終，統計定價，如有需學生賠償者，先期通知會計處，在損失賠償費內扣除。
5. 注意儀器、標本、藥品之缺少及殘破，並於應用以前，商承各部科主任或理科教員設法添補或修理。
6. 登錄，安放新購之物品。
7. 注意實驗室及儲藏室之整潔及秩序。
8. 預防實驗室及儲藏室之危險。

校醫任務規程

1. 診視全校員、生、工役之一切病症。
2. 出席體育會議。

3. 注意全校衛生。

4. 預防傳染病症。

5. 檢查新生體格。

6. 會同體育主任，每學期檢查全校師生體格至少 次，並研究統計其結果，以作體育進度之標準，預防診治疾病之參攷及衛生設計之準則。

7. 關於其他衛生事項。

聘請教職員規約

一、凡教職員皆須服膺中國國民黨黨義，熱心教育，協助校長，以謀學校之發展。

二、總理紀念週，各教職員須參加；此外共同另組黨義研究會，亦須加入。兼任教員，在他機關參與者聽。

三、專任教員不得兼任他項有給職務。

四、凡職員無論職務之繁簡，與待遇之多寡，概爲專任；非經校長同意，不得兼校外職務。

五、教員不得已而缺課，須與他教員商酌對調，或擇相當時間補授；如請假滿一週以上者，須商得校長同意，請人代理。除親喪疾病外，請假逾一月以上者，得由校長聘人授充。

六、專任教員，訓育員以住校爲原則，此外負有保管責任之職員，一律住校；校中供宿不供膳。

七、教職員雖在放假期內，亦有到校服務之責（在招生期內尤須全體到校服務）。

八、教職員應遵守本校各部所訂與自身職務有關之各項細則，並出席各項有關之集會。

九、新聘教員須於開學前到校；如於開學後到校者，自到校之日起薪。

十、教職員中途辭職者，其薪俸於停止職務之日爲止。

十一、新聘教職員應於接到聘書後五日內寄回應聘書，否則以不願應聘論。繼續聘任之教職員，在接聘書後五日內未作任何表示者，即以應聘論，應聘書可不必塡還。

職員服務簡約

一、本校各處辦公時間，規定每日上午八時至十二時，下午一時至五時，七時至九時；但如另有特別規定者，不在此限。遇有特殊情形，或規定工作未能如期完畢時，上列辦公時間，得再酌量延長之。

二、星期日及休業日，各處停止辦公；但仍應輪推一人，留駐照料。

三、寒暑假期內，各處職員以照常到校辦事爲原則；如因事不克常駐，得輪流替代，處理各處事務。惟於開學前一星期及招考期內，必須一律到校。

四、職員因事離校，各主任應向校長請假，其他職員應向各該主任請假。

五、職員因故請假離校，必須請相當人員庖代；庖代者須經校長或主任之同意。

六、本校聘請職教員規約中關於職員各款有遵守之義務。

七、本細則如有未盡事宜，得隨時修訂之。

教員服務簡約

一、教員於每學期之始，各按所任學科編定教學程序，交教務處備查。

二、教員每次上課時，對於學生之勤惰，須嚴加考核，凡有缺席或遲到或早退者，須隨時填表通知教務處。

三、教員於每課教授完畢時，須填注教學日錄。

四、本學科教學上應用之圖書，器械用品，担任教員應負整理保管之責。

五、教員須按教務處通知平時考試時期，嚴加考試；并將每次成績及試題，試卷，按期送交教務處。

六、教員於每學期末應將學生考試成績及試題，試卷並核定總平均分數，送交教務處。

七、教員缺課須與教務處預商補授或調課，其時間由教務處訂定公布。

八、教員負切實施行本校考試規約之責。

九、教員除原定職守外，須負教室管理，評定學生操行及本學科課外活動與研究指導之責。

十、教員除應出席分科教學研究會，全體教職員會議，總理紀念週外，並應出席其他與本身有關之集會。

十一、教員於每學期末，各按所任學科，製簡明教授過程，報告教務處備查。

教職員出席紀念週簡約

一、全體教職員，除在請假期內，須按下列各則，一致參加 總理紀念週；

1. 職員在其辦公所在院參加紀念週；
2. 任校教員在其所住任院參加紀念週；
3. 住校之專任教員，在其教授鐘點數較多之院參加紀念週；
4. 兼課教員不能來參加紀念週者，應於每學期開始前具函聲明出席何方服務機關或黨部。

二、教職員出席紀念週，應各自簽名，以憑稽考。

三、凡一學期內無故不出席紀念週者；一次通知；二次警告；三次嚴重警告；四次辭退。

四、本簡約經校務會議通過施行。

教職員由校津貼參觀規程

一、本校為提倡教職員出外參觀，增進行政及教學之效率起見，特訂津貼辦法。

二、無論自願出外參觀，或由校派出參觀者，事前均須擬具參觀計劃書及經費預算書，交校務會議核定。

三、津貼欵數不得超出核定之預算。

四、參觀時，課務、職務事前均須商請他人分代，或回校後補授。

五、參觀後，回校須擬具報告書及對於本校改進計劃書，並交校長以資採納。

六、本規程經校務會議通過後公布施行。

本校歷年規定教員應行注意事項

一、約期一年之聘書，所載薪俸之數，僅適用於第一學期。因第二學期選科有終止者，有添設者，有因其他不得已之關係而損益者，故第二學期之薪俸或因此而有增減，特此預爲聲明。

二、遵教部通令，全校學生一律須着制服。凡我教職員似應以身作則，藉資提倡。其不着制服者，改着西服亦可。

三、教材調查表，務須隨應聘書塡寄本校文書處。

四、遵照中央規定，凡教職員在就職時必須行宣誓禮。

五、各科教材一律以用鉛印教科書爲原則，並須鼓勵學生筆記；苟非萬不得已，不用油印講義。又現值金價高漲，西書昂貴，教科書以能不用原版西書改用本國書坊出版者爲妥。

六、高，初中各級英文，每週五小時或六小時者，內授文法及文法練習二小時；每週四小時者，內授文法及文法練習一小時。

七、學生數理化，博物演草及實驗報告，一律用本校規定之單張紙，每週限令學生呈繳批改。

八、規定每班國文每學期平時試驗至少舉行四次，並舉行學期試驗一次。

九、遵教育部課程暫行標準，各級國文於選讀各家文章之外、注重讀全部書籍。茲分精讀、略讀二種；略讀書籍由教師隨時指定，精讀之書由分科會議規定，每班學生於一學期內讀完一種或數種，隨時摘要箚記，繳呈教師評閱。並於每班國文鐘點內，規定一小時，由教師將閱讀及箚記範圍，方法等詳加指導。

十、規定高中學生英文，國文之作文次數，每學期內無論請假，放假均須作滿十篇。初中學生國文每星期須作文一次，英文每星期須舉行寫作練習一次。學生作文勤惰，除由教師隨時督促考查外，並由各部教務處在學期中途及學期終結作兩次查考，不足規定篇數者扣分。

十一、初中國文英文之作文或練習，均須當堂繳卷。高中作文繳卷時間，國文以出題後兩日爲限；英文在一學期內五次當堂繳卷，五次於出題後二日內繳卷。凡逾時限者酌量扣分。

十二、各科作文報告或練習，字跡潦草者，由教師酌量扣分；發見抄襲者，不給分數。

十三、各級音樂，規定每學期舉行平時考試二次，學期考試一次。

十四、國文作文題目，每次以三個爲限，學生不得另自擬題。

十五、各科試驗除月考時間由教師規定宣佈及學期考試時間由教務處規定公布外，並於每星期內舉行短時間之試驗考試，概不預告。

十六、每節上課之始，由教師先行點名，在教師點名後學生始入教室者，即認爲遲到。兩次遲到，作一次無故缺席論。遲到在十分鐘以上者，即作無故缺席論。又學生上課時無故早退者，亦作無故缺席論。

講義股簡章

一、教員需用講義，至少須於三日前將稿件填單送交講義股。

二、講義股收稿件後，隨時將該件及蠟紙送交繕寫員，繕寫員須於一日內繕就。

三、寫就後，繕寫員將繕就蠟紙及稿件送交講義股登記。

四、講義股將蠟紙及講義紙交印刷處付印。

五、印就後送交講義股登記。

六、講義股將印成講義一二份及稿件送交教員，或由教員自取。餘由講義股直接分發學生。

七、講義如有錯字，教員可將所錯字數通知講義股（須將某科某種講義所錯何字寫明）。

各部科購置辦公用物簡章

一、凡各部科需購置辦公物件，務須於三日前開單，由本人簽字，並經各部科主任簽字後，送交事務處分發股轉購置股購辦。

二、購置股事務員視所購各物價值在五元以上者，須將物單送交校長核閱簽字；價值在五角以上、五元以下者，須經高中庶務主任簽字。庶務主任認為須交校長核奪者，須送交校長簽字。

三、簽字後購置股先向會計股付定錢若干。

四、購到後須由購置股事務員帶同店主或司事將購物及單據分別向校長或庶務主任驗明。

五、驗明後由校長或庶務主任簽字，向會計處領價。

六、所購之物須由購置股填單（三聯，一交事務主任，一交保管股，一購置股存根），交保管　保管。

七、所購之物，無論現金或記賬，均系所定手續辦理。

八、其他人員除經購置股職員請託者外，概不得向會計處領款購物，或向商店賒　。

各部科領用辦公物品簡章

一、各部科領用辦公物品，須由本人開單簽名，再由各部科主任簽名，向庶務處分發股領取。

二、分發股視所領物件價值在五角以上、五元以下者，須送交庶務主任簽字；價值五元以上者，須送交校長簽字。

三、分發股視所領物件必須購置者，交購置股採購。

四、私人用物，分發股概不分發。

校工規約

1. 校工到校任職之初，須邀本埠殷實商店出具保單，俟退職時發還。
2. 各校工對於其所任定職務，應切實負責。
3. 校工任職，須誠懇勤愼，遇事不得互相推諉及怠惰。
4. 本校各處校具，各校工應負照料之責，不得移動或損毀。
5. 本校各處房屋，各校工每日應掃除一次，每星期洗刷地板兩次，擦玻璃一次。
6. 本校畫分若干清潔區，每區由校工選舉區長一人，負各該區清潔之責。
7. 校工出校，無論爲公爲私，均須到庶務處說明事由。

8.各校工在服務期間，不得無故請假（請假規程另訂）。

9.本規約如有未盡善處，得由事務會議修改之。

校工請假規條

第一條　本校校工因公外出在半小時以上得返校者，須至庶務處將本人名牌翻爲紅色，并在告假牌上註明何時外出，何時返校，因何事故。返校仍須至庶務處將名牌翻作藍色，並將告假時間揩去；否則依私自外出論。

第二條　凡請事假者，須親自庶務處陳述理由，繕具請假單（註明何時至何時）；請假時間逾三小時以上，一日以下者，須商請該區區長，該區內委託一人兼代職務；二日以上者，須另尋替工（倘因疾病，該項工值可由校給；否則概歸請假者自理）宿假亦須事先至庶務處聲明手續，與普通請假同。

第三條　凡住居本城，確有眷屬者，每星期可請宿假一次（出校時間須在晚九時半後，入校時間須在早六時前；否則仍依私自外出論）。有因校內無處住宿，或缺乏行李，向在家中住宿者，其出入時間，務與請宿假者同；否則一樣論罰。

第四條　凡請時假（卽一二點鐘之短假），每星期至多二次，日假（卽一日以上之類），每月至多一次；宿假，每星期至多一次。

第五條　凡違第一條及第四條時假者，初則書面勸告；勸告二次後，予以警告；警告一次後，施以罰金（減工資）；罰金一次後，除名。

第六條　凡違第四條日假及宿假者，初次即行警告；警告一次及罰金一次後，即除名。

第七條　凡每月不請時假及每學期不請日假者，由庶務處分別獎勵或酌加工資。

第八條　本規條自經庶務處召集各區長會議通過後施行。

江蘇省立揚州中學學生自治會章程

第一章　總章

第一條　本會定名為江蘇省立揚州中學學生自治會。

第二條　本會以本三民主義之精神，養成同學在學校以內之自治生活，並促進其智育德育體育羣育美育之發展為目的。

第三條　本會會所設於揚州中學第一院。

第二章　會員

第四條　凡現在本校肄業之學生皆為本會會員。

第五條　會員自願出會時，應具出會請求書，聲明正當理由；經代表會議決許可，方得出會。會員出會時，已繳各費，概不退還；積欠之繳費，仍應補繳。（註：關於出會之規定本會自決之）。

第六條　本會會員在會務範圍以內，有選舉權罷免權創制權複決權。

第七條　本會會員須遵守會章服從決議，繳納會費，依時出席會議。

第三章　組織

第八條　本會最高權力機關，爲會員大會；在會員大會閉會期間，爲代表會；在代表會閉會期間，爲幹事會。

第九條　代表會之代表由各年級按照人數比例選舉之；三十人以下者選一人；三十人以上五十人以下者，選二人；五十五人以上者選三人。

第十條　幹事會由代表中互推幹事九人，候補幹事三人組織之。但一學期後即離校者，不得被推爲幹事或候補幹事。

第十一條　幹事會設常務幹事一人由幹事互推之。

第十二條　幹事會下設文書事務學術體育游藝等股，每股設主任一人，由幹事互選担任之。

第十三條　幹事會下得設合作社，由會員中推定人員組織之。

第十四條　遇有特種事情，得於幹事會下組織特種委員會；其委員由會員中推定之。

第十五條　代表選舉於每學年開始後第四週內舉行，幹事之選舉於第一次代表會時舉行，候補幹事以選舉幹事時得票次多數者充之。

第十六條　各種職員之任期均爲一年，(惟開始組織時以至下學年開始爲期滿)連舉得連任。

第十七條　代表出缺時由該年級同學重選，幹事出缺時由候補　事遞補之，以補足原任者之任期爲滿

行政細則

。

第四章　會議

第十八條　全體會員大會，每學期開會一次，遇必要時經幹事會或代表會之決議，或會員四分之一以上之建議，由幹事會開臨時大會。

第十九條　代表大會每月開會一次，遇必要時經幹事會之決議或代表三分之一，或會員五分之一以上之建議，由幹事會召開臨時大會。

第二十條　幹事會每兩週開會一次，遇必要時開臨時會，由常務幹事召集之。

第五章　權限

第二一條　本會對於校務改進事項，得向學校建議，但不得干涉學校行政。

第二二條　本會之權力屬於會員全體，由會員大會或以會員總投票之方式行使之，前項會員總投票之方式另定之。

第二三條　會員大會之職權如下：

1.決定本會進行方針。

2.接納及審查代表大會及幹事會之會務報告。

3.修定本會章程。

第二四條　代表會之職權如下：

1.決定本會進行事宜。

2.接納及審查幹事會之報告。
3.討論會員之建議案。
4.受理合法之彈劾案。
5.審核本會財政。
6.選舉幹事及候補幹事。

第二五條 幹事會之職權如下：
1.對外代表大會。
2.執行全體大會及代表大會之決議。
3.處理本會日常事務。
4.支配本會經費。
5.指導並督促各股會社之進行。
6.召集會員大會。

第二六條 代表會幹事會及所屬各股會社細則另訂之。

第六章 經費

第二七條 會費：每會員於每學期開始時繳納經常費大洋五角。（有餘發還不足補繳）

第二八條 本會特別需款時，經幹事會議決，得舉行臨時捐款。

第二九條 本會得向學校當局請求補助。

第七章　紀律

第三〇條　會員犯下列各款之一者得議處之：

1.違犯會章不行會務者。

2.違犯本會會員大會代表大會，或幹事會之決議案者。

3.破壞本會名譽或阻撓本會一切進行事宜者。

第三一條　凡違犯紀律者得按情節之輕重予以下列之處分：

1、永久或短期除名須經會員大會議決。

2.停止會員權利須經代表會議決。

3.警告須經幹事會議決。

第三二條　本章程如有未盡事宜，經幹事會議決或會員四分之一以上之建議，得提出會員大會修正之。

第三三條　本章程經會員大會議決呈請本地縣黨部核准經縣政府備案後施行。

江蘇省立揚州中學學生自治會代表大會章程

第一條　本會定名為江蘇省立揚州中學學生自治會代表大會。

第二條　本會由各級代表組織之。

第三條　各級代表由各級按照人數比例選舉之；三十三人以下者，選一人；三十人以上，五十人以下者，選二人；五十五人以上者，選三人。

第四條　各級代表之任期爲一年（惟開始組織時，以至下學年開始爲期滿）。

第五條　本會之職權如后：

1.決定本自治會進行事宜；

2.接納及審查幹事會之報告；

3.討論會員之建議案；

4.受理合法之彈劾案；

5.審查幹事會財政；

6.選舉幹事及候補幹事；

第六條　選舉代表於每學年開始後第二週內舉行，其選舉事務由上年度幹事會辦理（但第一屆代表之選舉不在此例）。

第七條　某級代表出缺時，由該年級重行選出。

第八條　非本校學生自治會會員，無選舉代表權及被選舉權。

第九條　本會於每學年第一次代表大會中由各代表互選幹事九人，候補幹事三人，組織幹事會。

第十條　本會每月舉行常會一次，由幹事會召集之，但遇必要時，經幹事會之決議，或代表三分之一或會員五分之一以上之建議　得由幹事會召開臨時大會。

第十一條　本會開會時主席，由幹事會常務幹事任之；但每屆第一次大會之主席，由代表臨時互推之

行政總則　　五三

第十二條　本章程如有未盡事宜，經幹事會決議，或代表三分之一或會員五分之一以上之建議，得提出本會修正之。

第十三條　本章程經本會議決公佈後施行。

學生課外活動各會會員任務通則

一、各會會員以自動研究或練習等爲主要任務，指導員居輔導地位。

二、會員入會時宜先加考慮，認定目標及需要，然後簽名加入；入會後不得中途退出。

三、會員有出席會議之任務。

四、會員有互助之任務。

五、會員有共謀會務發展之任務。

六、會員須按各會性質及需要，分別作左列各項之活動：

㈠問題研究；　㈡問題討論；

㈢講演紀錄；　㈣標本採集；

㈤事項調查；　㈥外籍譯述；

㈦物品製造；　㈧技術練習；

七、各項活動之資料，綱要及程序等，由指導員擬定；或由各會執委徵集會員意見，商同指導員決定之。

八、每會在一學期內至少須有一種以上之成績報告或表現，如研究報告，作品展覽，藝術表演等。

九、本通則如有未盡事宜，由指導委員會修正之。

各項研究會執委聯席會議規程

一、依據分工合作之原則，組織本聯席會議。

二、本會議以各研究會執委會組織之。

三、本會議設主席，文書，交際各一人，事務，編輯各二人，由執委會互選之（每會一權）

四、本會議之任務如下：

㈠議定各會共通事項；

㈡議定各會聯絡事項；

㈢議定指導委員會委託事項；

㈣議定各研究會會員請議事項；

五、本會議每學期舉行常會三次，遇必要時由主席召集臨時會。

六、本規程如有未盡事宜，得於常會時提議修正之。

各項研究會執行委員會任務規程

行政總則

一、本委員會依照研究會通則第三條之規定組織之。

二、本委員會之職權如下：

㈠執行大會議決事項；

㈡處理指導委員會委託事項；

㈢招集大會；

㈣計劃及促進會員之研究事項；

㈤接洽敦請指導員事項。

三、本委員會之任務分配如下：

㈠常務委員；

綜理本會會務；

招集開會及開時主席；

對外代表本會。

㈡文書委員：

掌理本會文牘，布告，記錄及講義事項；

商同常委，編製會務計劃書及成績報告書；

保管文件，名冊及圖章等件。

㈢事務委員；

掌理本會經濟出納，物品購製及會場佈置，商同常委調製經濟預算書與決算報告書。

四、本委員會每月舉行常會一次，遇必要時由常務委員邀集臨時會。

五、本規程如有未盡事宜，於常時修改之。

揚中師範科初等教育研究會會章

1. 定名　揚中師範科初等教育研究會。
2. 宗旨　本會以研究初等教育爲宗旨。
3. 會員　本會由揚中師範科同學志願加入者爲會員。
4. 組織　本會設幹事三人，內分常務，文書及事務。
5. 指導員　請本校教育教員担任之。
6. 工作　本會工作分下列諸項：

㈠搜集教育資料；

㈡調查教育實況；

㈢研究教育問題；

㈣敦請專家演講；

㈤發刊教育彙刊；

7. 會期　本會於每學期始終各開大會一次；遇必要時得開臨時大會，由常務召集之。

8.會　費　由校津貼之。

9.附　則　本會章經公布後施行。

江蘇省立揚州中學實驗民衆學校組織大綱

第一條　本校隸屬於江蘇省立揚州中學高中師範科，定名爲江蘇省立揚州中學實驗民衆學校。

第二條　本校專收附近不識字或失學之成人及兒童，以普及國民之基本教育爲宗旨。

第三條　本校設校長一人，由揚州中學高中師範科主任於高中師範科學生中聘任之。

第四條　本校設教務主任一人，商承校長掌理全校課程，支配教師課務，並考核學生勤惰與統計成績等事宜。

第五條　本校設訓育主任一人，商承校長掌理全校訓育及指導學生課外活動等事宜。

第六條　本校設事務主任一人，商承校長掌理全校款項出納以及校具之整理，購買等事宜。

第七條　本校教員，訓導員，事務員各若干人。

第八條　本校設校務會議，由校長、教務主任、訓育主任、事務主任暨各學科首席教師組織之。

第九條　各學科設各學科會議，由教務主任及各學科教員組織之。開會時由各該學科首席教師召集，並担任會議主席。

第十條　本校由校務會議之決定，設招生委員會及其他委員會。

第十一條　本校學生以識字程度及成人與兒童爲分班標準。

第十二條　本校學生每期修業四個月。

第十三條　本校課程設三民主義、國語、常識、珠算、算術、音樂六科。

第十四條　本校經費由揚州中學撥充之；但每期不得過二十元。

第十五條　本大綱如有未盡善處，由校務會議修訂之。

本校歷屆高初中畢業生狀況統計表

項別		初中第一屆	初中第二屆	初中第三屆	初中第四屆	高中師範科第一屆	高中師範科第二屆	高中師範科第三屆	高中師範科第四屆
組數		2	2	3	2	2	2	1	2
畢業人數		86	64	91	56	76	68	37	70
升學	高中師範科	22	21	31	12				
	高中普通科	31	36	47	21				
	高中工科				7				
	大學	13				17	16	5	7
	專門						2		1
	其他	3	2	4	9	5	6		2
	總人數	69	59	82	49	22	24	5	10
	百分比	80.3	92.2	90.2	87.5	29.0	35.3	13.5	14.3
就業	教師	1				39	34	26	40
	機關	1				9	6	1	2
	總人數	2				48	40	27	42
	百分比	2.3				63.1	58.8	73	60.0
閒居	總人數					3			
	百分比					4.0			
未詳	總人數	12	1	9	7	1	3	3	16
	百分比	14 0	1.6	9.8	12.5	1.3	4.4	8.1	22.8
自修	總人數	2	4			1		2	2
	百分比	2.3	6 3			1.3		5.4	2.9
已故	總人數	1				1	1		
	百分比	1.2				1.3	1.5		

本校高初中學生人數一覽表

級		別	人數
高	普通科	一年級甲組	49
		一年級乙組	47
		二年級甲組	39
		二年級乙組	37
		三年級甲組	32
		三年級乙組	36
	師範科	一年級	45
		二年級甲組	44
		二年級乙組	36
中		三年級	39
	工科	一年級	39
初	男生	秋一甲	55
		秋一乙	50
		秋二甲	46
		秋二乙	43
		春二	33
		秋三甲	33
		秋三乙	29
		春三	16
	女生	一年級	41
		二年級	44
中		三年級	45
總計			878

	高中普通科				總計
	第一屆	第二屆	第三屆	第四屆	
	2	2	2	2	24
	63	34	62	76	783
					86
					135
					7
	47	20	38	50	213
		2	1	1	7
	2	1		6	40
	49	23	39	57	488
	77.8	67.6	63.0	75.0	62.3
		2	6	2	150
	5	2	5	3	35
	5	5	11	5	185
	7.9	14.7	17.7	6.6	23.6
		1			4
		2.9			0.5
	5		6	9	72
	7.9		9.7	11.8	9.2
	1	2	6.	5	25
	1.6	5.9	9 7	6.6	3.2
	3	3			9
	4.8	8.8			1.1

總理遺囑

余致力國民革命凡四十年其目的在求中國之自由平等積四十年之經驗深知欲達到此目的必須喚起民衆及聯合世界上以平等待我之民族共同奮鬥現在革命尚未成功凡我同志務須依照余所著建國方略建國大綱三民主義及第一次全國代表大會宣言繼續努力以求貫徹最近主張開國民會議及廢除不平等條約尤須於最短期間促其實現是所至囑

中華民國教育宗旨

中華民國之教育根據三民主義以充實人民生活扶植社會生存發展國民生計延續民族生命爲目的務期民族獨立民權普遍民生發展以促進世界大同

江蘇省立揚州中學教學總則

二十一年一月

江蘇省立揚州中學教學總則

二十一年一月訂

目錄　頁數

高初中學則……一
成績攷查規程……三一
本校初中畢業生直升高中標準……三四
容納轉學生辦法……三五
高中月攷缺席辦法……三五
入學須知……三六
註冊手續……三六
退學通知書……三七
敎生參觀實習規程……三八
敎生參觀規約……三九
敎生參觀須知……四〇
討論會規程……四〇
指導敎生實習細則……四二
敎生實習初等敎育研究會規程……四五
實習期間請假辦法……四六

江蘇省立揚州中學教學總則

高初中學則（鄉村師範科學則另訂）

第一章 宗旨

第一條 初中部以根據中華民國教育宗旨及初期青年之身心狀態繼續小學灌輸基本智識實施公民訓練為升學或就業之準備為宗旨

第二條 高中部普通科以根據中華民國教育宗旨及青年個性繼續初級中學之訓練增進其知識技能為預備研究高深學術及從事各種職業為宗旨

第三條 高中部師範科以根據中華民國教育宗旨施以適宜之科學教育及嚴格之身心訓練養成一般國民道德上學術上健全之師資為宗旨

第四條 高中工科土木工程組以根據中華民國教育宗旨施以關於土木工程職業之知識技能訓練養成身心強健學術充實技藝嫻熟之工程人才為宗旨

第二章 組織 修業期限 學額

第五條 本校除鄉師外分部初級中學高級中學兩部修業期限各三年

第六條 高中部分普通科師範科及工科土木工程組

第七條 高初中除工科外男女兼收

教學總則 一

教學總則

二

第八條　本校學級暫定高中部普通科雙軌計六班師範科雙軌計六班工科土木工程組單軌初中計三班三軌計九班共二十四班學額初中每班至多以五十人爲度高中以四十五人爲度

第三章　學科　學分

第九條　本校各學科均以學分計算凡須課外預備之學程每週上課一小時滿一學期者作一學分凡無須課外預備之學程(如理科實驗圖畫手工唱歌軍事訓練等)每週上課一小時滿一學期者作半學分

第十條　本校對於各學程酌量採用能力分組制

第十一條　初中部自三年級起高中部師範科自一年級起普通科自二年級起酌加選科

第十二條　初中部各學年必修科學程時數及學分列表於下

初中部必修科學程表

學年	第一學年				第二學年				第三學年			
學期	第一學期		第二學期		第一學期		第二學期		第一學期		第二學期	
學程 / 每週時數及學分	時數	學分	時數	學分	時數	學分	時數	學分	時數	學分	時數	學分
黨義	2	2	2	2	2	2	2	2	2	2	2	2
國文	6	6	6	6	6	6	6	6	6	6	6	6

敎學總則

書法	英文	算學			本國地理	外國地理	本國歷史	外國歷史	自	
		算術	代數	幾何					動植物	生理衛生
1	6	5			3				3	
1	6	5			3				3	
1	6		5		3				3	
1	6		5		3				3	
1	5		5				4			3
1	5		5				4			3
1	5		2	3			4			
1	5		2	3			4			
	5			5		3				
	5			5		3				
	5			5				3		
	5			5				3		

三

教學總期	自然 礦物地質	自然 理化	工藝	圖畫	樂歌	體育	童子軍	家事	合計
			2	2	1	3	2		36
			1	1	.5	1.5			30
			2	2	1	3	2		36
			1	1	.5	1.5			30
			2	2	1	3	2		36
			1	1	.5	1.5			30
	3		2	2	1	3	2		36
	3		1	1	.5	1.5			30
		4			1	3	2	2	33
四		4			.5	1.5		2	29
		4			1	3	2	2	33
		4			.5	1.5		2	29

附註：家事爲女生特設必修學程女生在三年級不修童子軍又女生手工酌参縫紉刺繡

第十三條　初中部各學生第三學年選修學程時數及學分列表於下

初中部選修科學程表

學程 \ 學年·學期·每週時數及學分	第一學年第一學期時數	第一學年第一學期學分	第一學年第二學期時數	第一學年第二學期學分	第二學年第一學期時數	第二學年第一學期學分	第二學年第二學期時數	第二學年第二學期學分	第三學年第一學期時數	第三學年第一學期學分	第三學年第二學期時數	第三學年第二學期學分
應用國文									2	2	2	2
應用英文									2	2	2	2
三角											2	2
用器畫									2	1		
圖畫									2	1	2	1
手工									2	1	2	1
書法									1	1	1	1
簿記									2	2	2	2

教學總期

壹

珠算											1	1
國語練習									1	.5	1	.5
商業常識									1	1		
工業常識											1	1

第十四條　高中部普通科各學年必修科學程時數及學分列表於下

高中普通科必修學程表

學年	第一學年				第二學年				第三學年			
學期	第一學期		第二學期		第一學期		第二學期		第一學期		第二學期	
每週時數及學分 / 學程	時數	學分	時數	學分	時數	學分	時數	學分	時數	學分	時數	學分
黨義	2	2	2	2	2	2	2	2	2	2	2	2
國文	5	5	5	5	5	5	5	5	4	4	4	4

英文	三角	幾何	高等代數	本國地理	外國地理	本國歷史	外國歷史	生物學	化學	物理
5	3			3				4	7	
5	3			3				3	6	
5		3				3		4	7	
5		3				3		3	6	
5			3		3					7
5			3		3					6
5			3		3					7
5			3		3					6
5							3			
5							3			
5							3			
5							3			

教學總則

八

科目												
體育	2	1	2	1	3	1.5	3	1.5	3	1.5	3	1.5
◎國術	1	.5	1	.5								
◎軍事訓練	3	.5	3	.5	3	.5	3	.5				
。婦女問題及家事	2	2										
。看護及保育			2	2								
。家事實習上					2	1						
。家事實習下							2	1				
合計	35	30	35	30	31	27	31	27	17	15.5	17	15.5

(◎)係男生必修(。)係女生必修

第十五條　高中部師範科各學年必修科學程時數及學分列表於下

師範科必修學程表

教學總則

學年	學期	每週時數及學分	黨義	國文	三角	幾何	算術複習及其教學法	實用算學	本國地理	外國地理
第一學年	第一學期	時數	2	5	2				3	
		學分	2	5	2				3	
	第二學期	時數	2	5		3				3
		學分	2	5		3				3
第二學年	第一學期	時數	2	5						
		學分	2	5						
	第二學期	時數	2	5						
		學分	2	5						
第三學年	第一學期	時數	2	4			2			
		學分	2	4			2			
	第二學期	時數	2	4				2		
		學分	1	2				1		

九

本國歷史	2	2	2	2								
外國歷史					2	2	2	2				
生物學	4	3	4	3								
化學					4	3	4	3				
物理									4	4	4	1
小學教師應用圖畫	2	1	2	1	1	.5	1	.5				
小學教師應用手工	2	1	2	1	1	.5	1	.5				
小學教師應用音樂	2	1	2	1	1	.5	1	.5				
教育概論	3	3										
論理學			2	2								
教育心理	2	2	2	2								

教學總則

軍事訓練	國技	體育	小學實習	小學教材研究	小學教學法	注音符號	健康教育	教育測驗與統計	社會學及社會問題	小學行政
3	1	1								
1.5	.5	.5								
3	1	1								
1.5	.5	.5								
3		2			3				2	2
1.5		1			3				2	2
3		2			3			3		2
1.5		1			3			3		2
		2		3			2			
		1	2	3			2			
		2		4		2				
		1	1.2	2		1				

二一

○婦女問題及家事	2	2										
○看護及保育			2	2								
○家事實習上					2	1						
○家事實習下							2	1				
合計	34	27.5	34	27.5	28	23	29	24	19	20	20	21

(◎)係男生必修(○)係女生必修

第十六條　高中普通科師範科選修學程分文史地自然科學藝術三類

第十七條　文史地自然科學藝術三類各學年選修學程時數及學分列表於下

甲、文史地類

學年	第一學年				第二學年				第三學年			
學期	第一學期		第二學期		第一學期		第二學期		第一學期		第二學期	
學程 ＼ 每週時數及學分	時數	學分	時數	學分	時數	學分	時數	學分	時數	學分	時數	學分

敎學總則

文字學					2	2						
文學史大綱							2	2				
國學概要 上下									2	2	2	2
應用文									2	2		
美術文											2	2
師選英文(一) 上下	4	4	4	4								
同右(二) 上下					4	4	4	4				
同右(三) 上下									4	4	4	2
英語語音學					2	2						
應用英文							2	2				
英文修詞學 上下									2	2	2	2

一三

教學總則

	1	2	3	4	5	6	7	8	9	10	11	12
法文上下									2	2	2	2
日文上下									2	2	2	2
本國文化史上下									2	2	2	2
東亞各國史									2	2		
西洋近百年史											2	2
人文地理									2	2		
自然地理											2	2
心理學									2	2		
論理學											2	2
經濟概論					2	2						
法制概論							2	2				

學程	第一學年第一學期時數	學分	第一學年第二學期時數	學分	第二學年第一學期時數	學分	第二學年第二學期時數	學分	第三學年第一學期時數	學分	第三學年第二學期時數	學分
政治概論									2	2		
社會學及社會問題											2	2
人生哲學									2	2		
教育概論											2	2

乙、自然科學類

學年	第一學年				第二學年				第三學年			
學期	第一學期		第二學期		第一學期		第二學期		第一學期		第二學期	
學程　每週時數及學分	時數	學分	時數	學分	時數	學分	時數	學分	時數	學分	時數	學分
植物學					3	3						
動物學							3	3				
生理衛生									3	3		

地質學											3	3
天文及氣象學大意											2	2
有機化學大意					3	3						
工業化學							4	3				
師選代數					2	2	2	2				
高等幾何									3	3		
幾何補習	2											
初等分析									3	3		
力學									4	4		
電磁學											4	4
高等化學									5	4	5	4

學程 ＼ 每週時數及學分 ＼ 學年 學期	第一學年 第一學期 時數	第一學年 第一學期 學分	第一學年 第二學期 時數	第一學年 第二學期 學分	第二學年 第一學期 時數	第二學年 第一學期 學分	第二學年 第二學期 時數	第二學年 第二學期 學分	第三學年 第一學期 時數	第三學年 第一學期 學分	第三學年 第二學期 時數	第三學年 第二學期 學分
解析幾何 上下									3	3	3	3
微積分											3	3
弧三角									2	2		
工業概論									1	1		
科學發達史											1	1
用器畫					2	1						
投影幾何							2	2				
平面測量									2	1		

丙、藝術類

教學總則

圖案畫 下上									2	1	2	.5
國畫 下上					2	1	2	1	2	1	2	.5
西洋畫(一)					3	1.5						
西洋畫(二)							3	1.5				
西洋畫(三)									3	1.5		
西洋畫(四)											8	1
美術史									2	2		
西樂及樂理(一) 下上					3	2	3	2				
同右(二) 下上									3	2	3	1
手工					2	1						
手工							2	1				

手工									2	1		
教便物之製作											2	.5

第十八條　師範科學生每人須在下列表中至少選習八學分

師範科選修教育學程表

學年	第一學年				第二學年				第三學年			
學期	第一學期		第二學期		第一學期		第二學期		第一學期		第二學期	
學程　每週時數及學分	時數	學分	時數	學分	時數	學分	時數	學分	時數	學分	時數	學分
兒童學與幼稚教育					2	2						
教育史							2	2				
低年級教學法					2	2						
民衆教育							2	2				
單級及複式教學法									2	2		

地方教育行政											4	2
鄉村教育									2	2		
比較教育											4	2

第十九條　高中工科土木工程組各學年必修科學程時數及學分列表於下

工科土木工程組必修學程表

學年	第一學年				第二學年				第三學年			
學期	第一學期		第二學期		第一學期		第二學期		第一學期		第二學期	
學程　每週時數及學分	時數	學分	時數	學分	時數	學分	時數	學分	時數	學分	時數	學分
黨義	2	2	2	2	2	2	2	2	2	2	2	2
國文	4	4	4	4								
工程書法	1	.5	1	.5								
英文	4	4	4	4	4	4	4	4				

三角	幾何	高等代數	初等數學解析	物理	化學	製圖	測量	本國地理	工用地質	工業概論
3	3			5		6	4	3		
3	3			4		4	2	3		
		3	3	5		6	4		2	
		3	3	4		4	2		2	
					5	6	4			2
					4	4	2			2
					5	6	4			
					4	4	2			
						4				
						2				

教學總則

科目	1	2	3	4	5	6	7	8	9	10	11	12
工業經濟							2	2				
應用力學					3	3						
材料力學							3	3				
材料學及實驗					2	2	2	1				
熱機大意									2	2		
電機大意											2	2
結構理論及設計									3	3	3	3
土石工學及基礎									3	3	3	3
道路工學									3	3	3	3
河海工學											4	4
市政工程											3	3

二三

鐵道建設大意									3	3		
估計及工程合同											2	2
鋼骨混凝土									2	2	2	2
房屋建築									3	3		
木架屋頂設計											2	2
暑期實習				3				3				
體育	3		3		3		3		3		3	
軍事訓練	3	1.5	3	1.5	3	1.5	3	1.5				
合計	41	31	40	33	34	24.5	34	26.5	28	23	29	26

第二十條 選修學程須在前學期將終時於指定時間內各隨需要選定之選修規程另訂

第二十一條 選修科目不及十五人以上者得不開班

第二十二條 選修學程以一學期爲單位其註明上下者爲一學年之學程凡一學年之學程非習滿一學年不

給學分

第二十三條　選修學程冠以普選或師選二字者係爲普通科或師範科特設之選修學程他科學生不得選修

第二十四條　初中學生修滿一百八十六學分畢業

第二十五條　初中學生除修滿第十二條規定必修學程外並須至少選讀第十三條內選修學程十二學分（女生八學分）

第二十六條　高中普通科學生修滿一百五十六學分畢業師範科學生修滿一百六十二學分畢業

第二十七條　高中普通科除必修學程共一百四十五學分外至少須讀選修學程十一學分玆將普通科各學年必修選修學分支配表列下

學年	一				二				三				共計	
學期	一		二		三		四		五		六			
必修學分	30		30		27		27		15.5		15.5		143	
選修學分					最小限度 0	最大限度 6	最小限度 0	最大限度 5	最小限度 5.5	最大限度 14.5	最小限度 5.5	最大限度 14.5	最小限度 11	最大限度 39
總計	30	30	30	30	27	32	27	32	21	30	21	30	156	184

第二十八條　高中師範科除必修學程一百四十三學分外至少須讀選修學程十九學分茲將各學年必修選修學分支配表列下

學年	一				二				三				共計	
學期	一		二		三		四		五		六			
必修學分	27.5		27.5		23		24		20		21		142	
選修學分	最小限度 0	最大限度 4	最小限度 0	最大限度 4	最小限度 4.	最大限度 9	最小限度 4	最大限度 8	最小限度 7	最大限度 10	最小限度 4	最大限度 9	最小限度 19	最大限度 46
總計	27.5	31.5	27.5	31.5	27	32	28	82	27	30	25	30	162	187

第二十九條　成績考查高中及女初三以學業操行體育三項爲標準初中除女初三外以學業操行體育童子軍四項爲標準其考查規程另定之

第三十條　普通科師範科之學程倘有程度相同學分相等者得合併上課

第四章　學期休業日

第三十一條 本校以每年八月一日爲學年之始翌年七月三十一日爲學年之終

第三十二條 一學年分兩學期本年八月一日至翌年一月三十一日爲一學期二月一日至七月三十一日爲第二學期

第三十三條 本校每年校歷悉依據敎育部所頒學歷

第五章 入學 退學 休學 畢業

第三十四條 高中新生除招收初中畢業生外得招收具有相當程度而成績優異者但不得超過招收額數百分之十

第三十五條 初中新生除招收小學校畢業生外得招收具有相當程度而成績優異者但不得超過招收額數百分之十

第三十六條 高中部容納本校初中部畢業生之免試學額以高中各科招收學額百分之五十爲限其免試標準另定之

第三十七條 未經立案學校之畢業證書不發生效力

第三十八條 師範科學額以容納本省學生爲限外籍學生附讀者其應納各費與高中普通科同

第三十九條 本校各級有缺額時得容納轉學生但須經訓育會議或訓導會議其辦法另定之

第四十條 高初中最高年級不收轉學生

第四十一條 招收新生時試驗科目列左

(一)初中一年級入學試驗科目爲三民主義淺測國語算術常識口試及體格檢查

(二)高中一年級入學試驗科目為三民主義國文英文算學(算術代數平面幾何)史地理科口試及體格檢查工科加試用器畫及書法

(三)轉學生入學試驗科目依班次程度而定

第四十二條 入學試驗報名手續如下

報名應繳最近四寸半身相片二張(不粘硬片背面寫明本人姓名籍貫年歲經歷通信處及投考年級並經原校校長簽名蓋章) 報名費一元半同時呈驗畢業證書手續不完備者不得報名

通函報名者須將相片報名費(用郵局匯票寄郵票不收)及畢業證書由郵局掛號寄本校招生委員會

第四十三條 試驗及格者於入學時親塡入學志願書並由保證人具繳保證書存校

第四十四條 學生請求轉學他校者須於學期之末由家長或保護人具請求書經校長認可後為具轉學證書塡明該生歷年在校操行學業體育成績表並附該生最近四寸照片逕函該生所志願轉入之學校

第四十五條 高中學生錄取後概不得請求轉科

第四十六條 受退學懲戒之學生不得請求轉學

第四十七條 學生非因左列情形不得請求退學

(一)無力維持費用者

(二)家庭忽生變故不能繼續學業者

(三)身體患病一時難望痊癒者

(四)因其他原故改就別項職業者

第四十八條　學生請求退學須由家長或保護人具請求書經校長之許可

第四十九條　學生有下列各欵情形之一者由校長令其退學

(一)發生重大不正當行爲者

(二)身體羸弱難望成就者

(三)性行不良屢戒不悛者

(四)不遵校章繳納各項費用者

(五)學業過劣難望造就者

(六)一學期無故曠課時間合計至十五小時以上者

(七)發生其他事故認爲不適於修學者

(八)合於成績考查規程第十條第十一條情形者

(九)開學後一星期無故不到者

第五十條　學生因第四十七條及第四十九條各欵情形而退學者以前所繳各費除學宿體育圖書館各費不退還外其餘各費得扣算退還但因第四十七條第一欵情形而退學者並得酌量退還其學宿等費

第五十一條　師範科學生自行退學者除沒收保證金外並追繳與普通科同數之學宿膳費

第五十二條　學生因疾病或其他正當事故得請求休學惟須由家長或保護人具請求書說明理由經校長之許可

第五十三條 學生因病或確有正當事故雖經請假期合計超過每學期授課時間三分之一校長得令其休學

第五十四條 學生休學以一次爲限其期限規定爲一學年期滿後不入校者以退學論

第五十五條 新生不得請求休學

第五十六條 學生休學期滿到校續學由本校檢查體格及格後編入相當班次肄業如無相當班次由本校轉送他校肄業

第五十七條 高初中學生規定學分數修完由校給予畢業證書高中普通科師範科畢業生本校每年得各擇成績最優者一名保送入中央大學肄業但師範畢業生受保者須於畢業後至少服務一年

第六章 納費

第五十八條 學生每學期應繳各費如下

費別＼部別科別	高中部普通科	備註	高中部師範科	備註	初中部	備註
學費	十元				十元	
宿費	三元				二元	
體育費	二元		二元		二元	
圖書館費	一元		一元		一元	

講義費	二元	餘還少補	二元	餘還少補	一元	餘還少補
實驗材料費	二元	仝右	二元	仝右	二元	仝右
膳費	三十元	午膳減半餘還少補	六元	此係補省膳費之不足	三十元	午膳減半餘還少補
僕費	一元		一元		一元	
學生集會費	半元	餘還少補	半元	餘還少補	半元	餘還少補
損失賠償費	五元	新生入學時繳納畢業時發還			五元	新生入學時繳納畢業時發還
保證費			十元	新生入學時繳納畢業時發還		
童子軍活動費					一元	三年級免繳
附註	新生入學時須繳制服費三十元餘還缺補					

第五十九條　學生入校須繳清各費方能入舍住宿出席上課

第七章　附則

第六十條　本學則由校務會議通過施行

第六十一條　本學則未盡事宜由校務會議修正之

第六十二條　本校各項規程細則另定之

成績考查規程

（甲）總成績考查規程

㊀成績考查高中及女初三以學業操行體育三項爲標準初中除女初三外以學業操行體育童子軍四項爲標準

㊁成績等第分甲乙丙丁四種以丙等爲及格等第

㊂各項成績等第之規定其詳細規程另訂之

㊃高中及女初三總等第之評定依下列各條定之

（子）凡學業操行體育三項等第相同均在丙等或丙等以上者即以該等第爲學期總成績等第

（丑）凡學業操行體育三項等第在丙等或丙等以上有兩項相同者即以相同之等第爲學期總成績等第

（註）如三項等第爲兩甲一丙或兩丙一甲者提出交校長核閱評定之

（寅）凡學業操行體育三項等第在丙等以上而互異者學期總成績應列入乙等

（卯）學業成績爲丁等操行體育在丙等或丙等以上者學期總成績應列入丙等並留級

（註）凡應留級之學生如因班次不能銜接時得暫在原班試讀一學期

㊄初中除女初三外總等第之評定依下列各條定之

（子）凡四項等第均在丙等或丙等以上而相同者即以該等第爲學期成績等第

教學總則　

（丑）凡四項等第在丙等或丙等以上而有三項相同者卽以相同之等第爲學期總成績等第

（註）如四項等第爲三甲一丙者交校長評定之

（寅）凡四項等第均在丙等或丙等以上而爲兩兩互異者則以學業之等第爲總成績等第但二甲二丙者當列入乙等

（卯）凡四項等第均在丙等或丙等以上有二項相同而其他二項互異者總成績應列入乙等

（辰）學業成績爲丁等其他三項在丙等或丙等以上者學期總成績應列丙等並留級

（註）凡應留級之學生因班次不能銜接時將暫在原班試讀

㈥除學業外其他各項有一項入丁等者學期總成績應列入丁等

㈦學業成績繼續兩學期爲丁等者學期總成績應列入丁等

㈧學期總成績爲丁等者應令退學

㈨新生第一學期學業成績列入丁等者應令退學

（乙）　學業攷查規程

㈠學業攷查記分法暫以百分法爲標準以六十分爲及格分數

㈡凡三學分以下之學程每學期舉行定期試驗兩次三學分及三學分以上之學程每學期舉行定期試驗三次不預告知之臨時試驗若干次

（註）圖畫手工注重平時練習不舉行試驗

㈢計算各學程平均分數時分（甲）平日績分臨時攷試分數（乙）定期考試分數與（丙）學期攷試分數各占三

分之一

㊃凡無平日積分之學程計算平均分數時定期攷試分數與學期攷試分數各占十分之五

㊄學期攷試因本人疾病或父母大故缺考者得舉行補考

㊅各學程以最後之平均分數滿六十分者爲及格給與學分

㊆各學程最後之平均分數在六十分以下五十分以上者得舉行補攷一次補考及格給與學分補攷仍不及格者必修學程須令重習

㊇補考手續須於次學期開學後兩星期內辦理過期不補其成績由教務處以百分之九十計算

㊈一學期內缺課時數占受課時數三分之一或三分之一以上者不得與學期攷試

㊉學期學業成績分數以下法計算之

1.以各學程學分數乘各學程平均分數得各學程平均分數總積

2.各學程平均分數總積相加以本學期修習學分總數除之得本學期學業成績分數

(十一)計算學業成績分數時凡不及格學程之成績均一律加入

(十二)在一學期內學生每缺課二十小時扣學業成績分數一分無故缺席五倍計算

(十三)學業成績等第以學業成績分數之高下爲標準依下法計算之

1.學業成績分數在八十分或八十分以上者爲甲等但有三分之一以上之學分成績在八十分以下者則爲乙等

2.學業成績分數在七十分或七十分以上八十分以下者爲乙等但有三分之一以上之學分成績在七十分

以下者則爲丙等

3.學業成績分數在六十分或六十分以上七十分以下者爲丙等但有下列情形之一者則爲丁等

(甲)有四種或四種以上之學科成績在六十分以下者

(乙)不足六十分之學分數占本學期修習學分總數三分之一或三分之一以上者

4.學業成績分數在六十分以下者爲丁等

本校初中畢業生直升高中標準

(一)學業　凡具下列之一者不得直升

1.六學期中有一學期成績列丁等者(如末學期成績列甲等者不在此例)

2.末學期成績在六十五分以下者

3.末學期有五學分或五學分以上因列丁等而補考者凡具下列之一而不與上列各條衝突者始得予以直升

4.六學期中至少有三學期成績列乙等以上並在第三學年中至少有一學期成績列乙等以上者

5.第三學年中兩學期成績均列一等以上者

(二)操行　凡具下列之一者始得予以直升

1.末學期列乙等以上而前五學期中有兩學期列乙等者

2.末學期列甲等者

㈢體育　身體無疾病者得予直升

㈣額數　直升額數不得超過高中招生總數百分之五十倘超過時依末學期學業成績爲標準以定去取

容納轉學生辦法

凡欲轉學本校者須於學期開始一星期以前呈繳下列各件

1. 由原肄業學校校長簽名蓋章所具之切實保證書并說明該生離校詳細原因
2. 原校轉學證書
3. 在原校肄業各學期之學業操行體育成績單
4. 最近四寸半身相片

上列各件經本校審查合格後如本校學額有缺額當即通知該生於學期開始三日內到校受編級試驗試驗及格後再經本校訓育會議審查合格方得插入相當年級肄業惟其肄業之第一學期僅予試讀

高中月考缺席辦法

1. 月考一律不補
2. 因重病或遭大故不得已而請假者准予免考但每缺月考一次減月考平均分數十分之一
3. 非因第二條理由而請假規避月考者以〇分計算加入平均
4. 因第二條理由而請假缺考者須于銷假時向訓育處領取證明書呈繳擔任教師（證明書式另定）

5. 銷假後二日內不到訓育處領取者以後概不補給

入學須知

一、學生應予開學時註册期內來校辦理入學手續無故不到逾一週者除名

二、平時學生必須各着制服有制服者須先向訓育處繳驗然後憑訓育處准許入學單繳費入學制服完全者得免繳制服費一部或全部

三、書籍課品本校暫不代辦惟各生來校時須備資自購

四、寄宿生須注意下列各項

㈠勿帶貴重衣物勿多帶銀錢以免遺失每學期每生除往返川資外約需書籍零用至多三十元

㈡勿帶易致危險及養成惡習之物品如燈燭烟袋等一經查出立即毀除並受訓育處相當處分

㈢所帶箱篋至多不得過兩件勿過高大入舍後必須放在本人牀下（牀下空間長裁尺三尺四寸寬二尺三寸高一尺二寸半）

註册手續

一、寄宿生未註冊前行李不得入舍（須先行安放於指定場所由校役代爲保管然後註册）

二、向訓育處繳驗制服（無制服者應繳制服費由校代製）並領取准許入學證

三、憑訓育處准許入學證向會計處繳費

四、寄宿生憑繳費收據至訓育處領取入舍證再憑入舍證率領校役搬運行李入舍（其行李存放校內者亦須憑入舍證領取入舍）然後憑收據向教務處領取上課證

退學通知書

○○部○○科○年級○組學生○○○茲因……事由家長/保證人來函聲請退學業經校長核准惟該生有無應行歸還之公物或損失賠償務希各部查核塡註以便在該生應得之退費內扣算此致

校長辦公室啓　年　月　日

各部科	負責人簽名或蓋章	備注
教務處		
訓育處		
庶務處		
圖書館		
體育部		
講義股		
理化博物儀器室		
會計處		

附註

1. 本通知書由校長辦公室塡就交由該生順次向上列各處職員接洽
2. 各職員須將該生借用公物收回後方可簽名或蓋章
3. 各職員須將該生應行賠償損失之物品名稱及費用附單送交會計處
4. 會計處結算該生應行退還各費並發給後卽將數目詳註於會計處備註欄
5. 本通知書最後由會計處簽名或蓋章後送交校長辦公處核閱歸文書處保存

敎生參觀實習規程

一、實習自師三開始上學期參觀本校實小及江都中區小學下學期自〇月〇日至〇日共計〇週除參觀外埠小學外在本校實小及地方小學實習

二、師三上學期之參觀分爲〇期每期參觀後舉行討論會一次

三、師三下學期之實習包括敎學實習校務參與級務處理三方面

四、敎生試敎於敎學科目敎學性質及敎學年級三項各求平均其分量另行規定由小學案照規定分量編配之

五、敎生實習期內小學校長及敎師爲指導員敎生應受指導

六、敎生實習時同組敎生均須列席參觀並得爲助敎手

七、敎生實習後應請指導者定期集合同組敎生開會批評

八、敎生參觀見習及試敎後應將塡答表格及書面報告送請指導員審閱

九、教生實習成績不及格者不得畢業計算方法另定之
十、教生實習分數由小學校長及各担任教員評定後彙交師範科主任
十一、關於實習指導細則由小學校長訂定施行
十二、本規程由師範科會議通過後施行

教生參觀規約

一、組織　正幹事一人副幹事二人(內女同學一人)會計一人庶務二人由全體公推之
一、指導　行程及參觀聽從指導員指導
一、參觀　各校概况推定兩人負責調查教室參觀及教學參觀各人各自認定部(年級)科務少變更參觀時應詳細筆記
一、紀律　1.全體同學各穿制服
2.每日出發前及歸寓後由幹事點名
3.在住宿學校言語舉動須特謹慎萬勿自由行動借用器物留心使用住宿處所保持整潔
4.在路上行進單行或雙行須維持整齊
5.午後休息時如有重要事故須外出者應向幹事及指導員陳明事由准時歸寓
一、行李　二人合帶一件(二件合打一起)零星物件共儲數箱行李上下由庶務照料(須編號次)每早須收拾斂速放存一處

一、费用　除公共必需之费用由共公旅费中支付外各人車費茶資等項概歸自理

教生參觀須知

一、各組到達參觀學校後須由組長投片請見該校當事者
二、由組長請求各該校贈閱印刷品
三、參觀前先詳閱參觀學校之參觀規則及各種圖表
四、參觀時行動務須敏捷並須注意各校常規
五、參觀教學時在上課前先進教室須由指定參觀人出入處進出
六、參觀時須立在教室後面以免妨礙兒童視綫
七、參觀時竭力避免引起紛擾兒童之聲音舉動
八、參觀時切勿討論批評
九、如有重要問題由組長徵集依次向各該校當事者發問態度務須懇摯
十、參觀完畢退出各該校時須由組長向當事者致謝

討論會規約

一、凡本届參觀員均爲會員
二、開會時師範科主任出席指導

三、開會時由各組組長輪任主席
四、討論問題以參觀所得者爲限
五、問題應隨同筆記呈出以便先期由各組長會同編配討論之程序
六、上項程序須於前三日印成交各會員研究
七、開會限三小時中間休息二十分鐘如時間不足得將問題移交下次會議討論之
八、會場速記員主席臨時指定
九、討論結果由主席送呈師範科主任審核付印

指導敎生實習細則

一、敎生在小學實習時由小學全體敎職員分任指導
一、在總參觀期間由實小校長及各部主任召集全體敎生將實小概況報告並詳加指導談話之要項約舉如左
1. 實小之敎育方針
2. 實小之組織大綱
3. 實小章程之內容
4. 職敎員服務通則及細則
5. 各種會議及集會規程

6.教務概況
7.訓育概況
8.學校市之概況
9.各階段之概況
10其他有關全校之事項

一、教生在每級實習之始級任教師應依據下列三標準及分組表上之標記將實習支配表調製分發各該組教生標準規定如左

1.就規定實習時間充分支配
2.單元能不破碎便不破碎
3.各人實習分量力求平均

一、教生在每級實習之始須開一部分談話會由級任報告該級之情形並詳加指導談話之要項約舉如左

1.本級兒童之個性
2.本級兒童各種活動情形
3.上課與課後管訓之方法
4.級任及值週教師之任務
5.處理公共集會之手續
6.本級上各種表簿之使用及記載法

7. 本學級之種種經過
8. 討論關於教育上之零碎問題

一、在教生實習級務一日以前應填下列表格交教生

試教先生	週次	月日起迄	事項	備註

一、各科担任教師應於教生實習前將該科教學情形詳細指導其應行注意指導事件約舉如左

1. 教學過程及實驗方法
2. 教學計劃案例
3. 教材內容及教便物
4. 成績考查法及整理
5. 本科優中劣兒童姓名
6. 本科分團之狀況
7. 本科之學程綱要及教科用書
8. 本學科之種種經過

一、各科担任教師在教生實施教學以前應填下列表格將材提示教生

教學總則

試教先生	週次	星期	級次	科目	題　目	備　註

一、教生授課之際担任教師應在教室後方參觀並將該教生教學之實施概况記錄於教生實習評案中

一、教生每課每單元授畢各担任教師應隨時批評

一、每段實習完畢在未調換以前應開教生實習初等教育研究會(其規程另定之)

一、担任各項職務之教員教生參與時應將經過情形詳細指導其應行注意指導事件約舉如左

1. 服務細則
2. 表簿使用法
3. 服務心得
4. 本職務之種種經過

一、每段教生實習完畢担任教師應將教生實習計劃大綱及實習評案分別交各級級任由級任統計結果彙交小學校長

一、小學校長收集各教生之實習計劃大綱及實習評案後在實習終了時調製實習成績一覽表一併彙交中學師範科主任

實習須知

一、教生實習期內應隨時隨地注意下列各項

1、實習態度是研究的

2、多與兒童接觸并須保持兒童對於自己應有之信仰

3、多與科任教師各級任及各主任談話

二、教生實習期內對於實習學校一切規程細則須一律遵守

三、教生試教某科實習級務參與校務之先必須先一日與該科担任教師或級任或主任接洽

四、教生於每單元試教前應將教學要點列入教案送請該科原擔任教師審核

五、教生在實習期內如因不得已之事故不能到小學實習時須先一日呈明訓育主任及師範科主任核准發給請假書轉達小學校長以便轉告實習學級之級任及該科擔任教員將缺少實習之次數記入實習評案中

六、教生擔任試教之科目既經配定不得實習級級任之許可不得更調

七、各科教材經擔任教員規定後不得臨時變更

八、教生處理兒童之成績須經担任教師檢閱後方可發還兒童

九、教生試教或實習時請指導者批評

十、批評會時教生應先報告實習經過次數同組生提出意見而後請指導者批評

教生實習初等教育研究會規程

一、爲增進敎生實習之興趣起見特設敎生實習初等敎育研究大會

一、本會凡實習學校之敎員及實習敎生均須出席中學校長師範科主任及敎育敎員均應出席指導

一、本會於每段實習終了時舉行由實習學校校長召集並爲主席

一、敎生提出問題須開會兩日前繕交主席分類彙編議事順序先一日分發各會員

一、討論時先由敎生發表後再由實習學校之敎員憑實施情形及其心得逐一解答

一、敎員敎生因事不能出席時均須事前向主席請假

一、開會時於敎生中自推臨時書記二人司記錄限二日內將記錄整理完好繕印分發各會員

實習期間請假辦法

㈠實習時不得無故缺席

㈡因事或病不能實習者必須請假請假辦法與課假同

㈢日間出入校門祇須攜帶名牌

㈣每日下午七時以前須一律返校其在七時以後因有特別事故出校者必須請假請假辦法與課後假同

㈤星期六及例假前一日下午七時以後出校者又不請假但至遲不得過九時四十分返校

㈥凡住家居本城之學生概不得在外住宿

㈦家住本城之學生如欲在家過宿須先由家長具函請假方得准許

本校歷屆高初中畢業生狀況統計表

項別 \ 人數	初中第一屆	初中第二屆	初中第三屆	初中第四屆	高中師範科第一屆	高中師範科第二屆	高中師範科第三屆	高中師範科第四屆
組數	2	2	3	2	2	2	1	2
畢業人數	86	64	91	56	76	68	37	70
升學 高中師範科	22	21	31	12				
升學 高中普通科	31	36	47	21				
升學 高中工科				7				
升學 大學	13				17	16	5	7
升學 專門						2		1
升學 其他	3	2	4	9	5	6		2
升學 總人數	69	59	82	49	22	24	5	10
升學 百分比	80.3	92.2	90.2	87.5	29.0	35.3	13.5	14.3
就業 教師	1				39	34	26	40
就業 機關	1				9	6	1	2
就業 總人數	2				48	40	27	42
就業 百分比	2.3				63.1	58.8	73	60.0
閒居 總人數					3			
閒居 百分比					4.0			
未詳 總人數	12	1	9	7	1	3	3	16
未詳 百分比	14.0	1.6	9.8	12.5	1.3	4.4	8.1	22.8
自修 總人數	2	4			1		2	2
自修 百分比	2.3	6.3			1.3		5.4	2.9
已故 總人數	1				1	1		
已故 百分比	1.2				1.3	1.5		

本校高初中學生人數一覽表

級		別	人數
高	普通科	一年級甲組	49
		一年級乙組	47
		二年級甲組	39
		二年級乙組	37
		三年級甲組	32
		三年級乙組	36
	師範科	一年級	45
		二年級甲組	44
		二年級乙組	36
中		三年級	39
	工科	一年級	39
初	男	秋一甲	65
		秋一乙	50
		秋二甲	46
		秋二乙	43
		春二	33
		秋三甲	33
		秋三乙	29
	生	春三	16
	女	一年級	41
		二年級	44
中	生	三年級	45
總計			878

總計	高中普通科			
	第四屆	第三屆	第二屆	第一屆
24	2	2	2	2
783	76	62	34	63
86				
135				
7				
213	50	38	20	47
7	1	1	2	
40	6		1	2
488	57	39	23	49
62.3	75.0	63.0	67.6	77.8
159	2	6	2	
35	3	5	3	5
185	5	11	5	5
23.6	6.6	17.7	14.7	7.9
4			1	
0.5			2.9	
72	9	6		5
9.2	11.8	9.7		7.9
25	5	6.	2	1
3.2	6.6	9 7	5.[illegible]	1.6
9			3	3
1.1			8.8	4.8

二十一年八月

江蘇省立揚州中學學生生活指導

揚州中學印行

江蘇省立揚州中學學生生活指導目錄

一、中華民國教育宗旨及其實施方針
二、訓育目的標準及訓練方法
三、學生信約
四、獎學規程
五、操行成績查規約
六、學生集會規約

揚中學生生活指導

七、學生揭貼規約
八、學生生活規約
附錄
訓練總監部教育部……方案
訓練總監部教育部……規則(節錄)

揚中學生生活指導

江蘇省立

揚州中學學生生活指導

【一】中華民國教育宗旨及其實施方針

（甲）教育宗旨

中華民國之教育，根據三民主義，以充實人民生活，扶植社會生存，發展國民生計，延續民族生命為目的。務期民族獨立，民權普遍，民生發展，以促進世界大同。

1

（乙）實施方針

前項教育宗旨之實施，應遵守下列之方針：

（一）各級學校之三民主義之教育，應與全體課程及課外作業相貫連。以史地教科，闡明民族之真諦，以集團生

揚中學生生活指導

活，訓練民權主義之運用，以各種之生產勞動的實習，培養實行民生主義之基礎。務使智識道德，融會貫通於三民主義之下，以收篤信力行之效。

（二）普通敎育，須根據 總理遺敎，以陶融兒童及青年「忠孝仁愛信義和平」之國民道德，並養成國民之生活技能，增進國民生產能力，爲主要目的。

（三）社會敎育，必須使人民具備近代都市及農村生活之常識，家庭經濟改善之技能，公民自治必備之資格，保護公共事業及森林園地之習慣，養老恤貧，防災互助之美德。

（四）大學及專門敎育，必須注重實用科學，充實學科內容

揚中學生生活指導

，養成專門知識技能；並切實陶融爲國家社會服務之健全品格。

（五）師範教育，爲實現三民主義的國民教育之本源，必須以最適宜之科學教育，及最嚴格之身心訓練，養成一般國民道德上，學術上，最健全之師資爲主要之任務。於可能範圍內，使其獨立設置，並盡量發展鄉村師範教育。

（六）男女教育機會平等。女子教育，並須注重陶冶健全之德性，保持母性之特質。並建設良好之家庭生活及社會生活。

（七）各級學校及社會教育，應一體發展注重國民之體育；

揚中學生生活指導

中等學校及大學專門，須受相當之軍事訓練。發展體育之目的，固在增進民族之體力，尤須以鍛錬强健之精神，養成規律之習慣，爲主要任務。

（八）農業推廣，須由農業教育機關積極設施。凡農業生產方法之改進，農民技能之增高，農村組織與農民生活之改善，農業科學智識之普及，以及農民生產消費合作之促進，須以全力推行。

【二】訓育目的，標準，及訓練方法

（甲）目的　本校恪遵總理遺教及中華民國教育宗旨以造就青年爲三民主義化的公民

（乙）標準　根據前項目的指導青年以求下列具體標準之實現：

揚中學生生活指導

(一)積極方面

壹·青年應明瞭：

1.三民主義的眞義

2.公民的責任與義務

3.共同生活的要點

4.社會的現狀及國際的情勢

貳·青年應具有：

1.豐富的興趣

2.活潑的態度

3.奮鬥合作的精神

4.健全的身心與正確的人生觀

揚中學生生活指導

叁．青年應努力

1．勤勞習慣的養成

2．道德知識的實踐

3．團體活動的參加

4．生活技能的培養

(二)消極方面

壹．青年應打消：

1．祇知有己不知有人的私見

2．祇讀死書不知應用的通病

3 祇博虛榮不求實際的錯念

4．祇責他人不察己過的惡性

揚中學生生活指導

貳．青年應矯正：

1. 孤僻厭羣的思想
2. 放縱浪漫的行爲
3. 固執詭辯的惡習
4. 重情輕理的偏見

叁．青年應力避：

1. 躐等求進的心理
2. 奢侈逸樂的習慣
3. 饕緣徼逐的穢行
4. 不近事實的懋處

（丙）訓練方法．採用下列方法以爲訓練青年之方針：

揚中學生生活指導

1. 指導學生自治以培植其自治能力
2. 提倡課外作業以利用其休閒時間
3. 參加社會活動以鼓勵其服務精神
4. 舉行團體談話以指示其努力途徑
5. 舉行個別談話以矯正其個性缺點
6. 訂定各項規約以養成其守法觀念
7. 設立獎學規程以增益其奮進意志
8. 採用適當懲罰以促起其遷善決心

【三】學生信約

（一）信仰三民主義

（二）發展自治能力

協中學生生活信條

（三）培植科學頭腦
（四）鍛鍊健全體魄
（五）養成勞動習慣
（六）服從團體紀律
（七）講求適當禮貌
（八）開拓快樂胸懷
（九）注重公共衞生
（十）愛護自己學校
（十一）參加社會服務
（十二）力爭民族生存

【四】獎學規程

揚中學生生活指導

一、本校爲獎勵學生，對於各項成績之努力，特殊技能之表現，公共服務之熱心，及良好習慣之培養起見，特訂奬學規程。

二、本校學生凡合於下列各項之一者，均有被奬資格——

㈠學業，操行，體育，成績均列甲等者。

㈡各科學業成績均列甲等者。

㈢任何學科技能有特殊優良之成績者。

㈣軍事訓練或童子軍訓練有特殊成績者。

㈤運動成績超過本校標準運動者。

㈥公共服務有特殊勞績者。

㈦一學期從未無故缺席及請課假者。

揚中學生生活指導

(八)注意整潔可資模範者。

(九)其他優異行爲足爲表率福利羣體者。

三、凡合於上列各項之一，得由教職員說明理由，提交獎學審核委員會討論。經審核合格並證明其他消極方面無大缺點者，分別給予下列之獎。(獎學審核委員會細則另訂之)

(一)獎金—免繳一學期之學費，限於初中及普通科學生，而又家境貧寒者，每學期以四十名爲限。

(二)獎章—分金質，銀質二種。銀質又分「智」「忠」「美」「健」「善」五項。凡五項全得或一項共得六次者，得換給金質獎章。

(三)獎狀—分團體個人二種。團體獎狀張掛於團體所在之處

揚中學生生活指導

，該團體離校者，則永存校內；個人獎狀由私人領去保存。

四、希望得獎金之學生，須家境貧寒，由本校教職員二人以上之證明，經審核確實後，始能領得獎金。

五、每屆得獎人，由校攝影，並在校刊刊布姓名永留紀念。

六、除得上列獎勵之外其有關操行者得由導師會議酌加操行分數。

七、得獎人如於事後發生違反給獎意義之重大事宜者，得酌量情形，追還其前得之獎。

八、獎學審核委員會，據各方面報告，逐一加以審核：再定得獎人名單及其應得何種獎勵，交校長公布施行之。

九、本規程由校務會議通過施行：如有未善處，由校務會議修改之。

【五】操行成績攷查規約

(甲) 總則

㈠本規約用客觀的分析方法，為攷查成績之根據。

㈡操行成績分下列六項：

1 紀律　2. 言行　3. 禮貌

4. 整潔　5. 服務　6. 請假

㈢操行成績由教導處彙合教職員攷查學生操行之記錄統計之。

㈣學生操行於開學時，均作八百分計。以後遵照本規約，與以加分或扣分。

揚中學生生活指導

㈤操行成績以六百分爲及格，不及六百分者，列入丁等，開除學籍。

㈥操行成績加至五十分以上者，列甲等；不足五十分者列乙上；保持八百分者列乙等；扣至五十分以上者，列丙等；不足五十分者列乙下。

㈦凡有特殊劣點，未載入下列項目者，得由導師會議斟酌情形，予以警告，記過，或開除學籍之處分。

㈧受警告之處分者，每次扣二十五分。受記過之處分者，扣七十分。

㈨操行有特殊優點，未載入下列項目者。得由導師會議分別加分。

揚中學生生活指導

㈩犯規自首者。減輕三分之一。再犯者倍懲。

（乙）項目

㈠紀律

一、遵守全部生活規約至一學期之久者加五十分。

二、違背本校各項規約之一（有括弧附註者除外）每次扣十分。

三、在應穿制服期內不穿制服者，每日扣五分。

四、每學期自上課日始無故遲到，一星期內每日扣三十分。

（逾一星期依據學則開除學籍）

五、上課，自修，早晚運動，紀念週，及其他由校召集之臨時集會，無故缺席一次扣十四分。

揚中學生生活指導

六、擅自召集會議，每次扣七十分。

㈡言行

七、有誠實不欺之表示者，加五分至五十分。

八、不審慎，每次扣五分至三十五分。

九、不和平，每次扣五分至三十五分。

十、侮辱他人，每次扣三十五分。（情節重大者由導師會議議處）

十一、有愛護公物之表現者，加十分至三十五分。

十二、有愛護學校之表現者，加三十五分至七十分。

十三、吸烟每次扣十分。

十四、妨礙他人每次扣十分。

揚中學生生活指導

十五、侵佔他人之利益者每次扣三十分。
十六、不誠實每次扣二十分至七十分。
十七、考設作弊除按考試規程辦理外每次扣三十五分。
十八、整隊出校或公共集會中途離開者扣三十五分。
十九、粗暴舉動每次扣三十五分。（情節重大者由導師會議處）
二十、擾亂秩序每次扣三十五分。（情節重大者由導師會議處）
二一、私燃燈燭每次扣五十分。
二二、故意損壞公物除賠償外每次扣七十分。

㊂禮貌

二三、全學期有適當之禮貌者，加十分至五十分。

二四、粗率無禮貌，每次扣十分至五十分。

二五、不服師長勸導者，扣二十分至五十分。

二六、在公衆集會場所不遵守秩序者，每次扣三十五分至七十分。

(四)整潔

二七、特別整潔能維持一月之久者，加十分。維持一學期之久者，加三十分。

二八、亂抛紙屑果殼於公共場所，每次扣十分。

二九、服裝不整齊，每次扣十分。

三〇、身體不潔每次扣十分。

揚中學生生活指導

三一、隨地唾痰，每次扣十五分。

㊄服務

三二、有服務努力之表現者，加十分至五十分。

三三、服務不勤者，每次扣十分。

三四、曠棄責任者，每次扣十五分。

㊅請假

三五、一學期從未請假，又未無故缺席者，加三十分。

三六、出入不攜名牌每次扣五分。

三七、請假逾時在一時以內者，每次扣十分。

三八、請假逾時在一時以上三時以下者，每次扣二十分。

三九、請假逾時在三時以上者每次扣三十五分。

揚中學生生活指導

四〇、請長假逾期者，每一日扣三十分。
四一、不請假而出校，每次扣三十五分。
四二、全學期課外活動從未無故缺席或請假者，加十分。
四三、課外活動無故缺席，每次扣五分，遲到或早退，每次扣三分。

【六】學生集會規約

四四、學生於課業以外在校一切集會，均應遵照本規約辦理之。
四五、凡屬集會，須先一日由該會負責人向教導處陳述開會宗旨，並依法填寫集會請求書，呈候核准。
四六、集會地點，應請教導處指定之。

揚中學生生活指導

四七、上課時間，不得自由參加各種集會。
四八、集會請求書須有二人以上之署名，方生效力。

【七】學生揭貼規約

四九、學生如有意見（或印刷品）欲揭貼於學生告白欄者，應先詣教導處審核。
五〇、該項揭貼經教導處認可後，即加章發還，由該揭貼人自行張貼於規定地點。
五一、凡違反校規之揭貼，教導處得取締之。
五二、非指定處所，不得隨意揭貼。

【八】學生生活規約

1.紀念週

揚中學生生活指導

五三、聞鈴卽入禮堂，依編定號位就座。

五四、入座後應肅靜。行禮時應莊嚴。

五五、讀　總理遺囑及靜默時，應表示至敬至誠。

五六、聽講時不得閱覽各種書籍或談笑。

2. 早會及早晚操

五七、聞鈴卽踴躍出場，依編定位置排列。

五八、不得遲到。（點名後遲到，卽作無故缺席論。）

五九、教師發令時，須一致動作。導師講話時須肅立敬聽。

3. 教室

六〇、上課退課，悉準課鐘。因故遲到或外出者，須向教

揚中學生生活指導

師陳述理由●（無故遲到或早退，每兩次作無故缺席一次。無故外出者。作無故缺席論。）

六一、坐次依編定席次。

六二、教師上課退課時應肅立致敬。

六三、在教師授課時，須靜聽，不得談笑。

六四、在教師授課時，不得閱覽他書，或做其他工作。（遠者扣二十分）

六五、在教師授課時，不得假寐。

六六、注意清潔。

六七、不塗寫黑板。

六八、不移教教具。

揚中學生生活指導

4.高中男生自修室及宿舍

六九、室內須保持整潔優美。

七〇、室內用具如床鋪桌椅等物，須布置整齊，不得參差錯亂。

七一、各生所帶之衣箱網籃等件，須安置整齊。

七二、牆壁上不可汚損或黏貼任何紙張，如須張掛字畫，可用圖釘。

七三、窗門上玻璃，不得用紙或布遮蔽，以求外觀整齊一律。

七四、居住樓上者，須舉步輕緩，以免擾亂樓下人之安甯。

揚中學生生活指導

七五、室內不得存放不正當書籍。（違者除沒收外，並予以相當之處分。）

七六、宿舍內不得放置炊具。（違者除沒收外，並予以相當之處分。）

七七、各室門窗玻璃，應由全體加以保護。

七八、自修時須靜肅，不得喧嘩歌唱，及玩弄樂器。

七九、自修時須勤勉溫習，不得偃臥榻上，其有因事或病不能自修者，須向教導處請假。

八〇、外人概不得留宿。（違者記過。）

八一、患病學生經校醫證明後得向教導處領取許可證移入調養室。

揚中學生生活指導

八二、凡寄宿生不得無故在外寄宿。（違者記過，不按規定程序請假者，與不請假等。）

八三、起身不得遲於規定時間。

八四、熄燈後及起身鐘前，不得談笑。

八五、起身後須將被褥摺疊整齊。衣服被褥等汚垢時，即須浣洗。

5. 初中及女生自修室

八六、自修時須依照編定席次就座。

八七、自修時不得喧嘩歌唱及玩弄樂器。

八八、自修時因事或病不能出席者，須向教導處請假。（不請假而缺席，與無故缺課同。）

揚中學生生活指導

八九、自修室時除溫習功課外，不得做其他工作。
九〇、注意整潔。
九一、不得移動桌凳。
九二、不得看不正當書籍。（違者除沒收外，並予以相當之處分。）
九三、室內除課業用品外。不得存放其他物品。
九四、不得玩弄室內電燈，致生意外危險。偶遇電燈熄滅時，不得作無謂之喧鬧。
九五、自修時不得假寐。
九六、來賓不得延入室內。
6. 初中及女生寢室

揚中學生生活指導

九七、床榻依編定次序。
九八、箱籠網籃安放整齊。
九九、起身須依規定時間，其早起者。不得妨礙他人安眠。
一〇〇、起身後卽整理被帳，衣服被褥等有汚垢者，卽須浣洗。（女生鋪上須蓋白被單。）
一〇一、晚間須依時就寢。
一〇二、點名時必在本室。
一〇三、熄燈後不得談笑。
一〇四、外人概不留宿。（違者記過。）
一〇五、凡寄宿生不得無故在外住宿。（違者記過。）

揚中學生生活指導

一〇六、患病學生，經校醫證明後，得向教導處領取許可證，移入調養室。

一〇七、不得二人同鋪。（違者扣三十五分。）

7. 膳室

一〇八、聞鈴入室，不得先到。

一〇九、坐位依編定席次。

一一〇、每席坐齊後，然後舉箸。

一一一、就餐時務求肅靜，不作擾亂秩序之行動。（違者予以警告。）

一一二、不得故意損壞膳食用具。（違者除賠償外，仍須扣七十分。）

揚中學生生活指導

一一三、除有疾病住調養室外，必須在膳室就餐。

一一四、不得添菜及任意換菜。

一一五、三餐均依規定時間，非有特別原因，經教導處許可者，不得提早或後開。

一一六、膳室概不留客。

8.盥洗室

一一七、各依指定處所。安置面盆盥具。

一一八、盥洗用具須隨時整理洗滌。

一一九、盥洗水不得任意傾棄。

一二〇、盥洗畢手巾宜各展開，懸挂架上。

一二一、不得任意取用他人之器具。

揚中學生生活指導

9調養室

一二二、學生有疾病時，經校醫證明，並得教導處許可，方得移住調養室。

一二三、學生在調養室，其寢興時刻悉聽校醫及教導處之指導。

一二四、室內不得安置炊具。（違者議處。）

一二五、室內須保持清潔。

一二六、病愈即遷出。

一二七、病勢較重者，應斟酌情形，遷入相當醫院或還家自醫。

10接待室

揚中學生生活指導

一二八、上課及自修時間內，非有特別重要事故，不得接待來賓。

一二九、室內不得隨意食物，不得喧嘩。

一三〇、會客時間不得逾半小時。

12 浴室

一三一、不在開放時間內，不得入浴。

一三二、沐浴者須依入室先後爲序，如盆位已滿，則俟有空位再洗。

一三三、洗畢須自將污水傾於水溝之內。

一三四、浴室須保持清潔，不得將污水任意傾棄或擲𣲖污穢之物。

揚中學生生活指導

一三五、用具不得移至他處。
一三六、外人概不許入浴。
一三七、入浴前及出浴後，均須衣服整齊。

13 洗衣處

一三八、除規定地點外，不得隨處洗滌及倒水。
一三九、衣服不得令校役洗滌，致妨礙其應行之公務。
一四〇、洗衣用具，不得移置他處。

41 學生請假規約

一四一、學生如確有重大事故，須長期請假時，應由家長具函蓋章，聲明理由，經教導處許可，始得有效。（但新生不在此例）

揚中學生生活指導

一四二、長期請假，至多不得過一年。(見學則)

一四三、在校學生，因病須長期請假時，由教導處酌奪辦理。

一四四、在校學生如因事故請假者，須親向教導處請假，如因疾病而請課假，得請本寢室或自修室服務生代爲告假。

一四五、通學生如因事故或疾病而請假，須由家長具函蓋章，直接向教導處請假，始得有效。(事後補假者無效)

一四六、課假每月不得過四次。(疾病大故不在此例。)課後假每週不得過兩次。

揚中學生生活指導

一四七、凡一學期內無故缺席滿十五次者退學。（見學則）

一四八、寄宿生如有重大事故，須請宿假，應由家長或親戚具函蓋章，本人親向教導處請求許可，方得有效。（家住本城者，星期六課後得向教導處請宿假。）

一四九、寄宿生因事請假出校，須向教導處領取請假證，交存傳達處，返校時仍持原證，到教導處銷假。（寄宿生不請假而出校者，按照寄宿生不請假而出校條扣分。）

一五〇、通學生每晨到校，須於傳達處，擕取名牌，放置教導處學生名牌內，出校時亦應擕取名牌，仍置

揚中學生生活指導

傳達處。

一五一、星期六下午課後至九時，星期日由早晨至晚膳前，均得自由出入，例假前一日與星期六同，但遇舉行紀念典禮或集會時，須待會畢，始能出校。

（違者以無故缺席論。）

15 操場規約

一五二、不得任意損壞球場跑道。

一五三、操場設置欄架木椅等物，不得任意移動。

一五四、擲鉛球鉄餅標鎗，均須在規定地點練習。

一五五、雨操場不得踢足球。

一五六、運動用品用畢卽須送交體育部，不得任意拋棄。

揚中學生生活指導

一五七、操場不乾，停止運動。

一五八、不得亂推粉車。

一五九、不得亂散地沙。

16借用運動器具規約

一六〇、運動器具，憑卡片借取。

一六一、凡借運動器具者，先在卡片上塡明日期用具，經體育部核准在規定時間內換取用品，歸還時，再收回卡片。

一六二、用具遺失，由借者負責賠償，有調換者，除報告敎導處懲戒外，並停止其借用權一星期。

一六三、場地潮溼，一部分運動用品，暫停出借。

揚中學生生活指導

一六四、運場用具，不得攜入自修室敎室及寢室。

一六五、卡片用完，可向體育部再換新片。

一六六、卡片倘有遺失，用具被人冒領，應由領片人負責

一六七、學期終了時，須將卡片交回體育部。

17旅行規約

一六八、旅行時須一律着制服。

一六九、舟車上下，勿惶急爭先，勿故意落後。

一七〇、等候車船時，勿離開羣衆。

一七一、絕對服從團體紀律。

一七二、寓所進出，須遵守所在學校規律。

一七三、訪友購物，應結伴同行，切勿單獨行動。

揚中學生生活指導

一七四、幹事需人幫助時，須竭力贊助。

一七五、團體在街市進行時，勿購物品，勿高聲談笑。

一七六、學校規程之適用於行程者，仍須注意。

18 圖書館規約

一七七、圖書館開放時間，定爲每日上午九時至十二時，下午二時至六時，星期日及例假日均停。

一七八、館內所有圖書，均可借閱，惟字典辭書及各科雜誌彙刊贈品等件，概不借出。

一七九、在閱書室內閱讀者，以雜誌辭典爲限，其他書籍應依第一八二條辦理，但教師指定之參攷書籍，不在此例。

揚中學生生活指導

一八〇、依第一七九條借閱之書籍，以新到雜誌爲限，舊雜誌俟裝訂後，始可借閱。

一八一、在室內閱時，應注意下列各項：

1.簽名並書出所需要之雜誌或辭典，由館員授閱

2.閱覽時宜肅靜，不得高聲朗誦，或重步偶語。

3.不得移動室內桌椅。

4.不得攜出室外，倘違攜出者，除扣操行分外，每次每本罰洋五分，隔日照加。

一八二、借圖書至館外閱覽者，須注意下列各項：

1.欲借何書，應就目錄中選擇，記其書名及分數號數於借書單上，交館員檢取。

揚中學生生活指導

2.受書時須用中文正楷簽名於書片。
3.借書以二週爲限，逾期須續借者，得續借一週，續借時須將該書隨同借證帶至館員處聲明，換蓋借期日戳。
4.借閱圖書過一星期，遇有必要時，得通知收回
5.過定期而不歸還者，每本每日納金大洋五分。
6.每人借出圖書總數本國文以二本爲限，外國文以一本爲限。
7.每次借書或還書，必須將借書證交管理員，塡註或銷號。

一八三、借書如逾限不還，或不聲明續借，本校圖書館不

揚中學生生活指導

一八四、借書者不得自行轉借與他人，亦不得為他人代借

另通知，照章處罰。

19考試規約

一八五、須按指定席次就座。

一八六、除考試應用文具外，概不准攜帶他物。

一八七、考試題旨，既經教師解釋後，不得任意發問。

一八八、繳卷前不得出教室，違者除扣分外，該科考卷無

效。

一八九、繳卷後不得入教室。

一八〇、不得犯下列各項之一，犯者除該科考試無分外，

每次扣三十五分。

揚中學生生活指導

1.互相談話者。

2.傳遞者。

3.看夾帶者。

4.看書者。

5.閱他人考卷者。

20師三學生在實習期間內請假規約。

一九一、實習時及開研究會時。不得無故缺席。（違者每次扣十四分。）

一九二、因事或病不能實習者，必須請假，請假辦法與課假同。

一九三、日間出入校門，祇須攜帶名牌。

揚中學生生活指導

一九四、每日下午七時以前，須一律返校，其在七時以後，因有特別事故出校者，必須請假，請假辦法與課後假同。（違者依不請假出校扣分。）

一九五、星期日及例假前一日下午七時以後出校者，可不請假，但至遲不過九時四十分返校。（違者依請假逾期扣分）

一九六、凡家居本城之學生，概不得在外住宿，如欲在家過宿，須由家長具函請假。（違者記過）

21 童子軍露營生活規約

一九七、營地隊員一律須按照每日作息時間表工作與休息

一九八、未吹起身號前不得在營外閒遊就寢後須一律安眠

揚中學生生活指導

一九九、每日起身後須將被毯等物摺疊齊整再由隊長督促隊員將營帳內外整理潔淨

二〇〇、盥洗及大小便均有指定之處不得隨意便溺及涕吐

二〇一、掃除之垃圾均須傾入垃圾坑內

二〇二、面巾面盆及其他用具均須安置有序

二〇三、脫下之衣服須摺疊整齊安置一隅不得隨處亂拋

二〇四、在營地不得喧嘩噪雜雖在休息時間亦不得謔浪鬬鬧或互相毆打

二〇五、每日清晨奏起身號一律起身不得逗留帳裏升旗時須一律到場行禮

二〇六、在營地行路不得衝撞奔走夜間有事出帳時腳步尤

揚中學生生活指導

宜輕細

二〇七、除烹飪時間外未經許可不得任意烹煮食物

二〇八、夜間吹熄燈號後一律不准喧嘩

二〇九、守衛時不得擅離職守

二一〇、離營區時應向領隊人請假經核准後方可離開營地

二一一、營地一切公用物品均須保護愛惜如故意損壞照價賠償

二一二、營地內所有一切植物或建築物無論有無物主均不得踐踏破壞

二一三、離營地時應將營地收拾乾淨恢復如原狀

二一四、外界來營參觀時須注意禮節參觀人如有所諮詢時

揚中學生生活指導

尤宜和藹解答

22 童子軍服務規約

二二五、凡經團部指定參加某項服務者不得託故規避

二二六、參加會場服務時應遵守下列規約

1. 服裝應整潔
2. 不得擅離職守
3. 不得隨意小吃
4. 不得高聲談笑
5. 不得行動粗暴
6. 不得出言不遜

三一七、參加團部服務時應遵下列規約

揚中學生生活指導

1.不得喧嘩或閒談
2.不得浪費公物
3.不得擅佔坐位或擅用他人文具
4.不得翻閱他人文件
5.不得在辦公室延見私客
6.不得在辦公時內擅離職守
7.不得購食零星雜物

二一八、服務時應聽從團長教練隊長總幹事之命令
二一九、因特別事故不能出席服務者應預先向團長請假
二二〇、服務後應作服務報告或工作報告

23初中儲藏室規約

揚中學生生活指導

二二一、銀錢及貴重物品不得寄存

二二二、箱籠網籃不能放置床下者悉應寄存儲：室

二二三、寄存物件須先向教導處登記領取名簽自行拴扣

二二四、存取物件均須按照規定時間依次出入不得擁擠

二二五、存取物件均須收拾整齊以免遺誤

附錄

訓練總監部
教育部會訂高中以上學校軍事教育方案

第一條　凡大學，高級中學，及專門學校，大學預科，並其他高中以上學校，除女生外，均應以軍事教育為必修科目；其修習期間均為二年。

揚中學生生活指導

第二條 軍事教育之目的，在鍛鍊學生心身，涵養紀律服從負責耐勞諸觀念，提高國民獻身殉國之精神，以增進國防之能力。

第三條 應受軍事教育之學校，由教育部咨請訓練總監部，考選正式陸軍學校畢業，成績優良之軍官充事軍事教官，必要時加派軍官或軍士若干名捕助之。

第四條 訓練總監部派赴各校服務之軍事教官，應受各該學校校長之指揮監督，其服務條例另定之。

第五條 軍事教育之時間如下：

㈠每年度每星期實施三小時。

㈡每年度暑假期間連續實施三星期極嚴格之軍事訓練

第六條　軍事教育計劃，由訓練總監部制定，其要目如另表。
（表從略）

第七條　軍事教育經費，除教官旅費由訓練總監部發給外，薪俸雜費等均由各學校發給。

第八條　訓練總監部須隨時派員查閱各校軍事教育實施之情況，必要時與以所要之指示。（每年至少一次。）

第九條　軍事教育成績不良之學校，認為無進步希望者，訓練總監部得撤回所派之教官，停止軍事教育，並咨請教育部予該校以相當之處分。

第十條　其他細則，由訓練總監部教育部協定之。

揚中學生生活指導

訓練總監部
教育部會訂高中以上學校軍事教育懲獎規則（節錄）

第一條　凡高中以上學校軍事教育之懲獎方法，均本依規則行之。

第七條　受軍事教育之學生，有左列各項事實之一者，由軍事教官呈請校長記功一次。

㈠嚴守紀律服從命令，信仰三民主義，始終不渝者。

㈡學術科均能卓越攷試屢列前茅者。

㈢在一學期內對於學術科均未缺席，確能潛心向學者

第八條　受軍事教育之學生，在一年以內，記功二次以上，得由校長酌加獎勵。

揚中學生生活指導

第十四條　受軍事教育之學生，有左列各項情形之一者，由軍事教官呈請校長記過一次

㈠違犯軍紀黨紀及長官命令，屢戒不悛者。

㈡學術科均不了解，認爲無進步希望者。

㈢在一學期內對於學術科缺席逾十次以上者，但因特別事故經校長許可者，不在此限。

第十五條　受軍事教育之學生，在一年以內記過二次以上，由校長按情節輕重酌予開除或留級補習。

第十六條　本規則所定功過准予相抵。

第十七條　本規則自公布之日施行。

揚中學生生活指導

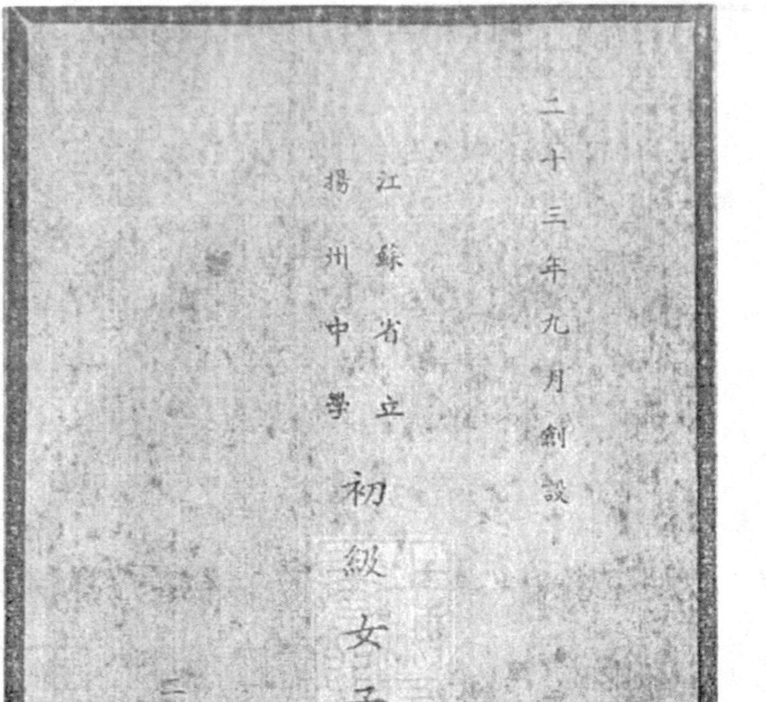
二十三年九月創設

江蘇省立
揚州中學

初級女子生活學級要覽

二十三年十二月印

本學期學生

公民訓練

自治生活

現代中國

合理的女子教育應該怎樣？

我們主張——應該把大多數的女子造就成

賢母

良妻

有生產技能的好公民。

二十三年九月創刊

江蘇省立蘇州中學初級女子生活學級要覽

二十三年十二月印

學生家庭職業統計

類別	教育事業	商業	行政機關	交通事業	農業	合計
人數	11	11	2	1	4	29
百分比	37.9	37.9	6.9	3.5	13.8	100

學生籍貫統計

籍貫	人數	百分比
[illegible]	[illegible]	[illegible]
[illegible]	3	10.2
[illegible]	5	17.2
寶[illegible]	1	3.5
[illegible]	1	3.5
[illegible]	1	3.5
武進	1	3.5
江[illegible]	5	17.2
[illegible]	1	3.5
寶山	1	3.5
合計	29	100

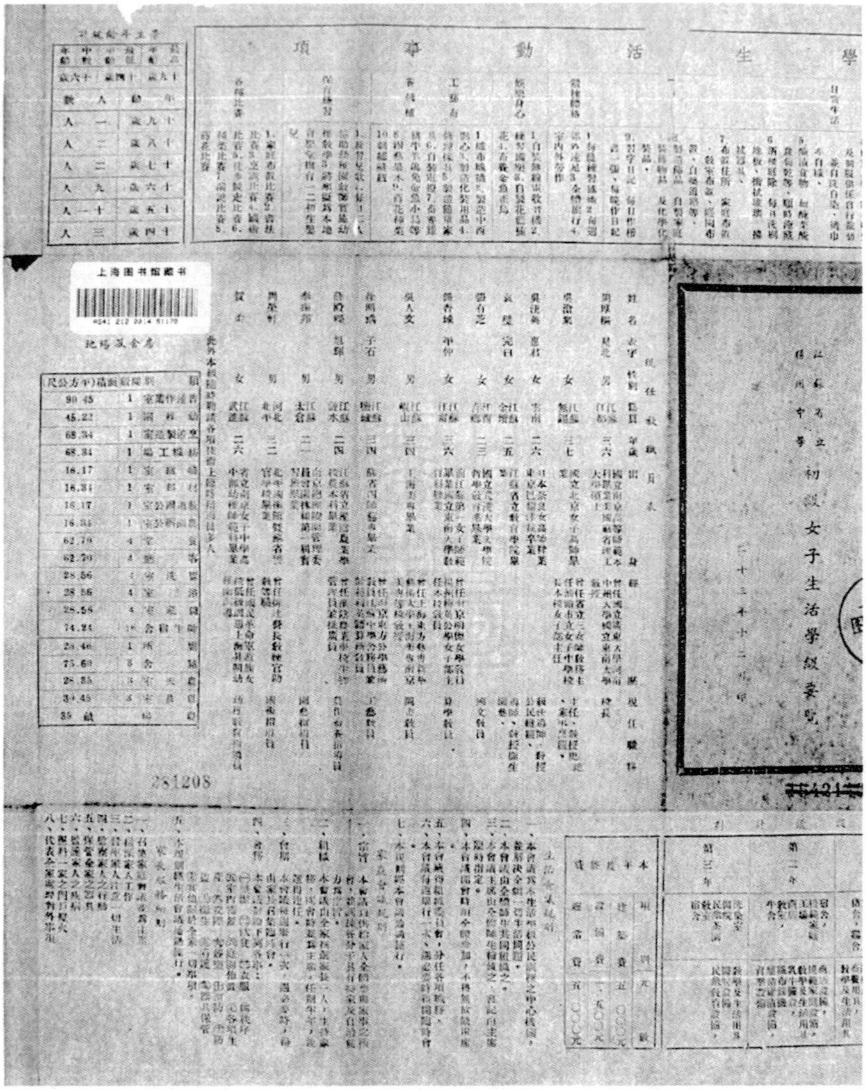

江苏省立扬州中学初级女子生活学级要览

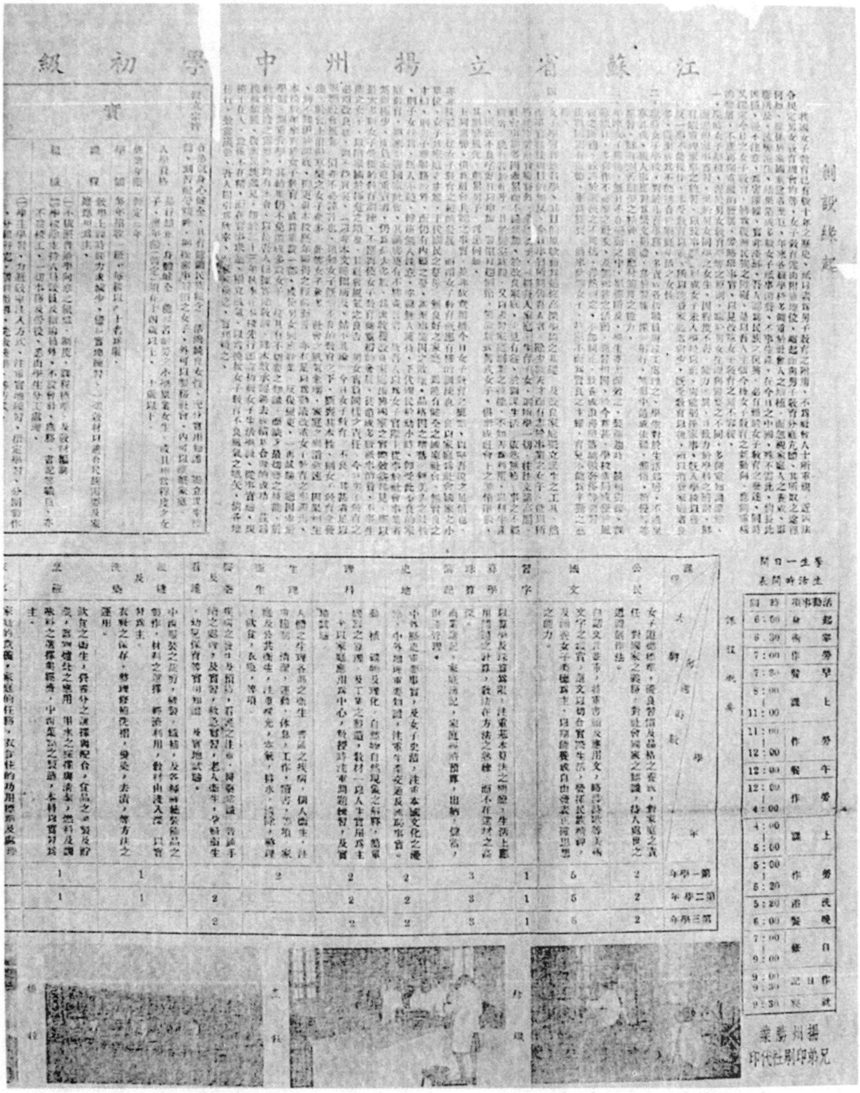
江蘇省立揚州中學初級

創設緣起

學生一日間生活時間表

時間	活動事項
6:00	起身
6:30	[illegible]
7:00	勞作
7:30	早餐
8:00—11:00	上課
11:00—12:00	勞作
12:00	午餐
12:00—4:00	勞作
4:00—5:00	上課
5:00—5:20	勞作
5:20	[illegible]
6:00	晚餐
7:00—9:00	自修
9:00—9:30	作日記
9:30	就寢

揚州藝業
兄弟印刷社代印

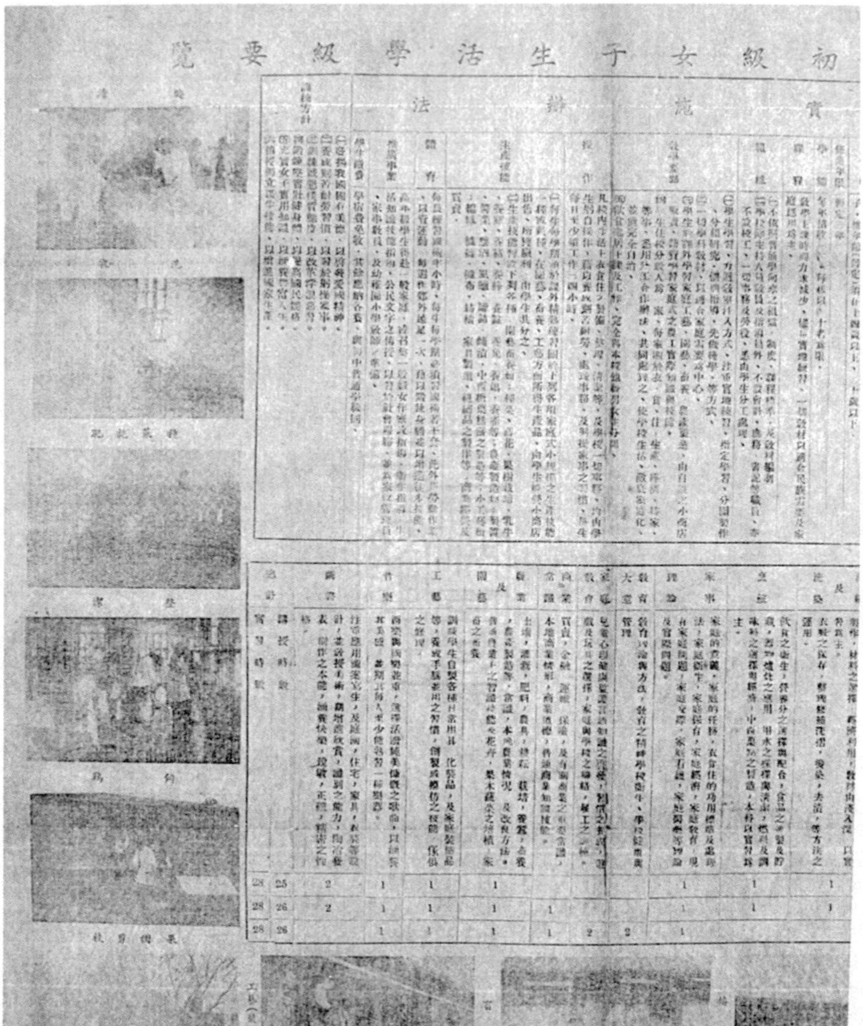

初級女子生活學級要覽

現代中國

合理的女子教育應該怎樣？

我們主張——應該把大多數的女子造就成

賢母

良妻

有生產技能的好公民．

附：蒋介石在扬州中学讲演留影（1928 年 6 月 14 日，藏于上海图书馆）

南光 第一卷 第一期 〔五〕

二十九日隨同蔣北上、三十日抵新鄉、馮原在道口負疾回新鄉，派石敬亭迎蔣及李，聚會之後、馮因病不能北往、特派鹿鍾麟代表北上參與會議，一日由新鄉動身，二日到保定、二日晚由保定到京、三日抵北平，蔣李於三日抵北平，閻錫山白崇禧等，及其他軍政要人均親往正陽門車站歡迎、蔣李抵北平後、即偕同閻錫山白崇禧等，馳往西山碧雲寺致祭總理，惟另據電傳，則馮亦同車抵北京、蔣則擇碧雲寺爲行轅，李則擇王克敏宅爲行轅，馮則擇毛家灣爲行轅，閻錫山於七月五日設宴招待北平各國公使，並介紹蔣介石馮玉祥與彼等會見、

蔣總司令游揚州十四日在揚州中學講演留影立者右爲蔣君其夫人宋美齡女士左爲中央陸軍軍官學校教務主任王柏齡

Generalissimo Chiang Kai-sheh recently took a pleasure trip to Yangchow where he delivered a speech on 14 inst. at the Yangchow Middle School. The above was taken after the speech with Mrs. Chiang (right) and General Wang Peh-ling, the Dean of Central Military School.

北平會議議案

（一）各集團軍防地問題（二）討伐東三省之辦法
（三）訓政與建設問題 （四）裁減軍備問題

又在新都之中央委員于右任，對於北平會議，

注：参见宗金林《民国扬州旧事》第 86 页，顾一平《蒋介石两次到扬州》（无图）。广陵书社，2010 年。

第二部分

扬中校友通讯(上)

说　明

前七期《扬中校友通讯》全是钢板手刻，油印在毛边纸上，很不易保存。后接的几期，续至九十周年校庆。

校史组在1982年底组建。当时情况不明，何处源头，莫衷一是。经多方采访，广泛联系，各地搜集资料，做了大量调查研究工作，才理清头绪。写出“仪董学堂”“五师”“八中”“江苏省立扬州中学”(上下)等一系列简介文章；寻访和搜集的第一手资料，后来成为编辑《扬州中学校史资料长编·上编》的框架及基本材料。

扬中校友通讯

第1期　1983.6　江苏省扬州中学校史编写组

本期要目		下期要目	
一、	胡乔木校友题词	一、	校友题词、诗词、来信、回忆录选登
二、	寄语校友	二、	学校沿革表
三、	本校重要启事	三、	五师、省扬中校歌词谱
四、	校友中的全国人大代表和政协委员	四、	仪董学堂简介

扬州中学连同它的前身是一江苏省立第八中学，是我从一个小学生成长为一个青年的母校。从一九二四年到一九三〇年，四十多年已经过去，当时的老师和同学我都永远不能忘怀。虽然他们中间的许多人已经离开了人世，有一些是在革命斗争中牺牲了。扬州中学在旧时代并没有教育我走上革命的道路，那是当时的先进思想家和一些先进的同学帮助我的。但是它教育我成为一个正直向上、热于求知的人，所以我深深感激。光荣的是今天的老师，他们自觉地担负着历史的重任；幸福的是今天的同学，他们能在中学时代就把自己的学习和生活同社会主义祖国的命运联结在一起。我同你们相隔几十岁，但我的眼睛眺望着你们前进的脚步，我的心同着你们的心一道为争取伟大的未来而跳动。

给亲爱的江苏扬州中学

胡乔木一九八三年五月

胡乔木校友题词

寄语校友

最近学校为编写校史，正陆续与校友联系。大批校友来信，纷诉久离母校，阔别同窗，思念之情，梦绕魂牵，亟想了解母校和同学的情况。有鉴于此，学校决定不定期出刊《校友通讯》。

亲爱的校友们，你们虽然分布在祖国各地，有的甚至旅居海外，但树人堂日夜翘首以待你们能回来一睹她依旧当年的风采；母校的师生也时刻思念着你们，盼望你们有机会回来共抒一别沧桑的情怀。

我们希望《校友通讯》能成为母校与校友联系的纽带，并为征集资料，编好校史作出贡献；也将为总结经验，发扬传统，办好新时期的扬州中学作出贡献。

对于校友已经给予母校的关心、鼓励和支持，我们表示衷心的感谢。为把《校友通讯》办好，为把扬州中学办好，我们还期望得到广大校友更多的关心、支持和帮助。

江苏省扬州中学　党总支书记　许　勇
校　　长　郑万钟

今日扬中

江苏省扬州中学和苏州中学、常州中学、南京师院附中是江苏省首先办好的四所重点中学，1981年，曾一起在全省范围内联合招收高一新生。今日扬中，校址在扬州市淮海路13号（原大汪边），总面积为16万平方米，建筑面积近二万六千平方米，南楼、树人堂，虽历尽沧桑，仍依然矗立。现有高初中40个班，学生2068人，教职员工202人，预计暑期后定编为六轨36班。学校有藏书十多万册的图书馆，二万多件仪器的理化生实验室，还有一个小型电器厂。全校师生员工正本着改革精神，进一步发扬优良传统，为把扬中办成全国第一流的新型学校而努力。

·六州歌头　扬州

记华年，英才集，好扬州。一千日，弦歌盛举，明宇接黉楼。谁知艰难处？诗文细，数理重；好师友，多教益，不知愁！深处绿天，杨柳楼台起，乐比王侯。也"读国救国"，起落一春秋，笑秃头周，不知羞。

还记瘦西湖水，武林月，有情思绸缪；负娘梦，受卿影，韶光流，总无休。荒草荒烟里，最恨是，雷绷绷！重临此，误往矣，莫迟留。再上平山堂，看红花绿叶，好鸟轻柔。要国今论古，城市出新谋，长此来游。

宋家泰（1937年校友）

1.同刘过《六州歌头·镇长淮》原韵。一九八一年三月，应邀参加扬州市总体规划讨论会，回母校后作。

2.当时周佛海曾提出"救国必须读书，读书便是救国"的欺骗口号。"一二·九"运动发生后，扬中学生积极响应，如火如荼，周厚枢校长无可奈何。　后毕业后入浙江大学。

一九七九年夏应张植华同学邀约与叶师长育及同学谢文炳、周念谟、张全堂等小聚，席间文炳嘱赋小诗，归而作此。

此日同温感旧篇，白头师弟话樽前。
幽燕共庆新天地，吴楚犹怀旧管弦。
老去不寻陶令宅，春回重着祖生鞭。
悠悠往事休回首，流水声中四十年。

李锡麒（1935年校友）

游子篇

绿杨城郭发新篇，少年意气敢当前。
燕赵挝鼓惊天地，淞沪烽火断管弦。
赤心奋战复旧宅，砚池犹着先鞭。
封疆未靖又回首，整甲雨中四十年。

谢文炳（1935年校友）

注：胡人题写刊头，沈莉芳手刻全幅，张铨撰文。时任书记许勇，校长郑万钟。

片羽集

胡本然（1933年校友）：当我接到来函，看到"江苏省扬州中学"几个大字，心中不知感到有多么亲切！离开母校屈指已五十年了，对母校如同对母亲一样，仍怀着无穷的思念。

刘守桂（1933年校友）：我离开我的母校已五十年了，在这漫长的岁月里，音信隔绝，向往母校无时或已，突获佳音，雀跃何似。母校啊！您就未遗忘受业学生，至表感激。回忆当年母校校风和学风，闻名遐迩，[illegible]，亦可为今日办学借镜。诸如学校机构精简，职责分明，教学认真，师生融洽，的确尽到"树人"天职。

宋明望（1936年校友）：欣悉你们着手联系校友筹编校史为慰。请即将有关此项工作之计划设想表格等寄下，以便响应。（北京方面和国外方面我有不少联系）

高廷之（1931年校友）：我作为省八中、省扬中校友，虽时隔五六十年，当时教我的老师，对我们谆谆教诲，亲如家人。记忆所及，久久不能忘怀。拟参照校史资料搜集内容，试写回忆录，以期对校史编写工作不无一助。众擎易举，乐观厥成。

陈定国（1931年校友）：二月十七日发一函，已将先父陈邦贤教授、舍弟陈定闳、舍妹陈定阁、陈定闲及本人情况报告。顷接调查表，特再填写寄上。我在母校环境生活几二十年，先父笔记中亦颇有记载，拟于日内将先父回忆五师、八中情况及本人所忆及情况，详细函告。舍弟陈定闳现在美国，即去函请他也写点回忆。

李华娴（1936年校友）：月前孟佩学长从上海寄来一份贵组向校友们征集校史资料的函告，意在促进共襄盛举。假如此表征集对象也包括在海外校友，而编辑时间上仍属许可，则请寄下表格数份，以便与上项通告一併复印分寄，俾令此间（北美洲）之几位校友们获悉有这种机会随意响应。

夏鼎中（1936年校友）：回忆当年生活可太丰富多采了，不知从何处写起，我想抄一首诗给你们，这诗是刊在春三乙毕业纪念册前面的两首诗中的第一首。现在我年近七十，每当我读这首诗，仿佛自己又回到了年轻时代。它的内容是：济济一堂弦诵里，相看儿女个英雄。埋头磨砚心坚铁，对日挥戈气贯虹。一片河山南北奔，二分明月古今同。他年报国[illegible]，血染樱花别样红。

短讯

△近见报载六届政协委员中，本校校友有下列诸位：余冠英、李文杰、张避尘、江泽民、李苏、吴征镒、唐墀、童光宇、周明群、程鸿崎、朱物华、蔡东久、徐镇等。六届人大代表中，本校校友有下列几位：武衡、章国芬、柳大纲、吴征镒、黄祥琰、李崇淮、刘恒椽等。我们与校友正在联络中，以上统计如有遗漏，望函告为感。

△近年来，逝世的国内外校友有：于启勋、王林骏、刘大白、刘春芬、刘培桐、朱九思、许鹏遐、李华媛、沈廷庆、张鹤森、柳大纲、徐加强、凌鸿洪、钱成康、鲁六平等。

△老校歌，我们已收集到两首。前扬中的，由李开扬、张金堂、孙晓华、黄同鑫、李华娟等校友提供，词谱俱全。五师校歌，由曹勇、丁早人、张鼎鸿、陈如蔚等校友提供，但有词无谱。八十[illegible]高龄的[illegible]校友[illegible]，[illegible]，不胜[illegible]，殊感欣慰。八中校歌至今尚未见到，请广大校友大力协助征集。

丁志新（1958年校友）：母校编写校史，对我们这些人来说，是一个鼓舞与鞭策，一想到自己是扬州中学的毕业生，就感到应当更多地工作，更多地贡献。我想，搞个"校友录"更会激发老扬中们的革命热情。

王宗广（1924年校友）：根据我83年2月14日的建议，关于解放前母校的师生员工的《校友通信录》上册，在这次调查所得资料的基础上，先将60岁以上的老校友通信录（以姓氏笔划为序）尽早刻写、油印、寄发。（收刻写、印刷、纸张、邮资费）据我所知，健在的校友"古稀"以上的不多，"耄耋"的，屈指可数。希望及早见到这本珍贵的《校友通信录》。

方起（1932年校友）：最近接到母校来信搜集校史资料，同时武汉测绘学院院长纪增觉同志也向我介绍了母校的一些情况。我和他曾在母校同班学习，彼此都很想念母校。我们打算在一两年内有机会来扬州母校看望。

乐怡然（1930年校友）：最近到华东出差，很想回母校看看，可时间不允许，很遗憾。不过，在今后的一、二年内总要争取机会回扬州看看的。

张金堂（1935年校友）：我多么有幸，能得到母校的培养。因为我在中学时期曾到其他中学读过短期，相比之下，就益感到母校给予我们的是如何之多，之好了。可以说，我的一生是母校赐予的，是从母校开始的。

滕倩琳（1943年校友）：母校至今也未忘记我这个远离母校的游子，真令我感动。我从母校毕业后，无论在大学学习或在工作岗位上，经常告诫自己，纵不能为母校增光，至少不应有辱母校。四十多年来总算做到了这一点，今后仍当以此自勉。

赵志国（1961年校友）：作为在扬中读过六年书的校友，对教导过我的老师十分怀念，对母校的动态和发展深切关注，我愿为母校的发展作力所能及的贡献。

夏国华（1948年校友）：借用孟东野《游子吟》诗两句，以表对母校怀念之情："谁言寸草心，报得三春晖。"

启事

我校自1902年初（光绪28年）仪董学堂创建，历两淮中学堂、扬州府中学堂、淮扬公立中学、两淮师范学堂、江苏省立第五师范（包括附属小学、界首乡师分校、中师附小）、江苏省立第八中学、江苏省立扬州中学（包括实验小学、界首中师科、中师实小、民教馆附设的各校、分校、树人补习学社、建业补习学等）、现名江苏省扬州中学，八十余年，校友遍布全国各地以至海外，（多在各自的工作上作出成绩，同时也为人民作出了贡献，[illegible]）。为了总结办学经验，发扬优良传统，为现代教育史研究提供资料，决定编写校史（包括出版校史资料部分和编印校友通讯录），同时筹建校史陈列馆。

为此，我校正进行校史整理并请广大校友协助征集以下方面的资料：

一、校友录、校刊、纪念册、校徽、各种照片、课本、讲义、作业、各种证件、奖状、奖章等有关本校的材料，[illegible]。

二、校友的回忆材料（或有关校史的访问）

三、校内的事件，[illegible]。

"校友登记表"[illegible]。

学 生 部 分

姓名	在校用名	性别	出生年份	离校年份	现在(或曾在)工作单位	现任(或曾任)职务职称	通讯处	备注
姚尔玉	姚文玺	男	1896	1915	上海市控江中学	教师	上海建国中路18号新二楼202室	退休
丁平人	丁伟	〃	1893	1918	沭阳中学	教师	扬州东家井6号	退休
何棣先	何维科	〃	1899	〃	贵州省人民政府文史研究馆	馆员	贵阳护国路43号	
曹芻		〃	1895	〃	南京师范学院教育系	教授	南京兰园29号	
朱物华		〃	1902	1919	上海交通大学	校长、教授、学部委员	上海交通大学	
彭先荫		〃	81岁	〃	江西师范学院数学系	系主任、教授	南昌江西师范学院数学系	
江轸光	江锡昌	〃	1900	1920	扬州国画院	院长	扬州东关街318号	退休
李文杰		〃	1907	〃	中国民主建国会中央常务委员会、中国国际经济咨询公司	常委、调研部长、董事律师、注册会计师	北京德内大街三不老胡同1号623室	
陈汝衡	陈钧	〃	1900	〃	上海戏剧学院戏文系	教授	上海华山路327弄2号5室	
罗青	罗淳庆	〃	1901	1921	北京市政治协商会议	副主席	北京崇外西河沿1号楼1602号	
王葆仁		〃	1906	1922	中国科学院化学研究所	副所长、研究员、学部委员	北京中关村南区809楼西门102号	
沈丹卿	沈家骧	〃	1903	〃	上海铁路局文书科收发股	主任	上海虹口区武进路213号112室	退休
张通谟	张嘉祥	〃	1905	〃	上海师范学院	副教授	上海师范学院三舍8号1户	退休
张云谷	张稚琨	〃	1905	1923	华东师范大学英国文学教研室	主任、教授	上海武定西路1344弄50号	
季道一	季寿贵	〃	1905	〃			上海东长治路912弄34号	退休
周明牂		〃	1907	〃	北京农业大学植物保护系	教授	北京农业大学植物保护系	
唐燿		〃	1905	〃	中国科学院昆明植物研究所	研究员	昆明黑龙潭中国科学院植物研究所	
徐钟济		〃	1904	1923	北京计算技术研究所	研究员	北京中关村84楼104号	
王宗虞	王世昌	〃	1903	1924	中央音乐学院		北京西城区中央音乐学院	离休
卞继昌	卞廷辰	〃	1903	〃	长期从事教育工作	教师	扬州地官第24号	退休
刘永康	刘健吾	〃	1902	〃	长期从事教育工作	教师	扬州羊胡巷16号	退休
花汝舟	花德滋	〃	1904	〃	扬州医学专科学校	教师	扬州大升平巷1号	退休
陆秋斋	陆为金	〃	1906	〃	上海昆明中学	校长	上海石门二路75号	退休
焦向清	焦建镖	〃	1906	〃	江苏省扬州中学	教师	扬州古旗亭44号	退休
方土人	方掞	〃	1906	1925	中国社会科学院外国文学研究所	西文图书采访、副研究馆员	北京东城区后赵家楼胡同新2号	
许景庠		〃	1906	〃	江苏省扬州中学教研室	教师	扬州劳动新村16号	
黄应韶	黄燮荃	〃	1903	〃	扬州师范学院数学系	副教授	扬州师范学院	
张旭光	张大东	〃	1904	1926	扬州师范学院历史系	副教授	扬州师范学院历史系	
陈懋诚	陈国华	〃	1906	〃	江苏省政治协商会议	民革干部	南京东箭道52号	退休
王家乔		〃	1902	1927	上海向明中学	校长	上海向明中学	离休
厉鼎勋		〃	1909	〃	华南师范大学地理系	系主任、教授	广州华南师范大学	退休
朱庆云		女	1909	〃	扬州市教育局	督学	扬州师范学院 黄应韶转	退休
陈璋		〃	1912	〃	上海交通大学图书馆	科长	上海愚园路67弄12号	退休
张冀鸿	张铭顷	男	1907	〃	上海市东中学	教研组长	上海静安区新丰路355号	退休
周徽明		〃	1909	〃	上海戏剧学院表演系	导演、副教授	上海愚园路260号2楼2室 周学[illegible]转	离休
王树山		〃	1907	1928	南京3503厂业余中学	教师	南京湖南路95号	退休
张才年		〃	1909	〃	上海培明女子中学	教务主任	上海桂林路师院17舍42楼1户	退休
陈忠裕		〃	1907	〃	西南交通大学	教授	四川峨嵋西南交通大学 校办公室转	
杨时久		〃	1909	〃	南京师范学院附属中学	教师	南京西[illegible]12号[illegible]	退休
董肇衡		〃	1909	〃	陕西省人民银行储蓄处	干部	扬州大流芳巷12号	退休
王廷琦		〃		1929	乌鲁木齐铁路局	高级工程师	乌鲁木齐铁路局[illegible]	
许仲裁	许忠[illegible]	〃		〃	扬州师范学院数学系	名誉主任、副教授	扬州[illegible]34号	
周鸣鹏		〃	1909	〃	长沙国防科技大学	副校长、系主任、教授	长沙国防科技大学	

姓名	在校用名	性别	出生年份	离校年份	现在(或曾在)工作单位	现任(或曾任)职务职称	通讯处	备注
赵东元	赵国樑	男	1907	1929			南京新街口沈举人巷26号	退休
洪烨		〃	1912	〃	扬州市第五中学		扬州灯草巷20号	退休
徐镳		〃	1908	〃	江苏省体育运动委员会	副主任、教授	南京五台山江苏省体育运动委员会	
王文乾	王云升	〃	1910	1930	扬州鲁迅中学	副校长	扬州石塔桥南新村28幢205号	离休
乐怡然	乐乐	〃	1910	〃	重庆建筑工程学院	副院长	重庆建筑工程学院	
吴征镒		〃	1913	〃	核工业部	科技委员会常委教授学部委员	北京核工业部	
张建文		〃	1907	〃	江苏省扬州中学	教师	扬州风箱巷26号	退休
赵继武	赵纯孙	〃		〃	扬州师范学院中文系	副教授	扬州师范学院新北门宿舍	
洪正纲		〃	1905	〃	南京市二十中学	教师	南京白下路东八府塘4号西单元206室	退休
胡乔木	胡鼎新	〃		〃	中国共产党中央委员会	政治局委员		
俞启兰		〃	1913	〃	西北师范学院附属小学	校长	兰州十里店西北师范学院眷15楼203号	退休
高尧		〃	1915	〃	上海第三十六棉纺厂	科长、主任工程师	上海南京西路1191号平安大楼	退休
黄久征	黄福麟	〃	1911	〃	江苏省扬州中学教研室	教研组长、特级教师	扬州南小街6-1号	
薛鸿达		〃	1911	〃	苏州大学物理系	教务秘书	苏州十全街125号	
毛振璠		〃	1912	1931	苏州大学数学系	副教研组长、副教授	苏州大学数学系	
还振举		〃		〃	福建农学院牧医系	系主任、教授	福建省三明市福建农学院牧医系	
陈凤翔		女	1908	〃	扬州汶河中心小学	校长	扬州汶河路朝阳巷11号	退休
陈友闵		男	1912	〃	重庆师范学院历史系	教授	重庆沙坪坝重庆师范学院历史系	
陈忠猷		〃	1912	〃	江苏省扬州中学	副教研组长	扬州糙米巷8-1号	退休
何立焘		〃	1912	〃	解放军某部设计所	总工程师、高级工程师	昆明五华区新住宅区6号	
赵学广		〃	1910	〃	仪征县中学	教师	扬州东吊街育婴堂8号	退休
金铣芬		女	1913	〃	南京师范学院附属小学	一级教师	南京五台山江苏省体委	退休
胡乔庆		男	1913	〃	扬州市教师进修学校	数学组长	扬州大三巷13号	
高迈之	高迈	〃	1910	〃	苏州大学汉语大辞典编写组	教授	苏州十梓街迎枫桥下塘10-1号	
顾树英		女	1910	〃	杭州江城中学	教师	杭州余杭塘路硫酸厂宿舍	退休
马句欣	马炳荣	男	1913	1932	北京电力学校	教师	北京西直门外电力学校	退休
方起	苏鸿寿	〃	1912	〃	湖北省体育运动委员会	副主任	武昌民主路439号附2号	
田寿禧		〃	1911	〃	扬州市第五中学	工会主席	扬州市第五中学	
任有恒		〃	1913	〃	上海交通大学应用物理系	系主任、教授	上海愚园路67弄12号	
纪增觉	纪增新	〃	1914	〃	武汉测绘学院	院长、教授	武汉珞喻路武汉测绘学院	
余燕端		女	1916	〃	扬州广陵中心小学	教师	扬州流水桥41号	退休
李苏	张宝庆	男	1914	〃	中国科学院	副秘书长、教授	北京北新华街112号	
李寿麟		〃	1911	〃	扬州市第一中学	教师	扬州皮市街149号	退休
张雨现	张雨宫	〃	1913	〃	扬州油化厂	技术课长、工程师	扬州风箱巷2号	退休
周之棠		〃	1911	〃	陕西省测绘局	高级工程师	西安友谊东路陕西省测绘局	
宫玉麟		〃	1913	〃	江苏农学院	讲师	扬州苏农一村50号	
杨德和	杨礼耕	〃	1914	〃	江苏省经济委员会	副主任	南京江苏省经济委员会	
姚宗汉	姚广庆	〃	1914	〃	蚌埠医学院	党委统战部长	蚌埠医学院	
曹佩		〃		〃	江苏农学院园艺系	系主任、副教授	扬州苏农一村61号	
曹寅亮		〃	1913	〃	镇江谏壁电厂	高级工程师	扬州流水桥41号	退休
鲍传锋		〃	1912	〃	化工部化工矿山建设公司	高级工程师	南京平江府36号	退休
方光焘		〃	1913	1933	江苏省扬州中学教研室	副教研组长、一级教师	扬州淮海路13号	
王静	王为俊	女	1913	〃	外交部	政务参赞	北京东四报房胡同69号107室	
王骧		男	1915	〃	镇江师范专科学校	讲师	镇江正东路镇江师专	
尹烈钧	尹恭峋	〃	1912	〃	南京师范学院地理系	讲师	扬州望桥西1号	退休

姓名	在校用名	性别	出生年份	离校年份	现在(或曾在)工作单位	现任(或曾任)职务职称	通讯处	备注
刘大卫		男	1915	1933	滨海县中学	教师	滨海县中学	
刘守桂	刘守贵	〃	1911	〃	南京青岛路中学	教师	南京青岛路中学	
朱兴生		〃	1914	〃	江苏省扬州中学教研室	教研组长、一级教师	扬州古旗亭54号	
陈侠		〃	1915	〃	人民教育出版社课程教材研究室	室负责人、编审	北京沙滩后街55号	
李六森		〃	1913	〃	江宁县中学	教师	南京光化门中心小学黄云仙转	退休
李长河		〃	1911	〃	西南师范学院教育系		重庆西南师范学院教育系	
许楣		〃	1914	〃	南京第一商业局	科员	南京内桥小王府元20号	退休
张祖荫		〃	1913	〃	机械工业部机械科学研究院	副总工程师、高级工程师	北京清华东路机械研究院	中国机械工程学会[illegible]副理事长
周忠德		〃	1914	〃	江苏省物价委员会	副主任	南京天津新村6幢201室	离休
姜光斗		〃	1912	〃	盐城地区教师进修学院	副院长	盐城地区教师进修学院	
胡杰熙		〃	1913	〃	北京齿轮厂	科长、工程师	北京复兴门外汽车局宿舍1栋13号	退休
夏书章		〃	1919	〃	中山大学	副校长、教授	广州中山大学东南区11号	
徐锡田		〃	1910	〃	南京承恩里小学	校长	南京大民巷32-1号	退休
颜甫庆		〃	1911	〃	扬州市新华中学	教师	扬州院大街121号	
薛正圻		〃	1915	〃	江苏省扬州中学教研室	副教研组长	扬州风箱巷2-5号	
王铁欧		〃	1916	1934	武汉水利电力学院测量教研室	室主任、副教授	武汉珞珈山武汉水利电力学院教工12舍17号	
卢石丞	卢柱	〃	1914	〃	上棉十九厂业余纺织中专	教师	上海长阳路明园新村14号303室	退休
刘古台		〃	1914	〃	上海海运学院院务处	干部	上海山阴路165弄20号	
刘联元		〃	1916	〃	南京市新宁中学	教师	南京新宁中学	
孙云骞		〃	1916	〃	机械部设计研究总院	高级工程师	北京王府井277号	
吉长瑞		〃	1912	〃	南京市第十一中学	教师	南京市第十一中学	退休
李灏	李延龄	〃	1917	〃	华中工学院力学系	系主任、教授	武汉华中工学院力学系	中国力学学会[illegible]理事
李为扬		〃	1916	〃	扬州地区教师进修学院		扬州地区教师进修学院	退休
李崇淮		〃	1916	〃	武汉大学经济管理系	系主任、教授	武汉大学北三区7栋157号	
张世璘		〃	1916	〃	武汉邮电科学研究院	副教授	武汉南望山邮电科学研究院	
张定礼		女	1916	〃	扬州宛虹桥小学	教师	扬州风箱巷26号	退休
沈宝琦		男	1915	〃	广西自治区建设银行会计处	处长	南宁桃源路区建设银行	
沈福田	沈皓耕	〃	1912	〃	南京市八卦洲中学	教师	南京北京西路74号电力学校67信箱	退休
武衡		〃	1914	〃	国家科学技术委员会	顾问、学部委员	北京三里河国家科委	
杨庆久		女	1915	〃	扬州市第八中学	教师	扬州风箱巷2号	退休
赵凤章		男	1915	〃	武汉市建委	高级工程师	汉口一元路13号	退休
夏日英		女		〃	扬州正谊巷小学	教导主任	扬州广储门街87号	退休
夏树仁	夏同仁	男	1917	〃	高邮县中学	副校长	高邮县中学	
梁曼华		女		〃	重庆市财政局		重庆市市中区人民支路96号	退休
佘小伯	佘淮	男	1912	〃	滨海县五汛中学	教导主任	滨海县五汛中学	
游善良		〃	1915	〃	哈尔滨电机厂	副总工程师、高级工程师	哈尔滨电机厂	
臧如		女	1918	〃	扬州地区教师进修学院	教师	扬州地区教师进修学院	
韩宝森		男	1913	〃	湖北省建工局第二建筑工程公司		武昌何家垅省安装公司宿舍8-2-2	退休
蒋士萱		女	1912	〃	长期从事财会工作		扬州风箱巷2-6号	退休
廖云飒		男	1914	〃	上海船厂	总工程师、高级工程师	上海北苏州路河滨大楼217室	
王兴世		〃	1915	1935	淮阴市城北公社	干部	淮阴市同庆街10号	退休
尹绍章		〃	1914	〃	南京市城市建设局	科研室主任、高级工程师	南京市城市建设局	
尹维四		〃	1912	〃	安徽滁县行署水利局	工程师	安徽滁县行署水利局	退休
吴培		〃		〃	铁道部财务局	会计师	北京铁道部财务局	
华山荫	华山印	〃	1912	〃	南京市教学研究室		南京市教学研究室	

姓名	在校时名	性别	出生年份	离校年份	现在（或曾在）工作单位	现任（或曾任）职务职称	通讯处	备注
尤九思		男	1916	1935	湖北省委文教部、华中工学院	副部长、院党委副书记、院长	武汉喻家山华中工学院	
张立	张植荣	〃	1916	〃	长期从事教育工作	教师	扬州梅岭教工新村10幢103号	退休
张刚	张植华	女	1917	〃	北京师范大学	教务长、副教授	北京百万庄中区16号	离休
张金堂		男	1918	〃	华北电力学院北京研究生部	教授	北京清河电科院宿舍19楼2号	
张进国		〃	1917	〃	中国耀华玻璃公司	总工程师、高级工程师	秦皇岛中国耀华玻璃公司	
吴棠		〃	1916	〃	华东师范大学教育科学学院	教授	上海金沙江路师大二村86号	
李永惠		〃	1915	〃	航空工业部628所	高级工程师	北京市第48号信箱	
李锡麒		〃	1913	〃	南京市898厂	总工程师、高级工程师	南京市898厂或3704号信箱	
林仁棠		〃	1915	〃	中国科学院建筑设计院	副院长、总工程师、高级工程师	北京海淀区中国科学院黄庄宿舍821楼206号	
孟侃		〃	1916	〃	上海交通大学四系	教授	上海徐虹北路交大新村10号203室	
杨澄华		〃	1917	〃	云南省交通科研所道路研究室	高级工程师	昆明拓东路交通科研所	
金厚本		〃	1914	〃	合肥工业大学	教研室主任、教授	合肥工业大学	
周鸣宾		〃	1916	〃	上海橡胶制品研究所	顾问、技委会副主任、高级工程师	上海虹口区山阴路133弄53号	
南钟万		〃	1914	〃	四川大学经济系	副教授	成都四川大学经济系	
秦学炳		〃	1918	〃	北京市公路处科研设计所	副所长、高级工程师	北京三里河北一区213门6号	
顾仁康		〃	1917	〃	呼和浩特铁路局	高级工程师	包头东河区南二街铁路宿舍2楼22号	
钱存鲁		〃	1914	〃	解放军某学院某部	顾问、副教授	重庆长江二路174号	
黄仰翰		〃		〃	镇江教师进修学校		镇江教师进修学校	
董瑞林	董瑞麐	〃	1918	〃	第二重型机器厂	副总工程师、高级工程师	四川德阳第二重型机器厂厂部	
谢义炳		〃	1917	〃	北京大学地球物理系	系主任、教授、学部委员	北京大学地球物理系	
于在铣		〃	1918	1936	中国农业银行四川省分行农村金融研究所	经济师	……业银行四川省分行农村金融研究所	
倪钧侯		〃	1917	〃	邮电部上海供应处	工程师	大连医学院……路345号	退休
王兴蔚		〃	1918	〃	上海市公用事业管理局	高级工程师	上海重庆南路91号	
尹華祺		〃	1914	〃	冶金部勘察科技研究所	高级工程师	保定东风路冶金部勘察科研所	
刘万年		〃	1917	〃	安徽省东州地区水利电力局规划设计室	副室主任、工程师	安徽省东州地区水利电力局	
毕朔望	毕庆杭	〃	1918	〃	中国作家协会中外文学交流委员会	副主任	北京沙滩中国作家协会	
余友泰		〃	1917	〃	东北农学院	院长、党委副书记、教授	哈尔滨东北农学院	
陆骧		〃	1913	〃	江苏省交通规划设计院	工程师	南京中华路170号省交通厅	
郁锡宏		〃	1917	〃	安徽农学院微生物教研室	室主任、副教授	合肥蜀山路安徽农学院微生物教研室	
周兆祺		〃	1917	〃	长沙国防科技大学四系	教授	长沙国防科技大学	
周铭书		〃	1915	〃	合肥第一中学、合肥市科协	校长、主席	合肥第一中学	
杭炳坤		〃	1916	〃	上海电机技术研究所	工程师	上海四川北路1953弄24号	退休
胡宏勋	胡森	〃	1915	〃	安徽省卫生厅职业、结核病防治所	工程师	合肥安徽省职业、结核病防治所	
夏长康		〃	1918	〃	安徽省水利厅农水处	工程师	合肥安徽省水利厅	
夏胤中		〃	1916	〃	上海市第五女子中学	教师	上海玉田路446弄5号401室	退休
钱冬生		〃	1918	〃	西南交通大学桥梁教研室	室主任、教授	四川峨嵋西南交通大学铁道工程系	
凌德洪		〃	1914	〃	苏州大学物理系	系副主任、教授	苏州十梓街1号苏州大学激光研究室	
游来官		〃	1915	〃	华东纺织工学院	教授	上海天山二村56号	
黄冬瑛		女	1918	〃	扬州市第一中学	教导主任	扬州梅岭教工新村10幢103号	退休
黄同翰		男	1918	〃	安徽教育学院数学系	系副主任	合肥安徽教育学院	
黄存正		〃	1918	〃	冶金部第一冶金建设公司	副总工程师、高级工程师	武汉青山第一冶金建设公司	
黄祎稼		〃	1916	〃	航天工业部	总工程师、科技委副主任、研究员	北京142信箱20分箱	
盛毅壹		〃	1918	〃	湖南省交通厅	副总工程师、高级工程师	长沙迎宾路1号交通厅	
曹先常		〃	1918	〃	北京石油勘探开发研究院	总工程师、高级工程师	北京910信箱	
魏锡钺		〃	1918	〃	北京铁路局	总工程师、高级工程师	北京复外羊坊店铁一区72幢2号	

姓名	在校时名	性别	出生年份	离校年份	现在(或曾在)工作单位	现任(或曾任)职务职称	通讯处	备注
蔡秉久		男	1918	1936	合肥工业大学	副校长、党委常委、教授	合肥工业大学	
尹池清	尹克中	〃	1925	1937	太原钢铁公司	党委副书记	太原胜利桥太钢宿舍28栋3单36号	
方崇智		〃	1919	〃	清华大学自动化系	教研组主任、教授	北京清华大学自动化系	
王至素		〃	1920	〃	山东大学光学系		济南山东大学光学系	
王亮基		〃	1915	1937	云南农业大学基础部	副教授	昆明青云路民强巷7号	
刘寿丰		〃	1918	〃	大连工学院物理系	副教授	大连工学院物理系	
孙云乔		〃	1924	〃	大连医学院生理教研室	副教授	上海重庆南路上海第二医学院生理教研室(科研协作单位)	
孙鸿才		〃	1920	〃	徐州电力修造厂	副总工程师、工程师	徐州西关徐州电力修造厂	
纪士珠		女	1921	〃	上海市共青中学	教师	上海永嘉路580弄100号	
向錡营		〃	1920	〃	中国人民解放军411医院	副主任军医	上海四川北路2181号东四楼	
陈立人	戚名东	男	1918	〃	江苏省出版局	副局长	南京宁夏路9号	
李六平		女	1919	〃	机械部仪表总局	副局长、顾问	北京甘家口八号院丁-5-16	离休
张永昌		男		〃	上海市畜牧兽医站	站长、高级畜牧兽医师	上海天山路776号	
宋家泰		〃	1915	〃	南京大学地理系经济地理教研室	室主任、教授	南京鼓楼大钟新村10号	
严颂景		〃	1920	〃	华东纺织工学院	副院长、系主任、教授	上海华东纺织工学院	
许　森		〃	1923	〃	中国科学院计划局	高级工程师	北京西郊中关村825楼104室	
许　键		〃	1924	〃	四川师范学院化学系	教研组长、副教授	成都四川师范学院化学系	
许永嘉		〃	1919	〃	华东水利学院农田水利教研室	副教授	南京西康路华东水利学院农水系	
杨慰春		〃	1918	〃			上海富民路148弄16号	退休
胡立贤		〃	1917	〃	上海市植机模具厂	工程师	上海淮海中路927弄113号	退休
施士昇		〃	1920	〃	清华大学土木与环境工程系	教授	北京清华大学16公寓103	
高　光	高光祚	〃	1922	〃	大连医学院外语教研室	讲师	大连医学院外语教研室	
高　鸿		〃	1918	〃	南京大学化学系	室主任、所长、教授、学部委员	南京汉口路52-1后楼附8号	
钱　鸿		〃	1923	〃	江苏省扬州中学总务处	副主任	扬州淮海路13号	
梁曼淑		女	1919	〃	上海第一制药厂质监科	副科长、工程师	上海乍浦路383号5室	退休
贾　健		男	1914	〃	华中农学院农业经济系	系主任、教授	武汉华中农学院农业经济系	
程高楣		〃	1918	〃	太原工学院	科研处长、教授	太原工学院	
瞿为霖		〃	1918	〃	上海工业大学图书馆	馆长	上海延长路上海工业大学	
滕　平	滕祖培	〃	1919	〃	江都小纪公社卫生院	医生	江都小纪镇北街6号	退休
潘　定		〃	1921	〃	扬州师范学院化学系	副教授	扬州师范学院化学系	
钱春绮		〃	1921	1938	先后从事医务工作和外国文学翻译工作		上海南京西路1600弄4号	
尤钟骥		〃	1918	1939	上海市造纸研究所	所长	上海延长路352号403-404室	
孙　究		〃	1922	〃	扬州市第十二中学	副校长	扬州梅岭教工新村10号楼207室	退休
乐光谦		〃	1918	〃	西安交通大学	教授	西安交通大学	
范广中		〃	1920	〃	靖江县中学	副校长、党支部副书记	靖江县中学	
曹善祥		〃	1922	〃	上海市医药工业公司	总工程师、副经理、高级工程师	上海福州路107号	
蔡国谟		〃	1919	〃	轻工业部上海轻工业设计院	总工程师、高级工程师	上海瑞金一路165弄40号	
马钟瑞		〃	66岁	1940	长期从事教育工作		常熟梅山镇北街11号	
古成宇		〃	1919	〃	江苏省扬州中学教研室	副教研组长、一级教师	扬州甘泉路263号	
杨树春		〃	1921	〃	扬州市服务公司信托调剂经理部	副经理	扬州迎春巷9号	
周世恩		〃	1927	〃	驻133厂军事代表室	总军事代表	长春1017信箱21分箱	
黄宗心		女	1922	〃	西安医学院第二附属医院内科	主任医师、副教授	西安交大一村19舍304号	
蒋大宗		男	1922	〃	西安交通大学信控系医电教研室	室主任、教授	西安交大一村19舍304号	
王甲天		〃	1924	1941	济南石油化工二厂	副总工程师、工程师	济南东郊济南石油化工二厂	
王学轩		〃	1923	〃	民航总局经济技术情报研究室	编辑	北京东四西大街民航总局经济技术情报研究室	

姓名	在校用名	性别	出生年份	离校年份	现在(或曾在)工作单位	现任(或曾任)职务职称	通讯处	备注
纪士峰		男	1929	1941	国防科技大学	副教授	长沙国防科技大学101	
孙方钟		〃	1921	〃	贵州毕节地区供销土产站	干部	上海高安路88弄2号	退休
任鸣皋	任鸿普	〃	1926	〃	中国社会科学院 北京大学南亚研究所	编辑	北京和平门师大附中 郝钟秀转	
华瑞甲		〃	1922	〃	上海市生产技术局技术改造处	处长、高级工程师	上海福州路30号	
吴歆	吴德侨	〃		〃	民盟芜湖市委员会	办公室主任	芜湖民盟市委会	
张世观		〃	1922	〃	江苏省扬州中学教导处	主任、一级教师	扬州梅岭教工新村9幢207号	
张成山		〃		〃	山东农学院数学教研室	副教授	山东农学院数学教研室	
李学汾		〃	1926	〃	南京工学院能量转换研究室	工程师	南京工学院能量转换研究室	
林育		〃	1923	〃	大连医学院化学教研室	室主任、副教授	大连医学院化学教研室	
钱玄	钱炳全	女	1921	〃			北京中关村中国科学院宿舍825楼104号	退休
夏奠岭		男	1923	〃	上海市计算技术研究所八室	副室主任、高级工程师	上海淮海中路1751号101室	
程迺晋		〃	1923	〃	西安交通大学	副校长、教授	西安交通大学	
许祥祐		〃	1923	1942	东北电业管理局技术改进局	局长、高级工程师	沈阳和平区光荣街二段四里1号	
汪蔼曾	汪润之	女	1921	〃	扬州市古旗亭小学	校长	扬州永胜街44号	退休
张楠森		〃	1923	〃	上海市第六人民医院药剂科	主任、主任药师	上海北京西路1400弄24号第六人民医院	
钱谷嵘		男	1924	〃	上海石油化工总厂	副总工程师、高级工程师	上海金山卫石油化工总厂	
吉永钱		〃	1923	1943	南通天生港发电厂	副总工程师、高级工程师	南通天生港发电厂	
滕鸿琳	滕仲绚	〃	1925	〃	兰州铁道学院运输系	系副主任、副教授	兰州铁道学院运输系	
谭虎门		〃	1927	〃	交通部第三航务工程局科研所	所长、高级工程师	上海平江路139号	
吴柳村		〃	1922	1944	东台城南中学	教师	东台城南中学	
谢宗万		〃	1924	〃	北京中医研究院中药研究所	室主任、副研究员	北京东直门口中医研究院中药研究所	全国劳模
吴格		〃	1928	1946	南通第三棉纺织厂	顾问、工程师、副总会计师	江苏海门三厂镇新村弄45号	退休
李天甲	李天爵	〃	1928	〃	中国农民银行江苏省分行	副科长	南京白下路23号	
虞光明		〃	1927	〃	天津医学院化学教研室	室主任、基础部副主任、副教授	天津医学院化学教研室	
吴国元		〃	1925	1947	山西省城市规划设计院	副院长、工程师	太原新建南路9号省规划院	
吴美商		女	1928	〃	东北电业管理局职工医院	主治医师	沈阳东北电业管理局职工医院筹建处	
苏法曾		男	1929	〃	北京煤炭管理干部学院	副教授	北京王府井大甜水井胡同43号	
杨震中	杨震钟	〃	1929	〃	邮电部北京设计所	高级工程师	北京月坛南街11号	
徐礼官		〃	1928	〃	茶叶茶研究所	工程师	北京复兴路14号80分队	
于启勋	于垦勋	〃	1930	1948	北京工业学院七系	教研室主任、副教授	北京工业学院七系	
王镛		〃	1928	〃	溧水县科委、科协	副主任	溧水县科委	
王可仪		女	1926	〃	泰州市人民银行	办事员、经济员	泰州市人民银行	
王启岫		〃	1929	〃	冶金部长沙勘察公司	副科长、经济师	长沙韶山路40号	
刘秉琨		男	1930	〃	江苏省邮电科学研究所	总工程师、高级工程师	南京江苏省邮电科学研究所	
余秀	余福谦	〃	1932	〃	江苏省委党校党建办公室	主任	南京建邺路省委党校	
吴嶶	吴宝龄	〃	1930	〃	中国人民大学计划统计系	副系主任、讲师	北京中国人民大学计划统计系	
李士秀		女	1930	〃	上海市陆行中学	教师	上海曹杨二村108号301室	
严□□楚靖		男	1931	〃	新疆石河子市纪律检查委员会	专职常委	新疆石河子市纪律检查委员会	
林冠伦		〃	1929	〃	北京邮电科学研究院	高级工程师	北京邮电科学研究院研究部	
室荀		〃		〃	江苏农学院植保系	讲师	扬州江苏农学院植保系	
夏同平		〃	1930	〃	西北建筑设计院	副主任工程师、高级工程师	西安西七路173号	
夏敏芳		〃	'90	〃	铁道部武昌车辆工厂厂部办公室	副主任、经济师	武汉铁道部武昌车辆工厂厂部办公室	
詹子龄		〃	1929	〃	南京汽轮电机厂职工大学	副校长	南京汽轮电机厂职工大学	
姚允如		〃	1928	〃	河北纺织工业学校	讲师	石家庄河北纺织工业学校	
					出版社经济编辑室	编辑	上海绍兴路54号	

教　职　员　部　分

姓名	在校用名	性别	出生年份	现在(或曾在)工作单位	现任(或曾任)职务职称	通讯处	备注
曹岛		男	1895			南京兰园29号	
任中敏	任讷	〃		扬州师范学院中文系	教授	扬州师范学院中文系	
姚尔玉	姚文玺	〃	1896			上海建国中路18号新2楼202室	退休
何棣先	何维科	〃	1899			贵阳护国路43号	
邱子进	邱增祥	〃	1900	江苏省扬州中学	教研组长、一级教师	扬州渡江路159号	退休
胡焕庸		〃	1901	华东师范大学人口研究室	室主任、教授	上海中山北路3671弄332号101室	
王宗虞		〃	1903			北京西城区中央音乐学院	
黄忘龄	黄燮笙	〃	1903			扬州师范学院	
叶长青	叶启祥	〃	1905	北京外交学院		北京展览路24号	
张云谷	张雅娓	〃	1905			上海武定西路1344弄50号	
唐耀		〃	1905			昆明黑龙潭中国科学院植物研究所	
戴维靖		〃	1905	华东纺织工学院第二外语教研组	副教授	上海延安西路联建新村1号202室	
张建义		〃	1907			扬州风箱巷26号	退休
吴遐龄		〃				上海山阴路133弄25号	
孙云雁		〃	1908	南京工学院土木工程系	教授	南京兰园28号,南京工学院宿舍2栋20号	
徐谯		〃	1908			南京五台山江苏省体委	
于在春		〃	1909	中华书局上海编辑所		上海高安路3号	离休
秦万里		〃	1910	杭州市笕下中学	教师	杭州余杭塘路硫酸厂宿舍	退休
颜树美		女	1910			杭州余杭塘路硫酸厂宿舍	退休
许仲荻	许志恒	男	1911			扬州绿花观街34号	
高衡		〃	1911	长期从事教育工作	校长	扬州工人第一新村71号	退休
顾雨庆		〃	1911			扬州院大街121号	退休
洪烨		〃	1912			扬州灯草巷20号	退休
褚绍唐		〃	1912	华东师范大学地理系	教研室主任、教授	上海华东师范大学地理系	
陆骏		〃	1913			南京中华路170号省交通厅内	
曹寅亮		〃	1913			扬州流水桥41号	退休
朱兴生		〃	1914			扬州古旗亭54号	
李振邦		〃	1914	上海市粮食科学研究所	外文翻译	上海四川南路1号上海粮科所	
黄尔瑛		女	1918			扬州梅岭教工新村10幢103号	退休
秦秉久		男	1918			合肥工业大学	
古成厚		〃	1919			扬州甘泉路263号	
谢宗万		〃	1924			北京东直门内中医研究院中药研究所	

关于校友通讯录编印的几点说明

一、按校友登记的先后分批编印，以后汇编铅印成册。

二、内容摘自校友登记表，如有变化，请速联系。

三、编排分学生和教职员两部分。学生部分按离校先后为序，教职员部分按年龄大小为序，同一年份的按姓氏笔划为序。

四、汇编时，拟将离休、退休、全国性社会职务和荣誉称号（如全国人大代表、政协委员、全国劳模等）列入备注栏。本通讯录中如有遗漏，请来信补充。

五、错误和不足之处，望来信指正。

扬中校友通讯

第2期　1983.9　江苏省扬州中学校史编写组

本期要目

一、仪董学堂
二、罗青校友题词
三、扬中历史沿革表（1902－1983）
四、校友倡议书

下期要目

一、省立第五师范学校简介
二、汪诚（西周）[illegible]
三、第八中学校歌
四、校史编写组告校友

校史简介

仪　董　学　堂

仪董学堂是扬州成立最早的官立中学，光绪二十八年切（1902年）筹备就绪，招生开学。

仪董旧址在东关街，现屋宇无存。原由两淮盐运使程仪洛筹定经费，呈准创设，并任总办。因运署内旧有仪董轩，为纪念作过江都王相的西汉大儒董仲舒而营筑，故立校也称仪董。

仪董系中学制，学生定额六十名，四十名就扬州府属八县，遴选附生，商籍二十名，就盐商子弟中文理优长者，保送应考。经初试复试后，入堂肄业。课程分伦理、国文、经学、历史、舆地、算学、外文（英文法文任习一科），后又增格致、化学、体操、图画等课。教材有的自编，有的采用现成图书。每日六课，每课一小时，星期及节日停课。星期六午后，由监督命题作文。每周除正课外，监督还不定期召集听讲，学生随时笔记，并可附记心得，笔记于周末缴监督批阅记分。每半年为一学期，期终举行考试，合计平日积分及期考成绩，依次榜示，列前十名，给现金奖。

监督如后来的校长，初任监督唐哥，武进人，国史馆纂修官，擅长史地词章。其后王赓运，临桂人，官给事中，著名词家。又其后为李慎儒，丹徒人，户部郎中，长于地理古文辞。最后为宋子臧，高邮人，吏部主事，军机章京，长于词章掌故。教习魏心博、刘富曾、[illegible]桂邦杰、周树年，均以教学负令望。

学堂有藏书楼，四部及各种学[illegible]一万二千余册，编有书目，学生全部寄宿，[illegible]四进一楼，每间十余，[illegible]学生伙食[illegible]，[illegible]两期一试，晚间洋烛照明，[illegible]每周六支。

仪董立校五年，[illegible]四期，学生逾三百，毕业期限迄未明定，中途投考别校[illegible]，至光绪三十二年，仪董改名为两淮中学[illegible]，[illegible]生继续就学者不满20人，特开一班，再读一年毕业，民国十年，仪董两淮同学[illegible]同学会编有同学录，暨[illegible]，[illegible]纪念。

向扬州中学母校致敬

感谢新时期扬州中学[illegible]的校友们[illegible]我为校友—母校的弟子。

一九一九年我刚满十八周岁，冲破重重阻碍得报考省立扬州第八中学的机会，特别是在一千五百名考生中仅录取定额一百人，我侥幸登榜。这正是五四新文化运动和十月革命思潮冲击[illegible]淮泗大地的时期，八中师生也就先后受到了席卷和濡染，生气勃勃，然而好景不长，我仅读了两学年，就被大家庭强迫废学，要有校长季更生先生纵然同情我，也因我父亲当面提出愿无条件承担退就我的全部责任，亦不可得。一九二一年暑假遂逢伟大的中国共产党孕育诞生的幸福时刻，我却不幸落伍而流浪了。

我今年虚度八十一岁了，回顾六十二年来，从未忘怀八中和校长季更生以及诸位师生的姓名，[illegible]我紧密地连结在一起的母校，

缅怀母校敬爱师长，而今[illegible]，

同学少年择马列，史生校长宋[illegible]。

风华[illegible]，[illegible]

[illegible]

[illegible]

罗青敬献

一九八三年八月十二日

罗青校友（1921年）题词

联语寄怀

近接母校寄来《扬中校友通讯》，[illegible]，[illegible]何似！爰缀数联，以寄余怀。

忆南楼

忆南楼，依稀旧景，
望雅[illegible]，[illegible]新台。

今日扬中

推陈出新，[illegible]，
[illegible]，[illegible]。

忆校友

[illegible]，[illegible]，
[illegible]，[illegible]。

[illegible]（1923年校友）

[illegible]（1931）[illegible]，[illegible]。[illegible]（1956）[illegible]，[illegible]诗，同[illegible]。　——[illegible]

[illegible]，[illegible]。
[illegible]，[illegible]。
[illegible]，[illegible]。
[illegible]，[illegible]。

[illegible]
[illegible]
[illegible]
[illegible]
[illegible]
[illegible]
[illegible]
[illegible]

游子篇

片羽集

朱宝忠(1939年校友)：感谢母校的关怀，赐寄《扬中校友通讯》，真如天外飞来，令我喜出望外。

王先贵(1947年校友)：通讯使我重温在校时度过的朝气勃勃的金色的时光，使我沉浸在作为光荣母校的一名校友的幸福之中。

徐兰如(1936年校友)：在华稍望同学处见到校友通讯，悉母校同仁有此盛举，非常高兴，很为赞同。

吴文蔚(1931年校友)：最近易培官校友赠我通讯一份，得悉母校现正准备编写校友录，万分高兴，衷心拥护，特草数言表示祝贺。

养学炳(1935年校友)：顷接校友通讯，并看到胡介木校友题词，情意深长，受到很大鼓舞！饮水思源，铭感良深。写了一首小诗，追记当年校内景色：绿杨城郭草萋萋，树人堂前寄永思；垂杨满园春色好，桃花小径夕阳低。

李永圭(1935年校友)：正是通讯的桥梁作用，我们35级的部分师生得与韦国芬(人大代表)、张迟昌(政协委员)在京聚会了一次。座中有人在绿杨城郭一别之后竟未曾见面，真是四十八年过去，弹指一挥间，今日京华重聚首，其忆弦歌古扬州。

殷介桂(1937年校友)：接到通讯十分兴奋，不禁回忆起四十六年前母校情景。对于编写校友通讯录，亟表赞同，经与在沪同学联系，除已接通知外，特将所知附录。

许琛(1937年校友)：出差回家见到通讯，倍感亲切。我和我妻商量，应尽我们之所能，为母校做一些力所能及的工作，静待母校的召唤。现寄上书刊21册，供母校师生参考。

吴宏作(1931年校友)：前接通讯，得悉多年的校友近况等等，虽然天各一方，宛如同晤一室，阅读之余为深欣慰。先父吴遐伯曾编讲义多种，但历经沧桑，家藏而存者仅有三本，谨赠母校，以资纪念。

胡柯(1935年校友)：本人在校友通讯上，看到有轻蔑当时校长周厚枢先生词句，不免伤神。周先生经办扬中，功不可没，深信海内外校友会有此同感。

李寿萱(1936年校友)：我在校时的老师们，不知还有哪些人健在。建议通讯也能将过去所有老师姓名及存殁情况编制成表，分寄给校友们。

朱奇石(1928年校友)：寄来的第一期通讯，内容和形式殊觉可观。希望编写组的同志们，在今年暑假后，现在这一刊物是定期的，努力编印，至少月出一期，以适应需要。

任荣祖(1935年校友)：忽然接到校友通讯，就象接到了价值万金的家书一样。通讯把我们和母校联系起来了。让我们共同爱护她、培育她。

桑万倚(1951年校友)：

通讯然成锦绣篇，萦怀三十二年前；

满园桃李端三育，万里江淮第一鞭，

朝夕莫关事立志；后先接力竞挥鞭；

树人大计凝卢远，重振中华会有年。

今日扬中

今年本校高中毕业八个班，共371人。三好生174人，其中受市表扬的4人，1人又被评为全国三好生，曾参加全国三好生表彰大会。高考总分达到江苏省高校切分线(理工科475分、文科473分)的为199人，符合体育、艺术院校要求的为9人，达到中专切分线(458分)的为35人。八个班中，八〇年四校联合招进的一个班，全部达到高校分数线，两个地、市择优班达到高校和中专分数线的在80%以上，普及入学的五个班在50%以上。

初中毕业六个班，共418人，其中三好生计102人。416人已升入高一级学校。

自本学年起，各年级均为六轨，共36班，现值开学伊始，全校师生正情绪饱满、信心百倍地为进一步提高教育质量而努力。

五师校歌

1=G　4/4

5 1 1 1 2·3 2 | 5 5 6·5 1 — |

梅花开处蜀冈高　师范第五校

3 2 1 3 5 — | 6·5 3 1 6·1 5 |

三育端师表　八字语吾曹

2 2 2 2 3 3 5 5 | 2 2 2·1 2 — |

诚敬公恕勤朴勇毅　努力求深造

6 6 5 4 3 — | 2 2 5 5 6·5 1 ‖

江淮万里遥　元量儿童待甄陶

倡议书

致启者

现母校正积极筹备编写校史与校友通讯(包括八中、五师、前扬中等)由于工作量大而经费困难开展为难，谨此倡议敬请各地校友慷慨赞助经费，以期完成此一有意义的工作，毋任感幸。

注：赞助款项请 (1)迳寄江苏省扬州市江苏省扬州中学校史编写组 (2)或集中在当地一位校友处统一汇寄

发　起　人

华达之	徐竹书	高鸣	朱永	朱培仁	叶长龄	曹永治
董明章	董德章	鲍传锋	鲍汉青	陈邵先	曾根文	杨麟
许明立	谈大志	金渊	唐永昭	沈则东	张懋生	胡国良
柳雪鸿	李复白	张建猷	冯亮	姚康芳	方莹	王万钧

短讯

△六月中旬，市党史办与我校联合召开部分老校友座谈会，回忆"九一八"、"一二八"事变发生后前扬中师生的爱国活动情况。老校友踊跃发言，气氛热烈。

△近来，返母校访叙的国内外校友(本地校友恕不列入)有，张含宝、石永泗(美国)、陈静(陈邵先)、吴畛、李华滁、赵有守、黄皓六、戴邦国、鲍允和、黄时彬、祁日群、胡柯(美国)、罗天安、养学炳、王可厚等。

△六届政协委员中的校友，除上期报道者外，还有况　曹、吴大琨、朱亚杰。

△为支持母校编写校史、编印校友录和筹建校史馆等工作，七月起已陆续有校友汇来或送来赞助款，他们是：鲍传锋、陈静、鲍汉青(鲍传锡)、曹永治、董明章、董德章、蒋大宗、黄笑心、张懋生、胡人、王可厚。

校史编写组附言：

由于技术原因，本期校友题词未能按原件复印。

由于全面介绍校史各时期情况，从本期起登载史料，并陆续刊登五中、八中、前扬中简况及仕五、周厚枢老校长小传。

大批校友来信，对本组工作期望殷切，惟本组工作人力有限，解决难以尽所托，当尽自身能力。

江苏省扬州中学历史沿革表（1902—1983）

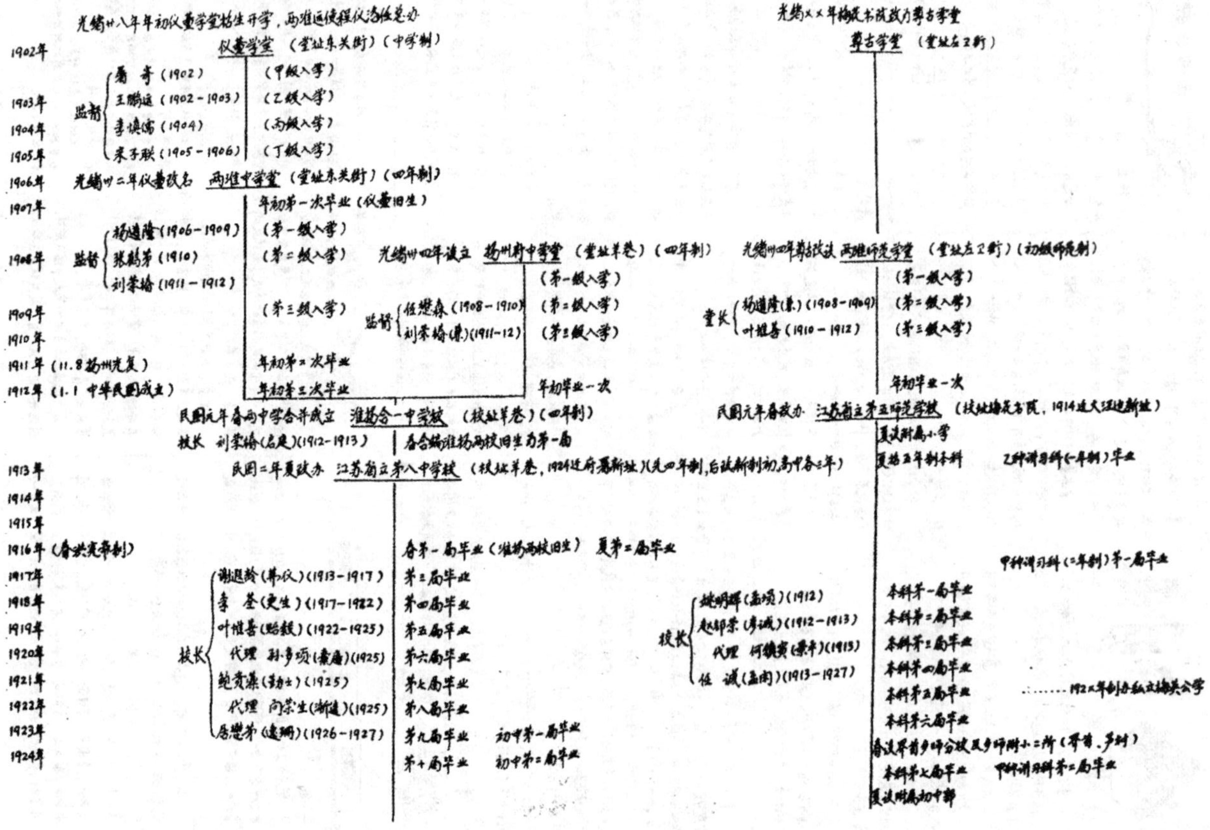

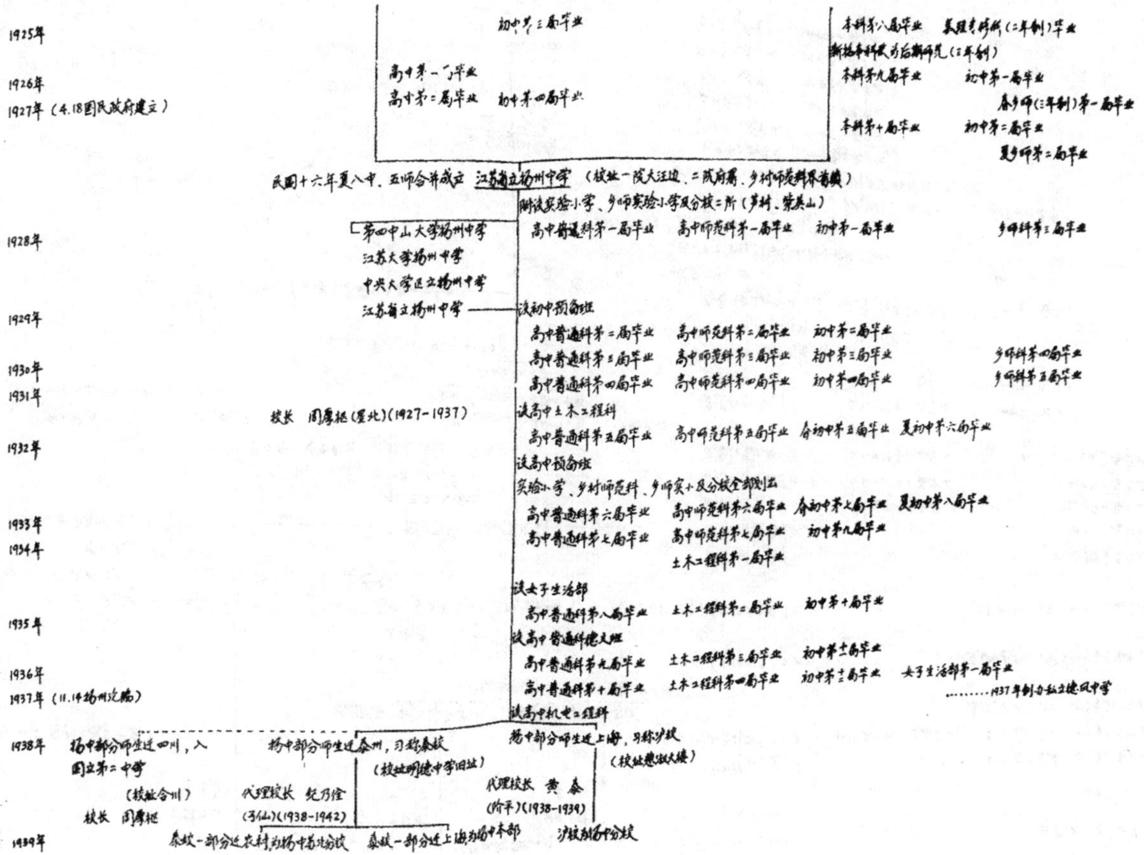
1925年
1926年
1927年（4.18国民政府建立）
1928年
1929年
1930年
1931年
1932年
1933年
1934年
1935年
1936年
1937年（11.14扬州沦陷）
1938年
1939年
初中第三届毕业
高中第一届毕业
高中第二届毕业
初中第四届毕业
本科第八届毕业
本科第九届毕业
初中第一届毕业
本科第十届毕业
初中第二届毕业
夏乡师第二届毕业
民国十六年夏八中、五师合并成立 江苏省立扬州中学
第四中山大学扬州中学
江苏大学扬州中学
中央大学区立扬州中学
江苏省立扬州中学
高中普通科第一届毕业
高中师范科第一届毕业
初中第一届毕业
乡师科第三届毕业
设初中预备班
高中普通科第二届毕业
高中师范科第二届毕业
初中第二届毕业
高中普通科第三届毕业
高中师范科第三届毕业
初中第三届毕业
乡师科第四届毕业
高中普通科第四届毕业
高中师范科第四届毕业
初中第四届毕业
乡师科第五届毕业
校长 周厚枢(星北)(1927-1937)
设高中土木工程科
高中普通科第五届毕业
高中师范科第五届毕业
设高中预备班
高中普通科第六届毕业
高中师范科第六届毕业
高中普通科第七届毕业
高中师范科第七届毕业
土木工程科第一届毕业
设女子生活部
高中普通科第八届毕业
土木工程科第二届毕业
设高中普通科德文班
高中普通科第九届毕业
土木工程科第三届毕业
高中普通科第十届毕业
土木工程科第四届毕业
女子生活部第一届毕业
……1937年创办私立捷风中学
设高中机电工程科
扬中部分师生迁四川，入国立第二中学
（校址合川）
校长 周厚枢
扬中部分师生迁泰州，习称泰校
（校址明德中学旧址）
代理校长 纪乃镕
（子仙）(1938-1942)
扬中部分师生迁上海，习称沪校
代理校长 黄泰
（阶平）(1938-1939)
泰校一部分迁上海为扬中本部
沪校为扬中分校

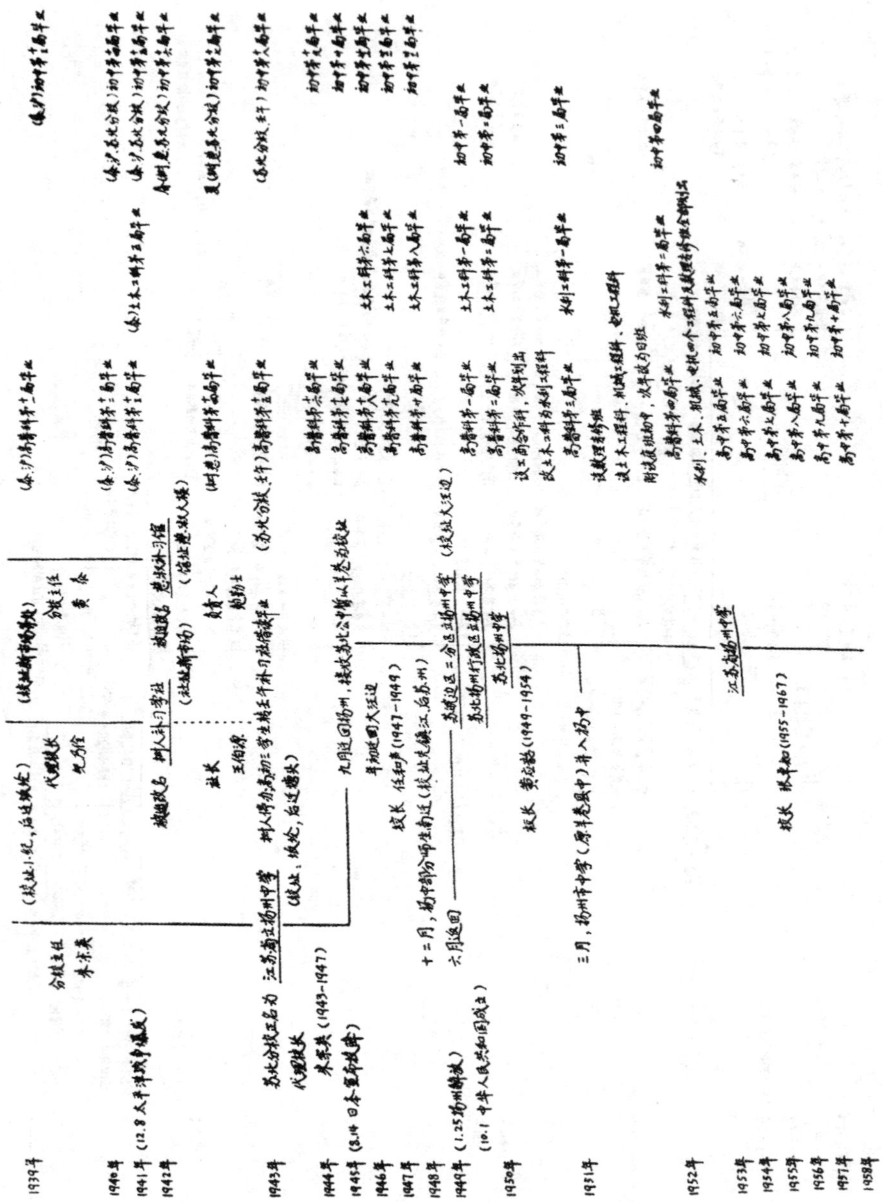

1959年			高中第十一届毕业　初中第十一届毕业
1960年			高中第十二届毕业　初中第十二届毕业
			招五年制试点新生
1961年			高中第十三届毕业　初中第十三届毕业
1962年	定为省属重点中学		高中第十四届毕业　初中第十四届毕业
1963年			高中第十五届毕业　初中第十五届毕业
1964年			高中第十六届毕业　初中第十六届毕业
1965年			高中第十七届毕业　初中第十七届毕业
1966年（文化大革命开始）			
1967年			
1968年	军宣队进驻	红扬中学	高中第十八、十九、廿届毕业　初中第十八、十九、廿届毕业
	工宣队进驻		一年制高中入学　一年制初中入学
	成立革委会		二年制高中入学　二年制初中入学
1969年			高中第廿一届毕业（一年制）　初中第廿一届毕业（一年制）
1970年	革委会主任　章心如（1970—　）		高中第廿二届毕业（二年制）　初中第廿二届毕业（二年制）
1971年			春高中第廿三届毕业（二年制）　春初中第廿三届毕业（二年制）
1972年			春初中第廿四届毕业（二年半）
1973年			春高中第廿四届毕业（二年制）　春初中第廿五届毕业（二年制）
1974年			高中第廿五届毕业（二年半）　初中第廿六届毕业（二年半）
1975年			高中第廿六届毕业（二年半）　初中第廿七届毕业（二年半）
1976年（十年动乱结束）			高中第廿七届毕业（二年制）
1977年			高中第廿八届毕业（二年制）　初中第廿八届毕业（二年制）
			三年制初中入学
1978年	恢复校名为	江苏省扬州中学	初中第廿九届毕业（二年制）
	重定为省属重点中学		
1979年	校长　章心如（　—1982）		高中第廿九届毕业（二年制）
1980年			高中第卅届毕业（二年制）　初中第卅届毕业（三年制）
			三年制高中入学
1981年			高中第卅一届毕业（二年制）　初中第卅一届毕业（三年制）
1982年			初中第卅二届毕业（三年制）
1983年	校长　郑万钟（1982—现在）		高中第卅二届毕业（三年制）　初中第卅三届毕业（三年制）

说明：上表所列学校沿革、科别设置、学生届次等内容，请核对，如发现错误，望来信指正。

江苏省扬州中学校友通讯录（第二辑） 学生部分

姓名	在校用名	性别	出生年份	离校年份	现在（或曾在）工作单位	现任（或曾任）职务职称	通讯处	备注
任中敏	任讷	男		1916	扬州师范学院中文系	教授	扬州师范学院中文系	
李怀	李壤	〃	1898	1918	南京师范学院附属中学	教师	南京萨家湾第八中学 李德先转	退休
黄宗彝		〃	1900	1919	外贸、畜产、皮革公司		上海陕西北路597弄12号	退休
刘云浦		〃	1902	1922	天津大学	教授	天津大学四季村10楼2-101号	
方乾和	方光典	〃	1906	1924	上海大中华橡胶总厂职工学校	教师	扬州中小街45-12号	退休
陈冠宇		〃	1903	〃	上海昆明中学	教师	上海虹口区高阳路241弄24号	退休
陈季丹	陈泰桂	〃	1907	〃	西安交通大学电机系	教授	西安交大1-19-106号	
杭庆祥		〃	1904	1925	中国人民银行上海分行		上海山阴路41弄7号	退休
成贻典		〃	1907	1926	南京汽车制造厂研究所	高级工程师	南京汽车制造厂研究所	
汪秋逸	汪桂华	〃	1907	〃	镇江市文联	副主席	镇江中山路129号	退休
顾岳中	顾炳嵩	〃	1906	1927	上海师范学院教育科学研究所	教授	上海虹口区山阴路44弄13号	
丁鹤龄		〃	1904	1928	上海中国食品公司华东区公司	职员	上海华亭路17号乙幢102室	退休
羊达之	羊兆爵	〃	1904	〃	南京师范学院中文系	教授	南京宁海北东瓜市12号4幢102号	
朱奇石	朱景星	〃	1906	〃	重庆第四中学	教师	重庆石坪桥油漆厂	退休
张一莽	张燮堂	〃	1908	〃	上海市基础工程公司	办公室主任	上海愚园路356号	离休
陈从天	陈源达	〃	1908	〃	南京市第九中学	教师	南京大光路尚书里二栋22号	退休
章石承	章柱	〃	1910	〃	扬州师范学院中文系	副教授	扬州师范学院中文系	
张绍勤	张紫业	〃	1907	1929	江苏省扬州中学	教师	扬州九巷5号	退休
赵峻山		〃	1906	〃	南京师范学院附属中学	教师	南京珠江路太平桥南5号	退休
柳新民		〃		〃	铁道部物资局成都物资管理处	高级工程师	成都铁路新村4幢2门3户	
黄旭朗		〃	1909	〃	苏州大学	图书馆副馆长、副教授	苏州 苏州大学	
潘长泽		〃	1907	〃	镇江谏壁中学	教导主任	镇江中山路三台栈巷2号	退休
李剑青		〃	1910	1930	扬州工学院化工系	主任、工程师	扬州江都北路27楼东102室	退休
徐学韩	徐箴五	〃	1906	〃	长期从事教育工作	小学校长	泰县姜堰河西居委会曙光新村89号	离休
黄枢		〃	1917	〃	扬州市第五中学	教研组长、一级教师	扬州毓贤街44号	
温济泽	温箕达	〃	1914	〃	中国社会科学院研究生院	院长、教授	北京建国门内大街5号中国社会科学院	
王元乾		〃	1912	1931	江苏省农林厅	高级农艺师	南京江苏路29号	
王石城	王植三	〃	1909	〃	合肥师专	科主任、图书馆主任、教授	合肥蚌埠路十四中宿舍	离休
王慰慈		女	1913	〃	重庆西南制药三厂	科长	重庆建筑工程学院东村101-3-1号	退休
刘兆棻		〃	1912	〃			上海虹口区祥德路137弄10号	
江廷馨		男	1911	〃	铁道部	工程师	北京复外铁二区5栋7号	离休
朱维骅		女	1911	〃	镇江卫东小学	教师	镇江蛤蟆院42号	退休
李子文	李登章	男	1910	〃	镇江五条街小学	教导主任	镇江松堂园巷28号	退休
李学唐		〃	1912	〃	镇江市第八中学	教师	镇江蛤蟆院42号	退休
李慧娟		女	1912	〃	江苏省沙洲县塘桥中学	教师、会计	镇江姜巷26号	退休
吴文蔚		男	1912	〃	新疆生产兵团通用机械厂	干部	镇江永安路36号207室	退休
吴叔作	吴述文	〃	1911	〃	扬州市第五中学	教师	扬州风箱巷26号	退休
陈见阁		〃	1914	〃	台湾高雄铝业公司	厂长兼总经理	520 Brookside Lane Somerville, NJ. 08876	退休
马慧生	马路宫	〃	1913	〃	上海培光中学	教导主任	镇江四中村49号	退休
徐竹书		〃	1908	〃	南京工学院	讲师	南京进香河路33号1-206	退休
徐怀云		〃	1912	〃	美国国际工程公司	顾问	5820 Poinsett Ave ElCarrito, Cal. 94530, USA	
常越群		女	1911	〃			扬州中小街45-12号	

姓名	在校用名	性别	出生年份	离校年份	现在(或曾在)工作单位	现任(或曾任)职务职称	通讯处	备注
鲍汉青	鲍传镐	男	1914	1931	江苏省人大常委会	副秘书长	南京珞珈路21号	
鲍倩户		〃	1912	〃	杭州商学院	图书馆主任	杭州六和塔铁路工房87号	离休
程瑞燕		女	1911	〃	杭州铁路小学二校		杭州六和塔铁路工房87号	退休
戴岳	戴明立	男	1914	〃	安徽省委宣传部	副部长	合肥安徽省委宣传部	
魏彦章		〃	1912	〃	电子工业部1418研究所	副总工程师	天津296号信箱	
苏农官		〃	1916	1932	黑龙江省五金公司	副经理	哈尔滨道里经纬街138号2楼1号	离休
汤秀章		女	1913	〃	成都铁路子弟小学	校长	成都外西铁路新村甲34栋2门9号	退休
余裕寿		男	1910	〃	甘肃省农业机械管理局	干部	江浦县中学　余川转	退休
吴静安	吴颢之	〃	1915	〃	南京市教师进修学院 汉语大辞典编写组	副教授	南京教师进修学院	
辛德培		〃	1913	〃	上海徐汇区教师进修学院	顾问	上海大木桥路日晖六村109号35室	离休
简伯敦	简寅官	〃	1914	〃	浙江大学电机系	教授	杭州浙大求是村4-10号	
王荣生		〃	1915	1933	天津市测绘处	总工程师、高级工程师	天津和平区承德道2号	
华国	华允娥	女	1915	〃	航空工业部沈阳黎明公司	会计师	北京761信箱1分箱	离休
吴学璧		〃	1914	〃	扬州市东关中心小学	校长	扬州琼花观街36号	退休
吴宗铃		男	1914	〃	镇江市卫生防疫站	卫生宣传干事	镇江南水桥南镇江市卫生防疫站	退休
吴征镒		〃	1916	〃	中国科学院云南分院昆明植物研究所	分院院长、所长、研究员、学部委员	昆明黑龙潭昆明植物研究所	六届全国人大代表
张建侯		〃	1914	〃	天津大学化工系	系主任、教授	天津天津大学化工系	
李炳图		〃	1914	〃	广州铁路局基建处	总工程师	广州东山共和西路一栋403号	离休
金宜庄		〃	1914	〃	成都某工厂	计划统计	成都新南门外四川音乐学院	退休
贾步班		女	1913	〃	镇江市梳儿巷小学	教师	镇江南水桥南镇江市卫生防疫站	退休
丁景和		男	1916	1934	江西中医学院药学系	系主任、副教授	南昌江西中医学院	
于在林		〃	1916	〃	水利电力部长沙勘测设计院	副总工程师、高级工程师	长沙东塘水电部中南勘测设计院	
白方棠		〃	1912	〃	南京医学院	会计、会计员	南京清凉新村6号	
朱亚杰		〃	1914	〃	华东石油学院北京研究生部	副院长、部主任、教授、学部委员	北京902信箱	六届全国政协委员
朱懋森		〃	1914	〃	上海第二医学院物理教研室	室主任、教授	上海复兴中路485弄4号	
朱懋顺		〃	1915	〃	新疆八一农学院畜牧系	系主任、教授	乌鲁木齐新疆八一农学院畜牧系	
江淑芳		女	1919	〃	南京市医药公司	会计	南京建筑工程学院	退休
沈滑		男	1919	〃	贵州省机械工业厅	总工程师、高级工程师	贵阳贵州省机械工业厅	中国机械工程学会理事
许文庄		女	1916	〃	扬州市埂子街小学	教师	扬州羊胡巷11-1号	退休
余成英		〃	1913	〃	长期从事教育工作	教师	太仓樊泾村35号	退休
周恒涛		男	1915	〃	上海地质仪器厂	高级工程师	上海南丹路192弄15号	
钮恩文		〃	1915	〃	扬州工业专科学校教务处	处长、讲师	扬州工业专科学校	
袁硕功		〃	1913	〃	西南电力设计院	工程师	成都青羊宫西南电力设计院宿舍2幢2单元2楼	退休
袁裕生		〃	1915	〃	机械工业部上海材料研究所	高级工程师	上海武夷路768弄25号	
焦亚南		女	1913	〃	镇江师范附属小学	教师	镇江卫东小学	退休
程瑞琛		男	1916	〃	广西壮族自治区水利局	副局长、高级工程师	南宁建政路区水利局	六届全国人大代表、五届全国政协委员
蔡长年		〃	1914	〃	北京邮电学院	副院长、教授	北京北京邮电学院南七楼7321号	
王莹	王珮娟	女	1917	1935	天津第一针织印染厂		天津河西区涪州道13号	退休
方丙中		〃	1914	〃	四川石油局	主任会计员	成都一号桥四川石油局2幢2单元2楼	退休
方松寿		男	1916	〃	青岛商品检验局	科员	青岛滕州路1号甲	退休
刘镐		〃	1917	〃	上海医药工业研究院	工程师	上海广东路413号2楼	退休
吉上安		〃	1917	〃	贵州省水利厅水利设计院	工程师	贵阳东山水利设计院	
任荣炽		〃	1915	〃	华东水利学院基础部	副主任、副教授	南京华东水利学院	
华淑豫		女	1918	〃	上海欧阳街道	市民业余教师	上海祥德路建设新村3号8室	
江增瑞		男	1911	〃	江苏省扬州中学	教师	东台县徐东公社井一大队	退休

姓名	在校用名	性别	出生年份	离校年份	现在(或曾在)工作单位	现任(或曾任)职务职称	通讯处	备注
汪仪璋		女	1915	1935	江苏农学院	副教授	扬州江苏农学院数学教研室	
余秀英		〃	1915	〃	扬州市鲁迅中学	教研组长	扬州功德西巷4号	退休
余福庆		男	1916	〃	南京中国人民银行		南京白下区厅后街宁中里40号	退休
尚易祉		〃	1913	〃	南京农学院农学系	副教授	南京农学院农学系	
许雅武		〃	1917	〃	丹徒县化肥厂	财会干部	镇江观音桥巷47号	退休
沈达圻		〃	1913	〃	扬州市第三中学	教师	扬州三元巷69号	退休
沈熙明		〃	1909	〃	机械部上海电动工具所	副总工程师、技术委员会主任、高级工程师	上海延安中路877弄24号	
陈钟颐		〃	1916	〃	上海市机电设计院	高级工程师	上海塘沽路906号后门	
杨作翔		〃	1915	〃	上海市人民银行普陀区办事处		上海万航渡路623弄80号5室	退休
罗慕贤		〃	1920	〃	上海市静安区手工业局会计科	科长	上海永嘉路580弄12号303室	退休
胡声求		〃	1918	〃	美国洛杉矶ACADEMY PACIFIC AIRLINE SCHOOL, CENTURY RESEARCH. INC	校长 总经理	DR STEVE SHU CENTURY RESEARCH, INC. 16935 SOUTH VERMONT AVENUE GARDENA. CAL, 90247. U.S.A.	
胡国澄	胡珂	〃	1918	〃	WITH RCA & HUGHES AIRCRAFT Co for 30 yrs in micro electronics 退休后成立"国际科技贸易公司"	研究工程师	25902 SERENATA, MISSION VIEJO, CA 92691 U.S.A.	
胡镜蓉		〃	1913	〃	南京中国人民银行		南京马道街140号	退休
钱瑞霖		〃	1915	〃	安徽省水利厅	高级工程师	合肥曙光路1号	
曹光泰		〃	1916	〃	南京浦镇车辆厂	高级工程师	南京浦镇车辆厂	
王同贵		〃	1914	1936	兴化县农田水利工程队	工程师	兴化县农田水利工程队	
王超然	王明	〃	1913	〃	华东纺织工学院	教授	上海徐汇区天平路310弄2号	
方励燕		〃	1916	〃	上海四金工大	教师	上海保定路124弄5号	退休
冯毅		〃	1917	〃	云南大学无线电电子学系	教授	昆明云南大学连中新村7号	
刘广玉		〃	1916	〃	南京汽轮电机厂	副总工程师、高级工程师	南京汽轮电机厂	
朱鹤参		〃	1914	〃	武汉市建工局	工程技术主任、工程师	汉口江汉二路山川里1号	退休
李寿萱		〃	1915	〃	西北工业大学	教授	西安西北工业大学十系	
张震华		女	1918	〃	长期从事教育工作	小学校长	扬州石牌楼16号	
徐世如		男	1918	〃	航天工业部	科技委委员、高级工程师	北京万源路34楼东2楼	
袁延虎		〃	1920	〃	上海邮电通讯设备厂	工程师	上海宜山路700号	
高时浏		〃	1916	〃	武汉测绘学院科研科	教授	武汉测绘学院	
章仁哲	章人杰	〃	1918	〃	江苏农学院教务处	处长	扬州江苏农学院教务处	
黄尔玲		〃	1918	〃	长期从事教育工作	小学校长	上海保定路124弄5号	退休
曹孝鲁	曹菊坤	〃	1916	〃	泰县姜堰中学	副校长	姜堰泰县姜堰中学	
曹菊林		〃	1918	〃	常州市国棉四厂	工程师	常州市国棉四厂	
盛静霞		女	1917	〃	杭州大学中文系	讲师	杭州杭大路杭州大学河南宿舍23幢11号	退休
韩镗		男	1914	〃	响水县水利局	副局长	响水县[illegible]	离休
鲍训易		女	1920	〃	上海[illegible]学校	校长	上海虎丘路58号	退休
汤田侬		男	1914	〃	泰县姜堰中学	教师	姜堰泰县姜堰中学	
戴振乡		〃	1916	〃	上海工业大学机械系	教授	上海愚园路294号25室	
丁水镇		〃	1917	1937	南京第二钢铁厂财务科	科长	南京鱼市街卫巷13号	离休
万嘉镇		〃	1921	〃	清华大学工程力学系力学教研组	教授	北京清华大学工程力学系力学教研组	
卞荫贵		〃	1917	〃	中国科学院力学研究所	研究室主任、研究员	北京中关村力学研究所	
王万钧		〃	1918	〃	中国农业机械化科学研究院	副院长兼总工程师、高级工程师	北京德胜门外北沙滩1号	
王允究		女	1919	〃	青岛市泰山路第一小学	教师	青岛湖北路1号甲	
王胖桢	王庆九	男	1917	〃	上海机床电器厂	技术顾问、高级工程师	上海闵行镇上海机床电器厂	
王卫文		女	1921	〃	中科院上海细胞生物研究所	研究员	上海太原路196号2楼	
方莹		男	1919	〃	中国银行总行、中国[illegible]	高级经济师、经济顾问	北京西交民巷中国银行总行	[illegible]

姓名	在校用名	性别	出生年份	离校年份	现在(或曾在)工作单位	现任(或曾任)职务职称	通讯处	备注
尹铭		男	1919	1937	丹徒县文教局教研室	教研员	镇江米官营10号	
左永洄		〃	1923	〃	Kooperman, Kooperment Tso	律师	90 North Main Street Ellenville NY 12428 U.S.A.	
刘善建		〃	1913	〃	国家计委国土局	总工程师	北京百万庄城建大楼国土局	
成心德	成兴德	〃	1917	〃	东北工学院	副院长、教授	沈阳东北工学院	
朱永		〃	1918	〃	江苏化工学院、南京大学化学系	副院长、教授	南京大学化学系	中国化学会理事
朱良漪		〃	1920	〃	铁道部第三设计院	工程师	天津王串场大子路三院宿舍31幢203号	
朱培仁		〃	1918	〃	南京农学院农学系植物生理教研组	教研组主任、副教授	南京三牌楼和会街37号新楼103室	
何国钧		〃	1920	〃	镇江市轴承配件厂		镇江潮水沟北巷66号	退休
孙淦森		〃	1918	〃	黄河工程机械厂	高级工程师	陕西省华阴县黄河工程机械厂	
孙维云	孙坪	〃	1919	〃	如皋县如城二中	教师	如皋东门北王家巷3号	离休
吴调	李锋	〃	1921	〃	南京师范学院	院长	南京师范学院	
吴文		〃	1919	〃	中国科学院广州能源所	所长、研究员	广州1254信箱	
吴大观	吴蔚望	〃	1916	〃	航空工业部科学技术委员会	专职委员、高级工程师	北京761信箱1分箱	三届全国人大代表，五、六届全国政协委员
吴俭加		〃	1919	〃	江都县水利局工程管理股	股长、工程师	江都县水利局	
陈安磐		〃	1920	〃	中国纺织机械总公司	副总工程师、高级工程师	北京东长安街12号纺织工业部	
陆元章		〃	1921	〃	上海交通大学	教授	上海交通大学机械系	
张正林		〃	1919	〃	重庆交通学院	教授	重庆沙坪坝建院东村2幢1号	
张懋生		女	1919	〃	江苏省邮电管理局		南京江苏省邮电管理局邮票公司 张瑞生转	退休
许雨云		〃	1921	〃	南京大学地理系	学报助理编辑	南京上海路南秀村9-3号乙	退休
沈秉道		〃	1919	〃	合肥市南门小学、安徽省社联	教师，副主席	合肥徽州路南门小学	五届全国人大代表
沈宝群		〃	1920	〃	文化部出版局	编辑	北京东四南大街出版事业管理局	
李复白		男	1920	〃	扬州电力设备修造厂	技术顾问、高级工程师	扬州电力设备修造厂	
巫荣锦		〃	1917	〃	青岛市纺织局	高级工程师	青岛嫩江路1号12户	
严敦贵		〃	1919	〃	大连造船厂	副总工程师、高级工程师	大连功勋街61号5-1	
岳城		〃	1916	〃	北京市革制品厂	统计员	北京301医院2楼4单元102号	退休
郑少仪	李振芳	女	1920	〃	浙江省司法厅	副厅长	杭州岳王路31号	
金淑媛		〃	1919	〃	南京锅炉厂	职工	南京绒庄街70号	
杨林	杨麟	男	1922	〃	江苏省技术资料翻译复制公司	党委副书记、副经理	南京中山北路283号7栋401室	
杨永祉		〃	1917	〃	云南省机械厅	总工程师、高级工程师	昆明白塔路省机械厅	
周锦祥		〃	1917	〃	上海市南洋中学	教师	上海大木桥路四坪二村81号502室	退休
姜琢璧		〃	1918	〃	大连工学院造船系	系主任、教授	大连工学院造船系	
胡重光		〃	1919	〃	上海对外贸易学院	学报副主编、副教授	上海愚园路1292弄59号	
祝蔚高		〃	1923	〃	江苏省侨务办公室	副科长、会计师	南京中家巷6号	
柳怡生		〃	1921	〃	水利电力部科技情报研究所	总工程师、高级工程师	北京北郊六铺炕水电部科技情报研究所	
姚渠芳		〃	1919	〃	北京学院南路16号00069部队	副总工程师	北京大柳树北村甲24号	
顾凤翔		女	1917	〃	北京机床厂中学	教师	昆明白塔路省机械厅5幢9号	退休
徐兰玛		〃	1923	〃	大连医学院放射诊断教研室	室主任、副教授	大连医学院	
徐佩玖		〃	1923	〃	上海市虹口区第三中心小学	教导主任、特级教师	上海山阴路103号	
殷乔桢		男	1922	〃	上海人民银行长宁区办事处信贷科		上海江苏路754弄10号	
秦裕琪		〃	1918	〃	广州市银行学校	教师、会计师	广州解放中路闸街36-1号三楼	
龚光渊		〃	1918	〃	合肥市图书馆		合肥市图书馆	
崔以正		〃	1921	〃	北京航空学院	教授	北京航空学院一系	
戚念慈		〃	1918	〃	南京人民银行南京办事处东门营业所	科员	南京健康路胡家巷12号附4	退休
黄皓六		〃	(65岁)	〃	上海市南中学	副教导主任	上海四川北路85号608室	

姓名	在校用名	性别	出生年份	离校年份	现在(或曾在)工作单位	现任(或曾任)职务职称	通讯处	备注
荀永治		男	1920	1937	南京钟表材料厂	总工程师、高级工程师	南京珠江路653号旁门3栋305	
韩志华		〃	1919	〃	四川绵阳89950部队	科技部部长、高级工程师	四川绵阳89950部队	
童羽章		女	1920	〃	南京教师进修学院	教师	南京珠江路653号旁门3栋305	退休
童德章		男	1922	〃	南京市第八中学	教师	南京新模范马路7号1幢307号	
锁国良		〃	1921	〃	江苏农学院教务处、扬州市人大常委会	副处长、副主任	扬州江苏农学院教务处	
蒋 墩		〃	1921	〃	纺织工业部中国纺织机械总公司	高级工程师	北京东长安街12号纺织工业部	
蒋瑞生		〃	1920	〃	上海复旦大学经济系	副教授	上海祥德路274弄205号1室	
唐金泉		〃	1915	〃	长江流域规划办公室	工程师	汉口黄浦路长江规划办公室	
蔡习传		〃	1917	〃	上海工具厂	副总工程师、高级工程师	上海大连路上海工具厂总工程师室	
薛如逸	薛如一	〃	1921	〃	南京市财政局	财税专管员	南京市财政局	
魏能润		〃	1919	〃	武汉医学院附一院	耳鼻喉科主任、主任教授	汉口航空路武汉医学院	[illegible]
楚 青	詹永珠	女	1923	1938	中国人民解放军军事科学院	秘书	北京中国人民解放军军事科学院	
孙 平	孙金铎	男	1920	1939	苏州教育学院	讲师	苏州春申巷敦园里7号	
孙长麟	孙长康	〃	1920	〃	杭州红十字会医院	顾问、主任医师	杭州红十字会医院	退休
关 肃	关 镛	〃	1920	〃	南京机床厂	工程师	南京朝天宫南京退休工程师协会	
朱武功		〃	1923	〃	清华大学图书馆、电机系	副馆长、副教授	北京清华大学15公寓106号	
朱宝忠		〃	1921	〃	上海科学技术出版社医科编辑室	副主任、副主任医师	上海淮海中路1984弄37号D室	
汪人和		〃	1921	〃	西安交通大学	高级工程师	西安交大1-21-304号	
吴蔚先		〃	1920	〃	南京师范学院数学系	副教授	南京师范学院数学系	
谈大志		〃	1918	〃	南京锅炉厂	基建会计	南京城庙街70号	
王元李		〃	1921	1940	北京铁道科学研究院	研究室主任、研究员	北京铁道科学研究院机辆所	
王纲毅		〃	1921	〃	青岛纺织机械厂研究所	所长、总设计师	青岛纺织机械厂研究所	
刘 铁		〃	1919	〃	江苏省昆山中学	教师	昆山江苏省昆山中学	
叶长龄		〃	1921	〃	江苏省农业科学院综合实验室	副研究员	南京孝陵卫江苏省农业科学院综合实验室	
阮寿三		女	1919	〃	上海519厂电信工业学校	教师	上海闵行路106号214室	退休
陈 静	陈郁先	〃	1919	〃	南京工学院财务处		南京珞珈路21号	离休
袁 骅		男	1920	〃	上海市邮电管理局	总工程师	上海北苏州路276号上海市邮电管理局	
袁友志		〃	1922	〃	南京机器制造学校	代校长、副教授	南京机器制造学校	
程先炳		〃	1922	〃	纺织工业部	副总工程师、高级工程师	北京东大桥中纺里24-4-302号	
鲍引年		〃	1921	〃	山东省电力工业局基建公司	总工程师、高级工程师	济南经二路省电力工业局	
马龙章		〃	1924	1941	国家体委沈阳滑翔机制造厂	副总工程师、工程师	沈阳铁西沈辽中路一段5号	
方中存		〃	1920	〃	江西气体压缩机厂	会计师	赣州大华巷9号	
王鸿允		〃	1919	〃	江苏省水利器材公司	高级工程师	南京上海路12-6号	
尹瑞先		女	1923	〃	铁道部行车安全监察室	主任监察、高级工程师	北京铁道部行车安全监察室	
包向龄		男	1923	〃	江西南昌洪都机械厂		南昌洪都机械厂工学院	退休
屠鼎立		〃	1922	〃	嘉陵中学	教研组长	上海溧阳路477弄14号	退休
华增儒		〃	1924	〃	南京化学工业公司环境保护处	副书记	南京大厂区九村西巷1号楼301室	
许祥融		〃	1925	〃	上海机械专科学校	副教授	上海复兴中路1195号	
张贵甘		女	1923	〃	长期从事教育工作	教师	上海四川北路1702弄3号	退休
徐东作		男	1923	〃	青岛市纺织工业局	副总工程师、高级工程师	青岛市纺织工业局	
徐松麟		〃	1922	〃	上棉十七厂	高级工程师	上海杨树浦路2866号上棉十七厂	
曹永文	曹永炳	〃	1919	〃	镇江钢铁厂	会计	镇江谏壁镇江钢铁厂	
赵熙园		〃	1920	〃	南京光华畜牧场	副场长、畜牧师	南京光华门光华畜牧场	
崇晓麟		〃	1927	〃	西南通用设备厂	副总工程师、工程师	四川内江4号信箱	
钱锦章		〃	1922	〃	江苏省扬州中学	教师	扬州东郊楼西银行宿舍1-201号	

姓名	在校同名	性别	出生年份	离校年份	现在(或曾在)工作单位	现任(或曾任)职务职称	通讯处	备注
郭宗孝		男	1925	1941	济南铁路机械学校	工程师、讲师	济南山东医学院东村3楼8号	
徐和生		〃	1917	〃	北京工业学院自动控制系	教研室主任、副教授	北京工业学院二系	
徐德灵		〃	1922	〃	上海市古北第二中学	校办厂顾问	上海金陵西路23弄58号	退休
凌永乐		〃	1921	〃	北京化工学院无机化学教研室	副教授	北京化工学院无机化学教研室	
梁曼文		女	1924	〃	内蒙古农牧学院图书馆	馆员(讲师)	上海乍浦路383号4楼5室　梁曼淑转	
黄跃予	黄鲁雪	男	1922	〃	泰州市人大常委会、泰州市教师进修学校	副主任、教务主任	泰州市人大常委会、泰州市教师进修学校	
魏光济		〃	1921	〃	南京铁路分局工会教育室	教师	南京糖坊巷17号	
瞿懋德		〃	1921	〃	上海市棉纺织科学技术研究所	副所长、高级工程师	上海常加洪路389弄	
瞿宣德		〃	1923	〃	纺织工业部纺织机械工业总公司	出口公司经理、高级工程师	北京纺织工业部	
陈思	陈忠麗	〃	1924	1942	军事科学院百科军事卷编审室	研究员	北京998信箱28楼12单元	
杜功遥		〃	1923	〃	上海乳胶厂、上海橡胶工业学校	科长、工程师、副校长	上海陕西北路299弄27号	退休
何积安		〃	1924	〃	上海市南北区百货公司	副经理	上海南北区宝源路10号	
张廷猷		〃	1921	〃	高邮县人民医院	院长、副主任医师	高邮城镇北门外铜井巷6号	
林奕武		〃	1925	〃	成都电讯工程学院六系	副教授	成都83信箱	
徐震猷		〃	1925	〃	上海市房屋地产管理局职工医院外科	科主任、主任医师	上海南京西路1539号8	
谢熹	谢禧	〃	1925	〃	西北电力设计院	高级工程师	西安金花北路西北电力设计院	
田如衡		〃	1921	1943	江苏省扬州中学	教研组长、一级教师	扬州江苏省扬州中学	
宫玉和		〃	1925	1945	上海市轻工电子材料厂	干部	上海永加路580弄8号202室	退休
吉贡崎	吉贡曦	〃	1926	1946	扬州市供销合作干部训练班	教务科长	扬州江都路72号	
李祥瑞		〃	1928	〃	中国人民银行上海市分行	副行长	上海外滩23号206室	
曹泉信		女	1926	〃	解放军总医院口腔科	副主任	北京解放军总医院口腔科	
王光寅		男	1926	1947	中国科学院数学研究所	研究员	北京中国科学院数学研究所	
王能斌		〃	1929	〃	南京工学院计算机科学与工程系	系主任、副教授	南京工学院九系	
田名荃		〃	1924	〃	新疆工学院建工系	副系主任、副教授	乌鲁木齐新疆工学院	
刘秉琦		〃	1926	〃	云南省农林业厅	教师、工程师	云南省林业厅	
刘钰中		女	1929	〃	湖北省司法厅司训处	宪法教员	武昌湖北省司法厅	
陈雨森		男	1933	〃	清华大学机械工程系	系党委书记、副教授	北京清华大学机械工程系	
李鸿昕		〃	1928	〃	上海华东化工学院机械零件教研组	实验室主任、讲师	上海淮海中路1285弄43号	
张锡成		〃	1928	〃	重庆市农机研究所	技师	重庆市农机研究所	
林正中		〃	1930	〃	辽宁盘山辽河化肥厂	副总会计师、会计师	辽宁盘山辽河化肥厂	
胡玉芬		女	1928	〃	无锡轻工业学院化学化工系	系办公室主任	无锡青山湾轻工业学院化工系	
宫玉圃		男	1929	〃	上海市总工会虹口区办事处	干部	上海虹口区虬江支路212弄2号	
夏忆红		〃	1929	〃	纺织工业部中国纺织机械工业公司	工程师	北京东长安街12号	
程仪		〃	1927	〃	江苏省统计局	副局长	南京江苏省统计局	
于瑾		女	1930	1948	扬州市药品检验所	党支部书记	扬州市药品检验所	
王钤		〃	1929	〃	北京电信传输研究所	高级工程师	北京月坛南街11号电信传输研究所	
刘克揚		男	1929	〃	北京市建筑设计院	组长、建筑师	北京复兴门外北京建筑设计院	
杨余久		〃	1928	〃	上海铁路分局政治部	副主任	上海芷江西路123弄20号301室	
罗思贤		〃	1928	〃	湘潭钢铁厂	副厂长、总会计师	湘潭钢铁厂厂长办公室	
徐伯雄		〃	1933	〃	清华大学电机系	讲师	北京清华大学电机系	
周峻松	周峻嵩	〃	1930	〃	煤炭部技术司	副司长	北京煤炭部	
项志遥		〃	1931	〃	中国科技大学	教研室主任、教授	合肥中国科技大学一系	
胡敏赫		〃	1932	〃	上海市服装鞋帽公司	情报站编辑	上海天津路521号	
俞兆芳		女	1930	〃	镇江市设备安装公司	干部	镇江九里街市委党校内宿舍楼121室	
游立中		男	1931	〃	洛阳矿山机器厂产品设计处	处长、工程师	洛阳矿山机器厂设计处	

揚中校友通訊

本期要目

一、省立第五师范
二、海外校友题词
三、任诚传略
四、回忆录选登

恭贺新年

下期为校友来信来稿专辑

第3期　1983.12　江苏省扬州中学校史编写组

校史简介

江苏省立第五师范

扬州的书院旧甲盐官。光绪三十一年(1905)，两淮运使将梅花、安定、广陵三书院合并为仪古学堂，以梅花书院为堂址。越三年，改为两淮师范学堂。1912年民国肇建，翌年春(1913)，又改办江苏省立第五师范学校。因溯源于梅花书院，故五师以梅花为徽帜。

首任校长为地理学家姚明辉，办乙种讲习科一级。半年后，赵邦荣继任，不久病去，由附小主事何镇寅代理。1913年夏，任诚(字孟闲)任校长，翌年，迁校大汪边，新建校园。

自1913年夏设置师范本科起，毕业十届，造就大批优良小学师资。推行新学制后，本科改为后期师范。其间两次办甲种讲习科，特设数理专修科，增设界首乡村师范分校及分校附小二所，又附设初中部，连同早年设立的附属小学及幼稚园，五师具有相当规模。此外，还代办江都县立师范讲习所，创办梅英公学。

建校初期，学监贾明宸，训育主任叶贻毅；学制改革后，教务主任吴佩伯，训育主任贾明宸。教师如孙捷生、陈柱芳、徐公美、陈赞靖、周伊耕、顾钟骅、范勤士、李涵秋、吕凤子、沈商周、任子辉、陈仰贤等，多当一时之选。

五师在教学工作和思想品德教育方面：重视实验作业，培养动手操作能力。设置专业教室，实验室相当完备，仪器设备仅次于东南大学。注意因材施教，在普教的基础上培养专才，试行文、理、艺选习制度。高年级数学等，直接采用英文课本。课外组织各种研究会，有专业教师辅导。邀请不同观点的名人讲演，鼓励自由讨论。

扬州的爱国运动，五师是重要的参加者和组织者。"五四"运动中，学生加入扬州学生联合会，声援北京学生的爱国行动，到公共体育场焚烧日货，队伍最为庞大严整。"五卅"后，师生更一起罢课、集会、游行；学生张恩源被选为学联书记，李诚为副委员长。

五师立校十五年，共毕业各科学生二十一班。1927年夏与第八中学合并成立江苏省立扬州中学。

徐[illegible] 1931毕业于扬州中学
1983年五月返母校参观，已近五十年来之母校一切均已更新，[illegible]
[illegible]
徐[illegible]

1979首次返国曾去访母校
今次返还母校，当知编修校史
[illegible]
校史编辑主任胡人先生
[illegible]
进展，非常高兴，这表现
了同学们爱护和关切母校的
精神[illegible]
祝愿这项事业的圆满
成功，[illegible]
[illegible]
1926级 李[illegible]
9/20/83

欣见母校·桃李芬芳
[illegible]
1983年10月22日

[illegible]1935年毕业[illegible]1945年[illegible]
[illegible]1978年[illegible]
[illegible]1980年[illegible]
[illegible]

[illegible]
1983年[illegible]

在1983年9月20日带十三个
美国朋友来母校拜访，心
中非常高兴，同时也很感
激，因为扬中给我最好
的基本教育　張[illegible]
一九三[illegible]年毕业

1936年考入扬中[illegible]
[illegible]

海外校友速救题词

[illegible]
六六年前事未忘，[illegible]。
[illegible]，[illegible]。
[illegible]，[illegible]。
[illegible]，[illegible]。

[illegible]
[illegible]，[illegible]。

[illegible]，[illegible]。
[illegible]，[illegible]。
[illegible]，[illegible]。
[illegible]1913－1918[illegible]五师，[illegible]
[illegible]1979年。——[illegible]

词一首　[illegible]
[illegible]五师，[illegible]。

[illegible]，
[illegible]、[illegible]、
[illegible]。
[illegible](1920年校友)

洪[illegible]

八中校歌

1=G 4/4

5 5 1 — | 3 2 1 2 3 2 1 2 |
浩 浩 乎　长江之浒蜀冈之云
3 2 1 2 3 — | 2 2 2 2
佳气郁八中　人 格 健 全
2 1 2 3 | 2 1 2 3 | 2 2 1 — |
学 术 健 全　相期自 治 与 自 动
5 5 5 5 5 6 5 | 3 2 1 2 3 — |
欧美日本试参观　体育须兼重
2 2 2 2 2 3 2 | 6 5 3 2 1 — ||
人才教育齐发挥　努力我八中

人物志　任诚传略

任诚，字孟闲，扬州人，1883年生，早岁肄业淮阴师范。1906年留学日本，进东京高等师范学校专攻数学，不久加入孙中山领导的同盟会。辛亥革命后，应黄炎培之邀任江苏省教育司督学。1913年夏，任江苏省立第五师范学校校长。以梅花书院原址狭隘，为发展计，买年近大汪边旷地基百余亩，兴建校舍，开辟操场，筑路造林，不数年，建成新校园。五师造以培政师范本科为主，又两次办甲种讲习科，一次培政数理专修科，增设并首多所分校及附小二所，并附设初中部，其规模，成为苏北有名的学府。1919年，赴欧美考察教育，对东西教育得以借鉴参证。教育思想师承蔡元培，于当时各派学说，取兼容并包态度，经常邀请观点不同的学者来校讲演，鼓励学生独立思考自由阅读。五四运动中，主张读书救国，课余搞运动，反对罢课游行。五卅惨案后，认为抵御外侮，人人有责，积极支持并投入学生的爱国运动。为鼓励学生全面发展，建智体群三育兼给予同等重视，试行文、理、艺术三科选修制，以适应个性发展。高年级采用外洋……以提高教学质量，设置专业教室，充实教学设备，以培养学生实际操作能力。教学管理严格，对学生实行严格的合理要求，决不迁就。重视以身作则，每日清晨到校，常与教职员同……，三与师生同食，十数年如一日。为人刚正不阿，秉性奉公，聘请教师以才学是举为准，决不徇情。对官绅也不作无谓的周旋。教师年功加俸或竟久延新，都非徐宽已。1927年冬，北伐军兵临扬州城，军阀孙传芳残部集城，师生惊惶，校长亲身前出，将校外学生集中校内，亲自守护校门，决心同生命保卫学校和师生安全。是年夏，五师和八中奉令合并为扬州中学，为校刊增同学录题词是："教育建国，责任何人。忠诚团结，克勤克俭，自强自动，劳力劳心，奉公工作，不朽精神。奋发向上，与共休戚，学则无故，道义长存，永盟方寸，某某精诚，切磋琢磨，文质彬彬。"调任南京中央大学教授。1943年，任中央大学附属中学主任。抗战胜利后，患病卧在高沙内乡。1953年逝世，终年70岁。留下著作有……家庭如学校，努力教育者，当视学校如家庭"。著译有《西东日记》、《欧美教育考察记》、《初等代数问题分类题》（与友人合译）等。

注：本文主要材料引自张夷编撰的《任孟闲与江苏省立第五师范》

最近于市档案馆寻访到《扬中校刊》三本册（已复印收藏），一册为"抗日专号"（第××期，20年11月1日出版），一册为"社会科学专号"（第60期，21年×月1日出版，收有文章……编）。内有抗日活动史料和师生作品，如抗日宣传歌，教职员义勇军组织大纲……学生抗日救国会活动状况，以及张建侯、王……、左……、王……、叶……、张光……、余……、张宝……等校友的诗文。

史料献珍

授课有名师

周之棠（1932年校友）

编者按：本篇选自周之棠的回忆录——"扬州中学"，题目为编者所加。

1929年秋，我进入扬州中学。当时校长周厚枢，是美国麻省理工学院硕士。学校是由五师、八中合并而成的，有不少知名教师，如汪静斋、万鼎台、黄…、黄子光、汤问樵等老师。汪静斋先生学问渊博，潜心教育事业，德高望重，生活俭朴，平常布衣、布袜、布鞋，有古名士风度，堪为全校师表。万鼎台先生，身为训育主任，关心学生，态度和蔼，不管哪一班学生，包括新生在内，他都能直呼其名，学生很佩服，人很敬重他。他是教我们的地理课，课上有一二十分钟总是指名提问，每课必然。例如讲到某地的物产，便指名某某同学，……一时间不时到"某某、某某"……从这条到那条，竟不打哈欠一路讲下去，令人折服。地理虽不是主课，而同学们比上主课还重视。黄鼎老师教数学，讲到三角函数八个象限函数正负号的问题，为了便于初学者记忆，他在黑板上先列一个斜"大"十字，然后沿着象限顺序填四个大字：都、言、吃、惠。"都言吃惠"是"正弦切余"的谐音（扬州话把"吃"读成"切"），即第一象限全部是正号，第二象限只有正弦是正号，第三象限正切、余切是正号，第四象限只有余弦是正号，这样把一个枯燥难记的问题，讲得很生动很风趣，使学生印象深刻，不易忘记。黄子光老师给我们上英语课，所读课文是比较文学的，不少同学听得不易跟上，于是黄老师去掉课本，为我们朗读英语故事，如《少年维特之烦恼》，他给我们讲读"双城记"、"金银岛"原文，讲述两段的故事的内容和寓意，颇有教育意义，由于同学们听得津津有味，英语成绩提高很快，真正是"寓教于乐"。读到精彩的地方，如学生提出来其中一句的时候，也总是共读默念，读完看一遍，有时突然对同学发问："what is this？"停顿一下，又以深沉的语气赞叹道："literature"。同学们闻之叫好，情绪非常热烈。

这位老师现在已经去世多年，然而他的授课方法是我熟悉教育中的一件事，历久不忘，令我佩服。我觉得当年师生间情感真诚的，从到老师的教学，这里所回忆的，只是其中的一点。

峥嵘岁月——回忆录选登

片羽集

柳大纲（1920年校友）：今年一月收到母校来信并附来表格一纸，忽忽已近一年，因身体欠健，写字时发颤，疏懒拙动笔，迁宕过久，十分难过，乞谅。

周庆祖（1949年校友）：非常赞成创办校友通讯、编写校史、筹办校史陈列馆，它能鼓励、联系过去、现在和今后千千万万扬中的同学为祖国伟大的未来而献身。我们在北京的49届同学正准备时办些事情表示支持的一点心意。建议编印的东西，质量尽可能好一些。需要我们办的事（包括在北京的校友）请来信，一定尽力去办。

卞志霖（1924年校友）：本人六十年前在师范讲习科学习，因经济困难未终学业，近由好友方士人处得知学校要编校史，搜集资料，方凡殷殷希望我和我的弟弟（卞志杰）能加入这个活动，作些微贡献。

李文杰（1920年校友）：接《扬中校友通讯》两期，内容丰富，特别是校友通讯录，详载"七老八十"的同学近况，犹如晤面，读后高兴万分。兹将前写入中学生生活回忆及罗青校友来信寄上，供你组入资料袋。

李肯先（1961年校友）：我的同事们争着传阅《通讯》，都为我有这么好的母校而高兴。母校编写校史、编印通讯，经费是有困难，最近某刊物编辑部汇来稿费，我把它寄给培养我的母校。

徐长榆（1941年校友）：收到两期校友通讯，欣喜若狂。我想写点当年扬中的生活片断，已开始回忆，春节前有一出差机会可途经扬州，拟送请斧正。

钱根金（1958年校友）：自毕业离校后，我十分想念母校，请编写组为远离母校、身处边疆的弟子多印一份校史以作纪念。

孟　保（1935年校友）：我们过去在扬中读书，掌握了基本知识，现在为四化出力，杨家桥大的斜塔，但是我们土生土长的家乡却落后得很，而我们的母校，也是"后母"一样，对校友多年很少联系，实在令人心碎；希望这次能真的将校友组织起来，要用扬中校友的力量来促进苏北加速四化。

王子步（1950年校友）：离校三十年来，在社会主义建设中能尽绵薄之力，能严以律己、正直做人，这都和母校的培养、严师的谆谆教导分不开。十年树木，百年树人，树人的树人堂是我心中的丰碑，成为鞭策自己做好品格、做好工作的巨大动力。

田名登（1947年校友）：1955年5月5日，我在同济大学参加副博士基础考试取得好成绩，一位为我拍照的新华社记者问我是哪里人，我答是扬州，又问是什么中学毕业的，另一位记者即脱口代答：肯定是省扬中的。我以自己是扬州人又是省扬中毕业生感到自豪。母校给我以顽强学习、刻苦攻关的治学精神，在我半生中，长铭荣辱而不衰。

薛　俊（1956年校友）：我已由一个十来岁的小姑娘变成头有银丝的中年知识分子了，至今仍保持着在母校养成的学习习惯。最近我愉快地服从调动，离开了熟悉的实验室，放弃了取得成果的机会，当上了一名教育工作者。这里我向母校老师"燃烧自己，照亮别人"，甘当"人梯"精神的致谢。

吴国钧（1947年校友）：我55年在上海音乐学院毕业后，由校创办音乐小学，至今廿八年，为祖国培养了一批音乐幼苗。而我对祖国文艺事业的爱，是受到母校老师很大影响的。

汤德林（1936年校友）：四十七年一瞬间，我平生从事原子炉（核堆）之热工设计，现已老年，犹孜孜于原子炉之安全改进。回忆在扬中时常常在课余和男女同学打篮球为戏，至今使我怀念；请从前和我打球的朋友，便中惠赐数言。

朱山善（1954年校友）：我搞电器五六十多年，多少有点教训和经验，如有机会一定回母校访问，并愿义务帮助校办电器厂提高产品质量，开拓新产品。

短讯

△入秋以来，返校访叙的国内外校友有，朱铭桢、张致训（美国）、李毕网（美国）、方松舟、王光亮、任荣祖、毕业印、余福是、刘永和（加拿大）、韩铭绮、骆是祚、钱振九、陈忠和、吴国钧、吴承泰、王子步、戚安生、王钢敏、常玉和、吴文观、郁国华等数十人（恕不备载）。

△为配合学校进行爱国主义教育，发扬学校光荣传统，校史组约老校友作了多次校史报告，反映很好，《扬州市报》有报导。

△十一月中旬，扬州市人大常委会蒋主任、市政协薛副部长、市委宣传部高部长来校史组看望，关心询问工作情况。

△大批校友响应倡议，纷纷汇来或送来赞助款，他们是（先后为序）蒋佩理、许琳、钱宏、杨作娴、徐竹心、李夏由、江健馨、谢鑫、贾复将、曹福林、华从之、戚安生、王荣火、高迟之、秦厚炳、吴文彪、尹铭曾、蔡长年、刘广玉、汤是、许炳文、魏立廷、尹鹤白、胡成勤、田兰春、曹琳林、戚凤祺、于踊陵、詹水明、曹新山、戴鸿贵、罗鸣贤、赵志国、谢家为、尹锡九、杨本备、陈国华、吴国九、王启卿、李肯先、王方琦、朱仁忠、殷彦陵、徐瑞欣、吴棠、吴悟、包韵今、江人和、马幼敏、戴启廷、肖淑贞、马咏梅、李振邦、孙迪曾、陈瑞年、刘丹城、姚京玉、黄松生、曹嘉祥、陈曼淑、孟晓竹、徐世铮、顾本广、张成山、张宗模、黄瑜才、韩志坤、彭荣曾、程锡琳、袁正、季吟和、赵靖贵，以及扬州大学等八位校友，连同上期公布的共81人，累计金额1079元。

校办工厂创建于1958年，原为学生学工的场所，因对外业务需要，前年经市计委批准，命名为扬州市电器厂，现有机床21台，年加工铁路电器数十万件，职工近50名，其中十年以上工龄的高中毕业生约占一半，另有两名离休教师作技术指导，主要生产水银开关、交流接触器、小型变压器等，并继续部分时间加工由学生参与操作，三中全会以来，累计产值近百万元，经济效益比过去大大增加，但与学校发展规模相比，还不适应。

校办厂受到社会各方面的关注，也得到校友的热情支持，如华中工学院院长朱九思校友即指示该院与母校联合研制新型测温仪，洞庭宾馆设备、提供科研成果，在师生中传为佳话。校办厂期望得到广大校友的更大帮助。

校史编写组附言：

上期报告的"母校史"，因故来稿及编、歉意。

《校友通讯》的第四期出一期（由母来），印3200份，主要栏目有：校史简介、人物志、史料钩沉、鸿书篇、忆旧录、师生寄语（回忆录选载）、题词、今日扬中等，欢迎来信来稿。

江苏省扬州中学校友通讯录（第三辑）　学生部分

姓名	在校用名	性别	出生年份	离校年份	现在(或曾在)工作单位	现任(或曾任)职务职称	通讯处	备注
王公勤	王　壶	男	1902	1920	上海市人民银行		上海祥德路137弄10号	退休
柳大纲		〃	1903	〃	中国科学院化学研究所 青海盐湖研究所	名誉所长、研究员 所长、学部委员	北京三里河南沙沟2楼3门6号	全国人大代表
陆也毅		〃	1900	1922	上海市内燃机配件厂		石家庄九中街37号1单元202室	退休
陈集成		〃	1905	1924	南京中国水泥厂职工子弟中学	教师	南京龙潭中国水泥厂平房254号	退休
居史青		〃	1908	1926	重庆医学院化学教研室	主任、教授	重庆医学院	
温〔illegible〕山		〃	1905	1927	蚌埠铁路分局	副总工程师、高级工程师	北京魏公村北区4号楼6门1号	离休
沈　理	沈成礼	〃	1908	1929	上海第一医学院马列主义教研室	顾问	上海宛平南路71弄21号	
张用旦	张彭樾	〃	1910	1929	扬州市第九中学		扬州木香巷5号	退休
何宗涛	何恩献		1908	〃	武汉第一冶金建设公司	高级工程师	武汉青山区红卫路41街坊22栋2门〔illegible〕	
孙君田		〃	1913	1930	吴江县黎里中学	教师	镇江市第八中学　孙家贵转	退休
李心景	李克勤	〃	1913	1931	重庆市粮食局		重庆沙坪坝建筑工程学院新村6号附2号	退休
杨人铨		〃	1912	〃	扬州市农业生产资料公司	干部	扬州大十三湾27号	退休
卢秀云		女	1918	1932	上海市机关幼儿园	主任	上海宛平南路71弄21号	
郭泉炜		男	1911	〃	中国人民银行扬州市支行	计划信贷统计	扬州洪水汪12号	退休
王心如	王　恩	〃	1924	〃	江苏省扬州中学	党总支书记、校长	扬州南小街25号	离休
牟九贞		女	1913	1933	扬州市第七中学	教师	扬州洪水汪12号	退休
孙学文		男	1915	〃	兴化县昭阳中学	教师	兴化北小街8巷2号	
秦人杰		〃	1915	〃	上海市手工业局家具公司	干部	上海永加路永加新村2号304室	退休
宋　鹏		〃	1914	〃	长期从事教育工作	教师	南京娜道街60号	
〔illegible〕晋		〃	1916	1934	陕西机械学院	副院长、教授、民盟中央委员	西安金花南路陕西机械学院	〔illegible〕
陈德永		〃	1914	〃	长期从事教育工作	教师	南京秦淮区营门口2-1号	
张倚忠		〃	1915	〃	安徽省机械厅	高级工程师	合肥安徽省机械厅	
杨祚德		〃	1916	〃	在美国大学执教	系主任、教授	116 Cambridge Drive C〔illegible〕 SC 29631 U. S. A.	退休
〔illegible〕永和		〃	1915	1935	加拿大多伦多大学		13 Langley Ave. Toronto Ont. Canada	退休
吴征珏		女	1913	〃	扬州市第一中学	教师	扬州木香巷5号	退休
谢　徒		男	1916	〃	太原市规划局、建筑院	副局长、院长、高级工程师	太原新沣公寓	
章宗祜		〃	1915	〃	镇江钢铁制罐厂	工人	镇江大西路498号	退休
彭荣吉		〃	668	〃	一机部武汉材料保护研究所	高级工程师	武汉材料保护研究所	
魏伯纯		〃	1915	〃	泰兴县口岸中学	教导主任	兴化城内大街〔illegible〕	离休
戴启政		〃	1918	〃	江苏省邮电工业公司	工程师	南京晓市一号巷6号〔illegible〕幢	
朱志明		〃	1912	1936	长期在上海纺织系统所属厂工作	财务负责人	上海北京西路1729弄25号	退休
周淑玲		女	1919	〃	江苏省级机关幼儿园	副主任	南京人民新村〔illegible〕幢〔illegible〕	
李华炯		男	1916	〃	美国IBM公司	顾问工程师	2 Skyview Drive Poughkeepsie N.Y. 12603 U. S. A.	
李锦英		〃	1916	〃	北京中国人民银行总行参事室	处长	北京西内新安南里3号楼1单元20	〔illegible〕
杨治铎		〃	1917	〃	华东纺织工学院机械系	副主任、教授	上海武定西路103弄1号	
河恢孙		〃	1915	〃	Tong and Associates. Inc.	President	9733 Lookout Place. Gaithersburg Md. 20879 U.S.A.	
谢彦革		〃	1920	〃	中国社会科学院历史研究所	研究人员	北京朝外团结湖〔illegible〕34楼〔illegible〕	〔illegible〕
谢惠林	谢竣枚	〃	1918	〃	江苏农学院	干部	扬州农学院〔illegible〕17-1	退休
宋　富		〃	1917	〃	中国林业科学院林产化学工业研究所	副研究员	南京锁金山路林产化学工业研究所	〔illegible〕
王〔illegible〕		〃	1916	1937	长期从事教育工作	高级教师	南京〔illegible〕141号	离休

姓名	在校用名	性别	出生年份	离校年份	现在（或曾在）工作单位	现任（或曾任）职务职称	通讯处	备注
孙长颐		男	1914	1937	邗江汊河许庄学校	教师	邗江县汊河乡薛楼大队	退休
吕咏秋		女	1917	〃	新疆实验化肥厂	会计	乌鲁木齐新工地新疆实验化肥厂	退休
张敦训		男	1921	〃	在美国先后从事新闻、中学教育工作		2257 Glenwood Rd Vestal N.Y. 13850 U.S.A. (Tel. 607-754-0542)	退休
李权		〃	1920	〃	镇江市人民银行信贷科	助理经济师	镇江市人民银行	
吴学峻		〃	1914	〃	扬州整流器厂		扬州羊胡巷48号	退休
沈则莱		〃	1921	〃	南京市房地局第一管理所	副主任	南京大方巷华安新村2号	退休
杨宜家		女	1920	〃	武汉医学院第二附属医院眼科	副主任、副教授	武汉医学院第一附属医院309幢	
金德行		男	1920	〃	中国人民保险公司扬州市支公司	负责人	扬州中国人民保险公司扬州市支公司	
倪金柱		〃	1916	〃	江苏省农业科学院	研究室主任、副研究员	南京孝陵卫江苏省农科院经作所	
[illegible]		〃	1915	〃	广西柳州铁路局工程处	高级工程师	广西柳州铁路局工程处	退休
薛萍		女	1917	〃	上海市比乐中学	教师	上海北京西路1729弄25号	退休
薛如椿		男	1924	〃	中国人民银行南京市支行信贷科	经济师	南京昆仑路47号	
鲍虹	鲍永嫣	女	1920	1938	中国人民银行总行老干部处		北京西交民巷27号1门	离休
王吟秋		男	1919	1939	长沙湖南橡胶厂试验室	主任、工程师	长沙窑岭上湖南橡胶厂	退休
包彭龄		〃	1921	〃	吴江县教师进修学院	教师	吴江县松陵镇斜桥2-5号	
陈克武	陈鸿文	〃	1918	〃	高邮中学	教研组长	泰州陈家花园巷13号	退休
张吾英		〃	1921	〃	轻工业部香料工业科学研究所科研办公室	负责人、工程师	上海中山南二路宛南六村44号201	
许国志		〃	1919	〃	中国科学院系统科学研究所	副所长、研究员	北京中关村812楼804	
王惠霆		〃	1923	1940	武汉空军某校	副校长	武汉新江岸空军干休所	离休
宋庆元		〃	1920	〃	中国民航北京管理局财务处	副处长、会计师	北京首都机场民航北京管理局财务处	
张如璧		〃	1919	〃	南京航务工程专科学校	教研组长	南京珠江路花红园37号东楼6号	退休
陈煜仪		〃	1919	〃	复旦大学图书馆	副研究员	上海秦兴路56弄14号	
陈瑾仪		女	1921	〃	中国福利会儿童艺术剧院	会计	上海永加路永加新村1号103室	
高国瑞		男	1920	〃	上海市邮电学校	副校长、高级工程师	上海老沪闵路777号上海市邮电学校	
高振桂		〃	1918	〃	机械工业部电工局进出口处	顾问、高级工程师	北京复兴门外三里河机械工业部电工局	中国电工技术学会理事
王竹琴		〃	1924	1941	中国农工民主党北京市委员会、北京市政协	常委、副秘书长	北京鼓楼方砖厂胡同辛安里66号	
申佩卿		〃	1925	〃	中国人民解放军总医院	副主任军医	北京中国人民解放军总医院心肾科	
汤心爽		〃	1920	〃	上海电机技术研究所	顾问、高级工程师	上海祥德路137弄8号	
杨滢祥		女	1923	〃	长期从事教育工作	教师	无锡人民路64号	退休
徐培		男	1920	〃	上海国棉三十一厂	高级工程师	上海平凉路1095弄16号	离休
高崧	高嵩	〃	1924	〃	商务印书馆	副总编辑	北京王府井大街36号	
高忠社		〃	1930	〃	航空工业部第603研究所	室主任、高级工程师	西安72信箱33分箱	
傅咏书	傅厚馀	〃	1922	〃	无锡市中国人民银行	经济师	无锡市中国人民银行	
蒋正娟		女	1919	〃	南京航务工程专科学校	会计	南京珠江路花红园37号东楼6号	退休
王石琴		男	1920	1942	泰州市人大常委会、扬州市政协	副主任、副主席	泰州西大巷25号	
韩易	杨子八	〃	1924	〃	德清化纤厂	厂长、调研室主任	浙江德清化纤厂	
刘壕		〃	1920	1943	华师大教育科学学院中小学教材教法研究室		上海虹口虹镇老街272号建风中学	
唐永彰		〃	1926	〃	北京铁道部援外办公室	工程师	北京阜外大街281楼10门8号	
吴栈言		〃	1926	1946	南通市规划建筑设计院	副总工程师、工程师	南通市规划建筑设计院	
黄农		〃	1928	〃	西安冶金建筑学院	院长、党委常委、教授	西安冶金建筑学院院长办公室	
皇甫玉姗		女	1927	〃	北京解放军302医院五科	主任、主任军医	北京解放军302医院五科	
丁家桐		男	1931	1947	扬州市文联	负责人	扬州市文联	
田千里		〃	1931	〃	中国科学院力学研究所	副研究员	北京中关村力学研究所	
刘连復		〃	1931	〃	深圳经济特区发展公司 深圳香蜜湖度假村	办公室副主任 董事、副总经理	深圳经济特区发展公司	

姓名	在校用名	性别	出生年份	离校年份	现在(或曾在)工作单位	现任(或曾任)职务职称	通讯处	备注
刘重明		男	1931	1947	扬州工业专科学校建筑工程科	代主任、工程师	扬州工业专科学校三科	
朱嗣尧		〃	1926	〃	扬州市第十中学	教导主任	扬州市第十中学	
吴与安		〃	1930	〃	上海市嘉定县中心医院	主治医师	上海市嘉定县中心医院(西门)	
吴国钧		〃	1927	〃	上海音乐学院附属音乐小学	副校长、讲师	上海汾阳路20号上海音乐学院附属音乐小学	
秦华棣		〃	1929	〃	河北工学院	副教授	天津河北工学院宿舍8号楼10号	
陈忠和		〃	1924	〃	南京新宁中学	教导处顾问、教研组长	南京建宁路130号1单元504室	
邱世纯		〃	1928	〃	扬州市第六中学	教师	扬州市新华中学宿舍	
杨　权		〃	1925	〃	扬州市公路管理处	副主任、工程师	扬州市公路管理处	
杨　玮		〃	1925	〃	南京药学院	讲师	南京马家街芦席营1号2幢39室	
杨雅琛		女	1923	〃	沈阳中国科学院金属研究所	副研究员	沈阳中国科学院金属研究所	
杨正平		男	1930	〃	保定变压器厂	设计组长、工程师	保定变压器厂	
胡文钰		〃	1929	〃	山东省水文总站	工程师	济南山师北街2号	
郭其杨		〃	1924	〃	邗江县蒋王中学	副校长	邗江县蒋王中学	
曹立德		〃	1928	〃	扬州市技工学校	教师、工程师	扬州市技工学校	
潘恒禄		〃	1926	〃	贵阳耐火材料厂物资科	科长、经济师	贵阳白云镇贵阳耐火材料厂物资科	
穆　静		女	1929	〃	六合县电大管理站 工农教育办公室	副站长、副主任	江苏省六合县文教局	
刘锡由		〃	1931	1948	上海轻工业研究所		上海宝庆路20号上海轻工业研究所	
吕咏梅		〃	1929	〃	南京市第五十中学	教师	南京西康路16号201室	
吴凯南	吴冠六	男	1929	〃	会东县社队企业局	干部	四川省会东县社队企业局	
周学济		〃	1934	〃		工程师	扬州稽家湾9号	
于醒隐		〃	1932	1949	西安市第六中学	教师	西安市第六中学	
王一平	赵龙一	〃	1930	〃	扬州市第五中学	教导主任	扬州风箱巷24号	
王永生		〃	1930	〃	复旦大学中国文学批评史研究室	副主任、副教授	复旦大学第七宿舍85号402室	
王东钧		〃	1930	〃	中国人民解放军某厂	副厂长、工程师	石家庄119信箱	
王平一	王联谊	〃	1932	〃	中国人民解放军某学院	教员	北京复兴路83号西18楼四门	
刘　杏		〃	1930	〃	铁道部江岸车辆工厂	副总工程师、高级工程师	汉口铁道部江岸车辆工厂	
刘其昌		〃	1931	〃	江苏省水利厅农水处	科长、工程师	南京上海路9号	
刘能宏		〃	1930	〃	大连工学院机械系	副主任、副教授	大连工学院机械系	
刘毓芬		女	1929	〃	江都县实验小学		江都县实验小学	去世
王　尹	王子康	男	1930	〃	中共泸州市委党校	教研室副主任	四川泸州檀木路7号	
关　坚		〃	1929	〃	国务院办公厅信访局	副处长	北京国务院办公厅信访局	
江汝康		〃	1929	〃	铁道部通信信号公司研究设计处	工程师	北京万寿路南口铁道部电化局院内通信信号公司研究设计处	
朱　琳	朱兆麟	〃	1931	〃	南京中共代表团梅园新村纪念馆	馆长	梅园新村18号	
朱家谟		〃	1928	〃	南京水利科学研究所	工程师	南京虎踞关34号南京水利科学研究所	
朱嘉富		〃	1930	〃	无锡县梅村中学	年级组组长	无锡县梅村中学	
张　平	张西壇	〃	1931	〃	江苏省工人医院(南医一附院)	副院长	南京江苏省工人医院	
许文伟	许文钟	〃	1932	〃	解放军总政治部话剧团	副团长	北京西直门万寿寺27号	
陈高武		〃	1933	〃	南京大学地理系	副主任、副教授	南京北京西路2号新村14-402	
陈荣铭		〃	1930	〃	北京铁路局计划统计处长远计划科	副科长、工程师	北京铁路局计划统计处	
吴文竹		女	1930	〃	扬州化肥厂质检科	副科长、工程师	扬州化肥厂	
吴绍庚		男	1928	〃	北京煤矿学校地质专业科	主任、副教授	北京西景山区北京煤矿学校	
何贤镛		〃	1929	〃	邗江县槐泗初级中学	教导主任	邗江县槐泗中心学校	
汪禧晞		〃	1931	〃	扬州师范学院化学系	讲师	扬州师范学院化学系	
邹德福		〃	1929	〃	扬州教育学院		扬州双忠祠街42号	
罗天安		〃	1931	〃	成都无缝钢管厂供应处	机电组组长、工程师	成都无缝钢管厂供应处	

姓名	在校用名	性别	出生年份	离校年份	现在(或曾在)工作单位	现任(或曾任)职务职称	通讯处	备注
龚兆永		男	1936	1951	南京大学经济系	讲师	南京大学经济系	
桑念吾	桑方浩	〃	1933	〃	江苏省食品公司扬州分公司	助理工程师	扬州广储门街47号	
桑宝梁	桑宝樑	〃	1933	〃	安徽省地质科学研究所	组长、工程师	合肥芜湖路21号省地质研究所	
梁尚群		〃	1932	〃	地质矿产部华东石油地质局生产部	副主任、工程师	扬州江都路60号	
黄光		〃	1933	〃	杭州大学化学系	副教授	杭州大学化学系	
阮若男		女	1932	〃	全国人大常委会办公厅会务处	处长	北京全国人大常委会办公厅	
赖国柔		男	1932	〃	南京汽车制造厂生产部	主任设计师、工程师	南京汽车制造厂生产部	
简奇陵		女	54岁	〃	新疆七一棉纺织总厂		新疆七一棉纺织总厂	退休
潘钧		男	1928	〃	核工业部第二研究所设计组	组长、高级工程师	北京764号信箱	
臧国威		〃	48岁	〃	铁道部第二工程局教育处	副科长	成都通锦路铁道部第二工程局教育处	
方长鑫		女	1935	1952	机械部天津电气传动设计研究所	副科长、会计师	天津二号桥电气传动设计研究所	
关墉		男	1931	〃	南京建筑工程学院	教研室主任、讲师	南京建筑工程学院	
孙允荣		〃	1933	〃	青海省轻纺厅	厅长、工程师	西宁青海省轻纺厅	
朱家珍		〃	1931	〃	地质矿产部南京地质学校	教研组长、讲师	南京大石桥4号	
朱裕彬		〃	1933	〃	扬州市化工研究所	课题组长、工程师	扬州崇德巷5号	
邱湾		〃	1935	〃	山东省水利勘测设计院规划室	主任、工程师	济南山东省水利勘测设计院	
汪永顺		女	1933	〃	浙医大妇女保健院	科室负责人、副主任医师、讲师	杭州浙医大妇女保健院	
冷荣成		男	1934	〃	扬州市新华中学	副校长	扬州市新华中	
李乃昌		〃	1934	〃	青海省水利厅	副厅长、工程师	西宁青海省水利厅	
李茂宗		〃	1934	〃	南京东方无线电厂设计科	副科长、工程师	南京东方无线电厂设计科	
李汶如		女	1936	〃	广西壮族自治区农业银行分行	副科长	南宁桃源路区农业银行	
李葆定		男	1935	〃	青海省水利厅	副处长、工程师	西宁青海省水利厅	
张维		〃	1935	〃	扬州工业专科学校	副主任、工程师	扬州工业专科学校	
张乃通		〃	1934	〃	哈尔滨工业大学无线电系	主任、副教授	哈尔滨工业大学五系办公室	
张长秀		女	1932	〃	扬州市水利局勘测设计室	工程师	扬州市水利局勘测设计室	
张文略		男	1933	〃	南京大学化学系	讲师	南京北京西路二号新村[illegible]	
张荣华		〃	1933	〃	山东省治淮南四湖流域工程指挥部	工程师	济宁山东省治淮南四湖流域工程指挥部	
陈佩祖		女	1933	〃	机械部自动化研究所	行政组长、翻译	北京白云路汽车局院内22栋407	
吴文公		男	1935	〃	扬州电力设备修造厂	工程师	扬州电力设备修造厂宿舍	
吴之伍		女	1932	〃	天津南开医院皮科	副主任医师	天津南开大学北村8楼205号	
吴克俭		〃	1932	〃	宝鸡市212厂科技科	情报翻译、翻译	宝鸡38信箱216信箱	
何以镇		男	1933	〃	武汉市第二医院口腔科	副主任、副主任医师	武汉市第二医院口腔科	
邵建国		〃	1936	〃	雅安新安仪器厂	副总工程师、工程师	四川雅安一信箱	
郁俊仁		女	1932	〃	扬州工业专科学校医务室	主治医师	扬州工业专科学校医务室	
赵文浩		男	1932	〃	江苏省水利勘测总队	工程师	扬州[illegible]新桥省水利勘测总队第一测量队	
顾滢		女	1932	〃	山东省水利勘测设计院	工程师	济南山东省水利勘测设计院	
高文馨		男	1934	〃	扬州冶金机械厂总工程师室	副主任、工程师	扬州冶金机械厂	
唐继成		〃	1937	〃	河北省科学院能源研究所	技术所长、工程师	石家庄河北省能源研究所	
郭毓俊		〃	1934	〃	青海西宁城建局	局长、工程师	青海西宁城建局	
黄黔		〃	1935	〃	山东省水利勘测设计院	主任工程师、工程师	济南山东省水利勘测设计院	
程乃俊		〃	1933	〃	冶金部钢铁研究院	专业组长、工程师	北京钢铁研究总院办公室	
谢松林		〃	1934	〃	江苏省扬州中学	人事秘书	江苏省扬州中学	
蒋泽仁		〃	1935	〃	山东省治淮南四湖流域工程指挥部	副指挥、工程师	济宁山东省治淮南四湖流域工程指挥部	
蔡名扬		〃	1936	〃	宝鸡市电讯仪表厂	工程师	宝鸡88信箱303分箱	
詹子庆		〃	1937	〃	东北师范大学历史系	讲师	长春东北师范大学历史系	

缺第4页

姓名	在校用名	性别	出生年份	离校年份	现在(或曾在)工作单位	现任(或曾任)职务职称	通讯处	备注
蒋正德		男	1932	1952	山东省水利机电学校教务处	主任、工程师、讲师	曲阜山东省水利机电学校	
秦伟立		〃	1932	〃	山西煤矿设计院	党委副书记、工程师	太原山西煤矿设计院	
熊骏卿		〃	1935	〃	江苏省水利勘测总队	工程师	扬州劳动新村后省水利勘测总队	
颜琳		女	1933	〃	四川长寿云台川东矿区科研所开发室	副主任、地质师	四川长寿云台川东矿区科研所	
潘炳光		男	1933	〃	轻工业部科技局专业二处	副处长、工程师	北京阜外大街乙22号	
戴邦国		〃	1933	〃	山东工学院制图教研室	副主任、副教授	济南山东工学院制图教研室	
戴树智		〃	1933	〃	长沙国防科技大学	教研室副主任、副教授	长沙国防科技大学八系804	
于韵秾		〃	1936	1953	石油部江汉石油管理局荆门炼油厂	工程师	荆门炼油厂机动科	
王万涛		〃	1937	〃	上海音乐学院作曲系	讲师	上海复兴中路1350弄19号50½室	
王可猷		〃	1934	〃	江苏工学院	讲师	镇江江苏工学院机制系	
方开淇		〃	1937	〃	上海市机电一局党校教务科	科长	上海南市区国货路283号机电一局党校	
刘正中		〃	1935	〃	毕节县医院儿科	主任、主治医师	贵州省毕节县双井路县医院	
庄如珍		女	1936	〃	前线歌舞团	演员	南京卫岗55号前线歌舞团	
江执中		男	1935	〃	北京邮电学院电工教研室	讲师	北京邮电学院电工教研室	
宋文涛		〃	1936	〃	上海交通大学电子工程系	副主任、副教授	上海交通大学电子工程系	
张励		〃	1934	〃	西安市浐河化工厂	总工程师、工程师	西安东郊半坡村西安市浐河化工厂	
张宝荣		〃	1935	〃	江苏工学院机械系机制教研室	副主任、讲师	镇江江苏工学院机械系	
张星利		〃	1934	〃	四川抗菌素工业研究所科研科	科长、工程师	成都东郊四川抗菌素工业研究所	
张熙楷		〃	1933	〃	镇江市第一人民医院	党委书记、主管医师	镇江谷镇院30号	
严绍宗		〃	1935	〃	复旦大学数学研究所	室主任、教授	上海复旦大学第七宿舍51-401室	
罗志义		〃	1935	〃	中科院上海昆虫研究所	课题负责人、助理研究员	上海重庆南路225号	
姜荣桂	姜荣贵	〃	1933	〃	扬州工业专科学校工业及民用建筑教研组	组长、讲师	扬州工业专科学校工业及民用建筑教研组	
袁正		〃	1935	〃	解放军驻一二〇厂军事代表室	副总军事代表	哈尔滨第51号信箱(军)	
顾本广		〃	1934	〃	北京医疗器械研究所	副总工程师、高级工程师	北京北环东路甲18号北京医疗器械研究所	
顾爱玲		女	1938	〃	扬州市新华中学	教师	扬州彩衣街110号	
方攸颖		男	1935	1954	新疆喀什第一运输公司汽车修理厂	厂长、工程师	新疆喀什第一运输公司汽车修理厂	
王林根	王麟根	〃	1936	〃	江苏省宿迁商机厂	科长、工程师	宿迁东大口江苏省宿迁商机厂	
任足生		女	1936	〃	扬州市第三中学	会计	扬州市第三中学	
邵国强		男	1937	〃	某总部某研究所	工程师	北京丰台区槐树岭88352部队……	
苏永寿		〃	1937	〃	北京对外经济贸易部	处长、经济师	北京东长安街二号对外经济贸易部外资管理局	
汤瑞峰		〃	1936	〃	华东工程学院	讲师	南京1412信箱八系	
李佩倩		女	1936	〃	新疆石河子医学院	讲师、主管药师	新疆石河子医学院药学教研组	
林正凤		〃	1937	〃	南京电子管厂	工程师	南京电子管厂第二设计所	
姚荣		男	1936	〃	扬州电力设备修造厂	车间主任、工程师	扬州电力设备修造厂	
柳庆荣		〃	1937	〃	中国农业机械化科学研究院	研究室副主任兼党支部书记	北京德胜门外北沙滩1号	
姜炳年		〃	1936	〃	扬州电力设备修造厂	工程师	扬州电力设备修造厂	
俞荣生		〃	1935	〃	煤炭工业部大屯煤电公司设计研究所	副主任、主任工程师	沛县大屯煤电公司设计研究所	
丁琪刚		〃	46岁	1955	机械部设计研究总院环境保护研究室	工程师	北京三里河大街277号	
丁锡鸿		〃	1937	〃	上海碳素厂		上海碳素厂机械动力科	
戈兆祥		〃	1937	〃	上海机械学院	副教授	上海军工路516号机械学院光学仪器教研室	
王瑞文		〃	1935	〃	北京化纤工学院	讲师	北京和平街北口北京化纤工学院化纤机械教研室	
刘雨田		〃	1937	〃	上海科技大学数学系	党支部书记、讲师	上海科技大学数学系计算数学教研室	
刘润生		〃	1938	〃	扬州电力设备修造厂	车间主任、工程师	扬州电力设备修造厂	
江峒		〃	1938	〃	复旦大学	讲师	上海复旦大学材料科学研究所	
孙鑫		〃	1938	〃	复旦大学	副教授	上海复旦大学物理系	

揚中校友通讯

第4期　1984.3　　江苏省扬州中学校史编写组

校友来信来稿专辑（一）

高光（1937年校友）：日寇的侵迫使我凄然离别母校，倏忽四十五个春秋。沧海桑田，昔日的树人堂，未知别后怎样；各奔东西的老师与同学，他们现在可好。非常渴望能得到你们的帮助，使我稍解悬念。我在母校虽然仅一年多，但是，母校的一草一木，犹历历在目，而且每当回忆起来，总因在省扬中念过书而感到幸福。又因战争辍学，觉得这是终身极大的遗憾。

孙鸿才（1937年校友）：1976年7月因公出差扬州，曾利用星期日到母校作简短的巡礼，看到树人堂、体育馆、图书馆和旧有楼等均尚完好，睹物生情，留连良久，临别依依，不忍离去。

王可定（1956年校友）：记得1957年校庆时，海军二航校和四海校的校友联名赠送母校一面锦旗，贺诗是朱励同志写的，头两句为"荷花香里出香莲，莲布天涯放不过"。我们这些"莲子"已在全国各地生根发芽成长了，我们永远怀念"池塘和荷花"。

黄寅浦（1949年校友）：寄来的《扬中校友通讯》（第一期），我读后又转给另一位校友，让他同样分享我的激情和愉快。校友登记表已填好寄上，我象当年在校填写注册证一样，恭恭敬敬附上一张照片，它附着我的一颗心飞向您的身边。

胡友钰（1947年校友）：我由扬中实小幼稚园，而实小、而初中部、而高中工科，直至1947年毕业，整整十三个春秋，均与扬中密切关联。这几十年我一直感谢母校对我的培养，使我在旧社会未入歧途，在新社会走上为人民服务的道路。希望有机会回扬州重睹树人堂风采，与母校老师、同学畅叙阔别之情。也希望台湾早日回归大陆，那里有我的老师和同班同学。我相信这愿望一定能够实现，而且为期不会太远。

王锡九（1956年校友）：如果要问母校给我留下的最美好的印象是什么，我会毫不犹豫地回答，是老师们兢兢业业的工作精神，循循善诱的教诲。他们甘当一颗铺路的石子，为我们的成长铺平前进的道路，为国家培养了众多的人才。他们理所当然的受到我们的崇敬和怀念。

项志逖（1948年校友）：我在省扬中读书的时期，正是个动荡的年代。我们的一批可尊敬的老师们坚守着自己的岗位，维持着扬中的好学风，使我们健康成长。我今在大学工作，每当我们接收一批优秀青年入学时，我对中学的老师们总是怀着感激之情。

林仁荣（1935年校友）：接通知，忆当年，良师益友循循于大汪边的情景历历在眼前。我不才不能以文字再现。建议为校史请师友，多多征集资料，写出一部完美的扬中史。愿在校师长，循循善诱，爱同学如子弟，多出人才，愿在校同学努力学习，为国家作出伟大贡献。

林正本（1950年校友）：我感到我们的中学基础知识和国外比，不比差，甚至超过他们。但学习的方式和人家大不相同，国外更重视学生的主动精神，而不是单纯地灌输知识。至于西方，更强调因材施教，不强求一刀切，学校本身为不同类型的学生提供不同的发展机会和方便。这些当然不能脱离社会制度的差别去观察，但是否可以参考，请研究。另外，中学是否应该尽快引入一些新学科，如计算机的基础知识。

朱奇石（1923年校友）：离开母校以后，东播西迁，南北旅游，所到之处，每与学界人士谈起来，都很客观地认："我国自兴办中等学校以来，论其成效，则私立的，应推天津的南开中学为巨擘；公立的，当以江苏的扬州中学为楷模，这是人所公认的。"凡我校友，逖听之余，无不欣然默认，引以为荣；更自认真务实，力求毋负盛名。

赵宾国（1941年校友）：1937年，迫于抗日烽火，学校内迁，在仓促的撤离时刻，回顾可爱的校园的一刹那间，多么令人凄惜！这不是一般的惜别，仿佛是《最后一课》的情节在我们国家的再现。我们必须有强大的祖国和可爱的母校，现在，祖国崛起，阳光普照大地。亲人送来了《通讯》，正是一石击起千重浪，思潮起伏，久久不能平静。我等虽然返老还童无术，但须珍惜这短暂的薄暮时光，总结一下五十年来的洪流给予我们什么经验教训，思考一下能留点什么给未来的青年，才不辜负师友们的教诲。

张政鑫（1960年校友）：我能有一点知识、能力，无不是从母校开始的。当我和其他同志共同在技术革新中获得成果时，我首先想到的就是赋深恩于我的母校。如今我已步入中年，我应趁着这有限的好时光，努力拼搏，争取再做出成绩，为母校争光。

李文芳（1956年校友）：1956年，我初中毕业后，参加了江苏省歌舞团，直至如今，在"文艺为人民服务，文艺为社会主义服务"方面做了一点微不足道的工作。今年我已四十四岁了，必须加倍努力，争取能继续对人民做些有益的事情。"老马自知夕阳短，不用扬鞭自奋蹄"。放心吧，亲爱的母校，你的儿女们仍象当年在校读书时一样，时自己"高标准，严要求"。

汪树人（1952年校友）：我想起了80年暑假回母校的那次访问。那是在我离开母校廿二年后，又见到了时时在梦寐中萦回的树人堂、校友楼和那有太湖叠石的校园。我带着我那快要读书的独生女儿，去看爸爸读过书的教室，指给她看爸爸坐过的课桌椅。母校的每一处都是那样的亲切，母校的一切，都牵动着我这游子的心。

张崇文（1952年校友）：离开母校卅一载，时时记着我是扬中毕业生，要为母校争光。虽然我很平凡，但我牢记在母校所受到的教育，爱祖国，为社会主义事业奋斗。当时《扬中半月刊》上登载我写志愿文章的那一期，我一直保留至今，不时拿出来阅读。最近我拿给孩子们看，让他们象我当年一样，也受受启发教育，懂得祖国的伟大、可爱，要为之奋斗。

北京通讯

我们在京的一九四八届扬中校友，一九八三年春节前夕聚会之后，于本年春节期间又举行了联欢。二月一日，来自各地的校友齐集北京市东城，畅叙别情，畅谈近况，缅怀当年扬中生活，感激当日恩师的教诲。从上午九时廿分开始，到傍晚近五个小时。无话不谈……有的返家过来，有的……有的……的日子，大家都好时间来北京联欢一番。校谈扬中当年事，回头再说来事情。欢乐又增长了一个共同的心声：母校扬中是我们的成长摇篮，我们要在四化建设中为母校争光。

扬中一九四八届在京校友吴将永、朱本、黄寅浦等二十二人

五律一首

冻寒彩已逝　晴暖势重来
锋栎居羊巷　杏坛设府台
师生皆国宝　母校仰卿材
数学江东秀　扬中誉众怀

李兆源(1926年校友)

七律二首

母校扬中盛极时
工程教育早名驰
园丁浇灌春苗发
学者辛勤设计师
云水翻腾动荡日
山河沦陷引沉思
疆场纵马奔南北
校笔从戎另写诗

现值中华改革时
发扬传统赖良师
精心培育接班者
为国树人不惜资
新起后生诚可畏
从来青黛胜蓝姿
万千桃李遍全国
四化完成争献知

王昌宇(1932年校友)

绝句二首

师恩友爱深如海
瘦水平山念旧情
今日喜看通讯录
果然大计百年成

弹指之间人便老
清清楚楚记儿时
树人堂尚巍然立
珍惜余年志未迟

徐长榛(1941年校友)

怀念

远方的儿子听到母亲的呼唤，
幸福的暖流顿时涌上心间。
美好的记忆又让我回到您身边，
正是您呀！
用知识的乳汁、精神的琼浆，
把我们哺育、抚养……
伟大的母校产生永恒的怀念，
崇高的母教鼓舞我们奋勇向前。

王心法(1956年校友)

感赋一律

一封书信忽飞来
此日芸窗笑靥开
五十年中追往事
六旬又九畅舒怀
八国烽火淌渝境
卅载生涯去古淮
母校春风霑雨露
红专时代出群才

王兴世(一九三五年校友)

贺母校

桃李吐芳八二载，全在老根万年青

魏能润(1948年校友)

寄意

校史悠久，不断发扬光大
人才登出，都是兴国桥梁

徐学韩(1930年校友)

读通讯，忆往事，浮想联翩，
老扬中，英才多，激人上进；
谢师长，雨滋润，教吾成人，
祝母校，继传统，永远前进。

魏启建(1962年校友)

有感

皖南游子慕师贤
负笈扬州大汪边
城外绿杨湖水瘦
平山遥望殿云烟
树人钟声破晓眠
蹉跎岁月忆联篇
三年窗下埋头读
不识人间已万千

朱宏隆(一九三七年校友)

忆往昔

离乡负笈到维扬
弱冠年华血气刚
最喜健身体育馆
尤耽实验树人堂
大操场上玩球乐
口字楼中上课忙
救国岂止书苦读
春风育我似甘棠

夏鼎中(一九三六年校友)

诗一首

培养英才八二秋
春风桃李布全球
参天老树推介木
遍地奇材得上游
北日好音来母校
他年骑鹤到扬州
何期班白龙钟叟
犹觅同窗忆旧游

陈光武(一九三九年校友)

过界首访母校饭后兴发感赋

(一)

忽报今年到界首
诗魂突起不须求
挥毫饱蘸陈年墨
难写琦堤烟雨秋

(二)

劳燕归来失旧巢
珠湖波动起心潮
韶光五十春秋梦
不见伊人傍小桥

(三)

健身健步惠农桥
古寺钟声应闻涛
最爱绿杨幽静路
耕田诵读共操劳

(四)

别时容易见时难
屈指流光五十寒
临水依依人去后
离情入梦起波澜

章心如(1932年校友)

献给母校

二分月色，湖光艳，十里扬州。仰史公，丹捐血海，光照人寰。霞映广陵桃灼灼，烟荒隋宫柳绵绵。喜今日，四化宏图展，添新颜。

忆南楼，梦魂牵，良师友，心血染。为树人，历尽几多番寒，中华腾飞今朝志，古园焕彩明日篇。会扬中，永载不泯功，垂万年。

戴宏贵(1960年校友)

抒怀

南楼古塔依稀影
树人堂畔碧草茵
匠心师代塑灵魂
知己同窗见赤心
诲人不倦千秋业
读书尽心百年忧
辈出人才五洲在
四化桥梁还看今

夏闻华(1942年校友)

江苏省扬州中学校友通讯录（第四辑） 学生部分

姓名	在校用名	性别	出生年份	离校年份	现在(或曾在)工作单位	现任(或曾任)职务职称	通讯处	备注
戴景素	戴席裕	男	1901	1918	商务印书馆	编辑	北门前门东大街3号1105室	退休
李兆源		〃	1907	1926	西安冶金建筑工程学院	系主任、教授	西安冶金建筑工程学院22单元	退休
许广臣		〃	1909	1928	邮电部基本建设局	副总工程师、高级工程师	北京安内永康胡同新1楼5门101号	
詹子仪		〃	1908	〃	西北铁路第一勘测设计院	高级工程师	兰州段家庄63号	离休
钱眷泽		〃	1907	1929	南京市人民中学	教师	南京大学物理系 钱钟转	退休
朱俊诚		女	1906	1931	丹阳县新北门小学	教师	泗阳县植保站	退职
沈宝书		男	1912	〃	一机部技术情报研究所《电机工程手册》编辑部	副总编	北京复外汽车局宿舍9幢14号	
胡文	胡瑞彩	〃	1915	1932	扬州市新华中学	党支部书记	扬州淮海路13号	离休
胡颖之	胡宥龙	〃	1915	〃	长沙冶金工业学校	校长	长沙麓南路冶金工业学校	离休
刘寿涛		〃	1915	1934	三门峡库区管理局	高级工程师	陕西渭南朝阳西路4号三管局	
唐秉琦		〃	71岁	〃	沈阳纺织机械厂	副总工程师	沈阳纺织机械厂劳动服务公司	退休
章国芬		女	1915	1935	中国建筑东北设计院	副总建筑师	沈阳中国建筑东北设计院	三、五、六届全国人大代表
王心康		男	1915	1936	邮电部邮政总局		北京复兴门内大街库资胡同18号	退休
詹保恒		〃	1917	〃	上海市煤气公司	高级工程师	上海零陵路天钥二部80号301室	
王振铎		〃	1917	1937	上海市昆明中学	教师	上海吴淞区月浦二村19号304室	退休
田寿恒		〃	1918	〃	西藏自治区公路勘察设计院	工程师	北京南河沿大街磁器库胡同3号	
任洪升	任鸿昇	〃	1917	〃	武汉长江流域规划办公室汉口水文总站	工程师	武汉二七路支农村111号102门	
朱九成		〃	1919	〃	宝应县中学	副教导主任	宝应仓桥36号	
朱宏隆		〃	1918	〃	中国建筑西南设计院	副总工程师 主任工程师 高级工程师	成都金华街168号中国建筑西南设计院	
吴丰	吴荟彰	〃	1920	〃	宝应县社队企业	设计	扬州丁家湾88号	
许文庚		〃	1918	〃	上海市黄浦区中心医院内科激光研究室	主任医师 主任	上海市黄浦区中心医院	
汤楷孙		〃	1919	〃	华东石油学院北京研究生部机械系	顾问、教授	北京902信箱	
Y. S. Tang	汤墒孙	〃	61岁	〃			1552 Hally Hill Dr. Bethel Park P. A. 15102 U.S.A.	
陈朝龙		〃	1920	〃	上海教育学院数学系	副主任、副教授	上海大木桥路日晖六村117号	
李联卿		〃	1919	〃	上海交运局职工大学	讲师	上海曹杨九部52号405室	
郭郡	郭根生	〃	1922	〃	中国科学院动物所	副研究员	北京黄庄812楼1003号	
郭克昌		〃	1921	〃	宝应安丰地段医院	副院长	仪征十二圩沙河大队	离休
殷文煊		〃	1917	〃	江苏省建材工业公司	工程师	南京玄武区北西家大塘35号203室	退休
高凤笙		女	1914	〃	上海时代服装厂		上海虹口区峨嵋路352弄30号	退休
曹振文		男	1921	〃	江苏省财政厅预算处	科长、会计师	南京鼓楼高云岭3号431室	
吴嘉俣		〃	1920	〃	国家经委中国科学院能源研究所情报研究室	负责人、工程师	北京安外大屯路917大楼能源研究所	
毛家驯		〃	1920	1939	西南交通大学	教授	四川峨眉西南交通大学机械系	
徐谷来		〃	1918	〃	扬州市建筑设计室	副主任、高级工程师	扬州市建筑设计室	
于大鉴		〃	1918	1940	泰州市教师进修学校	教师	泰州东大巷32号	退休
邝汉馨		〃	1924	〃	浙江工学院	院长、教授	杭州浙江工学院	
陈民驹		〃	1923	〃	商业部基本建设局	高级工程师	北京西单商业部基本建设局	
朱勇		〃	1925	1941	纺织工业部	高级工程师	北京东长安街纺织工业部建设局	
米邱祺		〃	1925	〃	七院七〇八研究所五室	副室主任、高级工程师	上海高雄路171号	
周世德		〃	1921	〃	中国科学院自然科学史研究所	副研究员	北京建内贡院西街1号自然科学史研究所	
徐衍远	徐长徐	〃	1921	〃	安徽霍山县中药材公司	主办会计、会计师	安徽省霍山县中药材公司	
袁国华		女	1922	〃	上海第九制药厂	工程师	上海淮海中路1850号204室	退休
王肯祺		男	1926	1942	南京化学公司设计院	工程师	南京大厂镇南化公司设计院	
张家琛		〃	1920	〃	上海汽车发动机厂基建设备科	副科长、工程师	上海长乐路930弄1号	退休
顾炎	顾臻麟	〃	1927	〃	冶金工业部自动化研究所	所长、高级工程师	北京永安路北5楼1单九1号	[illegible]

姓名	在校用名	性别	出生年份	离校年份	现在(或曾在)工作单位	现任(或曾任)职务职称	通讯处	备注
高芳先		男	1923	1942	海安县曲塘中学	教师	海安县曲塘中学	
王以琳		〃	1928	1943	西安冶金建筑学院	副院长	西安冶金建筑学院22单元一楼	
高秉泌		〃	1929	1946	天津中国银行国际部	经理、经理师	天津中国银行	
李长琳		〃	1928	1947	安徽省水利勘测设计院计划科	科长、工程师	合肥曙光路1号省水利勘测设计院	
陈龙中		〃	1930	〃	扬州师范学院中文系汉语教研组	讲师	扬州淮海路27号	
邹荫幸		〃	1930	〃	江苏人民广播电台编辑部	主任	南京中山东路西祠堂巷江苏人民广播电台	
周卓		〃	1930	〃	扬州市第一中学	教师	扬州市第一中学	
殷越		〃	1929	〃	扬州市农科所科技股	股长、畜牧师	扬州市农业科学研究所	
谢江	谢宁芝	〃	1929	〃	淮安公路管理站	副站长、工程师	淮安公路管理站	
滕祜衍		〃	1928	〃	中国标准化综合研究所	副所长、高级工程师	北京阜成路12号	
王文允		〃	1930	1948	邮电部第二工程公司	重要教师、工程师	西安张家村邮电部第二工程公司	
王文镐		女	1930	〃	江苏省汽车配件公司	科员	南京北京东路19-1号	
王赋水		〃	1931	〃	中国人民解放军301医院	主治医师	北京西郊五棵松301医院耳鼻喉科	
朱位诚		男	1929	〃	七院七〇八研究所二室	科长、工程师	上海四川中路346号七〇八所	
李枝		〃	1932	〃	南京中医学院	讲师	南京中央路42号医学情报所	
周魁武		〃	1931	〃	邗江县粮油议购议销公司	副经理	扬州邗江县粮油议购议销公司	
洪瑗		女	1930	〃	蚌埠拖拉机附件厂	工程师	蚌埠拖拉机附件厂	离休
胡大成		男	1927	〃	丰都县蔬菜水产饮食服务公司		四川丰都蔬菜水产饮食服务公司	
徐灼		〃	1930	〃	上海长虹纸浆厂厂校	干部	上海徐虹路290号	
高景璋		〃	1930	〃	航天工业部八五一一研究所	主任、工程师	南京航天工业部八五一一研究所	
梅竟祥		〃	1929	〃	江苏省水利厅水文总站	副主任、工程师	南京上海路省水利厅水文总站	
方开瑞		女	1931	1949	首都钢铁公司技术部	主任工程师	北京首都钢铁公司技术部	
王泰坚		男	1929	〃	扬州市技工学校	副校长	扬州市技工学校	
田玉		女	1931	〃	某部科技处	工程师	北京白石桥路42号科技处	
刘宗佑		男	1930	〃	东海县水利局	工程师	东海县水利局	
刘秉琦		女	1930	〃	南京药学院组织部		南京芦席营1-11号	
卢荣霞		男	1932	〃	国家科委国际科技合作局	副局长	北京三里河国家科委	
冯瑞然	冯梦麟	女	1929	〃	苏州工艺美术学校	科长	苏州工艺美术学校	
朱冬		男	1931	〃	机械工业部设计研究总院	高级工程师	北京王府井大街277号机械工业部设计研究总院设计处	
祁兆璠		女	1931	〃	天津市越剧团	表演教师	天津和平区四川路8号天津市越剧团	
吕齐		男	1929	〃	四川人民广播电台	副台长	成都四川人民广播电台	
张南光	张其芸	女	1927	〃	南通制药厂厂长室	工程师	南通制药厂厂长办公室	
李永信		男	1931	〃	上海市农业局组织处	副处长	上海淮海中路1735弄2号楼206室	
周天	周兴参	〃	1927	〃	南通市第一中学	教研组长	南通市第一中学教工宿舍	
周光钊		〃	1930	〃	新沂县水利局	党组书记、局长、工程师	新沂县水利局	
周庆祖		〃	1932	〃	石油工业部计划司	司长、高级经济师	北京六铺炕石油部计划司	[illegible]
周志嘉		〃	1932	〃	徐州发电厂	工程师	徐州茅村徐州发电厂运行分场	
赵怀祖		〃	1928	〃	上海生物化学制药厂	工程师	上海[illegible]路15弄3号	
唐铭世		〃	1931	〃	西南交通大学机械工程系	副系主任、副教授	四川峨嵋西南交通大学机械系	
徐德東		〃		〃	上海交通大学分校	副教授	上海交通大学分校机械系	
顾懋森		〃	1930	〃	南京铁道医学院附属医院	副科主任、副主任医师	南京铁道医学院附属医院胸外科	
曹济	曹锦	〃	1930	〃	上海市计划委员会农业处	副处长	上海市计划委员会农业处	
黄存智		〃	1928	〃	中国建筑一局四公司	工程师	北京6904信箱质安科	
符德喻		女	1928	〃	镇江市卫生防疫站营养科	副科长、主管防疫医师	镇江烟草巷11号	
赖锡海		男	1931	〃	江苏省水利机械厂生产经营管理股	股长、工程师	扬州大运河桥江苏省水利机械厂	

姓名	在校用名	性别	出生年份	离校年份	现在(或曾在)工作单位	现任(或曾任)职务职称	通讯处	备注
滕家敏		女	1932	1949	上海市房地产管理局综合计划处	副处长	上海祥德路274弄73号	
潘恒晋		男	1930	〃	安徽农学院农学系经济作物教研室	主任、讲师	合肥安徽农学院农学系	
朱宝来		〃	1934	1950	山东省济宁市公路管理段计统科	科长、工程师	山东省济宁市公路管理段	
孙金俊		〃	1932	〃	扬州市教育局	局长	扬州市教育局	
李世杰		〃	1934	〃	扬州市广播电视大学	会计、助理会计师	扬州市广播电视大学	
郭宏亮		〃	1932	〃	煤炭部科学研究院	主任工程师、高级工程师	北京和平里煤炭部科学研究院	
高笃生		〃	1930	〃	南通师范专科学校	讲师	南通三里墩南通师范专科学校数学科	
黄虎风		〃	1931	〃	常熟市中学政教处	副主任	常熟西仓前常熟市中学	
蓝之中		〃	1931	〃	南京农学院	讲师	南京农学院兽医系	
尚大同		〃	1935	1951	扬州市物资局		扬州梅岭新村12幢205号	
张嫱		女	1932	〃	冶金部招待所	副所长	北京人民大会堂李林转	
李寿榆		男	1932	〃	南京化工学院化工系	副教授	南京青石村190-6号	
许其鹏		〃	1936	〃	某学院	副教授	南京3908信箱内九	
吴瑶芳		女	1929	〃	苏北人民医院	药剂师、主管药师	扬州南城根25号	
尹德庄		〃	1929	〃	中国科学院教育局		北京中国科学院教育局	
周大纲		男	1932	〃	上海铁道学院	副教授	上海铁道学院电信系	
顾雯		〃	1933	〃	镇江电讯器材厂	副厂长、助理工程师	镇江马祠巷14-403号	
卜士铨		〃	1936	1952	南京晨光机器厂技术科综合标准化组	组长、工程师	南京1205信箱64号	
王以仁		〃	1934	〃	水电部黄委会设计院	工程师	郑州黄河水利委员会设计院	
王锡海		〃	1934	〃	北京市机械局建筑设计所	专业组长、工程师	北京德内大街103号机械局建筑设计所	
王嘉骏		〃	1933	〃	宝应县水利局	助理工程师	宝应县水利局	
刘式猷		〃	1935	〃	某部第五设计研究院	工程师	北京55号信箱	
孔庆华		女	1934	〃	水电部黄委会设计院	工程师	郑州黄河水利委员会设计院	
赵国模		男	1938	〃	成都无线电七厂工艺科	副科长、工程师	成都高升桥成都无线电七厂	
朱政清	朱沧林	〃	1934	〃	江都县治江工程处	助理工程师	江都县水利局转治江工程处	
张永庆		〃	1934	〃	宁夏社会科学院	副院长	银川宁夏社会科学院	
张同裕		〃	1934	〃	南京汽轮电机厂扩建办公室	主任、工程师	南京汽轮电机厂扩建办公室	
张洪模		〃	1936	〃	黄委会科技办公室	副科长、工程师	郑州黄河水利委员会科技办公室	
张崇文		〃	1932	〃	天津大学	讲师	天津大学西南村6号楼3单元303室	
陈宝泉	陈宝全	〃	1935		黄河机器制造厂	副总工程师、高级工程师	西安45信箱总办	
沈家琳		〃	1932	〃	山东省水利厅	工程师	济南山东省水利厅	
沈祥令	沈祥麟	〃	1934	〃	宁波市水利局设计室	工程师	宁波前西巷10号	
尹仿骏		〃	1936	〃	西北工业大学七系七研	主任、讲师	西安西北工业大学七系	
茅奕宏		〃	1935	〃	西安市秦川机械厂机动科技术室	主任、工程师	西安市秦川机械厂机动科	
李嗣如		〃	1935	〃	成都气象学院教务处、贷务	副处长、主任、讲师	成都气象学院教务处	
刘允裕		〃	1935	〃	扬州市水利基建工程队	工程师	扬州跃进桥东扬州市水利基建工程队	
吴希瑞		〃	1937	〃	某部第五设计研究院	工程师	北京55信箱环保研究所	
冷秉焯		〃	1934	〃	沈阳第一工业学校	校长、讲师	沈阳第一工业学校	
徐洪太	徐洪泰	〃	1933	〃	温州市防汛防旱指挥部办公室	副主任、工程师	温州市防汛防旱指挥部办公室	
黄玲才		女	1935	〃	湖州水利设计室		湖州铁佛寺南湖州水利设计室	
梁国顺		男	1936	〃	某部第五设计研究院	工程师	北京55信箱	
曾人辉		〃	1933	〃	黄河机器制造厂设计所	党总支书记、助理工程师	西安45信箱50分箱	
蔡慕元		女	1933	〃	山东省水利勘测设计院规划室	副主任、工程师	济南山东省水利勘测设计院规划室	
王志娟		〃	1936	1953	山东省高级人民法院刑事审判庭	审判员	济南山东省高级人民法院刑一庭	
王映中		男	1937	〃	江西省峡江县城建公司	车间主任	江西省峡江县城建公司	

姓名	在校用名	性别	出生年份	离校年份	现在(或曾在)工作单位	现任(或曾任)职务职称	通讯处	备注
尤瑞麟		男	1935	1953	北京大学生物系植物教研室	讲师	北京大学生物系	
朱禄海		〃	1933	〃	江苏省石油化工厅	厅长、工程师	南京北京西路17号省化工厅	
任德麟		〃	1934	〃	武汉钢铁学院 数学教研室 院学术委员会	教授 副主任	武汉钢铁学院数学教研室	
陈成仪		女	1933	〃	华燕仪表厂	工程师	陕西南郑88信箱330分箱	
尹尚翔		男	1932	〃	江苏农学院	讲师	扬州江苏农学院农机教研组	
张世蓟		女	1933	〃	青海医学院	讲师	西宁青海医学院化学教研室	
张永吉		男	1936	〃	扬州市环保局	副局长、工程师	扬州市环保局	
张蕴如		女	1934	〃	山东省潍坊市药品检验所	主管药师	山东省潍坊市药品检验所	
许象铎		男	1934	〃	新兰仪表厂科技管理科	工程师	兰州57信箱9分箱	
汪益基		〃	1934	〃	冶金部武汉钢铁设计研究院 武汉地基处理中心	工程师 负责人	武汉青山区武汉钢铁设计研究院	
沈宗秀		女	1934	〃	天津制药工业公司全面质量管理办公室	副主任、工程师	天津上海道173号303	
李晓春		〃	1935	〃	浙江农业大学	讲师	杭州浙江农业大学农学系	
胡勐		男	1935	〃	浙江医科大学附属儿童保健院外科	副主任、副主任医师	杭州浙江医科大学附属儿童保健院	[illegible]
黄琳		〃	1935	〃	北京大学	副教授	北京大学力学系	
葛瑞昌		〃	1935	〃	兰州大学	讲师	兰州大学生物系	
丁让		〃	1933	1954	扬州市人大常委会	副秘书长、办公室主任	扬州柳巷河边9号	
王修		女	1934	〃	南通市第一人民医院	主治医师	南通市第一人民医院妇产科	
王乃庄		男	1936	〃	宝应县基建局		宝应南门外大街49号	
王长沛		〃	1936	〃	海军工程学院	讲师	武汉海军工程学院一系	
王学林		〃	1933	〃	邗江县黄珏中学	教师	扬州便益门外沿河街30号	
刘长佑		〃	1936	〃	某学院	讲师	北京长辛店崔村77号7室	
叶佩尧		〃	1936	〃	四二五厂军代表室	总军代表	芜湖55信箱(56)	
朱从善		〃	1933	〃	北京开关厂	工程师	北京开关厂设计科	
沈君玉		女	1936	〃	常州工业技术学院	讲师	常州工业技术学院	
陈谦根		男	1935	〃	江苏省淮阴农业学校	讲师	江苏省淮阴农业学校植保教研组	
杭长松		〃	1938	〃	广西壮族自治区地质矿产局矿管处	副主任工程师、工程师	南宁建政路区地矿局矿管处	
杨祚华		女	1935	〃	武汉市硚口区卫生局		武汉市硚口区卫生局	
俞明然		男	1935	〃	华东工程学院	实验室主任、讲师	南京华东工程学院309	
耿引秀		女	1936	〃	江苏省地震局图书馆		南京卫岗3号江苏省地震局	
黄锡武		〃	1933	〃	江苏农学院机电排灌系	教研组主任、讲师	扬州柳巷河边9号	
臧桐华		〃	1936	〃	安徽医学院 卫生统计学教研组 《安医学报》	讲师 编辑	合肥安徽医学院卫生统计学教研组	
王广衡		男	1937	1985	七〇二研究所十一室	工程师	上海南京西路2074弄14号	
王明宏		〃	1937	〃	南京市第十中学	副教导主任	南京市第十中学	
刘式谋		〃	1937	〃	扬州市第一中学	教师	扬州市第一中学	
刘恒瑜		〃	1938	〃	资阳内燃机车工厂	副总工程师、高级工程师	四川资阳内燃机车工厂总师室	[illegible]
江康		〃	1938	〃	外交部礼宾司接待处	处长	北京外交部礼宾司	
任光荣		〃	1935	〃	宁夏回族自治区人民检察院	处长、院检察委员会委员	银川宁夏回族自治区人民检察院	
朱扬顺		〃	1937	〃	江都县丁沟中学	副教导主任	江都县丁沟中学	
马扬生		〃	1938	〃	天津大学	讲师	天津大学精仪系	
陈东		〃	1935	〃	泰州电解化工厂	工程师	泰州电解化工厂技术科	
李榆		〃	1937	〃	西北工业大学七系	系主任助理、讲师	西安西北工业大学七系	
李德平		〃	1936	〃	八九九二〇部队	助理研究员	北京122信箱	
张延鑫	张延禧	〃	1937	〃	中国水产养殖公司	副经理、工程师	北京西单民丰胡同中国水产养殖公司	
汪兆平		〃	1938	〃	中国科学院半导体研究所	助理研究员	北京650信箱	
宋振中		〃	1937	〃	泰州电解化工厂动力车间	副车间主任、工程师	泰州电解化工厂动力车间	

姓名	在校用名	性别	出生年份	离校年份	现在(或曾在)工作单位	现任(或曾任)职务职称	通讯处	备注
晏安厚		男	1933	1955	江都县丁沟中学	教师	江都县丁沟中学	
高阮桥		〃	1936	〃	电子工业部十二研究所	室主任、工程师	北京749信箱33分箱	
高瑞兴		〃	1936	〃	泰州市教师进修学校	教师	泰州市教师进修学校	
黄　珈		〃	1937	〃	泰州市苏北电机厂设备动力科	副科长、工程师	泰州市苏北电机厂	
黄霞东		〃	1937	〃	南京机械专科学校工厂	工程师	南京机械专科学校	
马玉琏		〃	1933	1956	江苏农学院	讲师	扬州江苏农学院基础系化学组	
马欣朗		〃	1934	〃	四川长寿云台川东矿区云台子弟校	副校长	四川长寿云台川东矿区云台子弟校	
马振华		〃	1937	〃	扬州市经济委员会	助理工程师	扬州市经济委员会科技科	
毛振荣		〃		〃	谏壁发电厂电气车间	主任、工程师	镇江谏壁发电厂电气车间	
王大桢		〃	1939	〃	泰州市第三织布厂设备科	科长、工程师	泰州徐家桥东巷泰州市第三织布厂设备科	
王心法		〃	1937	〃	山东省化学研究所	组长、工程师	济南文化东路山东省化学研究所	
王可定		〃	1938	〃	某研究所	助理研究员	新疆永红89801部队15分队	
王安平		女	1939	〃	合肥市传染病医院	主治医师	合肥市传染病医院	
王庆林	王庆龄	男	1938	〃	洪都机械厂第一设计所	组长、工程师	南昌5081信箱172分箱	
王海珊		〃	1937	〃	扬州电力设备修造厂	工程师	扬州电力设备修造厂	
王振一		〃	1938	〃	紫金山天文台	助理研究员	南京紫金山天文台	
王锡九		〃	1938	〃	某学院	教员	大连38641部队705号	
王荟祯		〃	1936	〃	扬州手表总厂生产计划科装配车间	科长、党支部书记	扬州手表总厂	
王鹏翔		〃	1935	〃	南京无线电厂	工程师	南京清溪路3号13栋2号	
戈宝栋		〃	1936	〃	杭州市工艺美术研究所	工艺师	杭州新朝晖新村14幢3单元501	
方本菇		女	1936	〃	北京橡胶机械厂	工程师	北京德胜门外西三旗北京橡胶机械厂	
卢荟庆		男	1939	〃	厦门大学哲学系	讲师	厦门大学七一六信箱	[illegible]
刘武达		〃	1938	〃	北京大学	讲师	北京大学地球物理系	
刘武逵		〃	1938	〃	北京大学	教研室副主任、副教授	北京大学地球物理系	
朱志立		〃	1936	〃	浙江省嘉兴地区农校蚕桑专业组	组长、讲师	浙江省嘉兴地区农校	
朱金芳		女	1939	〃	北京军事医学科学院六所	助理研究员	北京军事医学科学院六所	
朱素秋		〃	1936	〃	浙江大学	讲师	杭州浙江大学计算机中心	
成安生		男	1938	〃	上海计算技术研究所	副研究员	上海湖南路30号	
任煦宇		〃	1936	〃	江苏省家禽科学研究所	助理研究员	江都邵伯江苏省家禽科学研究所	
庄广森		〃	1938	〃	哈尔滨建筑工程研究所	副所长、工程师	哈尔滨南岗区西大直街360号	
庄秀琛		〃	1937	〃	某部		上海广中路333号	
孙传哲		〃	1936	〃	黑龙江省气象台	工程师	哈尔滨黑龙江省气象台	
沈锡根		〃	1939	〃	南京林产工业学院	讲师	南京林产工业学院物理组	
严炯福		〃	1937	〃	内蒙古农牧学院	讲师	呼和浩特内蒙古农牧学院农学系	
时良平		〃	1939	〃	北京邮电学院	讲师	北京邮电学院108信箱	
张　庚		〃	1939	〃	某学院	教员	大连38641部队705号	
张　锁		〃	1938	〃	扬州市中级人民法院	院长	扬州市中级人民法院	
张万华		〃	1936	〃	南京柴油机厂前处车间	车间主任、工程师	南京柴油机厂前处车间	
张文班		女		〃	武汉地质学院矿产系矿床教研室	讲师	武汉喻家山武汉地质学院14栋341	
张所长		男	1938	〃	扬州医疗器械厂	工程师	扬州淮海路71号	
张荣庆		〃	1937	〃	公安部	工程师	北京公安部第18局	
张伟荣		〃	1937	〃	扬州市环境保护局城镇环保科	副科长、工程师	扬州市环境保护局	
张俊生		〃	1931	〃	扬州市鲁迅中学	教师	扬州市鲁迅中学	
张培农		〃	1936	〃	临汾市86152部队	教研室主任	山西临汾86152部队14分队	
汪　云		女	1935	〃	北京39126部队	副团参谋长	北京西郊39126部队司令部	

姓名	在校用名	性别	出生年份	离校年份	现在(或曾在)工作单位	现任(或曾任)职务职称	通讯处	备注
汪文瑛		男	1937	1956	南京航空学院	讲师	南京航空学院402教研室	
李文芳		女	1939	〃	江苏省歌剧团	演员	南京香铺营29号江苏省歌剧团	
沈立强		男	1938	〃	上海延吉中学	教师	上海杨浦区延吉中学	
沈峰山		〃	1937	〃	南京工学院	讲师	南京工学院电子工程系	
陈新	陈锦祥	〃	1938	〃	扬州市地震办公室	工程师	扬州史可法路3号	
陈慧		女	1938	〃	青岛市轻工研究所	工程师	青岛信号山路23号轻工研究所	
吴玲		男	1937	〃	南京空军气象学院	讲师	南京空军气象学院物理教研室	
吴葆		〃	1937	〃	青岛市农业科学研究所	畜牧师	青岛市农业科学研究所	
吴福安		〃	1935	〃	中国科学院基础所	技师	北京东单三条中国医学科学院基础医学研究所	
吴德福		〃	1940	〃	桂林六一一厂	工程师	桂林35信箱设计科	
杨文南		〃	1939	〃	北京七七四厂三室	主任、工程师	北京23信箱三室	
杨淑英		女	1937	〃	中国国际电台	记者	北京中国国际电台法语部	
林正雅		〃	1938	〃	南京市立第一医院	主治医师	南京市立第一医院	
李家钧		男	1938	〃	海军工程学院	讲师	武汉海军工程学院物理教研室	
周光鼎		〃	1937	〃	南京化学工业公司	工程师	南京大厂镇南化公司设计院四室	
赵甫守		〃	1938	〃	华东工程学院	副教授	南京华东工程学院二系	
赵希龄		〃	1937	〃	扬州市科委情报所	工程师	扬州市科委情报所	
周力生		〃	1936	〃	华东纺织工学院机械原理零件教研室	党支部书记 副主任 讲师	上海华东纺织工学院机械系	
施庆菊		女	1936	〃	桂林六一一厂	工程师	桂林35信箱仪表室	
柏乃炳		男	1939	〃	清华大学	讲师	北京清华大学物理系	
胡华康		〃	1937	〃	中国纺织机械工业总公司职工大学	教务长、工程师	北京纺织工业部中国纺织机械总公司	
栾勋		〃	1935	〃	中国社会科学院文学研究所		北京中国社会科学院文学研究所文艺理论研究室	
徐适		〃	1937	〃	江苏省扬州中学	教师	江苏省扬州中学	
顾诠		〃	1939	〃	中国科学院半导体研究所	助理研究员	北京中关村中国科学院物理研究所[illegible]	
顾本康		〃	1936	〃	江苏省农科院植保所	副室主任、助理研究员	南京孝陵卫江苏省农业科学研究院	
顾玉麟		〃	1939	〃	煤炭部六盘水煤机厂工艺科	副科长、工程师	贵州六枝六盘水煤机厂工艺科	
袁惟侯		〃	1932	〃	中国科学院自动化研究所技术发展处	处长、副研究员	北京中关村35楼[illegible]	
高庆美		〃	1937	〃	新疆石油管理局地质调查处研究所	工程师	乌鲁木齐北京路三号地物所	
高尚书		〃	1937	〃	南京工程兵工程学院干部处	处长	南京工程兵工程学院干部处	
钱宏		〃	1937	〃	江苏省肿瘤防治研究所病理科	负责人、主治医师	南京江苏省肿瘤研究所	
钱兆明		〃	1939	〃	浙江大学工业电子技术教研组	教研室主任、讲师	杭州浙江大学工业电子技术教研组	
浦维本		〃	1936	〃	航天工业部三院三部	工程师	北京7203信箱12分箱	
郁承章		〃	1935	〃	浙江大学化工系	党总支书记、工程师	杭州浙江大学化工系党总支	
殷德荣		〃	1938	〃	航天工业部三院三部	工程师	北京7203信箱11分箱	
姚立娟		女	1937	〃	浙江炼油厂化肥分厂	工程师	浙江镇海浙江炼油厂化肥分厂	
常椅元		男	1937	〃	新疆新源县哈拉布拉农场	副场长、畜牧技师	新疆新源县哈拉布拉农场	
曹文祥		〃	1937	〃	安徽省水利厅勘测设计院设计科	负责人、工程师	合肥安徽省水利厅勘测设计院	
曹鸿林	曹鸿弟	女	1937	〃	扬州轴承厂	党支部书记	扬州轴承厂	
黄棋		男	1936	〃	纺织工业部纺织研究院规划处	工程师	北京纺织工业部纺织研究院规划处	
黄万钱		〃	1939	〃	南京化工厂研究所	副所长、工程师	南京化工厂研究所	
黄叔怀		〃	1936	〃	扬州师范学院体育系	主任、讲师	扬州大[illegible]巷6号	
黄美玲		女	1935	〃	镇江市缝纫机厂门诊所	药师	镇江蛤蟆院30号	
黄品玉		男	1937	〃	扬州电力修造厂	厂长、工程师	扬州电力修造厂	
谢林	谢文虎	〃	1938	〃	纺织工业部外事局	翻译	北京纺织工业部外事局	
戚宏模		〃		〃	武汉地质学院马列主义教研室	讲师	武汉喻家山武汉地质学院[illegible]	

姓名	在校用名	性别	出生年份	离校年份	现在(或曾在)工作单位	现任(或曾任)职务职称	通讯处	备注
詹懋绩		男	1937	1956	海军工程学院	讲师	武汉海军工程学院201教研室	
程熙		〃	1938	〃	天津大学	讲师	天津大学热物理工程系内燃机教研室	
傅师韫		女	1938	〃	天津发电设备厂教育中心	教研组长、工程师	天津发电设备厂教育中心	
傅崧峻		男	1939	〃	机械工业部成都工具研究所	副室主任、工程师	成都工具研究所	
葛淑媛		女	1937	〃	中国科学院生物物理研究所	工程师	北京中关村35楼402号	
董晓敏		男	1938	〃	安徽省结核病医院	主治医师	合肥安徽省结核病医院	
樊瑛		女	1938	〃	中国医学科学院药物研究所	组长、助理研究员	北京西北旺药物研究所药用植物试验场	
薛俊		〃	1939	〃	大连化学物理研究所教育处	副处长、助理研究员	大连100信箱教育处	
魏寿麟		男	1936	〃	扬州市劳动局	工程师	扬州市劳动局锅炉压力容器安全监察科	
马长山		〃	1938	1957	江苏省话剧团	舞台设计	南京四条巷32号	
方开泰		〃	1940	〃	中国科学院应用数学研究所	副研究员	北京中国科学院应用数学研究所	中国概率学会学会理事兼秘书长
尹庆镛		〃	1938	〃	扬州市建筑设计室	股长	扬州市建筑设计室	
左荣丰		〃	1938	〃	化工部星火化工厂	科长、工程师	江西永修星火化工厂	
石大林		〃	1937	〃	江苏省电力局电网调度所	工程师	南京上海路11号省电力局电网调度所	
刘先章		〃	1939	〃	中国林业科学院林产化学工业研究所	副室主任、助理研究员	南京林产化学工业研究所	
刘恩荣		〃	1937	〃	南京体育学院江苏男篮二队	一级教练员	南京体育学院江苏男篮二队	
孙宪巍		〃	1940	〃	江苏省社会科学院历史研究所		南京江苏省社会科学院历史研究所	
孙熙宇		〃	1940	〃	上海供电局高压工区	副主任、主任工程师	上海武宁路600号	
庄镇华		〃	1939	〃	四川抗菌素工业研究所药理研究室	主任、工程师	成都东郊四川抗菌素工业研究所	
朱庆裴		〃	1938	〃	轻工业部食品发酵所	工程师	北京东郊三里屯轻工业部食品发酵所	
朱传衍		〃	1940	〃	水电部西安热工研究所	工程师	西安水电部西安热工研究所	
李宁		〃	1936	〃	江苏省扬州中学	教研组长	江苏省扬州中学	
李超彬		〃	1937	〃	江苏省地震局	工程师	南京江苏省地震局	
李寿松		〃	1939	〃	扬州工业专科学校基础科物理教研组	副主任、组长、讲师	扬州工业专科学校物理教研组	
邰乃仁		〃	1939	〃	广西侨办科技组	副组长、工程师	南宁桃源路2号广西侨办	
吴克良		女	1939	〃	苏北人民医院传染科	主治医师	扬州苏北人民医院	
吴声迪		男	1938	〃	国家海洋局第二海洋研究所	组长、助理研究员	杭州75信箱201	
陈厚荣		〃	1938	〃	江苏省电力试验研究所	工程师	南京中山路251号江苏省电力试验研究所	
张毅兰		女	1939	〃	梅山工程指挥部	工程师	南京梅山工程指挥部设计室	
张贤珍		〃	1936	〃	中国农业科学院作物品种资源研究所	助理研究员	北京中国农业科学院作物品种资源研究所	
吴晓	吴道元	男	1936	〃	《安庆新闻报》总编办公室	副主任、编辑	安徽安庆《安庆新闻报》社	
罗福堂		〃	1937	〃	某研究所	助理研究员	太原120信箱	
姜义华		〃	1939	〃	复旦大学历史系	副主任、副教授	上海复旦大学历史系	
胡纺宁		〃	1938	〃	扬州医学专科学校	讲师	扬州淮海路5号	
徐惠南		女	1938	〃	上海第一医学院	讲师	上海第一医学院药学系药剂教研室	
陶立武		男	1937	〃	江苏省扬州中学	教师	江苏省扬州中学	
潘毓萱		〃	1938	〃	北京结核病肺部肿瘤研究所药物研究室	主任、助理研究员	北京通县北京结核病和肺部肿瘤研究所	
蔡延贵		〃	1938	〃	江苏省科学技术委员会二处	副处长、工程师	南京江苏省科学技术委员会	
顾万顺		〃	1935	〃	扬州医学专科学校	讲师、主治医师	扬州苏北人民医院	
滕家俊		〃	1938	〃	内蒙古牙克石林业管理局设计院	副室主任、工程师	内蒙古牙克石林业设计院	
魏生芳		〃	1939	〃	七二三研究所	工程师	扬州204信箱	
丁志新		〃	1940	1958	某研究所	助理研究员	北京北苑88200部队38分队	
丁邦裕		〃	1934	〃	江苏省肿瘤防治研究所	助理研究员	南京江苏省肿瘤防治研究所	
丁家宜		〃	1939	〃	南京药学院	讲师	南京童家巷24号南京药学院	
戈兆文		〃	1940	〃	机械部通用机械研究所	工程师	合肥机械部通用机械研究所工艺室	

姓名	在校用名	性别	出生年份	离校年份	现在(或曾在)工作单位	现任(或曾任)职务职称	通讯处	备注
王方松		男	1941	1958	苏北人民医院	主治医师	扬州苏北人民医院内科	
王承杰		〃	1939	〃	高邮县八桥中学	教研组长	高邮县八桥中学	
叶世燕		女	1937	〃	武汉钢铁设计研究院	工程师	武汉钢铁设计研究院机械科	
叶尚德		男	1939	〃	上海石油化工总厂	助理工程师	上海石油化工总厂基建计财处	
刘庆荣		〃	1939	〃	江苏省冶金工业厅	工程师	南京江苏省冶金工业厅基建处	
刘庆源		〃	1933	〃	海安县近庄中学	教师	海安县近庄中学	
刘金海		〃	1938	〃	江苏省扬州中学	教师	江苏省扬州中学	
刘健农		〃	1940	〃	扬州市建筑设计室	副主任、工程师	扬州市建筑设计室	
陈　禹		女	1938	〃	江苏省科学技术协会	助理研究员	南京长江路292号	
陈正媛		〃	1939	〃	扬州市新华中学	副教研组长	扬州市新华中学	
陈学衢		男	1939	〃	电子工业部七五二厂	工程师	汉口156信箱	
陈锡志		〃	1937	〃	苏北人民医院	主治医师	扬州苏北人民医院放射科	
汪洪发		〃	1939	〃	山东省电力工业局	工程师	济南山东省电力局计划处	
汪树人		〃	1939	〃	柳州铁路局桂林一中	教师	桂林铁路一中	
吴永祥		〃	1939	〃	江苏省农科院农业现代化研究所	助理研究员	南京江苏省农科院农业现代化研究所	
李道生		〃	1936	〃	泰县工业局电大班		泰县工业职工中等专业学校	
李崇俊		〃	1939	〃	北京第一机床厂铣床研究所	组长、工程师	北京建外大街第一机床厂北京铣床研究所理化室	
范云玲		女	1938	〃	华东工程学院附属中学	教师	南京1412信箱附中	
唐　良		男	1939	〃	江苏商业专科学校	讲师	扬州江苏商业专科学校	
袁正岩		〃	1935	〃	第一炮校基础教研室	教员	南京炸厂第一地面炮兵学校基础教研室	
钱福庭		〃	1938	〃	江苏公安专科学校外语教研室	副主任、讲师	南京江苏公安专科学校	
钱根奎		〃	1937	〃	七○一三厂		浙江湖州7013厂教育科	
凌德海		〃	1940	〃	国防科技大学	讲师	长沙国防科技大学303教研室	
夏树滋		〃	1935	〃	扬州工业专科学校	工程师	扬州工业专科学校工民建教研组	
徐振东		〃	1935	〃	苏北人民医院门诊部	党支部书记	扬州苏北人民医院	
徐鸿青		〃	1938	〃	泰州纺织厂设备科	副科长、工程师	泰州纺织厂	
梁尚志		〃	1939	〃	江苏省扬州中学	教师	江苏省扬州中学	
曹　真		女	1940	〃	南京工人医院	主治医师、讲师	南京工人医院	
曹世宏		男	1939	〃	江苏省中医院内科	副主任、党总部副书记、主治医师	南京江苏省中医院内科	
曹世祐		〃	1941	〃	煤炭科学研究院上海研究所	副所长、工程师	上海煤炭科学研究院上海研究所	
曹国云		女	1939	〃	南京体育学院医务科	医师	南京体育学院医务科	
曹新山		男		〃	江苏油田职工医院	主治医师	江都县邵伯镇江苏油田职工医院[illegible]	
黄彤岩		〃	1940	〃	扬州市卫生局	中医师	扬州市卫生局	
黄济全		〃	1939	〃	泰县教师进修学校	副教务主任	泰县教师进修学校	
黄嘉瑞		〃	1940	〃	兴化县人民医院	主治医师	兴化县人民医院外科	
储　霞		〃	1937	〃	泰县卫生职工中等专业学校	教师	泰县卫生职工中等专业学校	
傅　晶		〃	1938	〃	昭乌达盟林业科学研究所	所长、工程师	内蒙古赤峰市昭乌达盟林业科学研究所	
嵇光国		〃		〃	清华大学第二分校	讲师	北京永定门外清华大学第二分校机械系	
程艾华		女	1940	〃	江苏省地震局	工程师	南京中山门外卫岗3号	
顾肇齐		男	1939	〃	扬州制药厂技术科	科长、工程师	扬州制药厂	
缪秋惠		女	1939	〃	航天工业部二院二部	工程师	北京7203信箱14分箱	
蔡安田		男	1940	〃	长江流域规划办公室枢纽处	副总工程师、工程师	汉口长江流域规划办公室枢纽处	
滕永华		〃	1938	〃	核工业部九院十所	工程师	成都117信箱5号	
薛　倩		女	1942	〃	扬州光学仪器厂	助理工程师	扬州光学仪器厂	
薛宝康		男	1939	〃	邗江县槐泗中学	副教导主任	邗江县槐泗中学	

扬中校友通讯

第5期　1984.9　江苏省扬州中学校史编写组

本期要目
一、省立第八中学
二、李登悼略
三、回忆录选登
四、关于筹建扬中校友会的倡议书(增刊)

下期要目
一、省扬中简介之一
二、国庠桓悼略
三、史料献珍
四、校友中的十一位学部委员

江蘇省立第八中學

仪董学堂改名两淮中学堂之后二年，扬州府中学堂又创建于羊巷，辛亥后，两校合并为淮扬合一中学。1913年，改称江苏省立第八中学，校址仍在羊巷。1924年初迁入府署新址。

历任校长为谢迪铨(幕仪)、李登(叟生)、叶惟善(贻谷)、鲍贵藻(勤士)、居懋第(逸卿)。先后任教学主任或训育主任的有：顾诵芬、陈拟书、房志云、石金声、朱自清、胡菊潭、叶秀峰、胡焕庸、孙多项等。

初期，实行"壬子癸丑学制"，招收高小毕业生，四年毕业。1922年教育部公布"壬戌学制"前后，开始实行新学制，学生修业为初中三年，高中三年。旧制最后一届于1924年毕业。

办学的主要特色：(一)坚持聘请优秀教师。如礼聘徐谟、桂邦杰、王益崖、朱献之、胡子适、洪鼎九、姜伯度、陈广沅、周志宏、任讷、蔚起、姚尔玉、张煦侯、范耕研、姚棠、吴遐伯、朱铭谷等，还聘当时美汉中学校长韩帘明(美国人)教高年级英语会话。(二)教学上坚持较高要求。课程除规定科目外，文科组加授法文，理科组加授高等代数、数理化、外国史地均采用英文课本，教师多用英语讲课，作业也用英文。英文采用直接教学法，自三年级起，学生每周交英文作文一篇。国文、数学、英文三科中有两科不及格的留级，一科不及格的留科，留科仍不及格的留级。(三)注重学生的实验操作。物理实验室和化学实验室，每周有一个下午对学生开放，二、三人一组，每组有一套实验仪器，实验目的、过程、结果及遇到的困难，均须用英文写出报告。当时扬州无自来水，便用人工担水上水塔，以解决实验用水。(四)重视开展课余活动。体育除正课外，还鼓励学生参加田径、球类、国术等活动。八中足球队颇有名，每年都有外地学校来校比赛球类。扬州一年一度的四校(五师、八中、代商、美汉)运动会，八中是主力之一。学校有铜管乐队，庆祝联欢常上压台，集会游行颇为先导，戏剧活动也很活跃，逢节日还会引来很多市民观众。办刊物、搞画展、练讲演、等等，学生有广阔的驰骋天地。还有服务生制度，指导学生课余参加抄写、绘图、管理图书仪器等工作，给予适当报酬。(五)努力进行教育改革。为了使更多学生能受教育，1918年将单轨制改为双轨制。从二年级起分组授课，甲组偏重文科，乙组偏重理科，以利发挥学生所长，早出人才，多出人才。这种分组制，当时在江苏各中等学校中是一种最新尝试。又曾试行能力编级法，按学生实际程度分别编入适当班级进行教学。(六)重视爱国教育和民主熏陶。李更生校长曾在走廊醒目处树立石碑，大书"汝忘五月九日六时乎"，告诫学生不忘袁世凯签订二十一条的国耻。"五四"运动中，八中联合扬州其他学校通电北京政府，抗议镇压学生运动，声援北京学生的爱国行动。校长赞助全校师生参加"五四"运动，反封建，反侵略，组织救国十人团，在街头化装演说。扬州学生联合会的会址设在八中，担任总干事的是八中学生孔庆洙。"五卅"运动后，恽代英同志曾在八中饭厅演说，宣传革命道理，宣传马列主义。恽代英同志还介绍八中学生曹起溍参加中国共产党，不久，即建立了中共扬州八中支部，由曹起溍担任第一任支部书记。可以这样说，八中的爱国教育和民主熏陶，促成了扬州第一个党支部的诞生。

八中立校十四年，旧制毕业十届，新制初中毕业四届，高中毕业二届，于1927年夏与五师合并为江苏省立扬州中学。

△兴建教学实验大楼。

筹建中的大楼高四层，建筑面积为3600米²，投资达60万元，即将破土动工，预计85年底落成。楼址选在目前树人堂前，这是根据学校建设总体规划确定的，而规划的拟定，在扬的部分从事建筑设计的校友贡献很多。

△修缮树人堂。

树人堂在今年暑假中已修饰一新，立面米黄色，配以素红门窗，座落在绿树丛中，益显得庄严典雅。

△毕业班情况。

今年高中毕业六个班，毕业生292人，高考达到大专录取分数线的占总人数的98%，达到本科线的为72%，录取全国重点院校本科的在50%以上，市招班(来自市属各县、市)的毕业生100%超过本科分数线。初中毕业333人，已有330人进入高中，另三人系运动员，正在安排中。

△改革试点。

根据省教育厅《普通教育改革试点纲要》的精神，我校被确定为大改试点学校，目前已拟出改革方案(初稿)交教职工讨论，并将在不断认清改革形势，不断明确改革指导思想的基础上，修改完善，逐步实施。

△开设电脑课。

本校是江苏省中小学电脑教学试点之一。现有苹果Ⅱ型机一台，单板机二台，专职教员一人。上学期已参加学习的学生共42人，本学期将为高二学生的选修科。计划在今明两年中增加单板机20台，高档机二台，辟为高中一年级、初中一年级的必修科。学校正千方百计筹措资金购买微机，并在师资、教材、机房等方面作积极准备。

人物志

李荃事略

李荃字亘孙，淮阴人，曾江行遇险得救，更名更生。生于1883年，1902年入淮阴江北高等学堂肄业，后赴皖，任高等小学主事，1908年回乡，任江北师范附小主事。辛亥后，任淮阴教育科长、省议会议员。1913年秋，兼任省立第六师范学监，为以身作则，自订“更生八不戒”，传诵一时。

1917年秋，受任江苏省立第八中学校长。私室悬一横匾，大书“竖起脊梁担事”。订一小本子，取名“更生思潮”，凡想到应兴应革的事项，都一一记上。早作夜思，计定则行。对学生很重视爱国教育和科学民主熏陶。他在办公室右侧走廊上立一块石碑，上刻“汝忘五月九日六时乎？”以此告诫学生不要忘记袁世凯签订二十一条的“五九”国耻。为了反对日本帝国主义侵略，抵制日货，和学生同台演出进步话剧，支持学生参加各项爱国活动。“五四”运动时期，积极宣传新文化，提倡白话文，推广注音字母，鼓吹科学和民主。那时八中的学生，可谓无人不在脑子里充满德谟克拉西的观念。为造就更多有用人才，尤着意于教学改革。从1918年起，将八中单轨制改为双轨制。又自二年级起分组授课，甲组偏重文科，乙组偏重理科，以利学生发展所长。还试行能力编级法，凡各级国文、英文，先将学生程度进行测验，然后按实际水平分别编入适当的班级进行教学。他曾聘请朱自清教国文，并担任教务主任。又曾恳请徐谟来校教授英文，竟至下跪，不应不起，传为美谈。主持八中五年，使一个原属后进的学校，一跃而为全省最优秀的学校之一。为了争取旧府署为新校址，与扬州驻军多所冲突，奔波数年，积劳成疾，几殚心力，未及迁校，适遭夫人之丧，遂于1922年夏辞职归去。

回淮阴后，任六师附小主事。1926年，担任素称难治的江苏省立第九中学校长，收到各方荐书四百余封，他一封不复，而把自己平时物色到的人才，一一聘来。未一年，学校大治。淮阴当时除九中外，只有一所私立成志中学，由于经费支绌，办理不力，濒于关闭。在社会人士请求下，他毅然兼理成志，不唯自己不领薪俸，还将续弦时亲友所赠贺仪近千元，以及部分财产献作建校基金，使成志初中走上了健全发展的道路。

1926年秋到1927年春，在北伐军取得节节胜利的时候，他一面积极筹划办好学校，一面积极准备迎接北伐军。但不意在四月五日遇刺，不幸逝世，终年四十六岁。《中华民国史资料丛稿·人物传记·李更生传》称他是“民国前期一位热心中小学教育的实干家”。

省扬中校歌

游子篇

有所思

绿杨城郭梦萦牵
辜负良师亦赧然
同学少年争奋进
腾骧四化着先鞭

戚静霞（1936年校友）

当年联袂进扬中　忍看童心未发蒙
难诵弦歌整四载　融融泽似坐春风

淮扬一别卅余年　游子思乡情意绵
盛代桑榆休惜晚　宜将余热报春春

詹永卿（1949年校友）
姚　青（1937年校友）

喜获母校　喜接通讯

乡情每忆扬州月，卅年桑梓无消息，忽报锦书来，欣然快披开。

一篇同学讯，勾起怀乡病，遥念树人堂，满园桃李芳。

吴　湘（1936年校友）

校誉　校风　学风

我就读省扬中时期，扬中的毕业生在全国著名大学入学考试中的录取率很高。社会上有“南扬中，北南开（中学）”之称，甚至被誉为“全国第一中学”。江南某些中学曾急起直追，进步很快，但仍认为比扬中稍有逊色。不少江南学生负笈来扬求学，如我班的胡珂、郭志佩、章国谷（女）、安颖珩（女）等同学。

同学们大都以投考著名大学为目标，如交通大学、清华大学、浙江大学、中央大学等，宁可晚读，也不肯入差的私立大学，因之考试竞争能力很强。1935年仅我班考取交通大学的就有27人，占交大当年招生数（150人）的18%。（是年，交通大学全校学生600人，其中60人来自扬州中学）此外，当时人尉味腈广设“清寒奖学基金”，每年全国公开招考，录取优秀学生十名，给予奖学金。那一年我们扬中有五名同学被录取，占了一半。现五人均健在：胡声求（美国）、曹鹤春、李鸣岐、孟汉、张会云。

扬中学习空气浓厚，刻苦勤学蔚然成风。同学以勤学为荣，荒怠为耻。入学考试成绩，虽有少数（二三人）成绩较差，但他们也能勉力学习毕业，考取满意的大学。

由于名师甚多，谆谆教导，循循善诱，因材施教，形成了严谨的学风。以数学课程为例，每堂课老师就讲，凡是理论证，即不仅要懂得“how”，而且要知道“why”。要求系统地学习，要求基本功扎实，解题熟练，所有定理均能自行导证。老师讲课思路清楚，讲解通畅，作图规矩，笔记扼要。从而同学们养成了严格的科学态度和自学的良好习惯。

课程设置则内容广泛，要求各方面均衡发展。史地、博物、绘画、音乐、手工、体育均设置。国文是文言文与白话文并重，古文涉及先秦、散文、诗、词、曲、赋等各种体裁。因而投考大学文科时也能胜任愉快，不只以投考理工科为满足。同学知识面宽，出校后能研究学术领域很广。

张会云（1935年校友）

峥嵘岁月

回忆录选登

热烈响应　殷切企盼

通过省、市广播电台，从母校树人堂，传出了五四届校友四十八人关于成立扬州中学校友会的倡议。喜讯飞来，我们连夜聚首商讨，决定热烈响应倡议。为迅速联络本届校友，实现倡议书的宗旨，目前做好以下几件工作：

一、给母校写一封信，表达我们五一届校友的感情和心声。

二、建立在扬校友联络网，推选联络核心小组成员，规定每年定期集会一次。

三、给本届外地校友发信，告知母校筹建校友会和筹办校庆的喜讯。

四、今年内编印一九五一届毕业校友通讯录，同时做好推动筹建扬中校友会及扬州分会的工作。

我们正翘首盼望树人堂前各地校友云集的盛会的到来。

江苏省扬州中学一九五一届在扬校友

一九八四年八月二十四日

代邮

《扬中校友通讯录》系根据“校友登记表”有关栏目陆续编排的，现已出五期。望已收到登记表的校友从速填就寄校史组，以便继续编印。凡未收到登记表的历届校友（自仪董始，皆至1965年）可迳函扬中校史编写组，当即奉寄。并请相互转告。

片羽集

金陵通讯　在庆祝南京解放三十五周年之后，四九届在宁校友二十余人首次聚会于詹永珊同学家，尚有二、三人因公未能赴约。校友相聚，激情满怀，忆同窗，忆恩师，叙近况，互勉互祝，意切情深。席间詹永珊诵诗一首，会后收集了第一次赞助款，并摄影留念。

（南京四九届校友供稿）

母校五四届校友最近发出成立扬中校友会的倡议，这个头带得好，我表示热烈响应。这是多少年来各地校友的共同愿望，让我们大家携起手来，为早日成立扬中校友会而加倍努力。

1931年校友陈忠猷

许琛（1937年校友）：母校要建成德、智、体全面发展，教学手段现代化、环境优美的现代化中学，仍需艰苦奋斗，除国家投资外，依靠校友和其他外部力量的帮助，看来是必不可少的。因此，积极筹建校友会确实是当务之急。如能办《扬中校友》不定期刊物，作为探讨教改、交流学术、校友与母校经常联系之媒介，想来是有益的。

王永生（1949年校友）：我认为全国各地乃至海外的校友，都可以向母校提供素材，回顾在校学习时的体会，我们在不同岗位上、在不同工作所取得的点滴成就，都或多或少同中学的基础有关。工作中的表现，特别是工作作风，同十几岁在母校时受校风重陶关系很大。我们当年学得好坏，固然有个人的努力和刻苦学习的问题，但很大程度上取决于母校的设备条件，而更重要的是母校长期来所形成的踏踏实实的学风，潜移默化地影响着我们。从年轻时养成了的这些，几十年来一直很自然地表现出来。我认为大家谈谈这些切身的、终身受用的体会，对母校也许有所裨益。

杨沛生（1956年校友）：根据我卅多年来学校生活和工作实践的切身体会，中学阶段是很重要的。中学时各门功课学好了，对以后继续深造有很大影响。这就好比建造高楼，基础打得越深越牢，楼房可以建得越高。

邮世杨（1940年校友）：过去老师和家长有这样的误解，认为数理化学得好的学生当考理工科，数理化稍差的，可以选読、考考文科，其严重后果是造成学习社会经济学科的人才大为减色，殊不知学习社会经济学科并不比学习自然科学少用多少数理化。希望母校今后要积极选送数理化学得好的学生到高等院校学社会经济学科，为培养大批优秀的经济管理人才出力。

张允然校友：我衷心希望扬中的老师同学，通过编写校史，总结过去经验，进一步发扬好传统，创建新校风，站在当前的改革创新、开拓前进、坚持四个方向，更上一层楼。为加强智力开发，把学校办得更好，为振兴中华、建设四化，不断作出新的贡献。

短讯

△继续汇来或送来赞助款的校友名单：姚振芳、叶长今、孙平、马开俊、张士新、张一萍、丁勤裕、朱奇石、龚念苍、蒋振、陈安留、瞿重德、周恒清、王万钧、方莹、田草根、夏国华、张禹观、杨庆文、许仲英、李锡麒、倪肖冕、宋培仁、徐兰如、林甫、孙云舫、高九、王伟九、薛俊、李炳国、沈宝琦、范引年、吉上宾、蒋炳生、戚毅書、张想雨、代太生、沈日强、戴荣素、周世恩、楚青、黄季林、万长发、刘基建、王赋水、曹家信、皇甫玉珊、申佩卿、杨维琛、朱成功、严鹤东、周文迪、黄贵炳、田玉、朱冬、陈宗翰、王年一、孙懋怡、王尔恩、戎文林、黄鸿树、吴坚、吴权、吴伟良、方开瑞、江汝康、吴瑕、王福基、卢荣建、詹秉青、方超、唐先明、许英鹏、吴德福、李常淮、骆家缓、岳洲、马钟瑞、黄存正、陈为森、田桐、刘大立、陆凤山、高克明、甘文安、施伟钺、李舜英、汤焕和、雪岗、魏先和、李士良、汤瑞然、金懋敏、周光鼎、郭斌风、黄存留、李兆璟、李家钧、马扬生、施良前、曹焕文、张建侯、李兆瑰、杨文甫、邵德梅、马成永、王一平、汪鼎根、吴之侨、金维、陈应中、汪裕山、王金堂、曹立德、吴文斌、郭雨曹、朱怡然、王慰慈、吴嘉俊、王承志、杨非德、王鸿斌、刘秉清、郝其良、韦德华、胡人奇、顾懋娣、张平、张立英、朱兆麟、李钰、吴居吟、陈斌华、曹子和、王之镐、郭继森、姚文成、金家和、刘兴宇、吴家谟、戈绍业、洪霞、潘秉琦、朱永、秦松青、孙汉荣、张静如、沈士城、骆清琳、吴昆、秦安之、戴安仲、倪志根、黄时、黄振、吕世恩、王西琦，共159人，金额1445元。

△六月，旅美校友戴武康先生为江苏农学院和盐城校，并在母校里，回答了少年生的爱好者关于遗传工程方面的若干问题，引起了同学们极大的兴趣。

△前些日子我校老校友戴伯翔等学位的程先强校友，曾就十五母校对高二同学讲演，鼓励在校同学努力攀登科学高峰。

△根据本届校友提供的线索，我们在上海图书馆找到了《扬中校刊》七期，到目前为止，共见到廿期（30-34、39、42、43、47-51、58-60、67、77、95、102）。

扬中校友通讯

增　　刊

1984.8　　江苏省扬州中学校史编写组

扬州消息　八月十九日，五四届校友四十八人回母校欢聚，庆祝毕业三十周年。其中十四人是专程从南京、无锡、宿迁、泰州等地赶来的。当年的老校长、老教师和学校现任领导等近三十位同志应邀参加了聚会。

倡议建立扬中校友会，是这次活动的重要内容。到会校友一致赞同。

活动始终充满热烈气氛。叙谈、赋诗、举杯、留影，个个兴致盎然，八十二岁的黄应韶老校长谈锋尤健。大家共勉为振兴中华作出更大贡献。

二十日，顾有庆、陈忠猷二位老师设晨宴招待五四届校友，三十二人参加。以后，校友们分头看望了未能参加聚会的邱子进、黄久征二位老师，以及顾有庆老师的夫人，慰问了已故黄泰、孙龙父二位老师的家属。

省电台、市电台、市电视台、市报都报导了十九日的活动。

※　　※　　※

我非常赞成五四届校友同志们的倡议，积极筹建"扬州中学校友会"。有了这个组织，我们便可以更好地团结扬中新老校友，发扬扬中的"正直向上，热于求知"的精神，迎接当前的新技术革命，为促进祖国的社会主义现代化建设，贡献出我们的才智。

黄应韶

※　　※　　※

关于成立扬州中学校友会的

倡　议　书

一九五四届毕业同学四十八人，恭请部分师长，今天在母校欢聚，热烈庆祝毕业三十周年。值此难逢的盛会，我们谨向祖国各地的和旅居海外的广大校友，致以亲切的、诚挚的问候！

母校从她最早的前身仪董学堂成立起，迄今已有八十二年的历史了。她素以高超的教育质量和优良的校风、学风享誉遐迩，她的校友遍布全国，远及海外，正在为祖国的社会主义建设、为民族的兴旺发达、和为人类的进步事业作出切切实实的贡献，其中不少人获得了重大成就。广大校友深深思念母校、永远感激母校。我们的母校也热忱地关注着各方的校友，树人堂殷切地翘首迎候校友们返校访叙。

振兴中华的共同伟业，要求我们校友之间加强联系。为了互通声气，联络感情，为了发扬母校的优良传统，为了推动科技文化的交流，并对母校和本地建设起到应有和可能的促进作用，我们倡议：积极筹备，做好工作，尽早成立扬州中学校友会。

关于具体步骤，我们建议：首先尽快联络在扬各届同学，建立扬州分会，随后在校友比较集中的地方，如南京、上海、北京、武汉等，加强联络，分别成立分会或筹备小组。在此基础上召开各地分会（包括台湾扬中校友分会）或筹备小组代表会，成立扬州中学校友会。

江苏省扬州中学一九五四届毕业校友　黄叔怀、计裕重、陈武、丁让、穆中权、刘晶、汪廷祜、王世华、黄月舟等四十八人　　一九八四年八月十九日于母校

师长为五四届校友欢聚感赋

倏忽峥嵘三十秋
而今欢聚古扬州
巍巍黉宇呈新貌
济济英才砥上流
星友鹏志霄汉起
毕颖徐热沸心头
欣看祖国中兴日
携手长歌驰壮游

王建白

蔺友聚扬州，人物风流。追求真谛结同侪，奋进校风腾海内，一字楼头。

壮志幸而伉，中斗上游，东西南北共当留。两岸同根同荟诣，携手登舟。

章心如

回忆当年众良师
春风桃李自成蹊
园丁浇灌苗争友
学子辛勤木更奇

旷念千秋功定日
欣抚四化业成时
中华崛起吾侪责
催与扬鞭尚未迟

许　勇

师道尊严如坚铁
欣看桃李竞千秋
三十正值风华茂
五四常为仰印浮
四化宏猷当不让
十年动乱亦何忧
英雄用武时空有
不立功名誓不休

李剑青

五四群英会
维扬盛事传
明时酬壮志
圣代武华颜
滚滚前推浪
昂昂后起贤
树人堂老友
如日正中天

郁念纯

三十春秋浪滚滚
江淮文采饰九州
春看今朝妹当郁
树人堂前流泽长
最昔园林看颂如
桃李满园今成材
天南地北群英会
明月二分同增辉

尹烈钧

绿杨东畔新歌咏
四秩相时故人多

赵博广　张建熙

树人堂畔海高衣
卅载浓光一瞬中
旧友重逢心益壮
新妹欢聚共光芳

共念门墙彼此同
今日叙怀齐痛饮
预期四化奏齐功

顾有庆

何期旧地重相聚
弹指鸿泥三十年
堪喜故人犹矍健
喜逢多士尽英贤
下遍别缅爷生脸
喜值新秋乐比肩
四化征途知捷足
探骊集中话作先

张德熙

活动花絮

△外地专程赴会的陈日濂、耿川勇和刘玉华，把他们上高中的女儿也带来参加了部分活动。陈日濂说："我要让孩子看看爸爸当年读书的母校，让她也接受一次热爱母校、尊敬师长的教育"。　△黄叔怀出差昆明，十九日晨六时，才往回赶到上海站，情急生智，设法求使又挤上西来列车。上车后，他出示聚会通知，博得列车人员充分谅解，未予罚款。下午三时许，终于赶到会场。　△校友们敬献母校的礼物是一只大电钟，活动筹备者之一丁让解释说："我们送这只钟的意思是和在校的同学共勉，为'四化'要永远珍惜时间。"　△座谈会上，刘力漆饶有个性地回忆起中学生活，并自荐高歌当年在校学会的《光明颂》和《贝加尔湖之歌》，到会者无不为之动容，座谈进入新的高潮。　△镇江的胡湘生十七日接到通知，八日夜乘三点半钟的轮班轮渡过江，然后骑自行车来扬。活动后，又骑车赶末班轮渡返镇。　△活动快结束时，同学们依依惜别，约定一九八七年母校八十五周年校庆时重返母校；并议定，象这样的活动每五年举行一次，下次将在一九八九年暑假期间举行。最后，还推举了参加筹备校友分会的人选。

江苏省扬州中学校友通讯录（第五辑） 学生部分

姓名	在校用名	性别	出生年份	离校年份	现在（或曾在）工作单位	现任（或曾任）职务职称	通讯处	备注
蒋葆增		男	1907	1924	杭州电子工业学院	名誉院长、教授	杭州电子工业学院	
孙懋禄		〃	1906	1927	四川省财政厅		江都有线电厂 孙建庆转	退职
李兆槐		〃	1908	1928	安徽省公路管理局	副总工程师、高级工程师、技术顾问组副组长	合肥大东门省公路管理局技术顾问室	
张运帷	张学彬	〃	73岁	1929	建湖县农机修造厂	厂长	建湖县农机修造厂	离休
顾锦如	顾濬	〃	1909	〃	贵州省惠水民族中学	教师	贵州省惠水县惠水民族中学	退休
虞光庭		〃	1909	1931	北京中国人民银行海淀区办事处	储蓄员	扬州旧城仓巷20号	退休
王昌宇	王昌余	〃	1910	1932	上饶地委党校	副书记	上饶豆芽巷56－14号老干公寓	离休
祁文威		〃	1909	〃	上海市淞兴路第一小学	教导主任	上海大连西路195弄0号103室	退休
吴又玄	吴玄	〃	1909	〃	上海市晋商中学	教师	上海南市区小西门少年路24弄33号	退休
陈润琴		〃	1908	〃	阜宁县永兴中学	教师	建湖镇红旗居委会胜利路23－3号	离休
陈康祥		〃	1911	〃	镇江市第二中学		扬州三元路27号309室	退休
杨凤太		〃	1916	〃	扬州卫生学校	校长	扬州医学专科学校	离休
宋廷栋		〃	1914	1933	上海防痨协会	副总干事	苏州新市路南园新村17/2 305室	退休
刘星	刘献忠	〃	1915	1934	四川省人民政府、省顾问委员会	副省长、常委	成都童子街29号院4幢2门5号	
朱松年		〃	1913	〃	长江流域规划办公室	工程师	武汉长江流域规划办公室施工处	退休
方遵仁		〃	1911	〃	江苏省兴化中学	教师	兴化南大街15号	退休
李文龙		〃	1916	〃	扬州晶体管厂财务科	科长	扬州大东门街92－1号	退休
张化远	张秉栋	〃	1914	〃	中共南京市委党校	顾问	南京汉府街3号	离休
严德业		〃	1917	〃	南京市建工局	总工程师	南京新街口明华新村16号	
曹起龙		〃	1921	〃	上海市财政局	会计师	上海杨浦区双阳路控江五村116号102室	
刘刚	刘毓琳	〃	1917	1935	上海教育学院 教务处 教育科学研究室	处长、主任	上海复兴中路553弄16号	
顾钎堃		〃		〃	邮电部第三工程公司施工科	科长、工程师	汉口解放大道246号邮电部第三工程公司	
鲍正生		〃	1915	〃	中国建筑西南设计院	高级工程师	成都金华街168号中国建筑西南设计院	
王鸣岐	王元凤	〃	1917	1936	海安县胡集中学	教师	海安县副糖厂 王学济转	离休
吴瀾		〃	1920	〃	郑州铁路局	高级工程师	郑州郑州铁路局总工程师室	
陈金甄		〃	1919	〃	成都市规划设计院市政工程设计处	主任工程师、高级工程师	成都人民中路市规划设计院市政工程设计处	
戴秉诚	戴炳城	〃	1914	〃	江苏省政治学校	副校长	泰兴公园路4号	离休
王章锦		〃	1918	1937	上海九江路邮局		上海九江路邮局 王承林	退休
李彦镒		〃	66岁	〃	丹徒县人民政府税务局秘书股	股长	镇江中山路324号	退休
陈玉龙		〃	1921	〃	北京大学东方语言文学系	副教授	北京大学中关园40公寓202室	[illegible]
吴澜		〃	1920	〃	江西省建筑工程学校	高级工程师	南昌市政府大院49栋110室	
吴继中	吴继东	〃	1921	〃	江苏省电力设计院	院长、高级工程师	南京江苏省电力设计院	
商名麒		〃		〃	上海市第六人民医院	副院长	上海复兴中路1219弄9号	
陆华兆		〃	1923	〃	上海有线电厂	总工程师、高级工程师	上海齐齐哈尔路76号	
赵炳森		〃	1918	〃	铁道部机务局	高级工程师	北京铁道部机务局	
赵鸿尧		〃	1923	〃	南京航空学院 教务部 科研处	副部长、处长、教授	南京御道街30号9－301室	
李曾运	李仲元	〃	1915	〃	上海同济中学	教导主任	上海同济大安路12号	
钱应骐		〃	1922	〃	哈尔滨铁路局齐齐哈尔勘测设计所	总工程师、高级工程师	齐齐哈尔铁路局南局宅建设路41号	
黄鸣夏		〃	1917	〃	宁夏轻工业设计研究所	所长、高级工程师	银川新华巷58－5号	
谢寿恩		〃		〃	长期从事教育工作	教师	海安县胡集乡为群村10队	离休
张兆林		〃	1919	1939	无锡市[illegible]	所长、总工程师、高级工程师	无锡河埒口太湖新村14/203	
李志敏		〃	1922	1940	六九〇〇厂	技术顾问、高级工程师	南京907信箱	
邹世扬		〃	1922	〃	中国人民建设银行山西省分行	副行长、会计师	北京三里河中国人民建设银行投资研究所（邹世润）	
王国城		〃	1925	1941	冶金工业部江苏省备制造管理处	工程师	南京中山东路56号10楼冶金部江苏设备制造管理处	

姓名	在校用名	性别	出生年份	离校年份	现在(或曾在)工作单位	现任(或曾任)职务职称	通讯处	备注
吴谡		女	1926	1941	安徽省化工技术情报中心站	副站长、工程师	合肥阜阳北路省化工研究所	
冷大章		男	1921	〃	上海造船厂	厂长、高级工程师	上海祥德东路700弄19号403室	
苏学俭		〃	1924	〃	上海市对外经济贸易委员会外贸管理处	副处长	上海中山东一路33号上海市对外经济贸易委员会外贸管理处	
梁更英		女	1921	〃	南京邮电学院	教师	南京邮电学院10幢201室	退休
陈兆英		〃	1913	1943	上海中医学院中医文献研究所现代文献研究室	主治医生	上海陆家浜路929弄27号	
周维屏		男	1925	〃	浦镇车辆工厂	高级工程师	南京浦镇车辆工厂总工程师室	
朱懋伟		〃	1928	1946	扬州市城市规划办公室	主任、工程师	扬州邵甲桥5号	
何叔畬		〃	1928	〃	南京化工学院	讲师	南京化工学院化机系化工自动化组	
夏青	夏毓頔	〃	1927	〃	山东工业大学党委宣传部	副部长	济南山东工业大学党委宣传部	
濡名高		〃	1926	〃	水电部交通部南京水利科学研究院	副院长、工程师	南京广州路223号	
刘棠		〃	1926	1947	浙江工学院机械设计教研室	主任、副教授	杭州浙江工学院机械设计教研室	
顾毓华		女	1930	〃	南京军区总医院	主治军医	南京军区总医院检验科	
童荣郁		〃	1928	〃	中共上海市对外经贸党委		上海华山路1006弄2号	
华懋驹		男	1930	1948	徐州市地震办公室	工程师	徐州解放路335号徐州市地震办公室	
张培立		〃	1932	〃	太原化肥厂	主任工程师	太原化肥厂	
金稚	金留章	〃	1928	〃	扬州师范学院外语系	党总支书记、讲师	扬州师范学院外语系	
杨慧民		〃	1928	〃	淮阴市水利局	工程师	淮阴市水利局	
鲍鹏	鲍详明	〃		〃	上海交通大学分校		上海交通大学分校管理系	
戴成康		〃	1934	〃	Manitoba	教授	University of Manitoba, Winnipeg. Manitoba R3T 2T3. Canada	
万长懋		〃	1934	1949	北京煤炭管理干部学院	教研室副主任、副教授	北京朝阳区定福庄北京煤炭管理干部学院一系	
王榴泉		〃	1931	〃	地质矿产部地质博物馆	副研究员	北京西四地质矿产部地质博物馆	
朱同		〃	1932	〃	山西省工艺美术研究所/工业公司	所长/副经理 工艺美术师	太原迎泽大街54号山西省工艺美术研究所	中国工艺美术学会理事
朱连	朱莲	〃	1932	〃	中国科学院地球物理研究所	工程师	北京928信箱	
孙懋怡		〃	1929	〃	中国科学院原子能研究所同位素研究部	副主任、副研究员	北京275信箱	
张正荣		〃	1929	〃	南京工学院动力系热工教研室	主任、副教授	南京工学院动力系热工理论基础教研室	
陈一马		〃	1930	〃	黄石市城市勘测设计院	副院长、副总工程师、工程师	黄石市城市勘测设计院	
吴侠		〃	1929	〃	机械工业部科学技术司	副处长、高级工程师	北京机械工业部科学技术司	
余春和		〃	1931	〃	华东水利学院农水系	教研室副主任/实验室主任 讲师	南京西康路3号8-401	
汪静娴		女	1930	〃	扬州市第二中学	教师	扬州市第二中学	
邹学枞		男	1931	〃	株洲玻璃厂	统计师	株洲玻璃厂	
顾强		〃	1930	〃	中共扬州市委员会	副秘书长	扬州中共扬州市委员会	
黄屿树		女	1929	〃	国务院办公厅信访局	副处长	北京西皇城根南街45号	
戴友礼		男	1932	〃	扬州军分区	司令员	扬州军分区	
任彦		〃	1934	1950	上海市出版局业务处		上海绍兴路5号上海市出版局	
朱廷仁		〃	1931	〃	上海供电局纪委		上海供电局纪委	
炎娅		〃	1930	〃	徐州市水文分站	副站长、工程师	徐州湖北路2号徐州市水文分站	
陆艾五		〃	1933	〃	安徽农学院学报编辑室	编委、讲师	合肥安徽农学院学报编辑室	
邹荫甲		〃	1934	〃	吉林省医药总公司/医药工业公司	副总工程师/经理 副主任药师	长春吉林省医药医疗器械工业公司	
郎耀		〃	1934	〃	无锡市外事办公室无锡太湖饭店	办公室主任	无锡河埒口电影新村3号501室	
马铧		〃	1933	1951	新疆水利厅	办公室主任、工程师	乌鲁木齐新疆水利厅	
张治平	张叔麟	〃	1933	〃	华东电力设计院	工程师	上海北京东路华东电力设计院	
姚铭忠		〃	1937	〃	南京玻纤院研究所	党总支书记	南京玻纤院研究所	
徐圻		〃	1934	〃	山西省忻州地区原平农业学校	讲师	山西省原平县原平农业学校	
丁宝柱		〃	1935	1952	辽宁省水利电力厅水利史志办公室	负责人、工程师	沈阳辽宁省水利电力厅	
王坚	王桂芬	女	1934	〃	机械部勘察院第二分院	工程师	成都东风路5段10号	

姓名	在校用名	性别	出生年份	离校年份	现在(或曾在)工作单位	现任(或曾任)职务职称	通讯处	备注
王洪	王鸿恩	男	1935	1952	机械部勘察院第二分院	副院长、助理工程师	成都东风路5段5号	
王月芸		女	1934	〃	关中工具厂	计划员	陕西省凤翔县关中工具厂生产计划科	
王学仁		男	1937	〃	中国船舶工业总公司第七研究院第七〇四所	副所长 副总工程师 高级工程师	南京319信箱	
王彦琦		〃	1936	〃	关中工具厂	计划员	陕西省凤翔县关中工具厂工具车间	
尤兴华		〃	1933	〃	关中工具厂销售科	副科长	陕西省凤翔县关中工具厂销售科	
冲明华		〃	1935	〃	甘肃省歌舞团舞蹈队	队长、演员	兰州五里铺甘肃省歌舞团	
全秀良		〃	1932	〃	扬州市城乡建设局	工程师	扬州市城乡建设局	
朱紫阶		〃	1934	〃	江苏广播电视大学扬州市分校	图书馆负责人	扬州梅岭教工新村10楼107号	
张荣		女	1932	〃	国务院黄金局总公司华东公司镇江814队	会计师	镇江畔滨814队计财科	
张同箴		男	1932	〃	广东省重工业厅科技处	副处长、工程师	广州应元路5号	
张扬健		〃	1938	〃	扬州工业专科学校基础课科	党支部书记、讲师	扬州工业专科学校基础课科力学组	
张承惠		〃	1932	〃	宁夏水利科学研究所	工程师	银川新市区宁夏水利科学研究所	
张贤儒		〃	1937	〃	江南机器厂基建科	工程师	湘潭江南机器厂#34	
张顺泰		〃	1933	〃	山东农业大学	课程组负责人、讲师	泰安山东农业大学林学系	
张锦和		〃	1935	〃	桂林市机床工具公司供销经理部	经理	桂林中山南路206号	
陈士璐		女	1934	〃	桂林量具刃具厂	党支部书记、经济师	桂林量具刃具厂	
陈长玲		〃	1935	〃	四川省城乡规划设计研究院	工种负责人、工程师	成都四川省城乡规划设计研究院	
陈迺蓁		男	1933	〃	湖南省设备修造厂技术科	科长、党支部书记、助理工程师	长沙树木岭省设备修造厂	
吴乐庭		〃	1936	〃	南京炼油厂工程建设办公室	主任、工程师	南京栖霞山南京炼油厂工程建设办公室	
宋光埭	宋光第	〃	1937	〃	长沙曙光电子管厂	副总工程师、工程师	长沙301信箱总工程师办公室	
沈也民		〃	1934	〃	宁夏回族自治区水利厅	厅长、工程师	银川宁夏回族自治区水利厅	
汤志祥		女	1934	〃	浙江省水文总站	工程师	杭州浙江省水文总站	
邹荫富		男	1936	〃	成都电讯工程学院	工程师	成都电讯工程学院基建处	
杨淑婉		女	1935	〃	徐州市水利局	工程师	徐州市水利局	
杨荣春		男	1936	〃	山西省税务局	局长	太原迎泽大街省税务局	
赵中文		〃	1935	〃	徐州市第四建筑公司	副经理、工程师	徐州市第四建筑公司	
赵道宁		女	1937	〃	长沙曙光电子管厂	技术组长、实验室主任、工程师	长沙301信箱	
周泉	周永第	男	1933	〃	徐州市水利局	工程师	徐州市水利局水利规划设计室	
周恩宽		〃	1936	〃	机械工业部西南供销办事处	党委书记、主任	成都水碾河机械工业部西南供销办事处	
周道初		〃	1933	〃	江苏省冶金地质研究所	工程师	南京御道街58号	
杭承仁		〃	1936	〃	电子工业部计算机局	副处长、工程师	北京162信箱	
范迪恩		〃	1935	〃	化工部第二设计院	工程师	太原新建南路化工部第二设计院	
郁祖庚		〃	1936	〃	金陵石化公司	总工程师、高级工程师	南京金陵石化公司	
姜立海		〃	1934	〃	镇江市机电设备公司计划管理科 全营办	科长 主任 助理工程师	镇江市机电设备公司计划管理科	
谈松荫		〃	1936	〃	七七三厂	工程师	成都106信箱基建科	
徐皓宾		〃	1934	〃	机械工业部物资供应局	副局长、经济师	北京复兴门外12号机械工业部物资供应局	
夏执健		〃	1935	〃	哈尔滨量具刃具厂	副科长	哈尔滨量具刃具厂计划经营部	
黄祖彭		〃	1937	〃	江苏省地震局	助理研究员	南京卫岗江苏省地震局	
黄茂鑫		〃	1937	〃	湘潭市第二轻工业局	局长、工程师	湘潭雨湖路117号	
梅应雯		女	1932	〃	湖南省设备修造厂	助理工程师	长沙树木岭省设备修造厂	退休
詹懋鑫		〃	1935	〃	武昌造船厂	统计师	武汉武昌造船厂劳资科	
盛养杰		男	1936	〃	成都市建筑工程局经营科	科长、工程师	成都西御河沿街成都市建工局	
薛长生		〃	1933	〃	电子工业部4501厂	厂长、工程师	四川省青神县45信箱	
濮思润		〃	1934	〃	咸阳机器制造学校经营管理教研组	组长、讲师	咸阳文汇路咸阳机器制造学校	
王亚林		〃	1936	1953	江都县财政局政工股	股长	江都县财政局	

姓名	在校用名	性别	出生年份	离校年份	现在(或曾在)工作单位	现任(或曾任)职务职称	通讯处	备注
刘延庆		男	1935	1953	江苏省扬州汽车修造厂工程师室	副主任、工程师	扬州旌忠巷29号	
刘熙中		〃	1937	〃	航空工业部七厂新水源工程指挥部办公室	主任、工程师	西安140信箱79分箱	
吕永珍		女	1937	〃	河南省建筑设计研究院	工程师	郑州金水路河南省建筑设计研究院	
吕美成		男	1932	〃	湘潭市经济委员会	总工程师、高级工程师	湘潭市经济委员会	
李春林		〃	1933	〃	扬州市轻工业职工中等专业学校	教师、工程师	扬州引市街7号	
陈永金		〃	1936	〃	常州钢铁厂	计划调度	常州钢铁厂技术改造办公室	
吴　林	吴宝玉	女	1936	〃	扬州供电局干部科	干事	扬州供电局干部科	
严　慧		男	1935	〃	浙江大学土木系结构实验室	主任　副教授	杭州玉泉浙江大学土木系	
周宝庆		〃	1931	〃	仪征县机械冶金公司	经理	仪征县机械冶金公司	
林和珠		女	1939	〃	山东省莱阳卫生学校教务处	副主任、主治医师	山东省莱阳卫生学校教务处	
郁原宜		〃	1937	〃	扬州无线电元件三厂	职工教师	扬州粉粧巷25-1号	
胡　堂		〃	1937	〃	湖南冶金研究所	工程师	长沙黄土岭湖南冶金研究所	
洪希凤		〃	1939	〃	西安铁路分局医院	副院长、主治医师	西安第四军医大学第一附属医院44栋57号	
唐宇明	唐多福	男	1935	〃	扬州汽车修造厂	副厂长、工程师	扬州汽车修造厂	
徐毓庆		〃	1937	〃	扬州毛纺织厂	党总支书记	扬州毛纺织厂	
曹　流		〃	1935	〃	中国科学院南京古生物研究所	助理研究员	南京鸡鸣寺中国科学院南京古生物研究所	中国[illegible]学会常务理事
梁允宜		〃	1931	〃	南京玻璃纤维研究设计院	室主任、主任工程师、工程师	南京玻璃纤维研究设计院	
望政远		〃	1935	〃	开滦矿务局	党委副书记、工程师	唐山开滦矿务局党委办公室	
韦兆鹏		〃	1934	〃	安徽工学院	副院长、讲师	合肥安徽工学院	
廖敦宇		〃	1934	〃	南京第二制药厂	厂长、工程师	南京汉中门外南京第二制药厂	
戴炳炎		〃	1939	〃	三〇四研究所	副科长、工程师	北京1066信箱	
马　桦	马钧昱	〃	1935	1954	扬州医学专科学校解剖教研室	副主任、主治医师、讲师	扬州汶河路61—3号	
刘淑保		女	1936	〃	芜湖市第十一中学	教师	芜湖市第十一中学	
朱康英		〃	1935	〃	南京工学院土木系办公室	副主任、馆员	南京工学院土木工程系	
李祖庆		男	1934	〃	扬州市电大分校	教师	扬州江都北路27楼102室	
邵世文		女	1936	〃	北京市安德路中学		北京市安德路中学	
施叔成		男	1935	〃	扬州市职工大学电子科	负责人、工程师	扬州粉粧巷25-1号	
胡敦群		〃	1935	〃	泰安教育学院中文科	负责人、副教授	山东省新泰市楼德镇泰安教育学院	
贾高顺		〃	1937	〃	浙江工学院化机教研室	主任、讲师	杭州浙江工学院化机教研室	
崔　悉		〃	1932	〃	扬州供电局	副总工程师、工程师	扬州供电局总工程师室	
葛万如		〃	1934	〃	江都县卫生进修学校	校长、主管医师	江都县卫生进修学校	
管永驹		〃	1936	〃	南昌柴油机厂	副总工程师、高级工程师	南昌柴油机厂总师室	
王昌义		〃	1936	1955	中国驻喀布尔大使馆	大使	北京外交部信使队转中国驻喀布尔大使馆	
田能勤		女	1933	〃	扬州市职工大学	工程师	扬州市职工大学	
张文峰		〃	1937	〃	高能物理研究所	助理研究员	北京高能物理研究所	
张永恒		男	1938	〃	南京市科协科普工作部	部长	南京市科协科普工作部	
李丛龙		〃	1940	〃	淮阴市清河区委宣传部宣传科	科长	淮阴市清河区委宣传部	
汪勇英		女	1936	〃	扬州宝城无线电厂档案科	科长、工程师	扬州宝城无线电厂档案科	
杨　震		男	1937	〃	七二三研究所	工程师	扬州704信箱	
杨庆琦		〃	1934	〃	航天工业部五〇四所	工程师	北京9200信箱74分箱11号	
郑国泉		〃	1934	〃	外交部信使队	副处长	北京外交部信使队	
唐　毅		〃	1937	〃	上海科技大学计算机系	副主任、讲师	上海科技大学计算机系	
程玉凤		〃	1937	〃	上海第二医学院卫生学教研室	讲师	上海愉德路45弄21号13楼3室	
景何前	景祥叔	〃	1936	〃	扬州市工人新村小学	教师	扬州工人新村72号	
曹锦琭		女	1936	〃	浙江大学	讲师	杭州浙江大学物理系	

姓名	在校用名	性别	出生年份	离校年份	现在(或曾在)工作单位	现任(或曾任)职务职称	通讯处	备注
臧珠龄		女	1935	1955	苏北人民医院放射线科	主治医师、讲师	扬州汶河路61-3号	
丁智芳		〃	1938	1956	江都县人民医院病理科	负责人、主治医师	江都县人民医院病理科	
王复兴		男	1938	〃	芜湖供电局设计室	主任、工程师	芜湖供电局	
王恒喜		〃	1937	〃	中国人民建设银行高邮县支行	助理工程师	高邮中国人民建设银行高邮县支行	
韦心证		〃	1936	〃	南京五一一厂	工程师	南京202信箱机动科	
田良		〃	1938	〃	南京工学院42教研组	主任、副教授	南京工学院四系42教研组	
房以武		〃	1938	〃	扬州齿轮厂	技术员	扬州齿轮厂	
刘昌其		〃	1938	〃	电子工业部十五研究所	专业组长、工程师	北京619信箱31分箱	
叶毓娟		女	1938	〃	武汉钢铁公司职工大学外语系办公室	主任、助教	武汉钢铁公司职工大学外语系	
冯咨周		男	1936	〃	芜湖市第一中学教导处	副主任	芜湖市第一中学	
朱斌	朱孝忠	〃	1937	〃	重庆大学党委宣传部 共产主义思想品德课教研组	副部长 副主任 讲师	重庆大学党委宣传部	
朱孝恩		〃	1937	〃	扬州冶金机械厂	工程师	扬州冶金机械厂总师室	
毕家骎		女	1938	〃	邗江农业技术干部学校	助理农艺师	扬州江都北路27楼102室	
江泽慧		〃	1938	〃	安徽农学院林学系	党总支副书记、教工党支部书记	合肥安徽农学院林学系	
孙树王		〃	1938	〃	某军某队	副参谋长	南京248信箱 张村生转	
张元林		男	1937	〃	南京工学院数力系数学教研组	副主任 党支部副书记 讲师	南京工学院数力系数学教研组	
张村生		〃	1938	〃	五三一一厂	副厂长、工程师	南京248信箱	
陈日祥		〃	1939	〃	机械部上海工业锅炉研究所	副所长、工程师	上海鲁班路789号上海工业锅炉研究所	
陈利恒		〃	1935	〃	青海省机械工业厅	副厅长、工程师	西宁青海省机械工业厅	
陈春华		女	1934	〃	苏北人民医院	主治医师	扬州苏北人民医院同位素室	
陈琦源		男	1936	〃	邗江县蒋王中学	教师、工会副主席	扬州甘泉路古巷7号	
吴古泉		〃	1939	〃	黑龙江省杜尔伯特蒙古族自治县农机修造厂	助理工程师	高邮县车逻乡湾桥村五组（因工伤长期休养）	
余志权		〃	1937	〃	哈尔滨铁路局配件站	副站长、工程师	哈尔滨友谊路113号哈尔滨铁路局配件站	
郑云巽		〃	1935	〃	机械工业部通用基础件工业局二处	工程师	北京三里河机械工业部通用基础件工业局	
周光宏		〃	1937	〃	江都县人民检察院法纪科	副科长	江都县人民检察院	
郭宝炳		〃	1936	〃	江都县丁沟中学教导处	主任	江都县丁沟中学	
郭瑞昌		〃	1935	〃	北京邮电学院管理工程系	党支部 教研室副主任 讲师	北京邮电学院家属区南五楼一单元513号	
惠光永		〃	1936	〃	沈阳铝镁设计研究院	专业组长、主任工程师	沈阳铝镁设计研究院	
马祥拿		〃		1957	上海市建筑施工技术研究所	专业组长、工程师	上海市建筑施工技术研究所	
王郁平		〃	1940	〃	中国科学院化学研究所一室一组	助理研究员	北京2709信箱	
孙杨	孙广祺	〃	1939	〃	陕西省环境保护监测中心站办公室	副主任、助理工程师	西安长安北路25号	
朱松义		〃	1937	〃	中国科学院电工研究所	助理研究员	北京中国科学院电工研究所	
张毓华		女	1937	〃	中国科学院自动化研究所	助理研究员	北京2728信箱	
李百先		男	1940	〃	扬州市城乡建设局	副局长、工程师	扬州市城乡建设局	
吴宗芳		女	1936	〃	北京西直门粮库	工程师	北京西直门粮库	
杨泳梅		〃	1938	〃	扬州宝城无线电厂四车间	党支部副书记	扬州宝城无线电	
周九想		男	1939	〃	中国科学院上海生物化学研究所	助理研究员	上海岳阳路[illegible]号中国科学院上海生物化学研究所	
刘娇华		女	1939	〃	中国科学院海洋研究所	助理研究员	[illegible]	
吴文庆		男	1937	〃	七二一研究所	工程师	扬州[illegible]	
徐志刚		〃	1937	〃	芜湖市微型电机厂	副总工程师、工程师	芜湖市微型电机厂	
丁杰人		〃	1936	1958	桂光警备厂[illegible]	助理工程师	桂林[illegible]	
王正芬		女		〃	江苏省农科院[illegible]研究所	助理研究员	南京[illegible]	
王明生		男	1938	〃	中共江苏省委[illegible]办公室	副主任	南京[illegible]办公室	
王镒文		〃	1938	〃	水电部南京水利科学研究院	工程师	南京[illegible]号	
刘玉娟		女	1939	〃	扬州市人民医院	[illegible]	扬州市人民医院[illegible]	

姓名	在校间	校名	性别	出生年份	离校年份	现在(或曾在)工作单位	现任(或曾任)职务职称	通讯处	备注
刘鸿骥			男	1939	1958	海安县曲塘中学	教师	海安县曲塘中学	
许志芬			女	1938	〃	南通市农业局植保站	副站长、农艺师	南通姚港路25号南通市农业局植保站	
罗崇贤			男	1940	〃	南京水利科学院	工程师	南京洪武路88号	
姚金宏			〃	1938	〃	扬州宝城无线电厂六车间	主任	扬州宝城无线电厂六车间	
黄万光			〃	1941	〃	高邮县中学数学教研组	组长	高邮县中学	
谢长锦			〃	1935	〃	七二三研究所	工程师	扬州204信箱4分箱	
韩志贤			〃	1938	〃	机械部天津电气传动设计研究所	课题负责人、工程师	天津河东区二号桥天津电气传动设计研究所	
丁长乐			〃	1940	1959	扬州无线电总厂情报档案科	科长、工程师	扬州无线电总厂情报档案科	
丁学余			〃	1939	〃	七二三研究所	工程师	扬州七二三研究所	
卜瀛洋			〃	1938	〃	上海市飞虹中学		上海市飞虹中学	
马开俊			〃	1940	〃	扬州市房产公司广陵房管所	所长	扬州漆货巷9-1号	
万寿春			〃	1939	〃	泰州市电子研究所	工程师	泰州市电子研究所	
王郁			女	1940	〃	扬州制药厂四车间	主任	扬州制药厂四车间	
王子惠			男	1937	〃	江苏省汽车运输公司扬州分公司机务科	副科长、工程师	扬州江苏省汽车运输公司扬州分公司机务科	
王凤琴			女	1940	〃	江苏油田设计处	工程师	江都县邵伯镇江苏油田邵伯设计处	
王汉华			男	1940	〃	扬州市文化局		扬州市文化局	
王志英			女	1939	〃	西安七八六厂	工程师	西安45信箱50分箱	
王茂安			男	1938	〃	扬州市市级机关党委会	副科长	扬州南门外大巷口河边12号	
王林芝			〃	1938	〃	南京市燃料公司	副科长、工程师	南京新街口中山南路2号南京市燃料公司	
王育鸿			〃	1938	〃	南京工人医院	主治医师、讲师	南京工人医院眼科	
王霜华			女	1940	〃	新中华机器厂	工程师	上海7030信箱	
方开骏			男	1941	〃	扬州印染厂	副厂长、工程师	扬州印染厂	
田明元			〃	1941	〃	常州市环境保护局	业务组负责人、工程师	常州市环境保护局	
石熙丽			女	1940	〃	南京市民政工业公司	副经理	南京珠江路205号南京市民政工业公司	
刘光涛			男	1942	〃	中央民族学院	讲师	北京中央民族学院数理系	
刘建云			女	1939	〃	扬州市农业局科教科	科长、农艺师	扬州市农业局	
叶森敏			男	1942	〃	靖江县中学	教师	靖江县中学	
伏宗茂			〃	1938	〃	中国矿业学院机械系热处理教研室	党支部副书记、副主任、讲师	徐州中国矿业学院机械系	
朱涛			〃	1938	〃	江苏省水利专科学校	教师	扬州水利学校	
朱兴义			〃	1938	〃	南京市标准计量局	工程师	南京鸡鸣寺市政府大院17号楼	
朱兆锦			〃	1937	〃	扬州市蔬菜公司农工股	副股长、农艺师	扬州东圈门小灯笼巷6号	
朱国江			〃	1937	〃	南京大学	讲师	南京大学气象系	
朱贻兰			女	1938	〃	上海宝山钢铁总厂	工程师	上海宝山钢铁总厂环保处	
朱德成			男	1939	〃	扬州市地震办公室	副主任、工程师	扬州市地震办公室	
江其昌			〃	1939	〃	南京粮食经济学院	教师	南京粮食经济学院	
任耐安			〃	1938	〃	中国环境监测总站a中国环境监测p站编辑部	负责人、工程师	北京安外中国环境监测总站	
任盛华			〃	1939	〃	江都县正谊中学	教导主任	江都县正谊中学	
华攀龙			〃	1939	〃	扬州市科委情报所	工程师	扬州长征西路12号	
许敏			女	1941	〃	中南矿冶学院	助理研究员	长沙中南矿冶学院情报科	
张礼生			男	1938	〃	常熟市人民医院	主治医师	常熟牛桥弄23号	
张世骐			〃	1938	〃	华东工程学院五系	副主任、讲师	南京华东工程学院五系	
张瑞英			女	1937	〃	南京市第七中学	教师	南京市第七中学	
李伟荣			男	1939	〃	扬州水泥制品厂		扬州水泥制品厂	
李盛生			女	1940	〃	某部某研究所	工程师	北京房山1471信箱	
汤益宁			男	1938	〃	中共扬州市委党校组教科	副科长	扬州中共扬州市委党校组教科	

姓名	在校间名	性别	出生年份	离校年份	现在(或曾在)工作单位	现任(或曾任)职务职称	通讯处	备注
陈雨菁		女	1939	1959	南京医学院	讲师	南京医学院生化教研组	
陈业勤		男	1942	〃	苏北机床厂		扬州苏北机床厂	
陈光道		〃	1940	〃	柳州拖拉机厂综合计划组	组长、工程师	柳州拖拉机厂	
陈兴盛		〃	1937	〃	南京航空学院	讲师	南京航空学院305教研室	
陈志栋		〃	1941	〃	邗江杭集石洋中学	教师	邗江杭集石洋中学	
陈松礼		〃	1937	〃	江都水泥厂供销科	副科长	江都水泥厂	
陈明模		〃	1935	〃	南京化工学院后勤党总支	副书记、工程师	南京新模范马路26号	
陈国华		〃	1941	〃	南京大学地质系	教研室秘书、讲师	南京大学地质系	
沈庆华		女	1940	〃	江苏省妇女联合会		南京江苏省妇联法律顾问组	
严泰富		男	1937	〃	苏州市十八中学	教师	苏州市十八中学数学组	
余明庆		〃	1937	〃	北京市汽车工业总公司组织部	副部长	北京市汽车工业总公司党委组织部	
邹国华		女	1938	〃	镇江冶炼厂	技术员	镇江冶炼厂化验室	
吴邦兴		男	1937	〃	公安部一一二九研究所	工程师	北京2808信箱	
吴承基		〃	1937	〃	上海文艺出版社《艺术世界》编辑部	编辑	上海绍兴路74号	
吴德翔		〃	1938	〃	南京市老干部局	副局长	南京祁家桥31之4、204室	
范开如		〃	1938	〃	江苏省家禽研究所	助理研究员	江都县邵伯镇家禽研究所	
范鼎昌		〃	1941	〃	江都县供电局	副局长、工程师	江都县供电局	
杨林森		〃	1941	〃	江苏省水利勘测总队	工程师	扬州劳动新村省水利勘测总队	
孟繁功		〃	1934	〃	淮阴市妇幼保健院	代理主任、主治医师	淮阴市妇幼保健院	
金生		〃	1935	〃	江苏省机械工业厅	工程师	南京江苏省机械工业厅	
姚静	唐修恒	〃	1939	〃	广东医药学院	讲师	广州河南宝岗广东医药学院	
柏乃鹤		〃	1941	〃	苏北电子仪器厂	工程师	扬州苏北电子仪器厂	
胡桂芳		女	1939	〃	南京电子管厂组织科	副科长	南京电子管厂组织科	
夏文信		男	1940	〃	江苏公安专科学校社会学教研室	副主任、讲师	南京石榴园16-1号	
唐永珊		女	1940	〃	湘潭钢铁厂耐火分厂	副厂长、工程师	湘潭钢铁厂耐火分厂	
高哲林	高哲玲	男	1940	〃	靖江县城西中学	教师、助理农艺师	靖江县城西中学	
郭毓凤		女	1940	〃	天津化工厂	工程师	天津汉沽区天津化工厂	
顾瑞余		男	1941	〃	扬州市电子研究所	副所长	扬州市电子研究所	
常特筠		女	1941	〃	南京图书馆		南京图书馆	
黄正国		男	1942	〃	扬州电机厂	工程师	扬州旧城五巷9号	
黄树初		〃	1940	〃	空军工程学院	讲师	西安空军工程学院一系	
曹嫒华		女	1938	〃	清华大学	职员	北京清华大学无线电系	
谢瑞征		男	1938	〃	江苏油田设计处	副处长	江都邵伯江苏油田邵伯设计处	
程世培		〃	1940	〃	上海市民用建筑设计院	工程师	上海广东路17号上海市民用建筑设计院	
程菊生		女	1941	〃	吉林省化工地质大队	工程师	长春吉林省化工地质大队实验室	
蒋兴坤		〃	1939	〃	冶金部矿冶研究总院	工程师	北京西直门外矿冶研究总院新创室	
熊国祥		男	1939	〃	某部队	工程师	北京1044信箱502号	
满以正		〃	1937	〃	扬州机械厂技术科设计组	组长、工程师	扬州机械厂技术科	
瞿树夫		〃	1940	〃	扬州宝城无线厂	工程师	扬州宝城无线电厂	
樊心纯		〃	1940	〃	扬州市新华中学数学组	教研组长	扬州市新华中学	
樊寿桢		〃	1939	〃	南京市生产资料服务公司办公室	主任	南京汉中路11号	
滕家杰		〃	1940	〃	江都仪表厂	党支部书记、厂长	江都县机电产品公司	
薛庆琦		〃	1937	〃	无锡江南机械厂设计所	工程师	无锡49信箱31分箱	
戴安祥		〃	1939	〃	公安部1129研究所	工程师	北京2808信箱	
魏德明		〃	1938	〃	苏北电子仪器厂	工程师	扬州苏北电子仪器厂	

揚中校友通訊

第6期　1985.1　江苏省扬州中学校史编写组

本期要目：一、省立扬州中学(上)　二、周厚枢小传　三、省扬中校舍平面图　四、校友会扬州分会、合肥分会即将成立

下期要目：一、省立扬州中学(下)　二、朱自清、陈怀书小传　三、扬中旬刊、紫卢刊刊头影　四、校友会消息

校史简介

江蘇省立揚州中學（上）

江苏省立扬州中学，系由省立第八中学和第五师范于1927年合并而成，十月十七日正式开学。翊因试行大学区制，先后改名第四中山大学扬州中学、江苏大学扬州中学、中央大学区立扬州中学，1929年大学区制废止，仍恢复原名。

全校分高中部、初中部及乡村师范科，以五师校址为高中部，八中校址为初中部，界首五师分校校址为乡师科。高中部分普通、师范两科。1931年添设高中土木工程科；1934年创办女子生活部；1935年与同济大学合作，添设普通科德文班；1937年又添设机电工程科。附属学校有省立扬州中学实验小学(附设幼稚园)、乡师科实验小学及两所分校—乡村小学、紫吴山小学，还办有高初中预备班及德风中学。1932年夏高中部停招师范科、乡师科也奉令划出，成为省立界首乡村师范学校。

校长周厚枢治校谨严，任事实干，注意精神和物质建设。先后主持教务的薛天游、杨定宇、龚祚毅、方彝齐、陈土夫及各科部主任等，协力办校，扬中声誉日隆，成为全国最负盛名的中学之一，直到1937年抗战开始。这十年中，学校特色可概述为下列数端：

一、重视教育的实验研究。高中普通科原分文理两组，师范科分文、理、艺术三组，不久发现这样分组妨碍学生均衡发展，便采用选修科目以适应个性，选修学程多达三十九种。1934年春，校长率省教育考察团赴日本，回国后，当年夏创办女子生活学级，实验研究女子家事、生产与职业教育问题。此外，对职业科与普通科合设、男女分组合组、教学方法革新、第二外国语教学、学生课外活动、"导师制"、教训合一等问题，均作了切实的实验研究。

二、师资阵容强。各科教师多为一时俊彦，学养深厚，乐于著述，出有《高中平面几何学》、《高中立体几何学》、《高中三角学》、《高中解析几何学》、《短篇英文背诵选》以及全套高初中国文等教科书。教师经验丰富，诲人不倦，对于教育理论、本校传统、课程变革、学生志趣和要求，有深切的了解。授课之余，常总结经验发表文章，如《中学算学教学的理论和实际》、《高初中化学学科教学概论》、《怎样教高中国文》，其能放眼国外，植根历史，从理论和实践的结合上论述问题。教学态度精诚而和蔼，学生如一次考试不及格，教师都深自反省，终必设法让学生完全领悟而后已。教师年纪安较轻，据统计，十年中先后任教的200多位教师，50岁以上的只有6人，校长始任时尚不足30岁。著名的教师有汪桂荣、陈广沅、徐公美、鲍勤士、黄泰、张世镇、吴琳琳、倪子仙、吴迪伯、汪湘石、方剑岑、历志云、刘百川、廖曙东、张云谷等。

三、教学重基础、重能力。理科教学总从简易入手，通过三反复讲解，详之善诱；对基本概念，要求做到严格、不厌其烦地理解，并能举一反三。数学上"凡是理必证"，必使知其所以然，例重抓基本归结，善作"牛肉汁的灌输"，习题重质不重量，以训练思考力为主。化学上提出培养学生的"理解力、辨别力、综合能力和敏捷能力"，特重"自行实验"的能力，规定了考核标准，最低是能使用和装置仪器，能精确地称量，巩固知识。"读于始，勤于习"，重要之处，经常提问。有校友回忆说，在母校上三年高中，背了三年牛顿三定律。文科教学重记诵、运用。外文采取直接教学法，常聘请英国人、德国人来任英语会话、德语会话教师。国文则鼓励、督促学生多读书，多作札记，毕业生无不能背诵国文、外文名篇数十或百篇以上，所记国文、英文，下笔多能文词畅达。

四、广泛开展课外活动。各种研究会，不下一、二十种，涉及数学、物理、化工、文艺、演说、世界语、集邮、摄影、园艺、史地等。"九・一八"事变后，有国际问题研究会、日本问题　(下转第二版)

姓　　名	离校年份	工　作　单　位	所属学部
周志宏	1917	上海交通大学	技术科学
朱物华	1919	上海交通大学	技术科学
柳大纲	1920	中国科学院化学研究所	化　学
王葆仁	1923	中国科学院化学研究所	化　学
吴征铠	1930	核工业部	化　学
胡乔木	1930	中共中央	哲学社会科学
吴征镒	1933	中国科学院云南分院	生　物
朱亚杰	1934	华东石油学院	化　学
武　衡	1934	国家科学技术委员会	地　学
谢义炳	1935	北京大学	地　学
高　鸿	1937	南京大学	化　学
李方训	(1919)	〃	〃

校友中的学部委员

周志宏　朱物华

柳大纲　王葆仁　吴征铠

胡乔木　吴征镒　朱亚杰

武衡　谢义炳　高鸿

人物志

周厚枢小传

周厚枢，字星北，1899年生，扬州人。早年毕业于省立第八中学、国立南京高等师范数理化科。后考得南洋兄弟烟草公司奖学金出学美国，初进路易斯安那州立大学，专攻制糖工程，续入麻省理工学院化工科，获硕士学位。回国后，历任广东大学、中州大学、东南大学教授。

1927年6月，任江苏省立扬州中学校长。他认为，学校建设，首重精神，然物质为精神之所寄托，二者如车之两轮、鸟之两翼，相需为用，相辅相成。在物质设备方面，先后兴建树人堂、工程馆、体育馆、女子生活部全部校舍及各可容千人的自修室和宿舍等，图书、仪器及其他一切教学用具，无不力求充实，有些直接购自美国、德国。物质建设的原则，一是节省经常办公费用，以购置设备；二是所增设备以坚实适用为主，不尚浮华。在精神训练方面：1.科学陶冶。高初中一切科学教学，均注意学生自行实验、实物观察和问题讨论，培养学生实地试验、客观研究的习惯和实事求是的态度。2.试验革新。大胆探索试验，如能力分组教学，广设选修科目，开展课外活动，添设土木工科、机电工科、德文班和女子生活学级等，为学生开辟多种发展途径。3.人格感化。首创"导师制"，把学生分成若干小组，选学生素所崇拜的老师，与之朝夕相处，摸索个性，因材施教，做潜移默化的工作。4.军体训练。初中以童子军为中心，高中以军训为中心。当然，这些训练是为了贯彻当时的"教育宗旨"，而对学生的革命思想和活动则是防范的。他治校严肃，讲究实效。行政上有较完善的组织机构，有明确的职务细则。人事精简，职责分明，工作效率较高。处理校务，必先审度需要，然后订定计划，切实执行，督率下属办事，绝对授权，只问成果，细节不屑与闻，讨厌当面唯唯诺诺而背后阳奉阴违的作风。办学特别重视师资，要求教师德才兼备，足为学生表率。千方百计聘请优良教师，高其薪俸，安其寓所，且礼遇有加。常被他约请三五教师到家中小聚，于浅斟漫酌中畅所欲言，诸多兴革，于此奠其始基。对青年教师多所奖掖，相信人必有所长，必有潜力。在教师间倡导以道德相砥砺，以学术相切磋，彼此联系，和谐合作。如此数年，扬中声誉卓著，再无人发"教育外行"之讥。

1937年抗日战争爆发后，离扬入川，任国立第二中学（初称国立四川中学）校长，后任国立中央技艺专科学校校长。抗战胜利，台湾光复，以制糖专家资格被派往台湾，接收明治制糖会社所属八厂，前后任南靖、乌树林、长溪湖、溪州等糖厂厂长及台中、虎尾总厂长，台湾糖业公司协理。1967年病逝于虎尾寓所，终年68岁。在台校友曾编辑《周厚枢星北先生纪念集》，并筹集周厚枢星北先生奖学金，以为纪念。

继续汇来或送来赞助款的校友名单：

陈子厚、王学仁、葛[illegible]、凌惟谟、许星铁、严高桐、管滋、胡杰熙、高尚[illegible]；黄祥林、贾高顺、刘云璐、顾锦如、朱鹤琴、钱普泽、江国棋、唐子龄、张金宝、吴乐庭、顾仁康、许健、吴观权、刘恒瑜、朱同、徐礼宣、赵怀祖、高秀廷、陶文钰、朱庆棠、鲍鹏、冯[illegible]、胡珂、陈玉龙、江平、王永钧、高鹏、唐佑世、韦西平、马鸿钧、顾旸、朱仁义、方开森、王郁宇、胡钊鹏、张佩华、杨钰、冯仁同、吴振声、朱小珠、俞萍、陈瑞如、孙钧瑞、谢义炳、阮身之、陈理权、曹起元、华增甲、孙方钟、杨琛、郑毓俊、胡锦苏、薛英、李永豪、孙仁荣、吴瑞、张翔、朱鸥、鲍江、张迪惟、张庆恩、郑庭厚、尹德政、滕倩吁、周锦华、钟锦修、曹季喜、刁庆如、姚孟新、徐兆鼎、朱廷义、徐时治、徐淑英、姚锡根、杭州坤、朱惠明、薛舟、唐绍惟、王兴颖、戴振声、刁风梁、黄东萍、许丽桐、厉鼎立、林功逵、何家骥、杨耀祥、袁承依、吴先榆、周世宁 共99人，金额1102元。

（上接第一版）研究会、东三省问题研究会，校长聘请教师组成课外活动指导委员会，学生组成机关联席会。开辟课外研究室，集中相当的图书资料，供学生自动研究或练习，每人一学期至少须有一种成绩报告。联席会出版《扬中校刊》，刊载各部、科、处、室校闻，教师、学生、校友作品，种种特载、专件及统计图表，内容丰富，十年中共出版102期，发行全国。校事委员会，由各级推举代表组成，襄助学校事务。消费合作社，由师生共同组织，社员入股分红，借以探讨经济供销问题。常举行竞赛：会文、演说、实验等项比赛，如物理实验比赛，学生自由参加，题目临场宣布，所需仪器自行开列向实验室领取，方法自定，当场详细报告结果，由校外专家评判，优胜者发给奖品。平时注意与校友及社会各界建立联系，邀约专家、学者来校参观、讲演；节假日组织学生文艺表演，远足郊区，外出旅游、参观、见习，以开阔眼界，增益知识，活泼心性。

五、学生来源广、素质好。扬中招进的新生多为各校精英，每届招生考期，各地学生纷至云集，除苏北各县外，近的有镇江、常州、无锡等县，远的有安徽、浙江、江西、四川等省。1936年，招生332人，投考者达325[illegible]人；1937年招生425人，投考是40[illegible]5人。学生经过三年至六年的学习，不仅成绩优秀，且具有特殊气质。1944年[illegible]扬中总分第一；1937年会考，第一名、第三名、[illegible]均为扬中学生。升入著名大学的比率，常为全国之冠。[illegible]生刚、健、质、实的风度、气质，自然流露，[illegible]教师家，便能断定是否扬中学生。

六、设施设备充实。高中部占地[illegible]亩，[illegible]面，有足球场3个，[illegible]八中学前的[illegible]，1930年兴建树人堂[illegible]前部为科学馆，内有实验室、陈列室[illegible]建一字楼50间，[illegible]；[illegible]年建[illegible]1934年建体育馆；1936年建女生[illegible]部全部校舍，[illegible]理、化、生等科的实验仪器都有10组，[illegible]时间内作[illegible]实验。图书计有[illegible]册，[illegible]二千册，数理一千四百余册，史地部有[illegible]帖、志乘、名胜、文产、工艺、[illegible]方志记载，尚在中等学校中称[illegible]。

"九·一八"事变后，[illegible]国运动，组织抗日救国会，成立[illegible]"[illegible]"的大标语，悬在[illegible]中学生[illegible]。

十年间，高中部毕业生共1501人，[illegible]毕业生除升大学外，大部分在教育界、[illegible]数为1012人，约67%升学。校中毕业生，遍布全国，远及海外，[illegible]者，指不胜屈。

校友会消息

校友会扬州分会即将成立

分会筹备组元月六日和二十六日两次商讨分会成立事宜，决定于二月二十四日（农历正月初五）在母校树人堂举行校友会扬州分会成立大会。

自学校为编写校史广泛与校友联系以来，广大校友纷纷来信，倾诉对母校对师友思念之情，要求成立校友会以加强联系、共同为光大母校、振兴中华作出贡献。去年八月，五四届校友在纪念毕业三十周年之际，发出了筹建校友会的倡议，各地校友热烈响应。为此，母校邀约在扬校友代表座谈，积极筹备，俟校友会扬州分会建立后，再与各地分会取得联系，在此基础上，建立扬州中学校友会。

分会筹备组草拟了《江苏省扬州中学校友会扬州分会章程（草案）》（另发），提出了分会领导的初步名单，并着手进行会员登记。成立大会的具体工作也作了适当安排。

大会欢迎外地校友代表参加，贺电、贺信请寄江苏省扬州中学校友会扬州分会筹备组。

敬爱的母校老师及校史编写组同志们：

看到第五期母校校友通讯上五四届校友关于成立扬州中学校友会的倡议书，我们在合肥的扬中校友都很兴奋，互相奔走联系。十一月中旬由戴岳、王石城、刘琴甫三位发起，通知合肥的校友（现知有三十余人）于十二月二日下午在合肥第一中学会议室举行座谈。到会的共二十三人，最年长的是八十四岁的刘琴甫老师，他深情地回忆了母校教学认真严谨以及同学们勤学苦读取得优异成绩的情况。与会校友各自介绍了离校后的经历，倾诉了对母校怀念之情。一致同意要成立合肥市扬中校友分会，推举了五位校友负责筹备工作，预定于1985年春节期间再聚会一次，届时正式成立分会。因此亟需与母校联系汇报，并望对成立分会的工作予以指导。

附座谈会校友签名名单一纸　　　此致

敬礼

合肥市扬州中学校友会分会筹备小组

一九八四.十二.四

合肥元月三日讯：扬州中学校友会合肥分会筹备小组于十二月卅一日下午又欢聚一起商讨成立分会事宜。明确了合肥市第一中学为分会挂靠单位，共推一中老校长周幼书为筹备小组组长，副组长为秦安之，筹备组成员有金厚本、曹文祥、章兆鹏、江泽慧、吴俊秀。预定1985年春节前后正式成立校友分会。

刘锡中校友来信：最近在沪的宁波人、吴江人……纷纷建立了振兴家乡的组织。看到通讯录里我们的校友在上海各行各业中多有能人，很想联络在沪校友、筹备成立校友会，也为振兴我们的家乡尽力，来报答家乡、母校对我们的恩情。可否在通讯上登出我的建议，藉以得到在沪校友们的支持。

江苏省扬州中学校友会扬州分会章程（草案）

一、名称：江苏省扬州中学校友会扬州分会。

二、宗旨：联络感情，发扬传统，互通信息，促进交流，光大母校，振兴中华。

三、资格：凡扬州中学（包括她的前身和附属学校）在扬州的教职员工和历届毕业、肄业学生，履行登记手续者，均为本会会员

四、权利和义务：凡本会会员，享有本会的选举和被选举权，参加本会组织的活动，对本会提出批评和建议，以及其它应有的权利；也有贯彻本会宗旨，执行本会决议，交纳会费等应尽的义务。

五、领导机构：本会设委员会为领导机构，委员会由会长、秘书长、总务干事、联络干事、宣传干事等若干人组成。

六、选举方法：各届同学和教职员工推举代表组成代表会，由代表会协商选举产生委员会。

七、会期：每年农历正月初四举行会员大会，代表会会期由委员会决定。

八、会址：扬州中学

九、会费：每年每人一元，多缴不限。

十、本章程由代表会修订通过后实行。

本校校舍平面圖

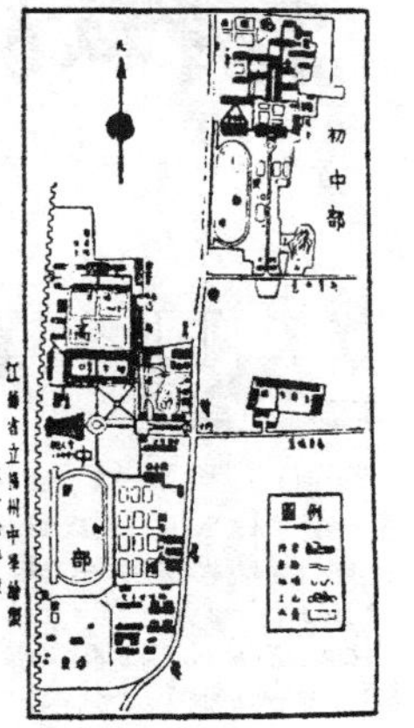

史料献珍

界首乡师科校舍示意图

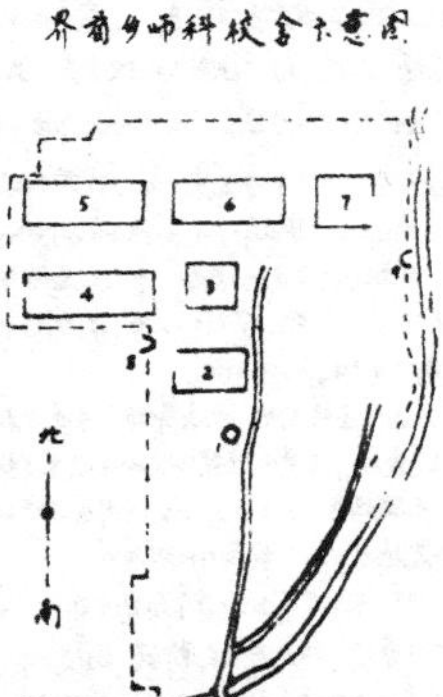

1	春秋亭	6	南屏院
2	幼幼院	7	春晖院
3	听涛院	8	大门
4	南瑶院	9	后门
5	卧云院	10	惠泉桥

揚中校友通訊

第7期　1985.6　　江苏省扬州中学校史编写组

本期要目
一、江苏省立扬州中学(下)
二、回忆录选刊(温济泽)
三、陈怀书小传、朱日清小传
四、校友会扬州分会、合肥分会正式成立

下期要目
一、江苏省扬州中学的前十七年
二、李应潭(涵秋)小传、吕澂(风子)小传
三、胡珂校友执向母校赠礼
四、校友会消息续闻

校史简介

江蘇省立揚州中學(下)

1937年"七七"卢沟桥事变，抗日战争开始。8月，日军大举进攻上海，战火蔓延，11月，扬州中学于扬城沦陷前夕奉令解散。仓猝之中，师生星散四方。

周厚枢校长入川后，筹办并改长国立四川中学，1938年改名国立第二中学，收容下江入川的师生，扬中师生稍稍来集，高中部、初中部在合川，师范部、女子部在北碚，后均集中到合川蟠龙山。担任主要行政工作和主要课程的多是原扬中教职员。

绝大部分师生则流徙到泰州和上海租界，1938年两地分别临时复校。是年秋，陈杰夫、纪乃俭等携带卷宗、钤记，借泰州明德中学校舍复校上课，有教职员二十多人，学生九班，习称省扬中泰校。初由陈杰夫代理校务，未几去职，由纪乃俭代理校务。旋因日伪勾结，泰州形势险恶，1939年春至夏，纪乃俭率大部分师生陆续迁往上海租界，先在静安寺新市场复课，一学期后迁至高乃依路，师生日益增多，有教职员三十多人，学生十九班，其中初中八班，高中九班，工科二班。

与泰州复校同时，黄泰等部分师生也在上海租界复校，借南京路慈淑大楼七楼为校址上课，有教职员二十多人，高初中学生各六班，习称省扬中沪校，黄泰为代理校长。

1939年上半年上海两个省扬中并存，一度曾发生矛盾，经有关当局斡旋，两校一体，以泰校为省立扬中本部，纪乃俭为代理校长，沪校为扬州中学第二院，黄泰任二院主任。泰校沪校的行政组织、课程设置和教学措施，大致依循旧例，规模仅略作精简。师资力量较强，当时任教的知名教师有倪则埙、厉志云、朱凤豪、倪若水、杨建鸿、简仙敷、嵇鹤鸣、张孟奇、于在春、任有恒、方钧秀、江之永等。经费主要靠学费自给，设备条件差，校舍教具多临时购置或租借。教室少且处于闹市，没有体育等活动场所，课堂上既有叫卖声干扰，又有炒菜香诱人。但是，由于教师教学得法，学生学得认真，不仅能学好基础科目，高中学生还能学好数理化较高课程，学校仍欣荣不衰。

1941年12月太平洋战争后，日寇进入租界，扬中无法公开存在。1942年初，泰校迁回新市场，被迫改名树人补习学社，社长王伯源竭力撑持，到年底终于停办。其中高初三学生则设法转入壬午补习社借读至毕业。沪校1942年初也改名慈淑补习馆，负责人鲍勤士，半年后停办。

泰校未迁沪的部分师生共推朱宗英负责，1939年秋，从泰州迁往小纪镇都天庙复课，是为省扬中苏北分校，对外称"省立第四临时中学第二部"。初只有初中，后续办高中。1940年秋天的一个雨夜，日寇偷袭并炮轰小纪，一时炮声隆隆，大火烧天，师生踏着泥泞的小路疏散到较远的村庄。此后即迁至泰县北乡坡坨修风寺复课，对外称"扬风学社"以作掩护。但坡坨也不安全，有时就迁到泰县的孙家庄上课，在敌伪军的"扫荡"中，于这两地往返多次。汪伪上省扬中停办后，1943年，苏北分校奉省令正名为江苏省立扬州中学，由朱宗英代理校长。1944年冬，迁到江都县的塘头镇。

随着形势的变化，坚持在苏北的省扬中人事变动较大。初到小纪时，教职员二十多人，学生数百人；在坡坨时，教职员二十多人，学生百多人；到塘头时，教职员仅十多人，学生只有数十人。经费拮据，设备简陋，环境险恶，但教学活动一直持续，师生勤教勤学，孜孜不倦。有的老师积劳成疾，如毕兼象、倪雨苏，因缺医少药竟在小纪相继去世。课余生活也是积极向上的，成立蜀声文艺社，出版《蜀声》刊物，并定期为《新江苏报》编辑"扬风"副刊，宣扬抗日救亡。先后在小纪、坡坨、塘头毕业的学生有一百多人。

1945年8月，抗战胜利。9月，塘头的省扬中奉令复员，回扬接收苏北公立扬州中学，暂以羊巷为校址，进行编级考试，开十四个班，新旧生七百多人。原大汪边和旧府署两处校舍，曾被日本侵略军盘踞，当时仍为驻军所占，直至1946年初，学校才从羊巷迁返大汪边本校，但府署初中部校舍一直未能收回。

1947年夏，教育当局任命任和声为校长，师生发动"拒任西来"运动，校门口贴出"不要政客校长"标语。学生罢课三天，毕业同学会"电恳"教育部长"收回成命"，但均无结果。

任和声接任后，一面承袭旧校的固有的教职员，并用高薪聘来部分知名教师任课；一面发展三青团，组织所谓"戡乱救国"的活动，以配合反动的内战政策。扬中进步的学生开展了各种形式的斗争：如参加"学联"组织的"时事研究会"，传阅进步书刊；秘密与上海"学联"联系，在校内发动"反美扶日"签名运动；参与"土风"歌咏队的活动，努力追求进步影响；测绘城郊敌军防御工事图，搜集有关情报，等等。更有一些进步学生奔赴华中解放区，直接投身到伟大的解放战争之中。

1948年12月，淮海战役已经取得了决定性的胜利，任和声却策划将扬州中学迁往江南。工科进步学生接受我党组织的指示，连夜刻写、印发传单，号召师生们认清形势，反对迁校，迎接即将到来的黎明；部分先进的同学曾与任和声进行面对面的斗争，反对迁校，全校近千师生坚持不动，上课直到解放前夕。迁到苏州去的师生仅三百多人，后来大部分仍陆续返回学校。

1949年1月25日，扬州解放，从此扬州中学的历史揭开了新的一页。

人物志

陈怀书小传

陈怀书(1884－1951)，字容普，江苏吴江人。1913年毕业于交通部上海工业专科学校电机科(交大前身)。在校读书时，成绩优异，为师长和同学所重。毕业后从事教育事业，执教于江苏省立第八中学和第五师范，为数学教员。曾任八中数学主任、五师数理专修科首席教员。在数学教学领域里造诣甚深，凡见数学新著必深加研究，读书每至夜阑。授课力求有新意，不落陈套，逻辑性强，语言精炼，板书简明，注重指导解题思路，培养学生独立思考的能力。课余与学生研讨，诲人不倦，蔼然如挚友。常于极短时间内奔走二校授课，某年因足疾不便行走，仍设法坚持上课，尝对人说：一人讲课，数十学生听课，如不认真从事，或者轻易缺席，将影响数十学生的前途，能不慎乎！

他乐于接受新事物，富有民主思想，时八中学潮频生，他调处其间，在师生中甚具威望。1925年，八中学生反对曹某省议员的新校长，他支持学生说：旧官僚政客，焉能当校长！新校长因之去职。

在扬州执教十四年，苏北数理人才多出其门，其他承教泽而卓有成就的也不乏其人。1927年离扬后，受聘于上海交通大学。

著述现知的有新师范教科书《算术》、《中学速算法》、《数学游戏大观》(上下册)，以及与任诚、赵仁寿合译日本林鹤一所著《初等几何作图不能问题》等。又擅写诗，积稿若干首，惜均不存。

朱自清小传

朱自清(1898－1948)，字佩弦，本名自华，号实秋，是我国现代著名作家、学者和民主战士。原籍浙江绍兴，自幼随家迁居扬州，故自称扬州人。1912年高小毕业，入扬州淮扬合一中学(由两淮中学和扬州府中学合并而成，后改为江苏省立第八中学)，1916年在八中毕业。级任老师回忆说："他坐在教室门内第一座，个子不高，圆圆的脸长得很结实，不苟言笑，不曾缺过课。他那时喜欢看说部书，便自命为文学家，毕业时学校给予品学兼优奖状。"当年暑假，考入北京大学预科，1918年跳级考入哲学系本科，三年内修完四年课程，于1920年提前毕业。此后先在中学任教。1921年暑假，就聘八中教学主任，兼国文教员，教授新文学。据校友回忆，他教学十分严肃认真，课堂上总是滔滔不绝地讲，甚至满头大汗，对于旧礼教不时予以讽刺、鞭挞，谈国是则慷慨激昂，对北洋政府丧权辱国、义愤填膺，往往垂涕而道，同学多为动容。不久离去。

1925年任清华大学教授，1931年赴欧洲游学，回国后，任清华中文系主任。1934年，进入清华的扬中校友增加到20多人，在他和余冠英的支持下，成立了清华大学扬中校友会。抗战时期在西南联大任中文系主任。抗战胜利后，他积极支持学生的爱国民主运动，目睹反动特务暗杀民主战士李公朴、闻一多等，政治态度明显倾向进步，确立了革命民主主义思想。1948年签名于抗议美国扶植日本和拒绝领取"美援"面粉的宣言，虽贫病交加，临终前还嘱咐家人不要买政府配售的美国面粉，表现了中国人民的崇高气节。扬州的"朱自清故居"是市文物保护单位。他的名字将永远与人民连在一起。

难忘的日子——一九三〇年扬州中学共青团的片断回忆

一九三〇年校友　温济泽

考进扬州中学，是我难忘的日子，离开母校，也是我难忘的日子。

我是一九三〇年八月考进扬州中学高中部的。原在淮阴中学初中部读书，因为从事共青团地下活动暴露，被开除，只好离别家乡，到南方投考高中。在前途出路渺茫的时候，扬州中学录取了我，这时我的兴奋和感激之情是难以形容的。

扬州中学是全省，也是全国负有盛名的学校。进了学校一看，果然名不虚传。教师学识渊博，教导有方，教学十分注重基础知识和能力的培养，特别引起我的兴趣的是，化学课，经常做实验，每个班都有一套仪器，生物学课做实验时，每人一套仪器，包括一架显微镜。这在当时其他学校是少见的。英语语音学，上课时每人都要带镜子，照着口形练习。还有一门家事课，学习缝纫、烹调、做被子。我对学习非常认真努力，当时已深深地懂得，一个团员，必须做到学习好、品行好，在同学中有威信，才能够开展团的活动。

我进校以后，知道扬州中学初中部有个团支部，高中部也有个团支部，在不久以前破坏了。县委给我的任务是重建团支部，担任支书，私立扬州中学高中的一个团员王宗□编入我们的支部，另要我慎重而积极地发展团员。我和班上的同学常接近，在谈学习之余，谈些国家大事和社会问题，逐渐发现了两个发展对象，遗憾的是没有来得及发展，我就被迫离校了。在校期间，我参加过散传单等活动，双十节那天晚上，全县各界举行提灯游行，我们沿途散发了不少传单。我还参加过县委召开的一次秘密会议，到会的有二十多人，大多是学生，也有工人，其中有个人力车夫。县委给当时我联系的是王福临同志。还有一位从苏联回来的同志，也到学校来找过我，谈过一些在苏联的见闻，还谈过他一次在西伯利亚冰天雪地中吃鹿肉的事。他的名字我记不起来了。

我在母校只读了三个多月。有一天下午，正在做化学实验，突然，初中部主任陆静荪急忙忙地来找我，问我是不是用了假名字(我在淮阴中学叫温济直，考扬州中学时改名温冀达)，告诉我淮阴来了通缉令，有二三十个军警到初中部抓我，来找到，已往到高中部来，要我赶快跑。我刚走出实验室的门，碰见体育老师王小商，他指着大门用急促对我说："有人来抓你了，快从后门走吧！"我就这样脱了险。到今天回想起这件事，我对陆静荪、王小商两位先生仍深深地怀着敬意和感激之情。

我离开了心爱的母校，第二年初，考进上海复旦大学附中高中部，在复旦附中建立了团支部，任团支部书记，以后又曾担任复旦大学共青团支部书记。

编者注：温济泽校友现任中国社会科学院研究生院院长

峥嵘岁月

回忆录选登

校友会消息

江苏省扬州中学校友会扬州分会成立大会隆重举行

二月二十四日（正月初五）下午，扬中校园里彩旗飘飘，喜气洋洋，来自本市各方和四乡探来的校友近千人，欢聚一堂，热烈庆祝校友会扬州分会正式成立。市长黄书祥、市委副书记胡学成等党政领导同志到会祝贺。

大会在树人堂隆重举行。校友和来宾们在鼓乐声中步入会场。手持鲜花的少先队员列队欢迎。主席台布置得庄严肃穆，两旁是"光大母校，振兴中华"的巨幅标语。分会筹备组成员李久翔报告筹备经过，并宣布分会委员推荐名单，筹备组成员许仲英宣读分会章程（草案）。大会一致鼓掌通过了章程和名单。分会章程的宗旨是：联络感情，发扬传统，互通信息，促进交流，光大母校，振兴中华。分会委员共二十七名，有较广泛的代表性。会长为黄祉龄，副会长为许仲英、孙金峻、李久翔。年逾八旬的黄祉龄会长致词。他说：母校自仪董学堂始，迄今已八十三年，不仅历史悠久，而且有优良的传统，校友们为国家、民族和人民作出了积极贡献。扬州是校友最集中的地方，加强联系十分必要，分会的成立正反映了校友的共同心愿。接着校友代表戴如和母校校长郑万钟讲话。郑校长向校友们汇报了学校教育改革的现状和成绩，表示要团结全校师生员工及广大校友把扬中办成第一流的具有我国特色的社会主义新型学校。最后，黄书祥市长代表市委、市人大、市政府、市政协热烈祝贺分会正式成立，并表示市府将全力支持扬州中学校友总会的筹建。

大会收到来自广东、黑龙江、安徽、浙江、陕西以及苏州、南京、六化等地校友的贺电、贺信、贺词、贺年片等多件，还收到李华桐校友从美国邮来的贺诗。

市电视台和扬州市报对大会盛况作了报道。

扬中校友会合肥分会成立

江苏省扬州中学校友会合肥分会于三月十七日正式成立。合肥市第一中学会议室里春意盎然，谈笑风生。出席会议的共二十六人，其中有专程从扬州赶来祝贺的母校党总支书记李久翔和合肥一中校长孙邦文等来宾。

会议由周always书校友主持，并由他汇报了筹备工作的经过。合肥一中的来宾在祝贺时说，扬州中学在国内是很有影响的一所学校，她的管理和教学经验值得学习。在热烈掌声中，李久翔代表扬州分会宣读了贺信，介绍了扬州分会成立的情况及母校现状，大家深受鼓舞。随后讨论通过了分会章程，推举七位校友组成分会委员会，戴岳任会长，周[illegible]书、蔡东久任副会长。戴岳会长在讲话中说，我们党和国家正处在新的历史时期，需要开发智力资源，努力培养人才，注重教育质量是母校的优良传统，我们组织校友会就是为了联络感情，发扬传统，光大母校，振兴中华。

七十六岁的老校友王西城画了一幅烟花，并题诗一首；[illegible]校友以"扬州好"为题作"忆江南"词四阕，戴岳带来了珍藏的张纸偶校友当[illegible]，他们一并将礼品赠给母校。

会议在歌声中结束，会前全体到会者摄影留念。

（据校友会合肥分会来函）

扬中校友会无锡分会筹备组成立

三月二十四日扬中校友会无锡分会筹备会在市[illegible]召开，决定由几位校友组成筹备组，推选沈[illegible]、张[illegible]担任组长，要求近期内做好在锡校友的调查和联络工作。筹备组将召开第二次会议确定分会正式成立日期。

扬中校友会上海分会筹备组成立

扬中校友会上海分会筹备组于四月二十一日在沪成立。成员为任有恒、严濒棠、梅和贵、蒋幼文、张靖生、阮寿三、毕增甲、夏炎竹、梁体彪、周允熙、郑寿成、王宗德、王永生、成安生、钱奋暄、孙方钟、刘锡中等十七人。一致认为，为了光大母校，振兴中华，尽快成立上海分会很有必要。本着老校友多作指导、年轻校友多做工作的精神，加强联系，积极筹建。共推蒋幼文、梅和贵、王宗德、刘锡中负责具体筹建工作。总联系人为王宗德，地点：上海岳阳路76号，电话379810－65分机。

南京消息：为了尽快建立扬中校友会南京分会，[illegible]、汤瑞峰、朱康英等校友愿为筹建工作出力。他们呼请在宁校友速即与南京工学院土木系朱康英联系，商讨具体筹建事宜。

北京"绿杨邨酒家"欢聚小记

正月初三下午，朔风猎猎，冬日融融，在京[illegible]校友顾若男、孔庆霞等十三人来到前门附近的"绿杨邨酒家"。三十多年来，劳燕分飞，有的后从未谋面，[illegible]，似曾相识，待各报家门后，才唤起深藏的记忆，叫了又笑，都说自己人不贵而事多忘。

大家坐在扬州[illegible]风前，[illegible]

[illegible]

（据北京校友来函）

上海35届校友聚会　为纪念毕业离校五十周年，上海35届校友于5月中旬在[illegible]举行聚会。[illegible]

（据35届校友[illegible]来函）

欣闻母校校友会扬州分会于近日成立，遥远不克参与其盛，怅望有感：

雁足飞传盛事开，低徊前后耐寻怀。
默默长流兴伏绪，萃萃桃李庆归来。
昔日争占要域外，今生有幸出江淮。
为言校友楼边菊，珍重年年傍户栽。

李华桐于美洲寄庐

组诗选五

八载飘零不感伤，
英雄志气我当扬。
淮南信有平倭地，
好把绛帷作战场。

弦歌响彻城北庄，
笑看诸生斗志昂。
课罢争拔新的稿，
"扬风"园地好风光。

日暮秋风唳鹤惊，
忽闻日寇乱枪鸣。
村南村北搜查尽，
幸的安然得庆生。

师生斗志最坚贞，
不怕艰难不震惊。
风浪几经还自励，
欣然拔帜返扬城。

一碑矗立大楼前，
四面春风更觉鲜。
但愿师生承夙志，
相将迈步著先鞭。

姚仲初遗作

返校有感

离别校园四七载，
乡音未易容颜改，
绿杨碧廊柳丝新，
金风乘鹤又归来。

许粽

扬中界首乡师科师表回忆

界师司铎第一尊　图书馆员秦达真
善读爱生姚舜生　语文老师尚长廷
缘因避捕父渔船　听他讲解领注神
未获留名勒"生中"　"了不了庵"李克白
硐后主校黄作舟　大学文科诗入门
又因肺痨去疗疗　诗云子曰吴正雄
萃萃学生正兴奋　"高头"口吃时有声
韩师文庆来继承　而候师恩谊最深
萤声校誉如在目　筹资汇款葬父身
我今列举师表们　校史非同野史比
承贯年老王伯然　于今七七望程门

注："生中"是四年制首届生离校纪念碑

陈润琴

一剪梅　有惊　壬午九月居江都小纪

野寺秋深月未明，骤听风声，客梦催醒，为谁草木也成兵，几许空营，落叶都惊。　襆被携筐作夜行，闪动寒星，白露方零，一六北望起三更。此际心情，此恨难平。

姚少渠遗作

江城子

祝贺扬中校友会扬州分会成立　杨锡春

古城欣会沐春阳，集同窗，会家乡。尊才重识，谈笑吐衷肠。四从宏图添光彩、呈技智，献余光。　树人大计仰名堂，教多方，学多长，遍天桃李，为国育栋梁。八十三年悠久史，歌母校，誉芬芳。

重返扬州（其一）

轻车东关旅桥过，瘦西湖畔细烟波。
扬州多少诗情画，大江边留一曲歌。

范李作

史料献珍

小纪时有扬中的萤声文艺社，出版铅印的"萤声"，发表师生作品。此为"萤声"书影，原大。——编者注

期八第
社艺文声萤
校分中扬省纪小：址地

—N—N—N·　—N—N—N·

继续汇来或寄来赞助款的校友名单：

张廷献、李长河、文兆祥、戴威康、宫玉鑫、汪六、顾瑞余、张同钱、陈佩祖、王中彬、徐镛、金晓岙、王允铭、刘千、杨慰民、薛广生、姜叔达、李承信、吉遵仁、陈钟频、王兴世、吉承钱、刘棠、周志鑫、朱亚杰、吴卢迪、王有琪、曹佩玉、钱继明、柏庆荣、张弟、张乃通、李曾远、于伤林、王大頫、仲文伟、张长泉、王六宜、王洪、王坚、张学俊、方长愚、张幼森、曹肋峰、徐世余、李华桐、庄户、潘叶涛、李德平、杨荣春、杨荣桢、许广充、周世德、陈润琴、周元恩、程世鲁、曹世荣、方丽中、俞松兰、吴大观、华国、朱炳树、陈瑞林、汪文琪、唐子庆、高崃桐、朱孝和、胡玉谷、杨滨中、高振桂、马钟瑞、万以阳

△母校主要领导人事变动，原任党总支书记迟居二线，原任校长调扬州市教育局，现任党总支书记为李文翔，校长为陆宝之。

△在扬中校友会扬州分会成立之际，五八届高中和五四届初中校友56人集资275元，购置田径运动器械赠母校，从此学校田径和广播不受停电影响。

△本刊第一、二期报导了校友中的六届全国人大代表和政协委员二十八人，新近得知的还有：人大代表王骥，政协委员华素仁、朱德平、仲以智。

△5月，冷文军校友率上海船厂总工程师等四人来母校，对校办电器厂新产品的试制和批量生产等进行具体指导，提出建设性意见。

△全国人大常委、中国音乐家协会名誉主席吕骥校友，5月11日上午偕夫人来校参观，听了初中的音乐课，详细询问学校音乐活动和教学情况。吕老1928年在此执教，往事历历，感慨系之。

△许心武校友最近与母校联系取得联系，他1909年就读于两淮中学，1912年2月毕业，是已经记载校友中最大最高的"老学长"。

△近年来陆续回校访叙的校友有：黄晓林、李兆琥、朱外、王克建、王亦凌、戴威康、朱世森、宋力、杨以锋、许润之、张世峰、吕天以、许粽、顾竹坚、王枚、胡柯、张植华、孙文翔、彭明芬、张敏训、杜凡、娄金坤、张培安、吕宁叶、卜达之、李振岩、陈仰无、孙麟、袁雅俊、李文生、曹德培、傅寿竹、傅体田、北京同学数十人。

———·　———·　———·

冯来宜、周力生、王能斌、冯敦云、刘是元、朱国生、陆元章、王枚、汪继留、李文生、张培远，共81人，合额1288元。

江苏省扬州中学

校友同志：

我校自1902年（光绪28年）仪董学堂创建，历两淮中学堂、扬州府中学堂、淮扬合一中学、两淮师范学堂、江苏省立第五师范学校（包括附属小学、界首乡村师范分校、乡师实小）、江苏省立第八中学江苏省立扬州中学（包括附属小学、附属乡村师范、乡师实小，及抗战期间的泰校、沪校、树人补习学社、慈淑补习馆。）相沿至江苏省扬州中学，八十余年。历史悠久，校友遍布全国以至海外，大多在各自的岗位上为民族、国家和人民作出了贡献，有建树者甚多。为了继承、发扬扬中优良传统，总结办学经验，办好学校和应出版社之约，为近、现代教育史研究提供资料，现决定编写校史（目前拟先写出解放前的部分），同时为建立校史陈列室和编印校友通讯录进行准备。

预计，解放前的一段校史编写工作将于今年完成，然后进行校史资料陈列和校友通讯录的编制工作。

据了解，您是我校校友，现随信附寄表格一份，务请您在百忙中填写后寄我校校史编写组。若能惠赠或暂借有关校史资料（回忆录、校友录、校刊、校歌词谱、校徽、学生证、照片、课本、讲义、作业簿、证书、奖状、奖章、学生组织办的刊物等），则不胜感谢。所赠之物，定妥善保存，以资陈列；所借之物，用后定完好归还。

您若知道其他校友的近况和通讯地址，亦望告知，并请将以上情况互相转告。

此致

敬礼

江苏省扬州中学

一九八三年三月十五日

校　址：扬州市淮海路13号　　电　话：22177、22142、24104、24979

扬中校友通讯

第8期　1986.9　江苏省扬州中学校史编写组

已建成或筹建纪念馆、陈列室的校友有吕凤子、朱自清、李更生。

近悉一九届校友李方训（原南京大学副校长，已逝世）亦为学部委员。

宁京沪校友会相继成立

北京

清明时节，春风宜人，1986年4月6日上午，扬州中学在北京的校友欢聚一堂，宣布盼望已久的校友会北京分会正式成立。

大会在北京师范大学会议厅举行。年过八旬的老校友柳大纲、黄应韶、罗青、王宗虞、方士人等，很早就来到会场，他们都已白发苍苍，但对母校怀念之情如炽。出席大会的校友有140人，约占《扬中校友通讯》所载的在京校友的75%左右。年过半百的占半数以上，不少人已年逾古稀、寿登耄耋。毕业于五十年代的中年校友，正当盛年，构成了大会的中坚。他们自称“小字辈”，待高龄校友如师长，争相扶将，问寒问暖，乐也融融。会场里到处是欢声笑语，说不尽的游子情，道不完的别后话。尽管年龄不同，职务有别，总是同窗情谊珍贵，负笈华年难忘，同感母校教育恩深，同赞母校树人业绩。

这次大会的筹备时间虽短，但三五届校友张刚和三六届校友毕朔望联名倡议成立扬中校友会北京分会的信件发出以后，立即得到校友们的热烈响应。武衡校友当天下午出国，本拟上午到会，后因身体不适未能如愿，派人奉函向大会祝贺。五六届校友汪云，是我国第二批女飞行员，当天原有飞行任务，经过安排调整，从数十里外的远郊赶来参加会议。有的校友抓紧处理完出差公务，千里迢迢赶回北京，来到会场。不少校友出差外地，百忙中来信向大会请假；一位去西藏办理公务的校友，还通过家属专函向大会致贺。

上午九时正，大会开始，由张刚校友主持。忽然间，有人大声建议，一概用扬州话发言。顿时掌声雷动，乡音四起，各项议程便在家乡话中顺利进行。

首先毕朔望校友报告分会筹备经过，并提出分会章程（草案）。经大会审议，原则通过，交由理事会研究定稿。

第二项议程是讨论机构设置，推举负责人。到会校友一致推举胡乔木校友为北京分会名誉会长。为了便于联络，又按毕业年份分为五个届段小组，经酝酿提名，选举产生了理事会：武衡校友任会长，毕季龙、张刚、毕朔望、王竹琴四位校友任副会长，许絲等九位校友任理事，另保留理事空额一名待以后补选。

第三项议程是倡议建立扬州中学校友总会。第四项议程是倡议设立扬中校友教育基金。三五届校友早在去年就提出设立扬中校友树人奖学基金的倡议，并已筹集到4000元基金。会上宣读了他们的倡议书，博得大家的赞扬，决定交理事会研究，及早以北京分会名义向各地分会发出倡议。大家用热烈的掌声通过了三、四两项议案。

随后，黄应韶老校友应大家的要求发言，

他列举事例，盛赞母校八十多年来为国家、为社会育才树人的光辉业绩。接着，请应邀出席的母校代表陆丕文校长讲话。他首先代表全体在校师生向大会致以热烈的祝贺，又简要地介绍了母校近年来取得的成绩、教育改革的进展和今后的发展计划，最后他希望广大校友继续关心和支持母校的各项工作，使扬州中学在建设祖国、振兴中华的伟大事业中作出更大的贡献。他们的发言，都赢得了热烈的掌声。

十一时半，大会宣布结束，全场起立，同声高唱母校校歌："襟江带海，从古数扬州，今更作人文渊薮……"。歌声伴遐想，直入云霄。会后，全体校友和来自母校的两位使者合影留念。

会议虽已结束，大家兴致未尽，校友们成群捉对，把手交谈。有的相约来年母校八十五周年校庆时在大汪边相聚；有的建议今年秋天举行在京校友聚餐会；还有两位校友悄悄商量，迅即向扬中校友教育基金捐输，其中一位当场交出五十元。几位校友向副会长建议：希望发挥校友科技力量的优势，以扬中为基地造福桑梓。几位常与海外通信的同志，相约把大会盛况以及两项倡议及早告诉海外的校友，并让在台湾的校友们也能知道这一喜讯。

时已过午，人影渐稀。这次大会畅叙了友情，重温了母校的教育深恩，交融了对母校的赤子之心。有对联一副为证：

"人近紫垣，聚三千子弟，
永忆芜城尊正雅；
春临碧廊，借二分明月，
乐观英物蔚中华。"

扬中校友会北京分会的成立，是继扬州合肥、南京校友分会成立后的又一次号角，它号召扬中校友们进一步携起手来，为兴教励学、为母校事业的发扬光大，为中华的振兴，作出更大的贡献。

（北京分会供稿）

上海

江苏省扬州中学校友会上海分会，经过一年多的筹备，于1986年5月25日下午，在上海市机电工业管理局党校召开校友大会，宣布正式成立。

大会原订一时半开会，但十二时二十五分，就有校友怀着急迫的心情跨进会场。五时半大会结束，六时多还有不少校友留连忘返，寻找当年的同窗细语交谈。许多校友在会场主席台前摄影留念。

会场可容纳两百多人，原先估计出席者不会超过这个人数；可是，不仅座无虚席，而且在门口、走廊还站了不少人。到会者有众多双鬓染霜、乃至白发苍苍的二十年代至四十年代的"老学生"，也有七十年代毕业，在上海攻读学位的年轻研究生。六十岁以上的占了半数左右。肖启超校友因患偏瘫卧床已久，接到开会通知，异常兴奋，早就关照家人陪送，当天又特地请了邻居共同推扶轮椅，从远达六、七里的家中赶赴会场。有的校友还特地写诗作词张贴在主席台前。外地校友分会和校友，也纷纷来信表示祝贺。

母校及扬州分会派来了三位代表，现任校党总支书记、校友会扬州分会副会长李久翔发表了热情洋溢的讲话，并代表母校师生员工向与会者赠送了树人堂照片。母校的另一位代表还宣读了初中二年级全体少先队员给大会的贺信，并向大会主席团赠送了三面鲜艳的红领巾。

大会由筹备组副组长胡良家主持。在宣读了分会名誉会长、分会顾问的名单以后，名誉会长周志宏及部分顾问在掌声中登上主席台。1916年八中第一届毕业、九二高龄的姚尔玉，作为最老的校友，也在主席台就座。大会开始，放送了庄严、隆重的校歌录音，勾起对母校的深切怀念之情。接着筹备组副组长王永生汇报了分会筹备经过，筹备组组长钱春暄就分会成立后近期的工作打算作了报告，并就分会会章草案与第一届理事会候选人名单作了介绍与说明。

大会通过分会章程、选出第一届理事会成员后，即自由发言。发言者十分踊跃，有几次发生两名白发校友争先用话筒的情况。好多校友在发言中回顾当年的学生生活，以无比激动的心情感谢母校老师的精心培养，有的还向姚尔玉老师深情鞠躬致意。

中途休会时，校友纷纷开展找同窗话别情的活动。刚当选的第一届理事会成员召开第一次会议，推选十七名常务理事主持日常工作，并推钱春甫任上海分会会长，王永生、方开淇、华增甲、胡良家任副会长。大会复会宣布推选结果时，获得了长时间的热烈掌声。会后，校友们又继续开展分散活动，直到夜幕降临。校友们离开时纷纷表示："这是一次终生难忘的盛会"，"又一次回到了同窗们身边，回到了青年、少年时代！"

（上海分会供稿）

南京

一曲"八根芦柴花"，勾起在宁校友对乡土与母校的眷恋之情，把校友们带回到大汪边畔、树人堂前……

1985年8月25日，扬州中学在宁400多位校友，借南工演讲厅，举行南京校友分会成立大会。会上选举了三十多人组成委员会，推举十一位前辈为名誉会长，仲天恽为会长，朱万福、邹荫辛等八位为副会长。

25日清晨，校友们从四面八方聚集南工。很多老校友一早就赶到会场，老校长赵定连外衣都未及更换就赶来参加，不少校友因公出差都纷纷来信祝贺。到会校友中，最年长的八十一岁，最年轻的十八岁，跨越半个多世纪共聚一堂，畅叙同窗友情和对母校的怀念。大会在热烈隆重的气氛中进行，朱万福校友致开幕词，接着宣布了组织机构和会章。仲天恽会长讲话。扬州中学陆校长代表母校向大会祝贺，扬州分会、合肥分会代表也到会祝贺，上海、无锡筹备组发来贺信。母校还带来了小型文娱节目助兴，并向与会者赠送树人堂照片。在宁校友肖翰芝、庄如珍、李文芳均登台献艺。

会后，分届照相进入高潮，校友们自动按毕业年份集合在一起，忙坏了两位摄影师，将这些难忘的景象一一摄入了镜头。

（南京分会供稿）

各地校友分会章程

本期摘登部分校友分会章程，目的一是相互交流工作情况，二是为今后草拟总会章程作点准备。扬州分会章程已载第6期。

——编者

北京分会章程

二、宗旨：联系海内外校友，促进交流，兴教励学，光大母校，服务社会，振兴中华。

三、会员：……会员有选举与被选举权，参加活动权，审议、评议、建议等权，也有贯彻本会宗旨，执行决议，交纳、资助会费等义务。

四、组织：全体会员大会为最高权力机构，每二年召开一次。常设机构为理事会，理事由全体会员大会选举产生，任期二年。理事会设名誉会长若干人，会长一人，副会长若干人。理事会每年召开一至二次，由会长、副会长商定召集。

理事会下设秘书、总务两个组，人选由理事会协商确定。

上海分会章程

第一条　性质、宗旨

3.本会宗旨是：加强校友间的联系、团结与协作，推动校友间从事文化科技等业务合作，开展面向社会（尤其是面向家乡）

的文化科技咨询等服务活动，为振兴中华、实现四化贡献力量。

第二条 会员

2.会员有如下权利：

（1）在产生本会理事会成员时有选举权。

（2）监督本会各项工作，提出批评和建议。

（3）参加本会举办的文化科技咨询等服务活动。

（4）领取本会编印的通讯录等书面材料。

3.会员有如下义务：

（1）向本会提供校友和本人信息，参加各项会务活动。

（2）提供资料，协助母校编写校史。

（3）交纳会费。

第三条 组织机构

1.本会民主推举有各种代表性的理事三十人左右组成理事会，由会员大会通过产生，任期三年。（连选得连任）

2.理事会选举会长一人，副会长三至四人；秘书长一人、副秘书长二至三人。并从理事中推定常务理事十至十五人，组成常务理事会，主持日常会务工作。

3.由理事会聘请名誉会长二至三人，顾问若干人。

4.在秘书长、副秘书长主持并分工负责下，设如下办事机构：

（1）联络、秘书组 负责本会校友间，以及和校友总会之间的联络事宜，以及本会的有关秘书工作。

（2）咨询服务组 组织本会校友开展并承接各项文化科技咨询等服务事宜。

（3）财务组 负责接受校友经济资助、收取会费、负责本会各项活动中的有关经济，财会事项。

以上各组负责人以及成员由常务理事会从校友中聘请。

第四条 活动方式

2.以原读书年级（或相近年级），并以校友所在的单位或行业为小组的分散活动为主要活动方式，适当开展集中活动，全体会员大会暂定每年举行一次。由联络组聘请各小组联络员，组织有关经常性活动。

3.咨询服务组根据社会需要与校友本人志愿，组织文化科技咨询等服务项目。

合肥分会章程

二、宗旨

联络感情，发扬传统，互通信息，促进交流，光大母校，振兴中华。

四、会员的权利和义务

（1）享有本会的选举权和被选举权。

（2）参加本会组织的各项活动。

（3）对母校及本会的工作提出意见或建议。

（4）遵守会章，按时交纳会费。

（5）关心母校的发展和校友会的工作，执行本会的决议。

（6）积极向《扬中校友通讯》撰写稿件。

五、领导机构

本会设委员会为领导机构，委员会由正、副会长及委员若干人组成。委员会可按工作需要分工，负责本会日常事务。委员会经酝酿协商后，由会员大会选举产生。

继续汇来或送来赞助款的校友名单

汪益基	李传铭	马树仪	孙升荣	戈兆文
秦裕琪	汤靖孙	宋家泰	陈丙咸	鲍训善
曹　真	赵有守	胡友钰	刘式适	刘式达
钱根奎	章周芬	陈尔寿	王志燊	杨汝婉
周　泉	顾　澄	赖锡海	翁保荣	袁裕生
厉鼎由	孙默彬	晏贞晋	汤正洪	陈宜志
王长芝	蒋同生	朱余钊	周叔举	汪树人
韩宝源	阮锡根	宋国骏	姚　静	刘能宏
张　度	周恩宽	程五凤	方土人	刘秉琨
毕朔望	卜士铨	江淑芳	徐锡田	赵定一

各地校友分会负责人名单

北京分会

名誉会长　胡乔木
会　　长　武　衡
副 会 长　毕季龙　张　刚　毕朔望
　　　　　王竹琴　范永祚（[illegible]）
理　　事　许　[illegible]　王章锜　滕传珩
　　　　　吴得辰　脱若男　韩大年
　　　　　杨淑英　朱永珙　缪秋惠
秘 书 长　张　刚　毕朔望
副秘书长　王竹琴　杨淑英

上海分会

名誉会长　周志宏　朱物华
顾　　问　任有恒　严灏景　宋原放
　　　　　支秉彝　于在春　胡焕庸
　　　　　褚绍唐　陈汝衡　顾岳中
　　　　　周玉坤　廖云汉　袁裕生
　　　　　刘　刚　陈钟颉　王兴蔚
　　　　　杭炳坤　吴　棠　钱春绮
　　　　　徐佩玖　李祥瑞
会　长　钱春暄
副会长　王永生　方开淇　华增甲　胡良家
理　事　夏复修　章兆洪　冷大章　阮寿三
　　　　苏学俭　茅初文　魏允和　张楠森
　　　　宫玉和　刘锡中　韩寿钱　曹　溶
　　　　向明生　成安生　周元聪　李　洪
　　　　王　炎　严绍宗　丁锡玚　杜荷生
　　　　高　敏　居乃琥　梅和贵　朱大刚
　　　　童荣郁　张吾赟　徐　灼　王万涛
　　　　朱全超　王宗德
秘 书 长　王宗德
副秘书长　张吾寅　阮寿三　刘锡中

南京分会

名誉会长　鲍汉青　高　鸿　张允然
　　　　　程　仪　羊达之　杨德和
　　　　　陈悫哉　徐　镳　王能斌
　　　　　吴　叨　潘名嵩
会　　长　仲天倬
副 会 长　朱万福　张　平　吴德翔
　　　　　邹荫辛　朱禄海　汤瑞峰
　　　　　王明生　王明宏　朱　永
理　　事　陈立人　肖翰芝　郁祖庚
　　　　　张村生　林德瑗　朱　琳
　　　　　高尚书　刘秉琨　景　雷
　　　　　关　庸　王长远
秘 书 长　朱康英
副秘书长　刘恩荣　耿引鸾　孙宅巍
　　　　　戴鸿贵

扬州分会

会　长　黄应韶
副会长　许仲长　孙金绥　李久翔
委　员　李为扬　张　立　锁国良　徐泰来
　　　　朱懋伟　丁家桐　唐家实　顾　强
　　　　汪　珩　薛　钜　曹生林　崔如松
　　　　沈汉川　潘天骐　胡宏飞　李福康
　　　　丁建民
秘书长　丁　让
副秘书长　刘德林　李岫云　胡凤天
　　　　　徐振东　陈本豪

合肥分会

会　长　戴　岳
副会长　周绍书　蔡秉久
委　员　吴　湜　秦安之　曹文祥　江泽慧

金宜庄　凌德海　滕永华　章兆洪　丁长乐
曹世祐　王光宪　方松寿　毛振荣　扬文娴
崔济亚　林炎武　翟为霖　夏振镛　周兆祺
凌　霜　徐长徐　吴毓瑞　梁允宜　蔡文锦
顾本广　邱世茜　王光铭　刘大卫　吴　文
陈真如　王宗虞　毕季龙　刘琴甫　柳大纲
王遐容　佘明庚　陆友聃　王章锦

共84人　1333元

北京校友分会致母校和校友的信

陆校长请转母校师生员工同志、各地校友分会、校友们：

你们好！

扬州中学在北京的校友已在今年4月6日成立了扬州中学校友会北京分会，推举了胡乔木校友为名誉会长，武衡校友为会长，并通过了北京校友分会章程。

本着“联系海内外校友，促进交流，兴教励学，光大母校，服务社会，振兴中华”的宗旨，我们向你们热情致候并提出如下倡议，希望得到你们的支持和合作。

一、建议及早成立扬州中学校友总会。

二、建议在1987年母校成立85周年之际，举行有意义的庆祝活动，包括校友返校活动。

三、建议在三五届校友倡议和行动的基础上，设立以兴教励学为目标的校友树人教育基金，在母校全体校友中筹集，争取在85周年校庆前有一定规模。为此建议由现任母校校长为主要负责人，迅速与各地校友分会协商，成立筹备机构。

让我们携起手来多作努力，以求贡献。顺致

敬礼

扬州中学校友会北京分会

1986年7月

为母校出力

——王超然校友的建议

6月12日上海校友分会开理事会，讨论开展工作问题，校友王超然（上海纺织大学教授，上海高校电教会名誉理事）发言，认为校友爱母校，能为母校出力，是大家的愿望，筹集奖学金对振兴母校是一件有力的措施。他1959年起搞电化教育，先后拍摄“机械制图”教学影片二十多部，放映拷贝几千本，全国工科高等院校普遍使用，效果很好，深受欢迎，现还在拍新片。他建议将这一经验用于普教，效果更可突出，影响面也更大。关于制片的安排，他作了一系列的联系，商请制片厂投资赞助，母校负责选题、组稿、征订。搞成后教学生动活泼，质量提高，也为奖学基金开一来源，一举两得。请母校研究决定，上海校友当全力支持。

我的愿望

胡宏勋

我1936年土木工程科毕业，现年73岁，离开母校整整50年了，回忆往事，犹如昨天。

我出身贫苦，从小在南京贫儿教养院长大，初中毕业成绩优良，被资助投考扬中工科。读了一年多，贫儿院因经济关系，停止资助，我只得投考邮务佐，在徐州邮局干了一个多月，学校领导得知后，决定对我进行资助，才得以返校读完学业。我之能有今天，全是母校栽培的结果，一直感念于怀。

我现已进晚年，并已退休，子女也都工作，成了家，日子比我年青时好得多了。我想将个人的一点积蓄交给母校，作为清寒助学金，虽然为数不多，但若能得到广大校友的赞助，则前景大有可观。特此来到母校申请，以了却我的平生愿望。

扬州中学校友树人教育基金章程（草案）

（征求意见稿）

一、本基金定名为“江苏省扬州中学校友树人教育基金”。

二、本基金宗旨为：发扬传统，兴教励学，尊师爱生，奖掖进步。

三、本基金向海内外所有扬州中学（包括其前身、各时期分支教学单位及附属单位）的校友开放征集。热心教育、关怀扬州中学教育工作的人士、团体，慷慨赞助，共襄盛举，自更属欢迎。

四、本基金由扬州中学树人教育基金理事会统一主持管理（包括厘订规章、规划，保管，使用）。具体事务商请并授权现在和今后的江苏省扬州中学办理。

五、本基金在扬州中学校友教育基金理事会授权与监督下，由扬州中学具体负责管理。

六、本基金近期征集总额暂定为____万元（具体数字待各方公议商定）。

校友活动

△1985年8月11日上午8时，五二届初中、五五届高中部分在扬同学及回扬探亲、出差的外地同学七十余人，于离校三十、三十三周年之际，聚首于母校之接待室。在宁工作的杨作桂、在泰州工作的方明二老师专程到会，作了热情洋溢的讲话；扬中校长也到会向校友表示祝贺和欢迎。与会校友，久别重逢，分外亲切，或促膝倾谈，或即兴发言，畅叙别情，无限欣慰。十一时许，全体校友和老师在树人堂前合影，中午在邗江招待所用膳，并商讨今后活动计划。一致希望继续加强联系，不断增进友谊，互通信息，互相协作，为四化建设多作贡献。最后，与会同学对这次聚会的组织者臧珠龄、余东向、刘式模、张如兴等不辞劳苦的为大家服务表示由衷的感激。

△1985年国庆前夕，来自祖国各地及海外四五届同学三十余人，为纪念毕业离校四十周年，欢聚于扬州个园，畅叙别后衷曲，回忆往昔情景。想昔日同窗，年方弱冠，而今均已花甲，不禁感慨系之：为了联络感情，除今后多加联系外，并相约每三年聚会一次。

深感母校培育之恩，同学特联袂回母校看望，听取校长介绍母校情况及发展前景，倍感欣慰，并在树人堂前摄影留念。

△三五届同学毕业五十周年纪念会，于85年10月27日至29日在扬州举行。到会三十九人，有九位偕夫人前来，加上扬州一对夫妇，共有十对伉俪参加盛会。

前一日，母校在汽车站设立接待站，专车迎接，在扬同学在汽车站、珍园宾馆、萃园宾馆迎候。阔别五十载，相见不相识，自报姓名，相互执手对视良久，激动之情无以言表。

第一天，先在树人堂前全体摄影，又分组摄影，继而在接待室开纪念会。会场布满三五届同学寄来的诗词与照片，还有凭吊何懋勋烈士的悼念诗词。扬州校友分会副会长许仲长致欢迎词，张立同学报告筹备经过，母校学生演出精彩文娱节目，最后魏伯勋同学独唱校歌，与会同学随声附和，仿如回到五十年前。下午母校欢迎大会，少先队鼓号相迎，高中部全体学生参加，树人堂内济济一堂。扬州市黄市长亲临大会，祝副市长作了讲话，母校陆校长致欢迎词。三五届校友向母校献旗献礼。旗书"饮水思源"四字，由胡柯同学赠送五台苹果二型计算机及集体筹得的四千元奖学基金。大会开得隆重热烈。

第二天游园，天公不作美，细雨蒙蒙，偶夹中雨，所有同学及夫人仍兴致勃勃，一路参观博物馆，一路雨游瘦西湖。十时许会合于平山堂烈士陵园。瞻抑何懋勋烈士遗像。由黄邦榦同学介绍烈士牺牲经过，王兴世同学口占七绝悼念英灵，读时泣不成声，其他同学亦均感伤泪下。还有刘毓璠烈士，遗像虽不在扬州，大家心中也都默默地悼念。下午原订参观仪征化纤厂和江都水利枢纽工程，因雨阻改为参观扬州漆器、玉器及工艺三个厂。当晚，同学们又集会讨论奖学基金名称，定名为"树人奖学基金"。并作出二项决议：一、发起征集"树人奖学基金"，二、印发三五届同学纪念册。胡柯同学谈他打算把盛会情况传给在台湾的同学。

第三天分别活动，部分同学被有关科技学会、工厂请去座谈，其余则在母校听课，与母校领导、教师座谈改进教学意见，参观校办工厂、实验室、图书馆等。晚由扬州市各系统、扬州校友分会公宴，符副市长出席了宴会，筵间交相酬酢，气氛十分热烈。并穿插以精彩表演，先由解放后各届校友唱歌，继则三五届校友跟上，有魏伯勋、吴征珏、夏月英、张立合唱校歌，沈达昕唱京剧"打渔杀家"，魏伯勋独唱扬州道情，吉遵仁独唱英文歌，还有黄邦翰、张金堂等同学背诵兰亭集序、化学元素替代表等。节目缤纷多采，大家尽情欢笑。灯阑席散，还依依不舍，不愿离去。

30日外地同学各整行装，在扬同学长亭送别，再次握手，各自黯然。大家希望五年或十年后能再相聚；希望台湾同学们能早日归来欢聚，希望同学们都能相机对母校予以支援，广泛宣传、征集基金。

每逢佳节倍思亲。87年2月14日（正月初六）下午，扬中校友会合肥分会举行茶话会。来自合肥、蚌埠、安庆等地三十位校友济济一堂，欢庆虎年新春，畅叙校友情谊，未能与会的校友亦写信请假和表示祝贺。

茶话会由分会会长戴岳主持，副会长周绍书朗读了他和黄同荫写的一首献诗："谊重同窗此聚欢，心声总属大汪边。树人堂里弦声缓，口字楼中教学严。画舫春风西子瘦，丛篁秋雨蜀岗寒。津津五十年前事，向上求知更灿然。"老校友王石城，吟诵他挥毫书写的《青玉案》"年来长愿扬州住，好瞻仰青庚、素，（指烈士江上青、徐庚、陈素）政策英明磐石固，献身四化，并肩齐步，更上高峰路。喜闻校友五洲布，今日庐阳又会晤，难忘树人成长处。平山红日，四桥烟雨，美景搜无数"。都赢得全场热烈掌声。当获知校友江泽慧的兄长、上海市长江泽民也是扬中校友时，大家十分欣慰。从安庆古城赶来的吴道元校友，带来了几条洁白、蜜甜的大糕，给茶话会增添了欢乐气氛，正如他所说："糕小意大。祝前辈校友发挥余热；祝中年校友再展宏图！"茶话会自始至终热情洋溢，春意盎然。

根据与会校友的倡议，分会打算今年10月17日再次举行联谊会。周绍书即兴赋诗，表达了大家的心愿："共同语言，思念扬中。求知向上，化雨春风。思源心切，语重情浓。相期结伴，重访游踪。"（均据校友来稿）

短讯　近年来，各地校友频频聚会，沪三六届，宁、扬四五届，扬五〇、五一、五二、五四届，五九届部分班级，六四届，六六届部分班级，八一届部分班级等，均进行了各种形式的活动。

扬中校友通讯

第 9 期　1991.12　江苏省扬州中学校庆筹备办公室

下期要目

一、乔木同志最新题词
二、校史简介之七
三、九十大庆筹备消息
四、片羽集

江总书记为母校九十华诞题词

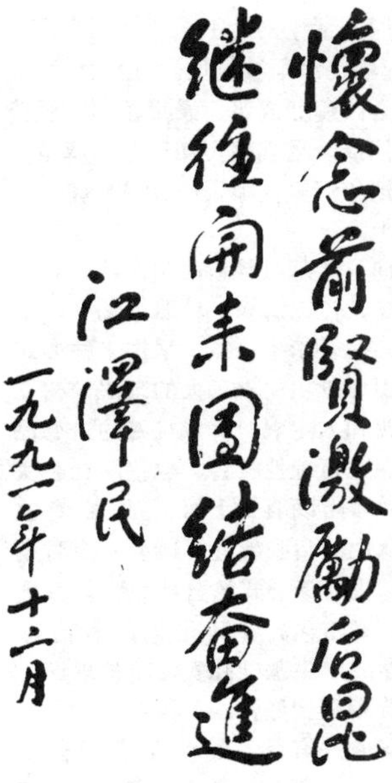

（原大138×69厘米）

校长寄语

一九九二年十月十七日为我校建校九十周年纪念日。

我们的校友江泽民总书记，为纪念母校九十华诞所作的光辉题词，首先是对海内外广大校友的热切问讯，是我校九十大庆的总体纲领，也是我们办好新时期的扬州中学、迈向廿一世纪的指路明灯。

亲切的关怀，巨大的鼓舞。全校师生，精神振奋，黾勉从事。广大校友，热情百倍，鼎力襄赞。尤其令我感动的，是中央、省、市有关部门和领导的关注与支持。我们这所古老而年轻的学校，始终跃动着活泼泼的生命力，可以相信，她必将获得长足的发展，永葆其美妙的青春。

亲爱的校友们，我们的心是为着共同的目标而一道跳动的，希望《校友通讯》继续成为我们联系的纽带。

腊尽春来，祝大家新年快乐！

佳期在即，举双手欢迎诸位！

萧咸宁

一九九一年十二月三十日

△　市委市府对本校九十大庆极为重视。代市长李炳才在琼花节期间向中外记者宣布，扬州中学90校庆被列为92年市级两大庆典之一。

△　为筹备校庆，本校领导分批拜访了北京、上海、南京、扬州等校友分会，走访了杭州、武汉部分校友。

△　本校自今年始单独提前招收高一新生90名。

△　今年本校高考到线率95%，其中理科本科67%，文史、外语类60%。

△　本校首届教代会于11月开幕，通过五年发展规划，全校师生决心把扬中办成第一流的社会主义学校。

校史简介
之六

光辉的十七年

新中国建立以后，扬州中学经过整顿改造，党、团组织的建立，抗美援朝运动等所进行的爱国主义教育，逐步走上社会主义轨道，成为一所实验性和示范性的普通中学。初称苏皖边区二分区立扬州中学、苏北扬州行政区立扬州中学、苏北扬州中学，1953年称江苏省扬州中学，学校负责人为黄应韶、赵定、张允然、孙金铭、管惟吾、王建白等同志。除普通科外，先后设工商合作科、水利工程科、数理专修科、土木工程科、机械工程科、电机工程科。1951年，扬州市中学（原羊巷县中）并入，工商科划出。翌年，职业专科全部划出。1955年，张卓如接任校长，其他负责同志有厉志云、郑蔼如、张铎、胡季洪、李久翔、吉彭信等。“文革”前的十七年，继承和发扬本校优良传统，全面贯彻党的教育方针，总结和积累了丰富的教育、教学经验，耸起了我校发展史上的又一座高峰。

教学上总结了“四个为主”的基本经验，即“学校工作以教学工作为主，教学工作以课堂教学为主，课堂教学以教师讲授为主，教师讲授以讲授课本为主”。以教学为中心，一是思想上明确，二是工作上体现，三是制度上保证。课堂教学是学校工作的主要阵地，关键是抓住备课，要求做到“五备”：备教材、备学生、备教法、备实验、备作业。教师讲授遵循“少而精”、“启发式”的原则，注意从实际出发，防止主观主义，抓住重点，防止平均主义，讲究实效，防止形式主义。讲授内容以课本为主，教师熟悉教材的内在联系，依据教学大纲，明确教学目的，不离开教材刻意求深，也不忽视效果赶进度。“四个为主”是落实“调整、巩固、充实、提高”八字方针的行动口号，尽管还不够完善，但在当时是实事求是的，促进了教学质量的提高，具有一定的影响。

为了切实提高教学质量，在努力建设优良学风的同时，着重建设一支高质量的教师队伍。“虚心求教，刻苦钻研，一丝不苟，持之以恒”（或简称“虚心、刻苦、踏实、经常”），四句话十六个字，印在班主任手册扉页上，张贴在每个教室里，渗透教学全过程，深入人心，蔚然成风。录用教师，坚持德才兼备的标准，重视落实知识分子政策，并通过考核逐年调整，师资一直保持在一个较高的水平上。

德育方面，“从具体情况出发，扎扎实实，坚持不懈，点点滴滴，精雕细刻”，形成了好传统。适合学生特点，采用多种形式进行教育，引导学生树立远大的理想，树立正确的世界观和人生观，养成良好的道德品质。既讲道理进行理性教育，也接触社会实际进行感性教育；既有自上而下的宣传教育，也有群众性的自我教育；既有一定时期的集中教育，也有谈心式的分散教育。系统化，多样化，经常化。春风化雨，禾苗茁壮。扬州中学的学生基础扎实，精神卓异，走出校门，普遍受到好评。

学校管理井井有条，各项工作，有组织，有计划，分头落实，各负其责。党支部一班人以身作则，从严治校。严，首先从领导干部严起。干部每季度过一次民主生活，开展批评与自我批评，接受群众监督。校长深入教研组，深入课堂，几乎每天必巡视操场、教室、宿舍，发现问题及时解决。有的干部还同学生同吃、同住、同劳动。总之，要求师生做到的干部首先做到。干部身正，不令而行，学校上下，形成严谨有序、积极进取的浓厚空气。扬州中学以其熠熠的光辉，引人瞩目，与另三所重点学校一起被人们誉为江苏省的“四大名旦”。

人物志

从严治校
以身作则

张卓如校长

（1905—1990）

张卓如，江苏无锡人，早年就读于江苏省立第三师范学校、上海惠灵英文专修学校。青年时期在家乡从事教育工作。1939年投身抗日斗争，1943年加入中国共产党，历任江南抗日义勇军独立支队副官主任、锡澄行署主任、中共锡澄工委书记、无锡县县长。1955年调任江苏省扬州中学校长，1971年主持扬州市鲁迅中学（扬州师范学院附属中学）工作。晚年离休回乡，是江苏省第三、四届政协委员，无锡市政协副主席。他办学尊重教学规律，重视师资，善于总结，作风深入，雷厉风行。选用教师注重师德和实干精神，每届暑假，一批调进，一批调出，习以为常。失职者会被批评，甚至很严厉，但心服口服。困难者，或家事，或婚事，不必启齿，也会得到及时帮助。要求青年教师听超前课，挑重担子，又红又专。对老教师多方关心，某年农忙，老教师到农村“下马看花”，他为之先期安排住宿，汽车接送，还专派一名厨师照顾用餐。注意总结本单位的实践经验，主持扬州中学时，总结了“四个为主”的基本经验，以及思想政治工作、中小学衔接、校风学风等方面的经验。有些人舍近求远，他幽默地说：“本地胡椒勿辣人！”喜欢“蹲点”，选择一个教研组或一个班级，参与全过程，借以了解情况，取得经验，指导面上的工作。数九寒天，大清早，会看见他在操场上散步；炎夏大忙，在校农场里，也会看见他头顶草帽的身影。桃李不言，下自成蹊。在师生中他享有崇高的威信。因此，校风正，质量高，难道是偶然的吗？

通讯

相聚时难别亦难

我级级友离别五十四年以来的第一次大团聚，经过一年多的酝酿筹备，终于在1991年5月6日至11日在扬州实现了。

参加聚会的共十三人（包括两位夫人和一位胞妹），来自北京的三人，大连二人，西安二人，武汉一人，南昌一人，上海二人，南京一人，扬州一人。当初我们一起在扬中求学，别后分散在全国各地，数十年后，重新相聚，确实不易。

5月6日下午，当大家陆续来到的时候，各人喜悦兴奋的心情，难以言喻。多年不见，已互不相识，一经介绍，好象立刻回到了求学时代，不象是年逾古稀的人了。

许仲芰老师已年届耄耋，仍精神矍铄。我们为他祝寿时，他侃侃而谈，从过去谈到现在，从现在谈到将来，对社会主义充满了信心，无异给大家又上了一课。敬祝许老师、许师母寿比南山松不老，福如东海水长流。

母校对级友回访的重视，使大家深受感动。几位校领导全面介绍学校情况，自始至终陪同参观校容校貌，最后，还盛情款待。级友们感激万分。

聚会中，各人除畅叙别后情怀，还回忆了过去报考学校、入学口试、老师教学、同窗学习以及平山堂脚下的水文测量、泰县土地测量和二年级暑期学习等情况。大家深深感到：我们各人所以能对国家和人民有一定的贡献，这与母校给我们打下的良好基础是分不开的。为此，我们更加怀念母校，热爱母校。

我班原有同学近五十人，现能通讯联系者计十八人，已知作古者十二人。我们对这十二位同学一一追忆，深表怀念，不禁潸然泪下，窗友之情，不啻手足！

在扬期间，大家还游览了瘦西湖、观音山、平山堂、盆景园、个园、何园等风景名

缘　起

幼年窗友各东西，别后难逢音讯稀。
于今已属离和退，相约重来访故校。

相　见

分别而今超半纪，当年青鬓换银丝。
同窗相见不相识，不报芳名互不知。

师　说

乍见诸生喜倍增，心情激动意谦诚。
退之《师说》重宣讲，要称同志免先生。

晤　谈

分明都是白头翁，相聚依然胜弟兄。
某老某公都不见，直呼名姓话西东。

返　校

树木树人浑一体；楼堂馆舍景添新。
无数英才从此出，愿吾母校万年青。

工科三五级校友　吴　润

游子篇

通讯

六四届校友联欢侧记

今年五一劳动节，全体在扬的六四届老同学并当年的老师、领导在扬州职业大学校园内举行联欢会。这天，阳光明媚，微风拂煦，一个个喜气洋洋地前来参加盛会。平时难得一聚的校友们见面异常亲热，其乐融融，仿佛又回到了二十多年前风华正茂的年月。

这次聚会一方面为了联络感情，另一方面为筹备明年的母校九十周年大庆献计献策。会议由原高三（5）班的潘天琪同学主持，全体老同学再次聆听了敬爱的老师们的教诲。会上先由老书记李久翔同志对母校的历史作了回顾，接着由现任书记、校长萧咸宇同志通报了母校近几年的发展情况及今后打算。他还兴奋地告诉大家，老校友江泽民总书记在全国少代会期间亲切接见徐国英老师的情况。校友们听了深受鼓舞。在会上发言的还有王家槐、高安德、刘立人等老师。王、高二位老师表示自己虽已离开或即将离开教坛，但欣逢改革盛世，仍要为教育事业做一点力所能及的贡献，真所谓："老骥伏枥，志在千里"、刘立人老师不失当年的滔滔雄辩，更添几分幽默地引用了《陈涉世家》的"苟富贵，毋相忘"一语，要求老同学们无论在工作上，还是在生活上互相帮助。同时，为了更能健康地工作，他还提出"三养"之说，即要注意：营养、保养、修养，大家颇受启迪。出席这次盛会的有许多老师，连七十八岁高龄的蒋正炘老师也赶来参加了，他至今神清气朗，记忆力极佳。

大会后，老同学们又按原班级具体磋商如何为母校尽力事宜，并与各自的班主任、任课老师合影留念。最后，当红日西沉时，大家互道珍重，依依惜别。

六四届校友　周向勤

胜，普遍感到与五十年前的扬州不能同日而语，尤其在参观市容后，觉得扬州街道建设很有特色，既有现代化的气息，又保持了扬州建筑独具的风格。总之，整个扬州城给人以整齐、清洁、优美、安静的感觉。

相聚时难别亦难，经过数日的团聚，最后又不得不洒泪而别，互祝健康长寿，在不同的岗位上继续发挥余热，愿数年后再见。

工科三五级校友　徐泰来

通讯

重温欢乐的校园之梦

六月九日清晨，星期天的扬中校园内，到处是欢声笑语。六七届一百三十余位同学，在离别母校二十三年后，又重新回到了她的怀抱。许多同学来自邗江、仪征、江都、高邮，有的自南京、靖江、宝应远道而来。同学们分别多年，乡音无改，鬓毛未摧，一见面就脱离了社会角色，你拍我的肩膀，我拉你的双手，热烈的问候声中还夹杂着学生时的浑名绰号，不惑之年的矜持与斯文无影无踪。置身美丽的校园，仰望巍峨的树人堂，追忆着美好的学生时代；看着法国梧桐又粗了几圈，挺拔的雪松又高了几许，禁不住迸出激动的泪花；徜徉于昔日的一字楼而今已为实验大楼取代的广厦之下，无不从心底赞叹母校的发展变化。千言万语汇成一句话：亲爱的母校，我们回来了！

上午九时正，绿荫中的大教室内，我们的联谊会在摄影机的灯光闪动中开始了。母校的新老领导萧咸宁、李久翔、陆丕文、李岫云和当年的班主任及任课教师代表，应邀出席了大会。书记兼校长萧咸宁同志首先热情洋溢地向校友们致欢迎词，并详细地介绍了校庆九十周年的筹备情况。老书记李久翔同志也满怀激情地和同学们共叙六十年代的学校生活，同学们非常感动。原六个班的代表分别发言，他们倾叙对母校和老师的感激之情，对校园生活的留恋之意，对同窗友好的眷眷之思。当年我们年轻，意气风发；今天我们力壮，志存高远。我们在各自的岗位上，无论是学识才干，还是道德情操，都得到了社会的承认和高度评价。我们的母校是人才的摇篮，我们为之骄傲，我们为之自豪，母校永远激励着我们奋发上进！我们要为光大母校，建设家乡，振兴中华，尽心尽力，贡献自己的最大力量。会上，同学们将一座1.8米高的落地座钟赠送给母校留念。随后是精彩的即兴表演，嘹亮的男高音独唱、娴熟的俄语歌曲、典雅的越剧唱腔、地道的扬剧段子……博得一阵阵掌声。往日的同窗，而今为伉俪，年级中的五对夫妻双双登台，向自己的老师和同学鞠躬致敬，他们在欢乐声中为大会又掀起了一个高潮。

中午聚餐，下午游览。相聚是短暂的，欢乐是永存的。我们不会忘记母校，不会忘记老师，不会忘记校友。让我们在一九九二年母校九十大庆的庆典上重逢吧！

六七届校友　李碧荣　陈玉茂　梅宽顺

各地分会来信

江苏省扬州中学校友总会（筹）：

江苏省扬州中学在西安地区的校友14名于1991年10月27日在陕西机械学院的水电学院会议室召开第一次座谈会，由沈晋学长主持。与会校友一致表示：

（1）鉴于西安地区的特定条件，决定成立江苏省扬州中学校友总会西安地区校友联络站，负责与母校校友总会开展经常的联络工作和促进在西安地区校友的联谊活动；推沈晋为主任，汪人和、李　楠两同志为副主任，以及宣宙、王永兰和王志英等共六同志处理联络站的日常工作，并希望总会刻制发给名为《江苏省扬州中学校友总会西安地区校友联络站》的图章壹枚。

（2）继续调查在西安地区的校友，要求校友们提供线索，扩大校友队伍，以便联系。

（3）决定筹款定制具有西安特色的文物——铜车马复制品壹件和发动校友撰文纪念1992年母校华诞。　此致

敬礼

江苏省扬州中学校友总会（筹）
西安地区校友联络站
一九九一年十月三十日

江苏省扬州中学校友总会（筹）：

今年五月来函收悉，程高棡、尹池清、张培立、虞传立等人均已取得联系，并在今年七月至十一月之间，共集会三次，主要议题是联络在太原的校友，酝酿成立江苏省扬州中学校友会山西省太原分会。

分会已于十一月二十三日正式成立，并选出分会会长、副会长、秘书长和副秘书长。分会会长程高棡（山西矿业学院教授）、副会长尹池清（太原太钢党委副书记）、朱国生（省财政厅高级经济师）、秘书长杨宗怡（太原建筑总公司副总经理）、副秘书长张培立（太原化肥厂高级工程师）、虞传立（太原煤矿设计研究院副院长）。

分会设在山西省太原市青年路东陵里五号太原煤矿设计研究院。邮政编码 030001 电报挂号 0024 电话 224131　228221转231　228129　联系人　虞传立。

十一月二十三日参加会议的校友，还围绕明年十月十七日学校九十周年校庆为议题，共同研究酝酿，根据校友各人的能力，群策群力，为学校尽微薄之力。特此呈报。

顺致

敬礼

江苏省扬州中学校友会
山西省太原分会

1991.11.28

△　41届校友季承基，对海峡两岸校友的联系十分关心，今年曾两次致函中央领导，提出必须加强大陆与台湾的三通，受到有关部门的赞赏与支持。季学长表示要为两岸之间的校友联络多作贡献。

△　台湾扬中校友会的校友们，关心大陆校友会情况，常有来信，并寄来校庆60周年纪念册。

△　姚尔玉老师96寿辰，在沪受教学生尤钟骥、蔡国谟、华增甲、张吾莫、阮寿三、刘锡中、张楠森、成安生等同往祝贺。

△　各届校友纷纷开展活动迎接即将到来的九十校庆。工科35级、46届、51届、57届、64届、65届、66届、67届、70届、75届、79届等校友陆续集会，表达对母校的一片深情。

△　51届校友，经过近一年的精心准备，今年10月16日—17日，七十多位校友从祖国四面八方来到扬州，欢聚于母校。同学们邀请母校领导和许仲蕃老师一起参加，感谢母校和老师对自己的培养和教诲。会餐、游览，两天实在太短了！17日傍晚，大家依依惜别，相约九十周年校庆再会。

△　56届留扬部分校友决定将节电新产品BZD型“末端补偿”电容器给母校校办厂生产，所得利润的大部分赠给母校，作为九十周年校庆献礼。

△　今年回校访问的台湾及侨居海外的校友有：35届胡声求、36级彭宝良、36届孟繁森、40届的沈兆龙等。

△　近悉中科院新增学部委员中，有我们的三位校友荣获此最高学术称号，他们是李德平（数学物理）、黄纬禄（技术科学）、童宪章（技术科学）。已知的老学部委员有：胡乔木（社会科学）、周志宏（技术科学）、朱物华（技术科学）、黄鸣龙（化学）、李方训（化学）、柳大纲（化学）、王葆仁（化学）、吴征铠（化学）、吴征镒（生物）、朱亚杰（化学）、武　衡（地学）、谢义炳（地学）、高　鸿（化学）。这样，我们共有十六位校友是中科院学部委员。

△　校友会（筹）业已申请到社会团体登记证。内容如下：社登字143号。扬州中学校友会符合中华人民共和国社会团体登记管理的有关规定，准予登记。扬州市民政局。

校庆筹备工作简况

校庆筹备工作，着重抓以下四件事：

一、开辟校史陈列馆。在过去多年收集材料的基础上，现正抓紧时间拟订脚本，着手筹备，于九十大庆时公开展出。现在仍感不足的是：（1）解放后“十七年”，这段时期的材料较少；（2）校友中在平凡岗位上作出成绩的先进、模范人物的材料也较少。望广大校友能提供有关这两方面的资料、实物和信息。

二、编辑发行校庆纪念册。去年九月已草拟大纲，计分下列几个部分：（1）题辞、发刊词；（2）校史简介；（3）历届知名校长介绍、历任负责人名单；（4）革命先驱、烈士；（5）办学的基本经验；（6）学校现状；（7）历届校友回忆；（8）奖学金纪要；（9）诗词书画。“历届校友回忆”部分，拟按届次先后排列，争取一届不缺，各届篇数大体平衡。欢迎校友来稿，最迟不要超过二月中旬，三月份就要定稿付印。

三、编辑发行校友通讯录。过去已有不少校友来函、来校登记，去年十月份在《扬州日报》上刊出启事后，联系登记的更多。但我们发现，已经登记的，或材料陈旧，与现况不符；或项目有缺，与通则不合。我们希望校友中有上列情况的请即来信补正。登记的栏目计有：姓名（在校用名）、性别、离校时间、工作单位、职务、职称、通讯地址、邮政编码、电话号码。未曾登记的，请即抓紧，最迟不超过二月底。

四、集资兴建图书大楼。学校旧图书馆，即原校友楼故址，房屋狭小，设备陈旧，不敷应用。不少校友来信、来校反映，借庆祝建校九十周年、为学校做一件实事之机，何妨建一座占地2000平方米，美观、适用的现代图书大楼，以为永久之纪念，在取得对这一问题的共识后，首由扬州校友分会发起呼吁海内外校友及各界人士集资捐助兴建图书大楼之倡议，并已得到各方的热烈响应。

广大校友对以上筹备情况有何意见和建议，望即来校、来函联系。

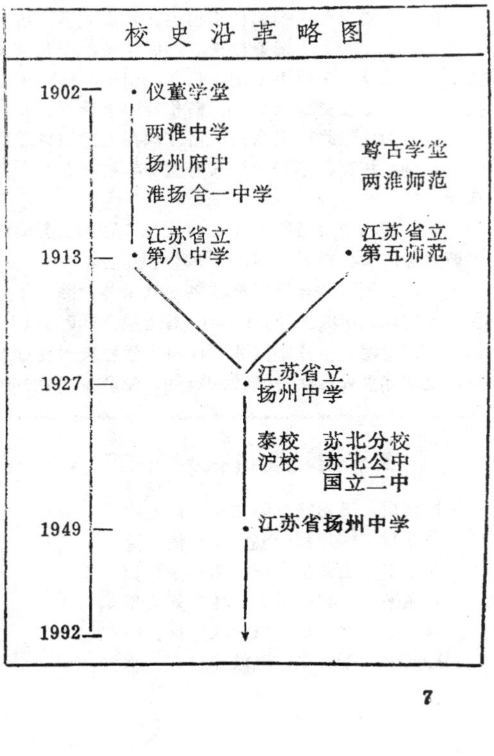

校史沿革略图

江苏省扬州中学

迎接九十校庆
兴建图书大楼 社会捐赠管理使用暂行条例

一、明年，我校准备隆重庆祝建校九十周年（1902—1992），并将兴建一座美观、适用的图书大楼。所费至巨，上级虽有拨款，而缺口仍多。补缺之法，别无他途，唯在此项捐赠。86年，北京校友分会曾提议创设“校友树人教育基金”，并拟有具体章程，其后亦有不少校友响应，但格于种种主客观原因，迄未果行。今次发动捐赠，实是前次基金征集之继续，唯目的有广狭，时间有缓急而已。

二、此项捐赠之使用范围仅限于庆祝建校九十周年兴建图书大楼所需之全部费用。

三、此项捐赠之主体为海内外所有扬州中学（包括其前身、各时期分支教学单位及附属单位）之校友（包括曾经和现在仍于扬中学习和工作之学生和职教人员）。其他社会各界热心我国教育事业、关注扬中发展进步之一切人士、团体，如愿慷慨解囊，热情捐赠，以促成庆典、共襄盛举，本校亦在所欢迎。

四、为确保此项捐赠使用得当，特成立专门机构：江苏省扬州中学社会捐赠管理小组。正组长：萧咸宁（书记兼校长）；副组长：李久翔（巡视员、扬州校友分会副会长）、沈怡文（副校长）、王荫钢（副校长）；组员：徐学才（总务主任）、陈安鸿（校长办公室主任）、张高（校史组成员）、杨稚玲（会计）。

五、为确保此项捐赠被严格控制在上述第二款所限定之使用范围内，此项捐赠实行单独开户，独立核算，不与学校其他财务帐目混杂。一旦校庆结束、大楼竣工，即行公布全部帐目。

六、此项捐赠乃广大校友和社会各界人士劳动之所得，在使用上应本俭省节约之原则，竭诚欢迎广大捐赠者随时给予审查和监督。

七、为酬谢和显扬捐赠者之奉献精神，除开出收据外，还将发给“捐赠纪念”证书，并在《校庆纪念册》上公布名录；捐赠额在100元以上者，将在新建图书大楼上勒石留名。

八、捐赠款请迳寄江苏省扬州中学校庆筹备办公室，邮政编码225002或中国工商银行扬州市汶河办事处，账号0089901489，邮政编码225001。联系人陈安鸿

第八期校友通讯发出后汇来或送来赞助款的校友名单：

程高楣　王光铭　傅文斗　汤楚璞
孙传哲　傅师韫　刘广新　诸　苓
周宝庆　程菊生　唐宇明　张　寅
汪兆平　严德威　陈一马　刘伯华
董绵豫　郭承章　朱素秋　徐毓庆
孙同庆　刘云飞　顾敦和　许　森
翟春林　吴柳林　徐兰如　刘庆源
丁长乐　古成厚　顾岳中　李长河
葛恒信　厉鼎禹　邱　义

（赞助校庆活动、兴建图书馆大楼的校友名单未列入，下期公布。）

扬中校友通讯

第10期　1992.7　江苏省扬州中学校庆筹备办公室

下期要目
一、校友题词
二、校史简介之八
三、校庆筹备消息
四、校友之页

扬州中学
我亲爱的母校
我青春的摇篮
愿你永葆美妙的
青春
在社会主义大道上
发扬光荣的传统

扬州中学建校九十周年纪念

校友胡乔木
一九九一年十一月于北京

△　最近，在中国共产党江苏省代表大会上我校政教处副主任徐国英同志当选为中国共产党第十四次代表大会代表。徐国英同志曾于1990年10月作为省辅导员代表参加在北京召开的少先队全国代表大会。她三十多年从事少先队工作的事迹印发为大会典型材料，被全国少工委、国家教委表彰为全国优秀辅导员。在中南海怀仁堂党和国家领导人与部分少年儿童工作者的座谈会上她第一个发言汇报工作。会后，江泽民总书记和她握手，并说："干得不错，很好，向母校师生问好！"

△　今年3月20日上午，国家教委副主任滕藤、江苏省教委主任袁相碗、省高校工委书记陈万年在王功亮副市长、教育局郑万钟局长陪同下来我校视察。滕藤为学校题词："坚持四项原则，加速改革开放，为社会主义建设培养优秀接班人。"

△　今年5月28日、6月1日，李炳才市长先后主持召开市政府常务会议和市长碰头会，两次研究扬州中学九十周年校庆，明确了活动的指导思想、活动内容、活动的规模、时间和方式，校庆筹备领导小组由市委市府、市政府有关部门及学校有关领导组成。

△　世界著名物理学家吴健雄、袁家骝博士由省侨办主任黄翠玉和王功亮、郑万钟等陪同来我校访问，先后与师生座谈。沈怡文副校长恭请两位博士为扬中"九十校庆"题辞，题辞为："为屡列江苏最有名中学之一扬州中学九十大庆祝贺。吴健雄、袁家骝。一九九二年六月八日。"

△　《江苏省扬州中学建校九十周年纪念册》已交稿付印。《江苏省扬州中学校友通讯录》(下转第8页)

校闻

校史简介之七

开拓前进

党的十一届三中全会以后，经过拨乱反正，扬州中学也进入了新的发展时期。先后主持学校工作的是章心如、许雨、李久翔、郑万钟、陆丕文、萧咸宁，其他负责人有封寿松、吴和钧、沈怡文、李宁、王荫钢等。他们偕全校师生继承和发扬本校优良传统，按照“三个面向”的方向，全面贯彻教育方针，加强管理，开拓前进，把教育为社会主义建设服务的任务，落实到全面提高学生素质上，取得了显著的成绩。

在德育工作方面。坚持超前性和现实性相结合，切实提高学生的道德素质。进行社会主义政治方向教育，引导学生正确认识我国国情，坚定社会主义信念，树立远大理想，激发爱国热情，增添为建设有中国特色的社会主义而奋发学习的动力。进行道德行为习惯教育，把执行《中学生日常行为规范》，作为培养高尚情操和文明习惯的坚实基础，在课堂中和各项活动中，重视知、行、情、意的辩证作用。进行心理和审美教育，普及青春期常识、青少年心理知识和美学基础知识，举办文化艺术节，开展美化校园等多种活动，促进学生身心健康，提高学生欣赏美、创造美的能力。

在教学工作方面，为了适应素质教育的需要，发扬传统、大胆创新。坚持进行课程结构改革。高中开设文学欣赏、美育基础、青年心理、创造教育、论辩概述、无线电、微机、音乐、素描、数学、理化、史地等选修课，突破应试模式，优化学生知识结构；开设工艺制作、食用菌栽培、机械制图、英文打字、钳工、缝纫、刺绣、编织、篆刻、摄影、烹饪等劳技课，增强劳动观念，培养操作能力。坚持课堂教学的整体改革。各学科结合本学科特点，进行国情教育的渗透和学科思维教学的实践，数学进行早期渗透数学观念的实验，理化生开展实验探索教学的尝试，语文开展辩证思维训练，外语推行整体教学法等，教书育人贯穿教学的全过程。坚持学风建设，“虚心求教，刻苦钻研，一丝不苟，持之以恒”的优良学风，进一步得到了发扬。坚持抓好体育工作。我校是省田径和排球传统项目学校，又是省首批高中体育后备人才试点学校，体育工作重视正确处理普及和提高的关系，用现代体育精神教育学生，促进其全面发展。

在学校内部管理方面，从组织保障、计划制定、质量控制等项入手保证素质教育的实施。学校体制为党总支领导下的校长负责制。德育管理，通过思想政治工作领导小组协调、咨询、指导，形成网络，沟通基层。教学管理，一是校长领导下的包括教导主任、各科教研组长、年级各课组长在内的教学系统；一是校长领导下的包括教导主任、各年级代表、班主任在内的教育系统。两个系统分工明确，配合密切，层层有人负责，环环有人把关，运行通畅，效率较高。组织管理的隐含要素是建立一支思想、业务素质好的干部、教师队伍。学校通过老带新、教中学、相互学等办法，进行教育思想建设，促进其业务水平和专业理论水平的提高，一支新的干部、教师队伍在不断成长。

近年来，回顾历史，立足当前，着眼廿一世纪，学校制定了“扬州中学五年发展规划”，提出“继承、发展、创新”的口号，目标是：把扬中办成高质量、第一流、有特色的社会主义普通中学，并积极创造条件参与国际中学教育、教学科学研究，不断扩大国际影响。

兴建新图书大楼捐助情况表

说明：1、名单基本上以捐款收到的先后为序。

2、600元一项指600元以上、不足700元的。

3、500元、400元、300元、200元、100元各项情况同600元一项。

4、本情况表截止日期为1992年7月22日，在此以后的来款则另行公布。

20000.00　张　刚(张植华)

5000.00　李华桐

2000.00　谏壁发电厂兴电实业公司(李学训、陆启洲)

2000.00　扬州迎新电子瓷件厂(张跃贵)

1000.00　朱　同　王维邦　吴润生　孙秀玲　严绍宗　吴征镒　朱普琳　胡　然　1962届高中毕业校友　扬州一级公路建设指挥部　1968届初中全体　高邮市水利局(杨春林)

600.00　1974届高二(八)班　1991届高中毕业全体校友　1992届初中毕业全体校友　1992届高中毕业校友

500.00　黄应韶　段宝林　周明鸿　许仲长　邓惟德　张受勇　凌　霜　阚元荣　笪政远　杨公穆　程淑贞　(以上两人系杨本濂交)　张孝颖　朱九思　吴　棠　1960届高三(七)班　郭东坡　国立二中重庆校友会　蚌埠自来水公司　刘长龄　徐明友

400.00　1962届高三(二)班

300.00　吴大观　华　国　韩宝来　张元威　胡宏勋　樊树勋　陈学仁　李永熹　朱　鸿　章国芬　石海晏

200.00　王遐容　梁允宜　田千里　孙　鑫　薛佩瑾　凌惟侯　葛淑媛　张乃通　许祥佑　韩绍修　李崇淮　倪忠枢　张学强　王荣生　韩忠贤　孔繁钧　陈槐生　秦裕琪　尹克炎　黄　携　朱鹤琴　芮昌祉　曹荣官　陈安磐　田寿恒　高迈之　陈一马　腾家俊　方华珍　吴德福　王兴蔚　潘　筠　周叔举　鲍家驹　丁长怀　张世恩　华寿俊　程大千　钱根奎　武　衡　伏宗茂　徐昭宾　杜炳忠　楚山舞　孙振奎　宣　宙　尹池青　陈谷人　南钟万　冯敦云　钱冬生　毕荫棠　韩国云　叶学香　傅师韫　高笃生　游立中　李崇善　芮昌祝　刘仪舜　殷福华　王道明　王迦培　张家楷　黄美玲　高品乾　毕朔望　张庆忽　汤法程　崔济亚　黄品玉　1959届高三(二)班　吕庆煜　董祥顺　袁　棠　徐式谷　贾明庸　周垸西　皋学炳　承纪中　陶肖明　蔡　坚　陶　涛　吕美成　鲍棣辉　姜启海　潘炳尧　张世椿　钱永进　徐敦信　张延禧　印仁岚　陈　策　朱有瑞　王舜成　戴树智　邱子进(邱世蒨交)　夏筱文

100.00　陈德和　曹莲英　钱春暄　童宪章　王建白　严高翔　范承祚　吴传越　周　宇　蔡德岳　陶　璘　李国安　陈忠和　田如衡　张　长　吕　明　高尚书　李久昌　金学文　李　宁　葛恒信　李德安　吴克俭　王赋冰　黄万尧　袁振纲　胡建章　张季雨　许　槑

綦化鉴	曾善怿	薛东寿	杨济峰	黄作献	解镜六	赵怀祖	姚定国	邹国华	黄　骏
黄　麟	李季珍	徐有才	张礼文	陈利恒	赵传骍	柏庆荣	王　镛	黄　瑶	吴声迪
宋国骏	李　佳	杨馀久	刘恒瑜	江蔚青	纪增觉	苏学伶	祛东作	袁　正	尤子英
哈先平	哈先甲	胡尚义	胡凤仙	朱炯生	高忠社	戚鹏哲	朱禄海	陈　思	陈　侠
魏书提	吴　澜	周昌军	黄树扬	黄铭璋	王章锜	张世观	陈厚骥	顾懋栋	黄纬禄
刘能宏	王士英	李舜英	陈安鸿	吉寅略	仲伟安	吴戎吉	王鸿宾	张吾冀	李久翔
李岫云	周成镕	问绣曾	顾本广	周邦俊	邱　沛	宫玉琦	曹　溶	赵骧喜	陈　谊
刁宜元	张三军	孙懋怡	李　扬	高攸纲	吴得辰	吴　徽	吴　懋	周庆祖	钱文林
王学仁	张南光	朱春久	王年一	王永成	邱　民	夏怀仁	沈　晋	夏　育	范广中
陈兆安	朱成功	李天民	汪　云	黄存正	景　雷	吴　湜	刘俊义	王启岫	马志惠
邹　军	程高楣	游善良	王丽娟	李炳国	夏邦杰	王为俊	刘庆元	王以琳	盛永育
于启勋	王　洪	王　坚	王鼎康	刘宗佑	李传铭	刘哲甫	刘光涛	高陇桥	汪永钰
桑光裕	张成山	戚智侯	杨明德	芮家栋	徐兰如	张振群	徐泰来	陶乐煌	滕志华
严　毅	杨遂春	颜成第	朱　连	戴启延	鞠大钧	李家信	毛力生	吴廷桢	朱闰生
高敦喜	李兆槐	邱世文	虞传立	朱　膺	李庆生	王梅英	潘升浩	顾锦如	曹子芸
成增龄	姚　瑛	王育琪	胡　勔	刁庆和	田　珏	罗大安	张孝楣	盛寿华	梅宽顺
潘名嵩	许大兴	佘明庚	陈金初	刘纯序	徐正鳍	詹保恒	汪　淳	王可定	王家骥
杨士熙	陈恩宽	刘秉琨	田增春	陈成仪	张学泰	孙　平	凌德洪	陈宗联	程文正
刘联元	邬淦君	唐金贵	刘庆余	周俊松	刘是龙	蒋正娟	翟桂林	王惠珍	黄　河
朱懋顺	张庆彭	周光钊	张贻和	田　迅	周厚安	孔庆霞	黄国俊	蔡承谟	丁杰人
刘式达	刘式适	黄　农	江延馨	胡玉芬	邱　良	吴志强	周世恩	张丙观	杨庆久
韦连全	孙信亮	方开乙	奚兆永	吴观权	吴在嵩	冷和荣	丁长乐	仇国明	朱　钊
刘家俊	刘先章	鲍引车	邱世扬	彭积庆	田寿禧	苏家寿	王文允	李　铎	庄镇华
张星利	刘广余	胡友钰	吕　齐	许　森	俞昌泰	朱懋伟	尹烈钧	周于俭	魏伯埙
崔日新	赵景邦	吴柳村	廖敦宇	叶森缘	卢景霆	戴炳炎	吴　哲	徐　婉	高学玉
纪士玶	王学德	周　新	黄满松	张建瓴	花春章	徐东生	华寿崧	方　玦	徐　通
柳椿生	黄一鸣	魏德孚	凌德海	邵仁高	吴和钧	陈若然	李慕曾	戴建之	韦　布
张菊英	卜士铨	江汝廉	王宸辰	蒋大宗	黄宗心	戴　岳	时良平	乐怡然	王子步
傅岳森	邓厚华	刘寿龄	杨祖恒	杨维琛	宋光弼	王林芝	朱其俊	丁道齐	陈　建
仇志刚	朱兴华	虞肯堂	张廷猷	朱亚杰	符孟华	吴兰英	周宝庆	李长河	张植荣
聂静涵	李天杰	葛兆鑫	陈功炎	游立中	顾克广	杨远村	陈咸华	陈咸宝	吴增祥
丁建平	曾福党	贾钧山	汪定新	张正生	袁荣生	傅明星	朱兴义	胡桂芳	李学勤
吴瑞林	江淑芳	陈追五	王心法	厉志云	朱兆锦	王育鸿	樊孝祯	金　生	薛　寅
殷克勤	殷克琪	薛光裕	朱霞琴	孙云鸾	刘思湄	赵大和	汪人和	张金龙	杨　权
汤楷孙	周兆驹	潘学梁	汪树人	乐兑谦	刘秉慧	朱子扬	周　祜	蔡　琏	张　琳
毕佳讯	李岫云	王海燕	李园芬	许萃仁	单启顺	周石金	陈楚生	笪祖年	吴章遂
彭毓元	锁国涛	朱仁琛	胡兰芬	于加俊	于　红	盛　廉	赵凤章	马树仪	林仁荣
居秉琦	王正芳	王锡海	王惠霖	笪敏远	毛振璿	刘善建	韦文楣	丁善琨	薛世文
徐惠南	杨春霖	王治平	成忆静	赵德伟	刘淦章	丁　浩	刘广新	诸　苓	陈丙骛
金　蓉	王永兰	殷长松	俞明照	蔡国谟	顾敦寿	孙　襄	孙同庆	刘云飞	方崇智

贾　琪　刘维安　申佩琅　丁贵宝　翟同余　朱仁平　万嘉镄　潘懋仁　杨守富　许国璋
戴立虎　张金堂　童兆秀　夏六培　杭承仁　沈庆华　邵汶贤　严德庄　滕传珩　吴大燮
吴毓瑞　刘茂元　王孚庆　徐恒茂　苏法曾　成心德　丁长麟　朱宏珂　曹衡辉　曹　洋
季之珍　朱健民　厉鼎纹　吴宏顺　蒋宜宽　许宜匀　王可群　陆传余　刘利利　赵有守
曹　真　陶文钰　沈　慧　王丛桂　杨秀兰　高时润　吴道元　朱建华　赵建军　倪凯翔
方　莹　沈宝群　曹定国　程乃晋　孙光荣　唐谓淮　黎丽贞　朱文元　解正纲　方光照
刘若蔚　吴　贞　李碧荣　谈　欣　江　康　黄同荫　王兴世　朱道元　李祖瑶　胡宝森
道明照　许景厘　王昌义　脱若男　詹守伯　张月清　詹子龄　傅惠云　夏训诚　陈良钜
王书英　祁国俊　徐殿儒　何开元　冷大章　刘永琪　陈庆蕃　嵇启新　涂廷霞　胡仁安
刘健云　许大正　董祥龙　吴廷彬　沈　治　胡学儒　韩　镗　袁嗣杰　毕家琴　张石灏
汪文瑛　朱绍祯　季家钧　居继顺　吴之伍　吉　兆　支蕊忠　文孝文　王梅林　王恒圮
陈　禹　曹世宏　黄霞东　尤元龙　孙小鹏　戴光训　刘文娟　周朝辅　张永恒　汪　俊
关　庸　杨睦九　陈丙森　徐炳雯　丁乐英　鲍详明　沈宝琦　王　纬　童华德　胡华康
杭文成　王志英　余志怀　樊　瑛　夏锦文　陈真如　任祥麟　尹　文　金锡璜　徐铭曾
马　力　杨　桐　杨欣荣　张治礼　姚渠芳　高季年　顾千明　顾彭龄　贾美亭　田　玉
汪永龄　何良模　仲天恽　曹世祐　薛全凤　戴瑞林　谢义娟　方丽中　顾衍坤　周鸣峦
彭景曾　张伯勤　谢宗万　邱正荣　祁学仁　曹学成　张九龙　蒋　杰　李文斌　曹生林
刘彭泉　许大伟　程光琪　汪云利　侯君伟　李　华　贾　健　徐国英　程光强　朱巳泰
王福宝　梁庆椿　张芳言　袁　沆　余志群　胡筱伯　洪希义　郑健成　王开林　戴鸿贤
朱曾奇　周咸宜　陆维琴　吴风翔　李顺国　李久裳　方雁宾　许志芬　朱冬生　袁正茗
李梅芳　郭宏儒　胡正芝　杨文珊　杨午生　郑天华　王德和　杨增荣　尤开祥　曹　康
吴宜生　翁同昌　崔　愚　高哲林　郭宝炳　吴艳芳　王兆申　朱家珍　程广明　周　平
韩荣鑫　王寿昌　王庆龄　汤志秀　吴　侠　武大林　刘钰中　刘锡中　刘正中　孙照宇
孙照普　夏国安　袁佩华　郑　直　杨承祉　顾凤翔　尹莘氓　王　芳　黄　宪　李锡麒
张楠森　张　高　刘万连　刘克荫　高寿柏　潘恩沛　许铭文　王嘉企　丁永松　徐　铱
韦德强　曹　仑　葛瑞昌　汪　珩　陈　现　曹植洪　马树英　王荫钢　王兰萍　张家骧
王宜馨　李公白　刘　为　胡凤天　冷宗文　孙景瑜　邓萃林　林　远　徐德善　茅於中
萧咸宁　张忆育　梅宽祥　胡凌云　朱万福　熊　鹏　许白虹　魏德明　赵尔信　杜先凤
方蕴藻　李久扬　唐丽珍　丁健生　季家凤　简恩汝　扈懋绩　沈怡文　刘广全　顾圣祖
张贞忠　张　铨　陶应武　黄正瑶　方学成　刘　文　魏　静　李启新　梁尚群　夏鸿培
陈　淦　徐秀蓉　卞晓燕　徐　扬　朱范德　杨春元　郭盛华　龚立志　张键官　黄慧贞
生建国　任耐安　张扬健　朱焕珍　高进山　王祥瑞　季　倩　武　明　汤瑞峰　范云玲
景启霞　董昌才　陈开御　蔡秉久　方次林　汤瑞兰　周　煜　叶毓兰　蒋　辞　翟燮葆
唐家实　袁齐家　许梅芳　朱庆森　朱世谦　王升荣　黄大昕　王兆旋　孙永志　陈新民
余之清　陈国源　李庆森　景振瀛　吉长瑞　蓝万隆　张碧君(代表合川二中校友)孙木香

100 元以下(不含 100.00)

刘长佐　秦裕凤　张一萍　金凤阁　顾良佐　蔡世成　全季良　李　恕　曹友庆　蔡文锦
倪　铮　周善毅　左一华　谢薇君　徐凌云　黄岐安　杨慰春　何正木　万寿春　韩淑娴
张智通　周兆英　鲍传绂　侯学超　虞传宝　汪洪发　张世璘　袁永安　周恩宽　范迪恩
杨穆春　张顺泰　田名誉　陆元章　杨文甫　庄士钦　魏信征　张　度　洪　昱　王可仪

朱嘉曾	马向欣	刘雪钢	程瑞禄	司 铠	王兴政	夏魁中	王国斌	黄鸣夏	王友朋
王松梅	宗 鹏	朱廷仁	葛星贯	陈舜铁	韦来生	董祥文	陈 璐	王永昌	杭炳坤
胡鼎华	叶世燕	曹玲才	谢扬礼	朱保珍	蒋锡梅	黄祖彭	戴宏祥	刘 玉	董得庄
陈金钊	韦开德	刁信富	蒋奎娣	郑康富	刘希铭	张文准	蔡益定	李生朝	吴景文
钟晁文	张正德	程瑞惠	梁祖训	俞友良	季俊生	殷海翔	吴应作	张定礼	周恒涛
朱家琦	陈恒豫	刘鸿骥	华国栋	关 键	朱 樑	郎 耀	冯梦麟	储 富	朱廷义
包彭龄	焦问清	张建义	顾树芸	余寿年	汪仪璋	张星才	王夕九	薛 俊	周光宏
吴俊英	杨秀静	章德章	黄鸣树	胡良家	朱志立	李启瑞	顾新道	孙荣明	葛光霞
巫朝福	金伯英	李 杉	樊德馨	孔祥生	孟家珍	嵇启武	姜兆才	郭秀生	高芳尧
王正薇	田名华	丁民刚	詹子庆	蒋春林	戴邦国	邵月华	孙志祥	钱逊菲	李德孚
丁树芝	朱志明	曹健云	徐培萱	金家扣	江 汉	曹新山	戴振声	韩国平	钱锦章
张家华	蓝 坤	张燕兰	沈梓卿	鲍 虹	魏书惠	吴友中	陈 [illegible]	[illegible] 育	仇锡侯
徐学韩	游来宵	徐佑[illegible]	[illegible]传锵	蔡益燕	孙长颐	陶子义	袁[illegible]	王耀秋	丁宝钰
王鲷良	吕光明	李秀芳	孙怀扬	张凤春	史美英	彭国代	单富根	杨正和	马凤琴
鲍汉青	陈 静	王思评	周之裳	宋光顺	杨兰英	王裕和	明文甫	俞蔚曙	奚新民
沈之雄	陈明义	陈绍和	罗 友	李玉章	计福兴	李昆平	张延志	夏春发	张新堂
刘家骥	王华银	朱成富	张镇安	吴祥生	徐宝年	吴佳民	房德辉	刘秀珍	高汝霞
赵欣之	尹协庆	徐 灼	张 苇	赵福庚	冷志龙	羊达之	姚光中	张鹄藻	夏国萃
潘成元	徐正敏	张 梃	张 嫱	武庆豪	童荣郁	郭宏忠	杨 玮	穆 静	王能斌
吴兆靖	吴国元	邹荫辛	程 仪	栾宗贤	熊守悫	江 山	谢 明	刘 杏	张石麟
孙宅巍	李乃昌	沈富仁	薛庆涛	杨汝婉	李孝遵	周 泉	陈金荣	黄虎风	张济英
王其超	袁淑贞	让国模	邓森林	周海明	马述尧	朱宏俠	施友菊	张传忠	陈荣椿
蒋昌文	张 煜	陆秀英	杭天玲	胡月仙	徐 炘	李绍型	张江庆	解树庆	王志燊
左春华	王宗琪	王定士	钱照发	姚达人	朱延礼	孙传哲	陈谷华	樊宇勋	徐俊文
董丽章	黄季怀	周大纲	朱士群	许大祥	成树森	贾宝龄	石 琪	李代文	刘家德
吴宝衡	吴祚建	张能义	马金谷	孙兆玉	吴兰芳	李钟源	黄佑前	曹正清	张定宇
谢慧玉	熊立强	管千元	魏允和	李士隽	程文华	翁昌年	钱福庭	王鉴义	张文濡
宋庆元	郑国泉	张文婷	张恩扬	张同生	张庆顺	邹毓龄	林兆鹏	戴小娟	魏允中
王东钧	詹永章	梅应娴	惠光永	朱季和	曹永祥	庄曙明	余秀英	余福定	鲍正生
尹维四	顾仁康	吉上宾	韩 仪	刘 刚	陈钟颉	沈越昭	杨作弼	吉遵仁	黄邦翰
方松寿	夏月英	吴征珏	杨道文	沈达圻	黄尔瑛	崔乃俊	吴永毫	李泽瑜	许维钧
耿德伟	胡邦仕	唐 煌	郭志明	杭振镳	陈东陵	孙霞珍	邓玉璞	周授之	颜 谦
周健民	李国音	尹兆兰	陈功仪	郭映霞	尹瑞祥	成影真	周光鼎	魏诗冀	严怀荣
陈翠娣	谢志栋	田 良	孔庆文	何 磊	刘 平	花 栅	孙安健	施伯杰	刘古台
陈春华	周士一	韩长广	王亮基	吴鸣歧	程淑蓉	夏佐荪	宋联璋	杨建椿	邱洪畴
张植年	赵炳森	金宜庄	于士勋	殷玉龙	蒋素珍	叶国庆	徐 斌	丁书文	刘 鸿
明令宜	许双修	范鼎昌	唐永梅	李必敬	孙升荣	吴 敏	刘满希	顾明辉	叶宁庆
唐 炜	刘钟静	余 宁	李葆芷	沈 红	胡 蓉	沈 翔	徐 适	张福俭	朱奇象
章轶群	周 镖	潘念东	卫 刚	华连生	梁尚志	戴毓俊	祝寿培	张晓明	衡成军
孔庆邮	单于越	陈家齐	朱福生	匡成岚	刘华富	朱登庆	陈 芳	杨亚娟	赵浩岭

·6·

孙振刚	汪景云	胡明健	曾佳莲	郭毓凤	徐裕荣	杨幼鹤	范慕英	陆美玲	王孝乾
蒋晓明	陆建军	丁爱军	鞠东胜	赵飞雪	陆友聃	严守权	徐崇新	申文慧	陈 佳
邓志扬	孙开萍	孙 竞	王 雄	赵春宏	江 香	朱学慧	于 扬	田 源	仲国强
吴永佐	陈国林	严长春	王 静	成 实	石 璐	刘 燕	张 昭	薛晓玲	古春红
梅小秋	赵茸寅	李伟民	汪仪美	陈 蓓	胡珍多	朱 历	冯春丽	杨稚玲	鲍小扬
秦世君	汤万银	任国明	梁其海	霍金华	吴志明	王昌兰	张明丽	高玉斌	于丽琴
张世琪	仇学仁	吕文清	朱如忠	张发祥	朱泰生	朱 毅	王士和	万国栋	岳国富
冯小秋	陆汝霞	徐劲松	郭 坚	徐学才	关琳萃	高国瑞	王轶欧	魏彦慈	陆雪文
朱广哲	王诗源	李忠宏	施美云	冯 斌	郑体思	郑体宽	周伟玲	邵伟红	蒯 群
杨经忠	朱 永	胡立富	蒋念祖	谢 进	程树扬	周谷珍	曹 力	陆广松	蔡厚森
臻来哲	詹永珊	张 本	陈光兴	毛同彬	顾学梅	孙敏宜	王建强	郑维华	薛秀英
余慧珠	李志敏	汤荣铭	李良珠	何志斌	朱瑞源	李伟民	汪仪美	陈 蓓	杨慰民
印金辉	程慧伊	罗庆来	马逸云	孔庆霞	姚亚南				

兴建新图书楼台币、港币及美金捐款情况

美金2850.00 台北扬中校友会(计美金 200.00 王扶汉 新台币 5000.00 赵耀东 陈忠夔 王 绅 池振千 新台币 4000.00 曹起成 张鹤年 新台币 2000.00 彭宝良 徐 钧 王 睿 南登岐 耿修业 王诗颂 姚宁一 张在山 叶学皙 朱 芳 周大维 田庆年 新台币 1000.00 周希翰 鲍诚明 朱 杭 胡咸元 黄 密 厉鼎荪 韩应明 周广周 张承惠 赵春田 杨宝峰 蒋 汉 纪子玲 万长善 陈厚培 朱良铨 李 彬 单福官)

港 币 500.00 方开泰 李庭梅

美 金 500.00 胡国澄 胡张经湘

美 金 300.00 胡声求 杨祚德

美 金 100.00 王杭甲 王金鳌 戴威廉 景其林 张锦章 张桐生 张槐生 张榴生 刁平舜 周先乐 周克定 周先柱 刘 铮 陈学仁(已捐人民币 300.00 元)

美 金 50.00 汤堉孙 茅於璋

美 金 20.00 郑云翼 刘超群

致外埠校友

顷接外埠校友来信,询问校庆期间食宿安排问题,现回复如下:校庆期间,母校热忱欢迎校友返校共庆华诞。凡食宿需学校安排者,请于九月一日前与校庆筹备办公室联系(注明姓名、性别、届次、人数),以便统筹安置。由于目前条件限制,食宿费还请自理,此一节万望校友们见谅。

(校庆筹备办公室)

【附言】本期版面有限,部分稿件移至下期。

《江苏省扬州中学建校九十周年纪念册》《江苏省扬州中学校友通讯录》内容简介和印刷情况

《校庆纪念册》内容计有下列几个部分：

一、发刊词；二、题词；三、贺辞；四、峥嵘往岁(一)扬州中学简史；(二)校史沿革表；(三)历任领导人名单；(四)校史人物1、"为有牺牲多壮志"——革命烈士图传；2、"数风流人物还看今朝"——部分校友图传；五、辉煌今朝：(一)加强素质教育，争创一流学校——在改革开放中前进的扬州中学(文)；(二)多彩的校园，丰硕的成果(图)1、校景一瞥；2、设施博览；3、课余巡礼；4、人事剪影；5、校友之页；6、荣誉花束；7、先进画廊；六、绚丽明天：(一)江苏省扬州中学1991年——1995年发展规划(文)；(二)江苏省扬州中学远景规划图(图)；七、华年忆旧。(收有师友回忆文章90篇左右)；八、诞日抒怀(收有各类诗词近80首)；九、艺林祝嘏(收有国画13幅，书法14幅)。另有附录：一、教职工名单；二、各地校友会组织名单；三、奖学金文件汇编；四、兴建新图书大楼捐助情况表；五、校史资料：1、照片；2、校友录；3、校歌；4、校徽；5、纪念刊；6、校刊；7、讲义教材；8、其他。

本纪念册由天时印刷(深圳)有限公司承印。规格为大度16K，软精装。内有彩页40(收彩照200帧左右)，120克进口粉纸；文字页150(收黑白照片近40帧)，80克进口双胶纸。印数6000，初步核价，原订20元一册有所突破(邮寄费未计在内)。7月份付印，9月25日交货。

订购纪念册甚踊跃，截止目前为止，已达3、4千册。余额不多，未订购者，务望从速。书款仍按20元一册寄来。

又《校友通讯录》，由本市印刷厂承印，规格为正度16K，以图表形式排印，约300页，估价6元。本市校友已开始办理预订手续，外地校友欲购者望尽快将书款汇来。

各地分会组织(续前)

【昆明分会】

名誉会长　吴征镒

会　　长　杨承祉

秘 书 长　张植年

【镇江分会】

名誉会长　孔繁昌　滦金璋

会　　长　薛春安

副 会 长　陈钰城　李瑜培

秘 书 长　韦开鸣

委　　员　吕树山　张元富　吴润生

【南昌联络组】

组　长　吴　润

副组长　管家驹　郭宏倩

联系人　管家驹

【抗战时期国立二中重庆校友会】

名誉理事长　江泽佳　赵祖锡

理 事 长　李诗秣

副理事长　沈贤忠　潘立斋

秘 书 长　祁国俊

副秘书长　游吉禄　高品乾　钱拯亚　杨恩华

理　　事　张天授　吴伯龙　周继康　沈文学　杨开荣　敖明富　江　鸿　李一平　郑体宽　蔡永根　邱崇训　吴国梁　黄深智　郑荣福　王彭年　丁建林　廖适清

(上接第1页)也将于七月底付印。校史陈列馆装修工作7月10日动工，一个月内完工，展品基本齐备。树人堂将全面进行维修，预算及施工单位已落实，7月中旬开工。校史陈列馆的装修和树人堂的维修的款项均由校友筹集。校庆期间演出的文娱节目正密锣紧鼓地加紧排练。书记兼校长萧咸宁同志在全校教职工大会上动员说，暑假中学校将集中力量做好校庆筹备工作，以迎校庆为中心，推动学校各项工作。

扬中校友通讯

热烈庆祝我校建校九十周年！

第11期　1992. 10　江苏省扬州中学校庆办公室

扬州中学校歌

1=D 3/4 4/4 2/4

胡乔木　词
傅庚辰　曲

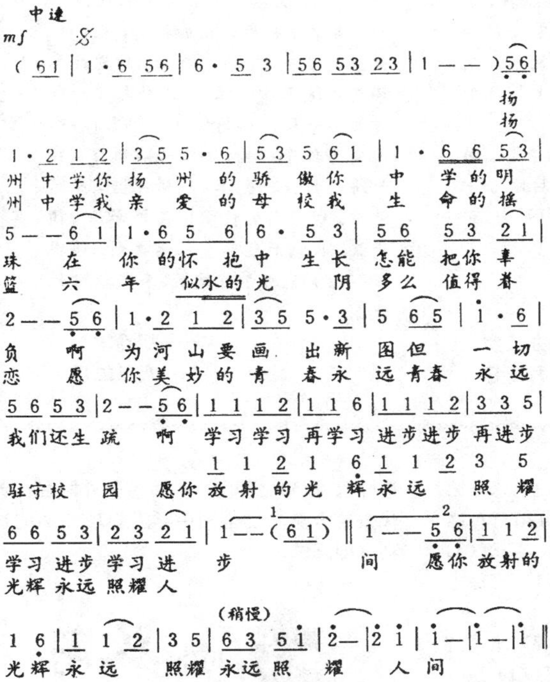

△校庆筹备组成立

为了宣传扬中，宣传扬州，促进改革开放，扬州市政府发出通知，成立扬州中学九十周年校庆筹备小组。

组长：

李锦华（市委副书记）

副组长：

叶绍岚（市委常委、宣传部长）

王功亮（副市长）

成员：

龚辅庭（市政府副秘书长）

吴正传（市政府办公室副主任）

赵庆升（市经委主任）

赵祯清（市外经委代主任）

卢德明（市科委主任）

祝庭龄（市计委副主任）

吕秀泉（市重工业局局长）

高锦生（市物资局局长）

郑万钟（市教育局局长）

张　俐（市财政局副局长）

杨培荣（市交通局副局长）

戴苏生（市公安局副局长）

顾宝森（市化学工业公司副经理）

吴　皓（市高校办主任）

丁章华（市外办主任）

陈　敏（市台办主任）

庄青年（市侨办副主任）

萧咸宁（扬州中学校长）

李久翔（扬州中学巡视员）

*****

△竞赛喜讯

最近，在第九届全国中学生物理竞赛（一试及二试）中，我校捧回了江苏赛区的优胜流动奖杯，得奖章十四枚，祝捷同学独占鳌头，一人荣获三项奖。

我校荣获一等奖者五名，（占全省一等奖总数的

眷眷之心　拳拳之忱

——关于校歌的两封信

扬州中学：

6月份我们收到从吕骥同志处转来你们要求把乔木同志为贵校的题词谱成校歌的信，经吕老推荐，我们联系最后请解放军艺术学院的傅庚辰院长谱了曲。由于乔木同志以前的题词不够压韵，根据傅庚辰同志的意见乔木同志作了修改。

现将曲谱寄给你们，请查收。另外傅庚辰同志还请人演唱后录了一盘磁带，稍后也想法给你们寄去。

此致

敬礼！

乔木同志办公室

九二年七月十日

扬州中学：

你们写信给吕骥同志请他为校歌作曲，吕骥同志因忙于他事，要我转请当代著名作曲家傅庚辰同志作曲。傅建议将原词稍加扩充，我已和他合作了一首，前已送上。后觉此歌词仍不适于作校歌，故又补写了一段作为第一段，仍请傅庚辰同志作曲，傅又另作了一曲，并唱给我听了，我觉得此曲旋律优美，感情洋溢，表示满意。现将新的校歌词曲再寄上，请查收，收到后望简复表示收到。傅现任解放军艺术学院院长，来信望对他致谢。

胡乔木

八月二日

四分之一)：高三（4）班　祝　捷，总分第一；高三（1）班　樊　华，总分第三；高三（1）班　孔德培，总分第七；高三（3）班　缪明明，总分第八；高三（1）班徐志文，总分第十一。

荣获二等奖者三名：高三（3）班　刘炜，高三（4）班　陈江玮，高三（1）班　赵阿群。

荣获三等奖者四名：高三（3）班　孙新，高三（4）班　葛　培，高三（2）班　陈聪良，高二（2）班　王秋华。

祝捷同学又另获两项殊荣：理论特别奖（笔试成绩最高）和实验特别奖（实验成绩最好）。他和樊华同学，将与另外两名江苏代表赴合肥参加全国中学生物理竞赛的决赛（即三试）。

通　讯

总书记他乡遇故知

元月某天下午，天气晴和，江泽民总书记来到常州亚细亚影城。高级工程师朱膺大步走上前去招呼道："泽民！我是朱庆庥，半个世纪前我们是老同学。"总书记非常高兴，亲切地说："庆庥，我记得，记得，……他乡遇故知嘛！"

朱膺是常州建筑总公司离休干部，当年在扬州中学土木科和总书记同班，学名朱庆庥。不久前，部分同学曾在扬州聚会，朱庆庥说："世琦、永吉，我们近来见过面，他们都好。"

总书记接过话头："世琦呐，也谈到过你。你在亚细亚影城做什么？"

"技术顾问，还在发挥余热。"

"发挥余热，很好嘛！老专家就是要发挥作用。你今年几岁啦？"

朱膺说："我和永吉同年，今年69啦。"

"与永吉同年，比世琦大两岁。世琦1925年生，你们是1923年生。老骥伏枥，壮心不已。你做建筑工程多少年了？"

"四十多年了，在常州建筑公司已干了四十年。"

"你是专家，建筑专家。高级工程师是专家。科技工作者干工作，踏实的一直干下去，十几年，几十年……总有成就的。身体好就要一直发挥作用。我先学土木，后学机电，现在……"

朱膺插话说："总书记，日理万机，百业俱兴。——先甲来信说，他在宁夏也见到过你。"

"对呀！你们都通过信了吧？"江总书记又问身边的江苏省委书记沈达人同志："达人，你在宁夏很长时间，可认得哈先甲？"

沈达人同志说："认得认得，他是银川市建委主任。"

"先甲是我们的老同学，他是少数民族，回民，和庆庥、我，都是同班同学；现在人数已经不多了。"

这时，朱膺拿出老同学扬州聚会的照片，总书记接过去，取下眼镜，仔细的看，说："这是庆庥，你；那个是永吉，旁边的是嘉明；另外三个我不认识了。"

"另外三个比我们低一班。"朱膺解释道。

"是呗，同班同学，我是认得的。"总书记说。

两个老同学正谈得热烈，随行的同志提醒"总书记很忙"。于是两人只得分手。总书记走到门口，停步回头，举目望老同学。朱庆庥又迎上去，紧紧握住他的手道别，"一路平安"。

总书记深情的说："乡音无改，鬓毛已衰。"朱膺再次道别："一路顺风，老当益壮！"

（韶　韵）

校史简介（八）

人才辈出

扬州中学，从清朝光绪年间诞生，走过民国，走到新中国，而今已整整九十个春秋。九十年来，春风化雨，弦歌不辍，数以万计的莘莘学子，“正直向上，热于求知”，在时代的风雨中成长为社会所需的各方人才。他们在政治、经济、科技、文教、卫生等各条战线上发挥聪明才智，为国家、为民族、为人类作出了或正在作出巨大的贡献。

我们的学校是培养人才的摇篮，校友遍布国内，远及海外。平日翻阅报刊，我们校友的名字，常常会赫然出现在眼前。譬如新华社有条消息，报道国务院成立学位委员会，主任委员胡乔木，副主任委员武衡、何东昌、钱三强、张光斗。这五位委员中前三位都是我们的校友。又如党中央关于经济体制改革的决定公布之后，新华社报导，台湾“经济建设委员会”主任赵耀东在“立法院”表示，中共经济体制改革方案“显示出他们的魂力与胆量”。这位知名人士也是我们的校友。再如《北京晚报》介绍航天工业部总工程师黄纬禄，说“他是我国运载火箭的开路人”，人们都叫他“航天老总”。这位“航天老总”又是我们的校友。象这些是举不胜举的。

校友中的杰出人士数不胜数，他们当中有中共中央总书记江泽民，曾任中共中央政治局委员的胡乔木（哲学和社会科学学部委员），曾任联合国副秘书长的毕季龙，也曾任联合国副秘书长的谢启美，著名作家、学者、民主战士朱自清先生，国际知名核能专家汤烺孙，中国科学院学部委员周志宏（技术科学）、朱物华（技术科学）、李方训（化学）、黄鸣龙（化学）、柳大纲（化学）、王葆仁（化学）、吴征铠（化学）、吴征镒（生物）、朱亚杰（化学）、武衡（化学）、谢义炳（化学）、高鸿（化学）、黄纬禄（技术科学）、李德平（数学物理）、童宪章（技术科学）、盛金章（地学）、黄宏嘉（技术科学）、王元（数学物理）、戴元本（数学物理）、吴良镛（技术科学）、尹文英（生物），还有中国第二个被选为国际统计学会院士的方开泰，以及研究成果被命名为“摩尔——祁力群方法”的学者祁力群等等。更多的校友是各级领导干部、技术骨干或素质较高的普通劳动者。

在新的历史时期，扬州中学将会获得长足发展。我们的校友中定会涌现出更多的英才。

我是一九六二年应征入伍的，无缘进大学，扬中是我最后的母校。我在母校的学习时间虽然只有短短两年，母校的光辉却照耀着我三十年人生征途，激励我一刻不停地勇攀文学的高峰。母校的培育之恩当以涌泉相报，无赖工薪不高，出版社会效益好的文学

校友之页

作品，稿费低得可怜。有些干脆以书代酬，至使囊中羞涩。现将我和省文化厅厅长王鸿等共同创作长篇小说《江南第一剑》分得的稿酬壹仟元捐赠给母校兴建图书大楼。另寄上拙作《江南第一剑》和《文曲星》各壹佰本，请母校义卖给愿意解囊的校友，书款所得伍佰壹拾元也全部捐赠给母校，以尽我的绵薄之力，报答师长培育之大恩。

（吴润生）

今年10月19日是母校的九十大庆，那时候如果我身体和精神都还可以的话，还想到母校去庆祝呢。因为我离开娘家，已经64年了，也想归宁一次看看兄弟姐妹们，谈谈家常，共叙天伦之乐，校长和全校师生以及参加校庆典礼的校友们一定是很愉快的。

纸短情长，书不尽意！

（顾锦如）

顷接校友通讯第九期，欢欣万分。我是母校高中普通科第四届毕业生。我家与母校发生关系的前后共九人之多，我想乘母校九十大庆之际，将我所知道的母校情况写成文字，将陆续寄上。现在寄上《我家与扬州中学》、《流泽孔长——缅怀老校长周厚枢》、《医学家陈邦贤教授的人格修养和学术修养》三篇。另邮寄上拙著《中国社会思想史》一书，敬祈查收。

（陈定闳）

扬州中学九十周年校庆问题也是大家议论热烈的话题。重庆校友为扬中兴建图书馆先捐献五百元。高品乾校友个人亦同时捐献两百元，另外扬中校庆时还将推派校友代表前往祝贺，并拟续赠下列礼品：二中五十周年校庆录相带一盘，国立四川中学（二中于三八年初建时名称）校庆复印件一册，名画家绘制的猴儿献仙桃国画一幅，濮岩寺校史陈列室展品彩照集一册，及校史陈列室展品原件或复制件若干等等。我们还建议各地校友能根据自身情况争取前往祝贺或量力捐献。

（摘自《二中通讯》）

词一首　调寄浣溪沙

昔读扬中读五师，高明教学总堪思，大哉母校万方知！　桃李繁荣多硕果，菁莪乐育奠宏基，承前启后冠当时。

（朱奇石　1983年旧作
时年七十七）

小诗代柬

老去偏多怀念情，
大汪边处记犹新，
曾经五载熏陶地，
窗友恩师几许存？

（张耀广　时年九十）

心香一瓣

蝶恋花

千里迢迢归母校，华发萧疏，情似投怀抱。六院夷平何处找，那堪更觅惠农道。　半纪风云常梦绕，革命摇篮，英杰知多少。盼得红亭重修造，江淮学子凭啸傲。

（胡频之）

注：①扬中乡师有六院：吾师院、尚智院、卧云院、南溟院、幼幼院、听涛院、抗战时期毁于倭冠。②乡师南有惠农路直通二里铺的运河长堤。③红亭即幼幼院东侧的春秋亭，90年重修一新。

志贺

淮左教坛第一峰，江干俊秀集黉宫，
树人高举千秋业，济济英才代代雄。

（吴延之）

兴建新图书大楼捐助名单(续)

5400.00 李崇枯
1000.00 在扬54届校友及市区三电办公室 汪宝瑜 江泽慧 杨德和 汪长生
750.00 时良平、庄士钦
720.00 1960届高三(七)班
630.00 1963届高三(四)班 1963届高三(八)班
500.00 徐怀云 孙其明 扬州市工艺美术工业局 戈兆祥 1967届高二(三)班
400.00 武汉国立二中校友 1964届高三(四)班
300.00 樊蔚勋 章禹芬 程锦霞 李 朋 徐树轩 赵肃方 马庆莲
1975届高中(二十一)班
200.00 屠家宝 丁松清 张贻祥 许祥祐 滕家俊 宋文涛 朱孝先 陈一云 朱懋杰
徐德福 侯汉昌 鲁延生 戴树义 程广娥 花跃进 张同德 殷文瑄 何根荣 吴征鎏
雍自强 徐锡英 管惟吾 王万邦 沈 华 王心宗 杨松庆 朱嗣虎 李德平
初中1969届(一)班(6601) 1962届高三(四)班 孔令树 王廷琦 谈厚礼 许国志
100.00(含100.00以上不足200.00)
江执中 杨淑英 童昭敬 王安平 刘永炘 赵登锦 滕志华 王宸庆 杨春荣 俞明熊
鲍引年 米霞琴 牛曾奇 万乃江 凌永和 刘大卫 陶 方 李庆森 景振瀛 徐成官
吉长瑞 刘孝顺 齐希敏 曾辅仁 朱 越 丁志新 黄元怀 黄叔怀 卞鲲程 孙定宇
许增其 王颐年 吴士镜 周家安 朱鼎荣 王光铭 陈志栋 林庆熙 张兴顺 张长来
叶长年 孙晓晖 丁 岚 丁 锋 汤国庆 陶伟跃 张曙光 何昌根 顾季芬 方开瑞
陈长午 张季良 詹子仪 薛玉成 王福泉 王劲松 张嵩庆 郑文通 徐 旭 程福观
滕家敬 廖云汉 陈榕生 林国才 于云程 张其新 方 圆 刘 铁 周元益 姚 同
徐景阳 倪建洛 张守琴 马 骥 杨崇春 徐佩玖 袁凤书 许家铎 赵家麟 徐 天
胡敦骅 钱福勤 吕庆仁 姜淑贞 刘德林 周绍书 胡频之 陈以馨 许纪曾 胡镜蓉
华增儒 卢景沛 鲍传声 顾 澄 余 隽 仲旭初 尤钟骥 彭秋姑 汤益宁 杨希珍
钱晓平 刘映禄 汤楚璞 陈朝龙 曹克恭 黄旭朗 李天甲 徐 铭 翟春林 黄祖庆
桑抱冬 陈国华 于 瑾 周仰文 明淑清 臧国威 吴文林 刁恒义 桑恩乐 李家训
刘伟萍 王端庆 李寿伯 杜政良 张俊寰 吴延之 夏长康 袁仁宏 戴道娴 陈兆英
韩大本 刘庆荣 徐 铢 宦祥林 赵琥芬 姚元培 尤瑞麟 张 铎 叶和奋 滕士林
王长沛 杨祚华 王德镛 虞传立 崔广玲 李友春 戴 清 姜家豫 吴凯南 邵学权
林正中 温济泽(第二次捐款) 徐华明 聂万福 邹宜佑 钱润芬 马欣朗 颜 琳
谭广华 杨本源 吴继宗 徐振东 顾逸群 戎大庆 朱文淑 华 钰 罗时燕 张 玲
刘恩荣 金绪华 李振根 成 枢 华士林 胡绍定 高荣康 宋 森 张 纬 张奎德
金镜薇 姜龙祥 叶幼东 徐长征 孙福康 高安德 高 平 陈兴盛 蓝之中 胡大成

许大生　陈广源　刘昌其　赵长源　吴晓华　吴仲玉　夏春发　成　珩　朱怀义　吴宗芬

殷德荣　刘正刚　李怀宏　吴名亮　方开淇　谢元龙　胡诗全　罗小芬　卞荫贵　吴　湘

莫良舜　胡士敏　任定生　夏开瑜　杨伯举　虞家琪　杨　麟　洪建新　袁强华　胡崇业

王万涛　袁友忠　肖庆朴　谢瑞征　鞠昭年　王维珍　王颐桢　戴有华　庄秀梁　茅初文

吕光国　高必千　明伯羽　胡宏飞　王金燕　冯亦同　王　纶　华增甲　刘士华　朱贯云

段平泰　王士爱　惠长坤　李瑜培　唐家珊　宫玉麟　刘其友　张根海　李爱军　阮明良

夏金秋　陈永椿　聂万福　葛光帼　丁锡扬　祁学义　林长国　赵长宏　张培鑫　张　恒

张步恭　李香尧　王　鹏　孙麟章　宋家泰　王　骧　佘友泰　陈志和　诸葛松　张培立

卜瀛洋　严　慧　郑瑞麟　朱才娟　赵　麟　陆荫棠　秦佑国　陶　红　费　思　周兆祺

沈　潜　叶汝章　吴隆慧　方　震　锁敦信　张同钱　顾美云　杨广生　华国平　于　华

徐礼官　黎安田　诸文俊　刘安保　陈美兰　陶　涛　谭　平　刘国怀　戈宝栋　冷福田

郑万钟　(转第8页)

100.00以下不含100.00元

周治平　张永庆　沈也民　刘　全　熊德琪　邵刘金　王振华　徐开安　姚九峰　刘　旭

张兴圣　吴晓秋　陆祖萍　刘长佑　周之棠　金凤冈　丁士勋　王召礼　唐如尧　李伯昌

朱奇石　居秉菁　王慎宜　丁智芳　包志新　张若松　李非华　王水清　姜来庆　严德威

刘翠芳　张鸿翰　许文庄　高正立　周育丽　夏　璐　程桂芳　陈　星　宗大琨　柯凤珍

顾懋楠　王永祺　张学仁　李慧中　胡远明　李经华　赖维扬　刘　琪　袁杰民　吴其荣

杨　晨　郭志佩　王甲文　张　伟　孙兆丰　郎坚一　高景淳　张正荣　朱谱强　陈宏兴

吴与安　刘观胥　许　退　王凤梧　柏乃良　孙志元　张浚民　田济春　陈德安　孔令安

谢孝慈　车明雯　汪彭年　董晋阳　华懋驹　乐安中　梁曼华　杨生荣　张相道　沈智渊

钱翼鹏　董肇傅　季承基　王　圻　戴正国　周敏贞　杨庆民　何积燮　徐勉学　严淦泉

张立民　杨木兰　杨傅华　朱运铨　林秀英　白肇煜　吴向真　谈生光　武钟乾　刘征凤

梅宽玲　魏加年　刁向东　陆美玲(第二次捐)　曹荫林　王秉诚　项　辛　冯健民

仇光宇　张德兰　高惟智　郭凤琴　吴桂英　姜文琦　王凤琴　梅鹤贵　陈静华　于铠勋

翁昌嘉　杨　震　李建中　程桂云　黄光力　丁慧珠　袁裕生　杭少兰　张　驹　王年生

蒋惠娟　陈荣曾　张洪洪　王　健　张　洪　诸世昌　王叔和　董绵豫　汤淑珍　崔乃仪

周以海　邱世纯　梁尚安　闻　卓　曹立德　郭其扬　潘志明　何叔畲　仲明华　李传钣

李复白　吴　烽　杨谦庆　郭克昌　金德行　锁国良　潘　定　芮秀莛　谈　隽　陈宏寿

吴国梁　吴锦章　薛敦仁　周世颐　滕传林　周鸿芸

外币捐赠情况

美金　400.00　赵大祥

美金　200.00　曹祖忻

美金　100.00　吴汉民　鲍宁生　汤焜孙　韩广明

美金　50.00　王永东

美金　30.00　翁恩绪

美金　20.00　朱骏龄

美金　200.00　刘恩才

港币　500.00　程祖钺

九十华诞校庆纪念封即将发行

校庆期间，我校和市邮票公司将联合发行江苏省扬州中学建校九十周年纪念封。

纪念封由两枚组成一套。第一枚正面是江泽民总书记为母校九十华诞所作的题词；第二枚主图是树人堂，并印有胡乔木校友题写的“扬州中学建校九十周年纪念”手迹。两枚反面均印有扬州中学简介。纪念封由北京邮票厂承制，款式大方，印制精美，极富纪念意义和收藏价值。届时将粘贴饶有喜庆气氛的邮票，加盖纪念戳。市邮电部门于校庆当天（10 月 17 日）在我校设临时邮局进行销戳，以便校友当日邮寄。

纪念封在设计和印制过程中，得到了有关单位和校友的协助与支持。

校庆办公室办理代购业务，每套两元。邮政编码 225002，联系人梅宽顺。

各地校友分会组织（续前）

[重庆分会]

会长 朱奇石

副会长 朱 斌 翟春林

秘书长 李伯昌

[郑州联络组]

联络人 任德存 夏邦杰

[北京分会]

补选

范承祚为常务副会长

[太原分会]

增选

李德平为名誉会长、朱同为副会长

代邮

《校庆纪念册》在深圳天时印刷厂承印过程中，成本费达每本贰拾伍元，超过原先估价。请已预定《校庆纪念册》的校友每本补交伍元。

校庆筹备办公室

1992.9.27

《广陵区志》

总书记江泽民题写书名，记载古城 2400 多年的历史文化，反映当今各项可喜建设成就，不啻为扬州城区的百科全书。编纂过程中得到海峡两岸扬中校友的热情关注，年内将由中华书局出版，向海内外发行。

（扬州市广陵区志办公室）

（接上） 唐福庆 王林振 刘家荣 王 枚 徐益民 朱昌裕 朱良谟 夏新华 姜柏年 钱耀平 蒋辰焮 王家槐 王桂田 蒋厚祥 嵇寿先 唐肇庶 单国桢 张 翀 陈明模 刘克成 丁振举 陈起元 吴晓东 吴树曾 谢孝宗

注：1、本名单截至十月六日为止。

2、本名单包括第 10 期中遗漏的名单及勘误。

1. 二十世纪九十年代图书馆(物理学家吴健雄题榜)

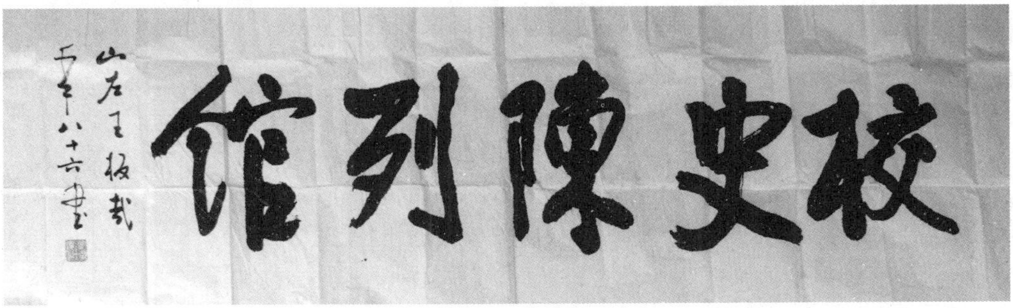

2. 九十周年校庆校史陈列馆榜额(书画家王板哉书额)

附录:《扬州中学校史资料长编·上编》(11册)简目

第 一 册 仪董学堂八中
五师相关资料
第 二 册 一年来之扬中
三周五周纪念刊
第 三 册 十周纪念刊等
周厚枢纪念集
第 四 册 《扬中校刊》
(第30—54期)
第 五 册 《扬中校刊》
(第55—64期)
第 六 册 《扬中校刊》
(第73—103期)
第 七 册 旧《江苏教育》
中的本校史料
第 八 册 校友录五师八中
省立扬中国立二中
第 九 册 《中学国文述教》
还校纪念专刊
第 十 册 扬州中学工科
毕业纪念刊三本
第十一册 上海图书馆资料
扬中校友通讯(上)